学术的真与美

中国历史名师访谈录

刁培俊 编

Reflecting with
Earnestness

Truth and
Beauty of Academy

Interviews with
Famous
Chinese Historians

中国社会科学出版社

图书在版编目（CIP）数据

切思：学术的真与美：中国历史名师访谈录 / 刁培俊编. —北京：中国社会科学出版社，2020.8
　ISBN 978-7-5203-6536-9

　Ⅰ.①切… Ⅱ.①刁… Ⅲ.①史学家－访问记－中国－现代
Ⅳ.①K825.81

　中国版本图书馆CIP数据核字（2020）第087085号

出 版 人	赵剑英
责任编辑	宋燕鹏
责任校对	周　昊
责任印制	李寡寡

出　　版	中国社会科学出版社
社　　址	北京鼓楼西大街甲158号
邮　　编	100720
网　　址	http://www.csspw.cn
发 行 部	010-84083685
门 市 部	010-84029450
经　　销	新华书店及其他书店
印　　刷	北京明恒达印务有限公司
装　　订	廊坊市广阳区广增装订厂
版　　次	2020年8月第1版
印　　次	2020年8月第1次印刷
开　　本	710×1000　1/16
印　　张	32.5
字　　数	508千字
定　　价	168.00元

凡购买中国社会科学出版社图书，如有质量问题请与本社营销中心联系调换
电话：010-84083683
版权所有　侵权必究

前 言

  2010年10月14日下午,在兰州市农民巷的四方肘子馆,西北师范大学何玉红先生向我建议:能否将已做的访谈,聚合在一起出版,免得每次上课都让研究生去复印,俾便他们学习参考。这一想法得到了当时在场的么振华、铁爱花、苗东等学友的赞同。我仔细想来,似乎也颇有必要。这就是本书编选的缘起。在此首先要特别感谢何玉红兄的提示和帮助。

  给著名学者做学术访谈,始于1998年冬季,记得当时在河北大学校办勤工俭学的一位学弟转告我:上海华东师范大学的一位教授打来电话,找你有什么事,我把历史所(指河北大学历史研究所,今改称宋史研究中心)的电话告诉他了。稍后就按约定接到电话,打电话的是著名世界史家王斯德先生。他邀请我对漆侠先生做一次访谈,并说了大概要求。随后不久,我收到了王斯德先生邮寄来的资料,那是《历史教学问题》编辑部已经编发的几位著名学者的访谈稿,和王斯德先生的亲笔信。我将此情况告诉漆先生,先生答应了。那年的冬天,似乎格外的寒冷,先生去医院输液的次数稍多,和往常一样,我几乎是接送和全程的陪护者。在和先生的聊天中,我一边听先生讲述,一边尽量快地在医院给的空白处方纸上,记录下先生的话语。当时的条件很简陋,我没有录音机,只能靠速记和记忆中残存的印象,把先生的话记录下来。最后整理成文,先生修改了几处文字,再配备上那张先生的经典照片,这篇访谈录就刊登在上海《历史教学问题》2000年第1期了。如今,先师远走九原接近二十年了,我只有在文字间回味当时的问答。

  此后十几年间,受王斯德先生的委托,我还对十数位著名史学家进行了访谈,或显或隐地参与了一些约稿,也多半发表在《历史教学问题》这家杂志上。2003年我入读南开大学历史学院后,由于《历史教学》编辑部蔡世华先生的信

切思：学术的真与美

任，也参与了这家杂志的学术访谈栏目。其中，或显或隐，参与较多。此后，新的机缘再次出现，那就是《史学月刊》的主编李振宏先生、《学术月刊》的主编田卫平先生的信赖，使我也参与了几位著名学者的访谈。当然，此后也曾给另外的期刊做过一些事情，不过均隐多于显。这些都是我参与这一访谈形式请益前辈的轨迹，记录在此，回忆过往，点点滴滴，一如昨日。此书的出版拖延至今，有几位前辈已经远游，想来愧甚。

学术访谈算不得学术成果，我依然是抱着极为认真的态度，策划着一位又一位前辈学者的访谈。承蒙诸多前辈不弃，我得以在过去的十几年中，直接或间接地参与了数十位名家的访谈。转益多师，是我在这些访谈中获得最多的。前辈们的宝贵治学经验和睿智的思考，有些并不能从其学术论著中获取，而在面对面的交谈中，在不经意对话之间，迸射出的智慧火花，时不时使人有醍醐灌顶般的顿悟，也借以砥砺一己的向学之心。再一次，我真诚地感谢诸位前辈。此外，在经历了1990年代"史学危机"到2001年后央视百家讲坛史学普及化的过程中，我颇感到学院派卓越史家"口述史"的重要性。

虽然本书访谈的著名史学家并不限于宋史，毕竟宋史研究方向的名家居多。其实就宋史研究领域而言，仍有很多的名师，譬如陈乐素、徐规、何忠礼、朱瑞熙、李裕民、刘复生、张其凡、邓小南[①]、戴建国等等前辈，以及海峡对岸的王德毅、梁庚尧等教授，有的我曾多次联系或寻找可以访问的合作者，有的教授则明确表示太忙顾不上等等[②]，很遗憾，未能够一一选入。感谢邓小南老师的介绍和陈智超先生的惠允，将陈先生早些时候所做的张政烺、邓广铭先生学术访谈也收入此书。

本书的编选次序，以年庚排列，同庚者则尽量序以月份。

感谢曾经帮助整理录音资料的王志双、张德安、夏柯和刘佳佳等学友，也感谢他们和我愉快的合作。

学术乃天下公器。20世纪以来，沧桑巨变，或朝暮之间即有巨大转变。在这一大时代的背景下，一代学人有一代学人的学术追求。有关学术真与美的讨

[①] 北京大学邓小南教授对本书的出版极为关注，也曾推荐给某家出版社，但由于编者的疏懒，本书出版前夕仍未能完成邓老师的学术访谈，编入此书，甚感抱歉和遗憾。我们且留待翌日。

[②] 譬如，其中徐规教授的已发表访谈，我曾邮件和预先付费信函两次联系《史学史研究》的访谈人，甚而求助于包伟民老师，均未果；朱瑞熙教授的访谈，我曾前后求助于赵龙先生和孔妮妮老师，均未果；李裕民教授（我求助于胡耀飞先生问询）、梁庚尧教授、张其凡教授均明确表示不愿意接受访谈。

前　言

论，大多关联到中外学术评鉴的理念。中国传统学术追求义理、考据、辞章，学术的真知灼见往往在一位学者的天赋、勤奋、专注和耐力等元素中得以显现，但是近200年来，国人不乏持对中国学问不自信而乐意以引述欧美甚至日本学者以为噱头并炫示自高者。当然，欧美人文社会科学在近三几百年间的发展确实堪称繁盛，各种流派的学术、智慧深蕴的理论和学说不胜枚举，国人难免持"他镜窥我"者的不自信或盲目心态下的自信满满。而在后现代主义思潮之下泛滥而成的历史虚无和各种扭曲性学术颠覆，或也给中国学人"自不同角度观察中国的能力"以借鉴甚而是借口。致力于某一学术论题之精致、精深、高妙、执着的忘我和陶醉，持一颗对于学术真善美的敬畏之心，在他们看来，抑或一丝也不少于欧美学人；然而在勇于建构的时候，更应该在大胆怀疑、证伪质疑；在追求独到、创新的同时，更应精密考证既有学人成果的诚实与理性的努力，更要自我反问和在追求反证过程中呈现出学术的厚重与邃密。域外高明的学者往往批评中国学人的"揽镜自窥"，乃至进而被批评为"画疆自守"和"自说自话"。近来中国倡导文化自信，遂有部分学人越发从一个极端走往了另一个极端（出版的相对容易，也导致了不少学人为追求其所谓"标新立异"，不知羞耻为何物而急功近利抑或纯粹"为稻粱谋"，不负责任的出版给这个世界增添了学术垃圾）。当然，学术创新不会刻意逃避标新立异，但是，选择了"新"是否就意味着完全取代和淘汰"旧"？那些已经为世人瞩目的学术创新之"新"，是否可以"承续先贤将坠之业"，"开拓学术之区宇，补前修所未逮"，"可以移一时之风气，而示来者以轨则"？

　　对于学术研究而言，反复呈显众所周知、习以为常的凡俗世人的常识，学者就常常被批判为懈怠和懒惰。人文学术研究的价值追求，有学人认为在于学术成果是否激发了后来者的继续思考，使原来被视为理所当然的、陈旧的而丧失了活力的世界与秩序焕然一新；有学人强调：研究型学者的使命，就在于开拓人类知识和认识的边界，带领读者在知识、观念上抵达一个他们从未去过的地方；甚至是以前在人们眼中不是问题的问题，经过他们的疏导，开始变成了饶有兴味的深邃的问题。唯有如此，在争议的背后，整个社会观念的水位得以跃升。与大众流行的常识毫无差别的学者所谓"洞见"，其实在学术道德领域讲是很羞耻的，专业学者必须以专业意见挑战大众常识。[①] 至于什么是"最好的"历史学？美国学者裴宜理说：

---

① 以上参考刘瑜《观念的水位》，江苏凤凰文艺出版社2014年第2版，第60—62页。并参阅网络文人"老隐隐于宅"的概括和提升。

切思：学术的真与美

  我认为，最好的历史学能解释各种文化、机构和行为从何而来——并通过对人类共同的过去中那些经常被遗忘或隐藏了的元素认知，为将来如何改善这些文化、机构和行为提供启迪。我相信，最好的历史学还可令学者陶醉在自己的研究和撰述过程中，并使阅读者兴趣盎然，因为它提供一种扣人心弦且令人信服的叙述，告诉我们何以成为现在，并借由言外之意和扩展引申，使我们知晓何以在未来前进的路上走得更远。

  旨趣高远。邓小南教授倡导"不重复自己，也不重复别人"，更是启人良多。前人创造的知识总是太容易被后人忘记，后人总以为自己聪明绝顶，是天下独一无二不世出的天才。事实上，不把既往前贤论断改头换面以为己有，既自信又不自负，是专业学者所应该拥有的职业品质。

  切思切问，切琢切磨。聆听智者的心音，感悟学术之浩淼无际涯，游弋其间，收获的多是智慧。但愿这本书的编选，能对青年学子向学之心与求学之志有所裨益。高山仰止，我们仰慕名家的经典学术和智慧，在21世纪的今天，在学科整合、文献数字化之后的未来，或许更应该思考的是怎样无限接近、超越名家而走出新的属于我们自己的步履。

  最后，感谢宋燕鹏编审的诸多努力的帮助，终于使这部辗转了两家出版社的书得以问世。

刁培俊
2019年2月

目　录

邓广铭　　●　/1
张政烺　　●　/11
李　埏　　●　/23
漆　侠　　●　/35
来新夏　　●　/47
高　敏　　●　/63
胡昭曦　　●　/79
冯尔康　　●　/105
刘泽华　　●　/131
瞿林东　　●　/149
杨际平　　●　/167
王曾瑜　　●　/193
杨国桢　　●　/209
龚延明　　●　/225
张邦炜　　●　/245
徐　泓　　●　/265
黄宽重　　●　/287
李治安　　●　/323
陈支平　　●　/337
郑振满　　●　/355
刘志伟　　●　/369

程民生　　●　/403
包伟民　　●　/421
常建华　　●　/435
李华瑞　　●　/461
林文勋　　●　/485

邓广铭

邓广铭（1907—1998），字恭三，山东临邑人。1936年毕业于北京大学史学系，受教于傅斯年、胡适、陈寅恪等教授。1943—1946年间曾任复旦大学教授，1950年任北京大学历史学系教授。中华人民共和国成立后，历任北京大学历史学系中国古代史教研室主任、历史系主任、中国中古史研究中心主任。并先后出任中国史学会第二届主席团成员，中国宋史研究会创始会长和第二、第三届会长，国务院学位委员会第一届历史学科评议组成员，全国高校古籍整理委员会副主任委员。中国民主同盟盟员，第六届全国政协委员、全国政协文史委员会副主任。

主要著作

《稼轩词编年笺注》，上海古籍出版社1993年、2007年版；

《北宋政治改革家王安石》，人民出版社1983年、1997年版；

《岳飞传》，人民出版社1983年版；

《陈亮集》，增订校点本，中华书局1987年版；

《涑水记闻》，校点本，与张希清合作，中华书局1989年版；

《邓广铭学术论著自选集》，首都师范大学出版社1994年版；

《邓广铭治史丛稿》，北京大学出版社1997年版；

全部著述结集为《邓广铭全集》十卷本，总计496万字，河北教育出版社2005年版。

切思：学术的真与美

邓广铭先生访问记[①]

春节后的一天，节日期间人来人往的高潮已经过去，我拜访了邓广铭先生。谈话是从今年元旦《光明日报》登载的徐泓写的访问记开始的。

邓先生说："我近来有一种失落感。今年已经八十五岁了，耳朵越来越背；看文字也很吃力，戴上老花镜还要加一副放大镜；手一写字就发抖。这说明我已届风烛残年，却还有些非非之想，想把自己过去的一些著作，好好修改，使它们真能为新中国的精神文明建设增添一砖片瓦。比如《王安石》，'儒法斗争'的烙印太深了，而早年写的《陈龙川传》《辛稼轩传》，也都想作一番大幅度的补充、订正。这些都要好好改，要集中精力改。而在此以外，对徐梦莘的那部《三朝北盟会编》，从五十年代以来，我就随手（并不按先后顺序）进行了一些校勘和标点，也请别人帮我就两个抄本通体进行了对校，很想再弄到台湾史语所所藏明抄本的缩微胶卷对校一次，迄今并未弄到，而大量的他校工作，也一直想由我自己动手完成，并且早就向人宣告说，不校完此书，我死不瞑目。然而现在事实上已经面临'蹈火'之年，头脑和手眼都已不好使唤，因此终日焦躁不安，只想能把全副身心扑在这些工作上，惧怕再有任何别的事来干扰，却又苦于无法排除掉这些干扰。因此，那天我对徐泓说，你来进行采访，便成了'不受欢迎的人'。因为她是老朋友的女儿，不好不接待。访问记发表前没

[①] 陈智超：《邓广铭先生访问记》，《中国史研究动态》1992年第5期。

有经我看过，但写得不错。只因她不熟悉历史学界的情况，如果事前交我改动三五个字就更好了。"

我说："我们今天不谈大事，作为聊天，谈谈往事好吗？"他见我掏出笔记本，开玩笑说："看来你也要当一个'不受欢迎的人'。"

我说："最近我看了《李广田传》，看来您本来很有可能成为文学家的。"

邓先生微笑着回忆起往事："自1923年到1927年，我在济南山东第一师范读书。同学中形成了两个小团体。臧克家是爱好文学的青年的首领，房间里热闹得很，都是谈文学的。李广田则醉心于陆王之学，崇拜梁漱溟。我和他们都很要好，但游离于他们之间。说起来，李广田走上文学之路还是受了我的影响。我却走上了史学的道路。"

"我记得您先上的英文系。"

"那是1931年，我报考北京大学文学院，没有考取。同考的有张中行，他被录取了，他现在就住在我们后面一座楼。我考上了辅仁大学英文系。那年的作文题是'先天下之忧而忧，后天下之乐而乐'。"

我告诉邓先生，前些年我在香港的《大成杂志》上看到台静农先生写的《辅仁大学创校点滴》，里面提到，周作人在辅仁大学讲"中国新文化的潮流"，"学生邓恭三君笔记记得很好，于是就印成了一本小书，兼士先生题签。一度很流行，因为可以看出他对新文学发展的见解。"

听我谈起这件事，邓先生从书房里取出那本《中国新文学的源流》，说："那一年，陈援庵先生因为已任了五年校长，照例可以休假一年，由沈兼士先生代理校长。沈和周作人是好朋友，请周到辅仁来作学术讲演。我看见布告，虽然是为中文系讲的，也去听了。按照我当时的知识水平，他讲的许多内容是前所未闻的，很感兴趣，就记录了要点。讲完以后，找同时听讲的同学想凑一份完整的笔记，谁知他们记得还不如我详细。我又凭记忆补充成一份比较完整的记录。周作人这个题目共讲六次。就在第一次听讲之后，我在教室外问周有没有讲稿，他说没有，只写了几条简单的提纲。于是我从第二讲起就做了详细的记录。"

我翻开这本书，周作人在小引中是这样写的："所讲的题目从头就没有定好,仿佛只是什么关于新文学的,既未编讲义,也没有写出纲领来,只信口开河地说下去就完了。"

邓先生接着说:"周作人讲完六讲后,我把记录整理好,交给他审定,可是久无音讯。我写信给他,说暑假后行踪未定(指可能转学)。他回信告诉我,书稿正在友人中传阅,屡索不归。我只好等着。放暑假后我搬了住处。有位朋友告诉我,台静农(他是辅仁校长秘书)出了张布告找邓恭三,到他那里去取稿子。我到台静农那里取回经过周作人审定的书稿,附有周的条子说:'人文书店愿意出这部书。你将书稿誊清后,可送到后门里米粮库某号杨晦先生家中,他现在担任了人文书店的总编辑。'"

"提起杨晦,我并不陌生。我刚进山东第一师范时,学校招收了一批中学毕业生,办了几个专修科,相当于现在的专科。杨晦就是文学专修科的老师。我把书稿送给杨晦,并由周请沈兼士先生题了书签。书很快印出来了,印了三千册。这一版我拿了五次版税,五月节、八月节、年节,每次各拿五十元。"

"1932年我终于考入北大史学系。到二年级时,《中国新文学的源流》要重印。这时我正想买一部'二十四史',便想这次把版权卖给人文书店,就去找书店老板常某。他是一个非常精明的生意人,听了我的话后便说:'第一版我不买你的版权,第二版再买,没有这个道理。'我便向他耍了个花招,说:'第一版印了三千册,在北方没有什么销路了。现在南方有书店要出这本书,你们不出我给他们出。'老板打电话给周作人。周劝我:'你斗不过这些生意人。'当时我一定要和这位老板斗下去。正好有一所郁文大学要关门,他们预订了一套百衲本'二十四史',付了三百元预约费。因为学校要结束,在报上登了小广告,出卖预约券。这消息是萧乾告诉我的。我就告诉人文书店老板:'我这次卖版权,是要买百衲本"二十四史"的预约券。'老板说:'你要二十四史,我给你一套同文本的。'他的如意算盘是,从他开设的佩文斋拿出一套同文本给我,就算付了版权费。这时我已听了赵万里先生在北大给我们讲的史料目录学,知道百衲本胜过同文本许多,没有上他的当。老板又说:'既然你要买百衲本的预约券,我买了给你就是。'后来知道,因为他有老关系,花了二百七十元把预约券买来了。这样我有了一套百衲本'二十四史'。这套书是陆续出的，到七七事变北平沦陷以后才收齐。后来我先去昆明，后到四川，我的家眷就是卖了这套百衲本（大约是二百元联合券）作路费去四川的。"

"原来您同萧乾很熟。"

"说起来，我和他是老朋友了。他也在辅仁英文系读过，两人常在图书馆碰面，就成了朋友。后来有些事还同他有关系。前些时我见到他，还跟他开玩笑：'你是作家，怎么当了文史馆馆长？这馆长应该由我这界的人去当。'"

"请您谈谈在北大学习时的情况好吗？"

"我在北大史学系时，同傅乐焕、张公量来往比较密切，因为大家都喜欢写文章。起先我们给《大公报》的《图书副刊》投稿。后来觉得他们时间拖得长，稿费也压得很低。比如傅乐焕写过一篇评论《欧洲近现代史》中译本的文章。文章先引一段原文，再引原译文，最后是傅的新译文。文章倒是发表了，但稿费只按傅的新译文那部分支付。我们也是年轻气盛，觉得不能老是受制于人，不如自己办个副刊。于是给《益世报》写信，提出办一个《读书周刊》。《益世报》要我们邀请北大的教授参加编辑部，并需由一位教授当主编。我们请了北大图书馆长毛子水当主编，实际负责的是我们三个人。这是1935年春天的事，我们是三年级学生。有了这个阵地，我们可以比较方便地发表文章。1936年我们毕业，傅、张都走了，只有我一个人留在北平，我又拉了金克木一起编《读书周刊》。他那篇《文以载道辩》就是登在《周刊》上的。"

"徐泓那次采访，您简单地谈了同胡适的关系。张政烺先生也对我说过，您的《陈龙川传》是受胡适《传记文学》课的影响。是否请您谈谈胡适的情况？"

说到这里，邓先生一口气讲了下去：

"有个美国华人女学者李又宁编了一套《胡适与他的朋友》，已经出版了第一册。她约我写了一篇文章，题目就叫做《我和胡适的关系》，将登在第二册中。今天我不全面谈这个问题，只谈一两件事。

"北大每学年都有课程指导书，文理科各一本。指导书开列了本学年要开设的课程、内容、参考书等，供学生选课参考。我四年级的时候，胡适先生开了《传记文学实习》课，我选了他的课。他讲得很少，主要是通论。比如说要搜集足够的材料，要在剪裁上下功夫等等。主要是让学生实习。他开列了一些人物，让我们作传记。这年他开的有欧阳修、陈亮，还有几个明代人物。我选了陈亮，一方面是因为我写过关于浙东学派的文章；另一方面，当时日寇步步紧逼，国难日亟，而陈亮正是一位爱国志士。后来我写辛弃疾，也有这方面的原因。

"我写的《陈龙川传》深得胡先生的欣赏，他给了我95分。批语的第一句话是：'这是一本可读的新传记。'并且提出：'辛稼轩是陈亮的好朋友。这篇传记对他们的关系写得太少。'

"他的批语激励我去写辛弃疾。在这之前，梁启超编过《辛稼轩先生年谱》，他的弟弟启勋作过《稼轩词疏证》。梁任公大名鼎鼎，但他这部年谱问题却很多。比如辛弃疾任湖南安抚使、知潭州不过一年多，《年谱》竟排为五年！

"1936年我从北大毕业后，留校当助教，但我决心集中力量写作《辛稼轩年谱》和《稼轩词编年笺注》。当时有一个中华教育文化基金会，是管理美国退还的庚子赔款的机构。该基金会每年都资助一批从事自然科学与社会科学的研究人员。胡适、傅斯年先生都是该基金会的负责人，我去问胡先生：'我是否可以向这个基金会申请一笔研究补助费？'他回答我：'当然可以。'还说：'三十几岁的人做学问，是本分；二十多岁的人做学问，应该得到鼓励。'这句话给我留下了深刻印象。他知道我的具体题目后，又告诫我：'这个题目梁任公做过。他名气大，而你是初出茅庐。基金会中自然科学家多，他们对文史不了解，只看名气。所以你得先写一篇文章。'

"这时我已经写好了一篇文章，是总评梁任公兄弟的，题目叫做《〈辛稼轩词谱〉及〈稼轩词疏证〉总辩证》。于是立刻寄给萧乾。因为萧乾在我考入北大时，也从辅仁转学到燕京大学新闻系，毕业后在《大公报》主编《星期文艺》，兼管《国闻周报》的文艺栏。我曾经应约给他写过几篇文章。第一篇是评施蛰存主编的《中国文学珍本丛书》，以后还评论过郑振铎的《世界文库》，评过《欧洲十九世纪文学主潮》。我这篇

《总辩证》，萧乾却没有立刻登。这可是关系到我申请补助费的大事。正巧这时他从上海来北平度蜜月，我跑到旅馆同他吵了一通，他答应马上打电报回上海，下期准登。

"文章在《国闻周报》上登出来，胡先生正在协和医院割阑尾，我送去一份，他看了说很好。陈寅恪先生在清华大学，看了以后，打听邓恭三是谁。问胡适、傅斯年先生，知道是在北大当助教的邓广铭。胡、傅带信给我，说寅恪先生认为文章写得很好。我知道这次申请准能批准，因为寅恪先生的意见在胡、傅心目中是'一言九鼎'！

"这时夏承焘先生正在写《唐宋词人十家年谱》，其中也有辛弃疾。他写信给我说：'看了你的文章，辛稼轩年谱我不能写了，只能由你写了。我收集到一些材料，估计你都已看到。你如需要，我可寄给你。'这封信使我很感动，因为夏先生当时在词学界已经享有盛名，而我还是一个大学刚毕业的青年助教。我也把这封信交给基金会了。果然基金会批准了我的申请，每年给我一千元（先是一年，后来又增加一年）。这时抗日战争爆发了。北大撤离北平时，并没有明确的目的地，规定教授、副教授可以随同南迁，讲师、助教学校就不能负责了。而基金会的补助款还可以通过花旗银行汇来。因此我决定暂时留在北平。此后的两年中，我一头钻进北平图书馆，完成了《辛稼轩年谱》和《稼轩词编年笺注》。

"带着这两部书稿，我离开北平到昆明，在北大文科研究所。当时北大、清华、南开合并为西南联大，但文科研究所是独立的。所长是傅斯年先生兼，副所长是郑天挺先生。一般助教的工资是八十至一百二十元一月，给我设了一个新头衔，叫做'高级助教'，工资是一百五十元。

"陈寅恪先生当时兼任文科研究所导师。一年多的时间里，我与他同住在青云街靛花巷的一幢楼中，同桌共餐，得益不少。

"傅斯年先生对我也有知遇之恩。1940年日军轰炸昆明，历史语言研究所北迁四川南溪李庄。傅先生向我说：'你在昆明无书可读'，要我同去李庄。我在那里待了两年。《宋史职官志考正》就是在此期内写成的。若非傅先生让我同去李庄，则断不会写成此文。1942年重庆的一家出版社约请许多史学家撰写历史人物传记，本是请西南联大的姚从吾先生写一本

《岳飞》，直到1944年姚先生却并未写成，而且向出版社打了退堂鼓。其后傅先生向出版社推荐由我撰写，我遂在1944年的暑假再去李庄三个月，搜集岳飞的传记资料，于这年寒假中交了卷。该书出版之日，正是日本无条件投降之时，实为一大快事。

"当我重回李庄时，傅先生正受到张自忠将军的弟弟的恳托，要写一本张自忠将军的传。傅先生与我谈及此事，并希望我作他的助手，与他合写此书。当时还考虑到一些细节，例如，如何处理好张将军自日寇羁留下逃脱出北平以前的一段经历等等。只因为我在复旦大学任教，不曾在傅先生身边，而在1945年抗日战争胜利之后，出北平以前的一段经历等等。傅先生一方面为国共和谈而奔忙，另外也为学术界和教育界的一些大事而昼夜操劳，不能再分心及于此事，所以一直未能动笔撰写此传。

"抗日战争期间傅先生长驻重庆。他是国民参政员，有名的'大炮'。抗战胜利后又做了代理北大校长。同他来往的'大人物'不少，如朱家骅。他向人介绍我，总是说：'这位是宋史专家，文章写得很好。'他所说的'文章'是指我的文言文。是他看过我为《宋史职官志考正》写的序言后所留下的印象。胡适先生不喜欢人家写文言文，傅先生则不拘。《宋史职官志考正》后来就登在《史语所集刊》上。原来说是只登序言的，后来傅先生又决定全文登载。

"我去复旦大学（当时在重庆北碚），也是傅先生介绍的。他在介绍信中说我既能研究，也能教学，如去北大、清华，应是副教授。结果复旦大学聘我为副教授。

"抗战胜利后，1946年5月我回到北平，在母校北大任教。这也是由傅先生与我在重庆当面约定的。"

谈到这里，我一看表，前后已经三个多小时，把邓先生的日常作息规律都打断了，于是赶紧告辞。

延伸阅读：

《仰止集——纪念邓广铭先生》，河北教育出版社1999年版；

邓广铭

张世林主编：《想念邓广铭》，新世界出版社2012年版；

田余庆主编：《庆祝邓广铭先生九十华诞论文集》，河北教育出版社1997年版；

《邓广铭先生百年诞辰纪念论文集》，中华书局2008年版；

刘浦江：（1）《邓广铭先生与古籍整理研究工作》，《古籍整理出版情况简报》1994年第11期；

（2）《"博学于文 行己有耻"——邓广铭教授的宋史研究》，《北京大学学报》1995年第2期；

（3）《独断之学 考索之功——关于邓广铭先生》，《中华读书报》1998年1月21日第6版；

（4）《不仅是为了纪念》，《读书》1999年第3期；收录于《仰止集——纪念邓广铭先生》，河北教育出版社1999年版。

（5）《大师的风姿——邓广铭先生与他的宋史研究》，《文史知识》1998年第12期；

（6）《邓广铭与二十世纪的宋代史学》，《历史研究》1999年第5期；

（7）《一代宗师——邓广铭先生的学术风范与学术品格》，张世林编：《学林往事》下册，朝华出版社2000年版；

（8）《邓广铭——宋代史学的一代宗师》，郭建荣、杨慕学主编《北大的学子们》，中国经济出版社2006年版；

（9）《百年邓恭三》，《中国教育报》2007年3月16日第4版；

（10）《怀念恩师邓广铭先生》，《中华读书报》2007年4月11日第20版。

张政烺

张政烺（1912—2005），字苑峰，山东荣成人，1936年毕业于北京大学历史系。我国著名学者，在古文字学、古文献学等领域有很高的造诣。曾在"中研院"史语所供职，1946年受聘到北京大学历史系任教授，1960—1966年任中华书局副总编辑，1966年调入中国科学院历史研究所任研究员。1978年当选为中国古文字研究会理事，1979年当选为中国考古学会常务理事，1980年当选为中国史学会理事，1982年起兼任文化部国家文物委员会委员等职务。1971—1974年在中华书局参加标点"二十四史"的工作，从事《金史》的标点和校勘；1974—1978年在文物出版社主持和参加新出土的临沂银雀山汉简、长沙马王堆帛书和云梦睡虎地秦简等整理工作。曾兼任历史研究所学术委员会委员、古文字与古文献研究室主任，中国社会科学院研究生院教授、博士生导师，考古研究所学术委员会委员，国务院古籍整理出版规划小组成员、顾问，文化部国家文物委员会委员，国家文物鉴定委员会委员，中国社会科学院郭沫若著作编辑出版委员会顾问，中国史学会理事，中国考古学会常务理事，中国古文字学会理事、顾问，中国先秦史学会顾问等职。

主要著作

《张政烺文史论集》，中华书局2004年版；

《马王堆帛书周易经传校读》，中华书局2008年版；

《张政烺论易丛稿》，李零等整理，中华书局2010年版；

《张政烺批注〈两周金文辞大系考释〉》，朱凤瀚等整理，中华书局2011年版；

《张政烺文集》第一卷《甲骨金文与商周史研究》、第二卷《文史丛考》、第三卷《论易丛稿》、第四卷《古史讲义》、第五卷《苑峰杂著》，中华书局2012年版；

《中国历史文物图集》，主编，总12卷17册，湖南人民出版社2016年版。

张政烺先生访问记

摘　要：今年四月十五日是张政烺先生八十寿辰。张先生从事史学研究和教学五十多年，著述宏富，桃李满天下。他的生活经历也丰富多彩。今年年初我们特地请陈智超同志访问了他。现将访问记录整理发表。这份记录经张先生审定，并征得他的同意，将他与胡适关于《封神演义》作者的通信作为附录发表。以此谨表我们对张政烺先生的庆贺之意。

请您谈谈怎样开始您的史学生涯的？记得在北大时听您说过，这中间还有些偶然性？

这得从我上中学谈起。我在1926年十四岁时离开家乡荣成县到青岛上中学。当时正是新旧学制交替的时候。我就读的礼贤中学是旧制中学，四年毕业。毕业后如考大学，要先上两年预科才能进入本科。我在礼贤毕业后来到北京，上弘达中学当插班生。弘达是新制中学，初中三年，高中三年，我插入高二。弘达中学在西四大木仓郑王府的西院，现在的国家教委就在郑王府原址。1932年我从弘达高中毕业，可直接考大学本科。我的志愿是上清华大学数学系。

当时各学校为了争取学生，考试都是错开时间举行的。辅仁大学最早，7月10日考试，我报了辅仁，也考取了。但我原先就不准备上辅仁，只是把这次考试作为一次练习。北京大学考试在7月20日，清华在7月底。

---

① 陈智超：《张政烺先生访问记》，《中国史研究动态》1992年第4期。

我的一位同乡许维遹（字骏斋），这时刚从北大国文系毕业，知道我喜欢读古书，替我报考北大。报名费要三元，在当时不是一个小数目。既然报了，我也就去考，考场在第三院。

就在清华考试的前一天，北大在马神庙二院发榜，我竟被录取了。第二天我参加清华的考试，考场在旧国会，就是今天的新华社所在地。第一场八点到十点，考国民党党义。第二场十点到十二点，考国文。作文题目是《梦游清华园记》，对子题是"孙行者"。同寓的陈君作文，只写游清华园，想在最后点出是梦。时间到了，梦字没出现，收卷了，非常懊丧，所以下午我们都不考了。

我对对子对的是"胡适之"。当时听说答"胡适之"者有三人，我识其中一人，就是周祖谟，另一人不知是谁。标准答案应是"祖冲之"。祖、孙相对，平仄皆合。胡字不合平仄，字义也不对。近十年来，《人民日报》《北京晚报》几次提到这件事，想不到一件小事竟流传了六十年。

这个题目是陈寅恪先生代清华国文系主任刘文典先生出的。陈先生给刘先生论国文试题信，收入《金明馆丛稿》二编，编年误为1933年。《丛稿》附录了陈先生1965年识语，说："寅恪所以以'孙行者'为对子之题者，实欲应试者以'胡适之'对'孙行者'。盖猢狲乃猿猴，而'行者'与'适之'意义音韵皆可相对，此不过一时故作狡猾耳。"陈先生可是认为您的答案是标准答案。

那是各人看法不同。现在回到原来的话题。当时北大报考只分院，不分系。开学时入系有一些条件。必须国文、英文加起来够120分才能入国文系。我的国文七十多分，英文只得24分（只有一个题目，把《杜子春传》译成英文），不够分数。就这样我上了史学系，并且以史学为终生事业。

请您介绍一下您在北大的学习生活。

当时北大校长是蒋梦麟，文学院长是胡适，史学系主任是陈受颐。全北大有八百多学生，我这一届招的新生大概二百四十人。一年级时我住在北大三院，在北河沿，现在好像是民政部。五个人住一间大屋，铺位之间同学自己用布幔隔开来，可以不相往来。上课在红楼。教我们先秦、秦汉史的是钱穆，魏晋南北朝史和宋史是蒙文通，辽金元史是姚从吾，明清史是孟森。

听说您在北大期间参加了潜社。

1933年秋末，在椅子胡同北大四斋杨向奎的宿舍开了第一次会，还有胡厚宣、王树民、孙以悌、高去寻等同学参加。商定每周（大约是星期五晚上）聚会一次，切磋学问。我们出版过两期《史学论丛》，我的《猎碣考释初稿》就发表在第一期上。《论丛》是在北大印刷的。1936年我毕业后到史语所，北大印刷所负责人李续祖还写信给所长傅斯年告我的状，催我交印刷费。其实那时印刷费收得相当便宜，《论丛》厚厚一册，几十元。

史学界传为美谈，说胡适当年讲文学史，不知道《封神演义》的作者是谁，您当场站起来告诉他，是明代的陆西星，胡适大为佩服。请您谈谈具体情况。

张先生好不容易找出1936年7月12日出版的《独立评论》第209号给我看，上面载有他和胡适就《封神演义》作者的通信。

这应该是最权威的资料了？

是这样的。

我翻看通信。张先生在6月8日给胡适的信上，一开头就写道："本年以史学系功课甚忙，未获修先生文学史课程，时以为憾，昨晚与同学李光璧君闲谈，得悉先生近讲晚世章回小说，对于《封神演义》作者究属何人，曾询同学如有意见，可率尔以对。"

这封信可以证实，您当时既没有选修胡适的课，也未去听讲，当然不可能在课堂上当场回答胡适的问题了。

是。当时我已是四年级，快要毕业了，宿舍已搬到红楼北面的新楼。

有空就到别的宿舍去串门。李光璧是文学系学生，河北安国人，比我低一级，住在东斋。我们比较谈得来。他后来搞历史了。1976年唐山大地震后死在天津，当时还住在地震棚里。

我看您给胡适这封信，不但指出无名氏《传奇汇考》中所说《封神传》"系元时道士陆长庚所作"，"元"是"明"之误；而且又引嘉庆《扬州府志》、咸丰《兴化县志》，证明陆长庚就是万历年间兴化的陆西星。您当时还是一个在校的大学生，又是学历史的，怎么对古代通俗小说也这样熟悉，而且这样快就作出回答？

我用一天时间写出这封信，也不算快了。后来我在扬州买了一部陆西星的《方壶外史》。抗战期间入四川，对陆西星这个人才有了更进一步的了解。他在道教中发展了一派，在四川有很大影响。但这是后话了。

胡适在6月10日给您的信中说："我写此信，只是要谢谢你的指示。你若不反对，我想把你的原信送给《独立评论》发表。"这大概就是《独立评论》发表你们通信的原因了？

《独立评论》是没有稿费的。通信发表后，送了我几张书券，可以领几期《独立评论》。书券的背面还印着"秀才人情"四个大字。

您从北大毕业后就到中央研究院历史语言研究所，请谈谈"中研院"和史语所的情况。

1936年毕业，我和同班同学傅乐焕一起到史语所任图书管理员。"榆关事变"以后，史语所的一部分就从北平搬到上海，在曹家渡廉泉、吴芝瑛的柳草堂。搬了一百箱档案。历史组的人大都去了上海。后来又搬到南京。我们去的时候，史语所已迁至南京。"中研院"在鸡鸣寺盖了房子。我们住的宿舍楼原是竺可桢的，他去杭州就任浙江大学校长，就把房子卖给"中研院"。

这座楼两层，上、下各三间。蔡元培院长家在上海，他来南京时就住在楼上。楼下三间就住我们这些单身汉，陈槃、周一良和我等等。现在想起来也真不容易，蔡元培当时是第六大院长。

怎么叫第六大院长？

当时的国民政府有行政、立法、司法、监察、考试五院，还有一院就是中央研究院。我们都是大学刚毕业、初出茅庐的毛孩子，同他这位大院长住楼上楼下。

你们同蔡先生有接触吗？

他是比较随和的。那时他经常写些条子让我和傅乐焕查资料，都是有关汪辉祖的。我们也不知道做什么用，有些资料是从商务印书馆编印的人名、地名辞典查的。后来才知道是为写《汪龙庄先生致汤文端七札之记录与说明》，这篇文章刊载在《张菊生先生七十生日纪念论文集》中。

前几年我编注《陈垣来往书信集》，您给了我很多帮助。《书信集》中收了蔡先生1936年11月13日的一封来信，说："前承示汪龙庄先生手札，并命作跋。读之觉适之先生一跋业已探骊得珠，所馀鳞爪，未易着手，然又不敢方命而藏拙。顷已稍稍搜集一鳞一爪之材料，拟即整理成篇。惟弟有不情之请，拟以汪札胡跋及弟所附加之跋别抄一本，发表于张菊生先生之七十岁纪念册。如蒙允诺，不胜感荷。"就是指这篇文章了。

对。

您到史语所不久抗战就爆发了？

我1936年到史语所。1937年初曾到南浔看嘉业堂藏书。"卢沟桥事变"后，史语所就搬迁了。

第一站是长沙，暂住在圣经学院。1989年我到长沙还到那地方去看过，现在是省财政厅。一部分书放在衡山。

南京沦陷，史语所又迁离长沙。我负责图书的保管、押运。史语所共有中文图书12万册，西文图书1万册。傅斯年所长让我把书送到重庆。还将他的《性命古训辨证》一书手稿交给我，要我帮他抄写。和我一起运书的还有潘实君。我们租了怡和公司一条船，沿湘江穿过洞庭湖，先到汉口，又到了宜昌。在宜昌要中转换船，我在那里待了两个多月，把《性命古训辨证》抄好。

1938年3月底到了重庆。在沙坪坝盖了三间房子作书库。初到四川，许多事都觉得新鲜。比如我们的书库，墙不是用砖砌的，是夯土。

那就是古代的版筑了？

正是。还有妇女头上都缠白布，越有钱的人家布越新。我还奇怪，是不是因为抗战的关系，出了许多寡妇。后来才知道是当地的习惯。

史语所不是从长沙迁到昆明吗？

在那个动乱年代，兵荒马乱，逃难也没有个计划。像我们这样，也不知混到哪年哪月。是傅斯年所长让我把书运到重庆的。到了重庆，才知道史语所大部分人到了昆明。于是我在1938年7月初也离开重庆到昆明，这一路足足走了半个月。先在南岸的海棠溪等汽车，又在贵阳停了几天。7月7日上午在孔庙召开纪念抗战周年大会，当时的贵州省主席吴鼎昌在会上讲话，我也去听了。

史语所在昆明，分在靛花巷和竹安巷。罗常培、岑仲勉在靛花巷。陈寅恪先生也在靛花巷，同时在西南联大授课。我在竹安巷。我在昆明住了两年半，送走了赵元任先生。

后来史语所为什么又搬到四川南溪县的李庄呢？

我想有两个原因。当时史语所搬到昆明，可能有一个考虑，通过越南可以同海外联系。后来越南被日本占领，这条通道被堵塞了。另一个原因是昆明的房子太小。

史语所是什么时候搬李庄的？

大约是1940年底。经由宣威、威宁、毕节、叙永到了李庄。

四川比起云南来，富庶得多。南溪县城在长江北，李庄在江南。一个李庄，当时就容纳了史语所、同济大学、营造学社、中央博物院等几个机构。房子都是楠木间隔，又高又大，顶得上北京的王府。

房东愿意你们住吗？

因为物价上涨，我们付的房租后来成了象征性的。但地主还是愿意让我们住。因为我们不住，军队也会来住，破坏就大了。

史语所在李庄的情况怎样？

当时史语所有六七十人。所长傅斯年经常在重庆，所务主要由董作宾主持。

我看到当时您写的《六书古义》、傅乐焕先生写的《广平淀续考》都是油印的。《史语所集刊》抗战期间几乎没有印过，许多是在胜利以后、甚至解放以后印的，是什么原因呢？

那时的物质条件很差。大家也无所谓，写出来就搁在那里，或者干脆不写。只有岑仲勉先生用力最勤。

您是怎样离开史语所的？

抗战后期，成立了战区文物保存委员会，目的是呼吁保护沦陷区的文物，免遭破坏，如呼吁盟军不要轰炸北平古城等。委员会主任是李济，副主任是梁思成。我也是委员之一，负责图书，朱家济负责字画，……因为抗战结束得比较突然，也没有做多少工作。

抗战胜利以后，中国准备派一个代表团到日本，了解日军劫掠中国文物情况。我是代表团成员之一，在重庆集中。当时报纸公开登载过。后来"盟军最高司令官"麦克阿瑟不同意我们去，我一直留在重庆。

1946年2月5日，我从重庆飞到北平，回母校北大任教。从此离开史语所。

【附录】关于《封神演义》作者的通信

适之先生道鉴：

　　本年以史学系功课甚忙，未获修先生文学史课程，时以为憾。昨晚与同学李光璧君闲谈，得悉先生近讲晚世章回小说，对于《封神演义》作者究属何人，曾询同学如有意见可率尔以对。学生谨案无名氏《传奇汇考》卷七《顺天时》下云：

　　按《封神传》系元时道士陆长庚所作，未知的否。观传内燃灯、慈航、接引、准提，皆称道人；文殊、普贤、衢留，皆称元始弟子，其崇尚道家，疑必道家之作。但封神事属荒唐，而商周臣宰内中半实半虚，大略扭合装点，以伐纣为题目，蔓引释老，以封神作演义耳。

　　直言此书"系元时道士陆长庚所作"，似有所依据，而以故事演进观之，其时代又失之太早。因疑"元"乃"明"字之误，盖即万历间兴化陆西星所作。长庚者，西星之字也。其人著述甚富，所作《南华副墨》（首有万历戊寅自序）最为有名，焦弱侯《庄子翼》多所援引，而《四库》不著录（入存目），今颇不易觏（浙江图书馆藏有万历刻本，见该馆馆刊四卷五期）。生尝于二十三年一月见一旧钞本，乃同乡吕某物，持平求售者，颇奇之。因尝留心长庚事迹。考嘉庆重修《扬州府志》卷五十三（人物隐逸）：

　　陆西星，字长庚，兴化人，生颖异，才识宏博，於书无所不窥。娴文辞，兼工书画，为诸生，名最噪。试不售，遂弃儒服，冠黄冠，为方外之游。数遇异人受真诀，乃纂述仙释书数十种。所注《庄子》尤盛行於世。（《兴化县志》）

　　咸丰《兴化志》卷八（文苑）：

　　陆西星，字长庚，生而颖异，有逸才。束发受书，辄悟性与天道之旨。为名诸生，九试不遇，遂弃儒服，冠黄冠，为方外游。数遇异人授真诀，乃纂述仙释书数十种。其《南华副墨》为近代注庄者所不及。西星於书无所不窥，娴文辞，兼工书画。同时宗臣最以才名，而著作之富独推西星云。

　　其著述见县志卷九艺文者：

《周易参同契测疏》一卷
《老子元览》二卷
《南华副墨》八卷
《阴符经测疏》一卷
《张紫阳金丹四百字测疏》一卷
《金丹就正篇》一卷
《方壶外史》八卷
《楞严述旨》十卷（八种，《明史》入艺文志）
《邑志》
《楚阳诗逸》（共十种，皆陆西星著）
见府志卷六十二艺文子部道释类者：

《楞严述旨》十卷，《南华副墨》八卷，《方壶外史》八卷（陆西星撰）；《无上玉皇心印妙经测疏》，《黄帝阴符经测疏》，《老子道德经元览》上下卷，《魏伯阳周易参同契测疏》三篇，《周易参同契口义》三篇，《崔公入药镜测疏》，《吕真人百字碑测疏》，《张紫阳金丹印证测疏》，《庞眉子金丹印证测疏》，《邱真人青天歌测疏》，《元肤论金丹就正》三篇（陆西星测）。

皆可见其人娴文辞，有逸才，习金丹真诀，迷於道术，而又不废释教。故其《南华副墨》"大旨谓《南华》祖述《道德》，又即佛氏不二法门，盖欲合老释为一家"（《四库提要》语，子部道家类存目）。其思想与《封神演义》之称燃灯、慈航、接引、准提为道人；文殊、普贤、衢留为元始弟子，混释老为一谈，既崇道家而又不废释教者，正合。以是颇疑《演义》即西星所作。至於"元""明"一字之差，或由笔误，或以传闻异辞，皆为可能。惟以更无它证，不敢遽尔断言。西星著述虽夥，今多不传。其《方壶外史》一种，似於近时某书目中见之，而印象模糊，不可踪迹。又《兴化县志》所称与陆氏同时之宗臣，有《宗子相集》。往者其邑人李审言（详）尝劝人与《南华副墨》同刻之（见《国闻周报》卷九第四十九期《凌霄一士随笔》）。今李氏早卒，书未果刻。其中是否有与此相关之记载，亦不可寻矣。文献无徵，疑题莫释。谨书狂简之见，幸先生有以裁之。

学生张政烺敬肃
六月八日

政烺同学：

谢谢你八日的信。

这封信使我很高兴，因为前几天孙子书先生把《传奇汇考》的一段抄给我看，我不信"元时道士"之说，故颇不信此段记载，现在得你的考证，此书的作者是陆长庚，大概很可信了。

他的《南华副墨》有万历戊寅自序，戊寅为万历六年（一五七八），其时已在吴承恩（生约当一五〇〇）近八十岁的时候了。《西游记》必已流行。陆长庚大概从《西游记》得着一种Inspiration，就取坊间流行的《武王伐纣》（《全和平话》本，与今存之《列国志传》之第一册相同），放手改作，写成这部《封神演义》。

我那天在讲堂上曾说：《封神》改本所以大胜於原本，只是因为作者是个小说家，能凭空捏造出一个闻太师来，就使纣方大大的生色，又造出一个申公豹来，从中挑拨是非，搬仙调怪，才有"三十六路伐西岐"的大热闹。

"三十六路伐西岐"似脱胎於《西游记》的八十一难。《封神》一榜似从《水浒》的石碣脱胎而来。但《封神》中的三十六路，一路未完，一跻已起；十绝阵未全破，赵公明兄妹等都已出场。其章法之波澜起伏，实胜於《西游记》。

陆长庚的年代，我盼望你有空闲时再向旧修的《扬州志》或《兴化志》一查，也许旧志能提及《封神》一书，而后人删去不提了。

我写此信，只是要谢谢你的指示。你若不反对，我想把你的原信送给《独立评论》发表。

胡适，二十五，六，十夜

（原载《独立评论》209号，1936年7月12日）

延伸阅读：

张峰：（1）《张政烺的学术道路与治史风格》，《中国史研究》2015年第2期；

（2）《新历史考证学与唯物史观的学术关联——以新中国成立后张政烺的史学研究为中心》，《史学集刊》2014第6期；

孟祥才：《忆张政烺先生》，《春秋》2013年第4期；

王子舟：《从图书馆员到"活字典"——记张政烺先生》，《大学图书馆学报》2012年第1期；

孙言诚：《我的导师张政烺》，《文史哲》2007年第6期；

刘桓：《张政烺先生对古文字研究的贡献——兼追忆先生二三事》，《中国史研究动态》2006年第5期。

李埏

李埏（1914—2008），字子沂，号幼舟，彝族，云南路南县（今石林县）人，1935年7月，以全省第一名的优异成绩，由省教育厅保送入北京师范大学历史系，七七事变后，转入国立西南联合大学，受业于张荫麟、吴晗、钱穆、陈寅恪等史学大师，深得其史学真传。1940年毕业于国立西南联合大学历史系，旋即考入北京大学文科研究所攻读研究生。1942年任教于浙江大学史地系，1943年后一直任教于云南大学，先后担任副教授、教授、博士生导师。1949年12月，云南和平解放后，历任云南大学教授会第一任主席、云南大学筹捐委主委、云南大学工会筹委会主席、昆明市教育工会筹委会主委、云南省图书馆馆长；曾任云南大学历史系中国古代史教研室主任、中国封建经济史研究室主任、中国经济史研究所名誉所长；曾兼任中国经济史学会顾问、中国宋史研究会副会长、云南经济史学会理事长等学术职务。我国著名历史学家和教育家，云南大学中国经济史学科创建者、博士生导师。在唐宋经济史、中国土地制度史、中国商品经济史等领域均有独到的研究，被学术界誉为"通古今之变，成一家之言"。

主要著作

《中国封建经济史论集》，云南教育出版社1987年版；

《中国封建经济史研究》，云南人民出版社1987年版；

《滇云历年传点校》，（清）倪蜕辑，李埏校点，云南大学出版社1992年版；

《宋金楮币史系年》，与林文勋合著，云南民族出版社1996年版；

《中国古代土地国有制史》，与武建国合著，云南人民出版社1997年版；

《不自小斋文存》，云南人民出版社2001年版；

《〈史记·货殖列传〉研究》，合著，云南大学出版社2002年版；

《良史与良师：学生眼中的八位著名学者》，与李伯重合著，清华大学出版社2012年版；

《走出书斋的史学》，与李伯重、李伯杰合著，浙江大学出版社2012年版；

《李埏文集》五卷本，云南大学出版社2018年版。

李埏教授学术述略[①]

  李埏教授，1914年生于云南省路南县（今石林县），1940年毕业于国立西南联合大学历史系，旋即考入北京大学文科研究所攻读研究生。四十年代初期曾任教于浙江大学史地系。后一直任教于云南大学至今，先后担任副教授、教授、博士生导师，云南大学历史系中国古代史教研室主任、中国封建经济史研究室主任、中国经济史研究所名誉所长。长期讲授中国古代史、中国封建经济史、唐宋经济史等课程，主要著作有《中国封建经济史论集》《中国古代土地国有制史》《滇云历年传点校》、合著《〈史记·货殖列传〉研究》《宋金楮币史系年》以及学术论著选集《不自小斋文存》等。在唐宋经济史、中国土地制度史、中国商品经济史等领域均有独到的研究，被学术界誉为"通古今之变，成一家之言"，为我国著名经济史学家。曾兼任中国经济史学会顾问、中国宋史研究会副会长、云南经济史学会理事长等学术职务。

  为系统总结李埏教授的治学经历和学术成就，在访谈李埏教授和较为全面地研读李先生论著的基础上，特撰此文。

[①] 此篇访谈者乃林文勋教授。

李埏

一

　　李埏先生对史学的系统学习和研究始于20世纪三四十年代。1935年7月，先生在强手如林的竞争中，夺得云南省教育厅保送入北京师范大学公费生第一名，经北师大复试，入历史系学习。1936年秋冬，北大著名教授钱穆先生受聘到北师大讲授"秦汉史"。课余，先生常主动向钱先生请疑问学，得钱先生教诲，从此定下了立志史学的决心。

　　1937年"卢沟桥事变"爆发，先生不得不离开北平，转道回滇。在回滇的途中，先生巧遇吴晗教授，从此结下深厚的师生情谊。1938年8月，西南联大在昆明开学，先生转学入国立西南联合大学历史系学习。国立西南联合大学是由北京大学、清华大学、南开大学联合组成的当时国内规模最大的大学。名师汇集，学术气氛浓厚，选课制度灵活。先生倍加珍惜这难得的学习机会，除学好历史课程外，大量选习经济学、古文字学、英语、日语、地质学等课程，奠定了较为深厚的学术基础。先生常常撰写学习心得，向吴晗、钱穆、张荫麟三位大师求教。在三位大师的指教下，先生逐步掌握了史学的治学门径和研究方法，并走上了研究经济史和宋史的道路。短短几年内便撰写和发表了《北宋楮币起源考》《宋代四川交子兑界考》《宋代交子发展史》等论文，深得学术界好评。吴晗、张荫麟两位大师见先生才华横溢，勤学刻苦，遂介绍加入"中国史学会"，成为该会当时仅有的两名学生会员之一，先生学术研究的基石即奠定于此。

　　1940年7月，先生毕业于国立西南联合大学，旋以优异成绩考入北京大学文科研究所攻读研究生。1942年夏，张荫麟先生在浙江大学病重，召先生前往扶持，先生立即赶往贵州遵义，任教于浙江大学史地系。当年十月下旬，张荫麟教授辞世，先生悲痛不已。但不幸中万幸的是，1943年春，钱穆教授应浙江大学之聘前往遵义作短期讲学，先生在这偏僻小城又与恩师重逢。在钱先生讲学的日子里，先生随侍左右，认真记录，为钱先生后来撰写《中国文化史导论》等著作提供了方便，同时自己也增益了不少新知新见。钱先生讲学毕，临别之际，手书杜工部《奉简高三十五使君》五律相赠，既寄托他对先生的厚望，也纪念他们之间的忘年之情。诗云："当代论才子，如公复几人。骅骝开道路，鹰隼出风尘。行色秋将晚，交情老更亲。天涯喜相见，披豁对吾真。"钱先生的这幅手书，先生一直悬于书斋壁间。不幸，十年浩劫中因被抄家失去。四十年代末，在先生先后执教浙江大学、云南大学期间，撰写发表了《元昊和宋》《高平学案》等十数篇读史札记，并完成了《路南县沿革大事系年要录》上下册。

中华人民共和国成立，中国社会发生翻天覆地变化。李埏先生的学术研究也进入新阶段，迎来了学术研究的第一个黄金时期。1950年，先生奉命接管云南省图书馆，旋任馆长。1951年，参加云南武定地区的土改工作，并任工作大队秘书、罗次北厂乡和武定乌龙乡工作点点长。1953年冬，先生为了专心治史，力辞省图书馆馆长之职，回云南大学执教。之后在《历史研究》1956年第8期上发表了《论我国的封建的"土地国有制"》，引起学术界强烈反响。50年代后期至60年代初，先生参加了多次上山下乡运动和边疆民族大调查。在上山下乡运动中，先生充分利用与农民"三同"的机会，对农村中的社会阶级结构、小农经济的构成、自然经济与商品经济的关系，以及农业"八字宪法"的实际运用等都进行了深入的调查和了解。在此前后所发表的《龙崇拜的起源》《〈水浒传〉中的庄园和矛盾》《略论唐代的"钱帛兼行"》等文都明显地反映着这一特点。1960年，先生参加了云南大学组织的四川大凉山彝族社会调查，在与翻身奴隶的"三同"和对奴隶制亲见亲闻的过程中，先生认为西周社会与凉山彝族奴隶制相去甚远，而与云南西双版纳傣族领主制近似，因此从持西周奴隶社会观点改宗西周领主制社会观点，并写成《试论殷商奴隶制向西周封建制的过渡问题》一文发表于《历史研究》。在这些论文中，先生对土地所有制、古史分期、商品经济史等重要问题作了深入的分析探讨，逐渐形成一家之说。遗憾的是，"文化大革命"爆发，先生被错误地定为云大"三家村"和"四家店"的骨干，剥夺了教学和科研的权利，打断了整个研究工作。

十一届三中全会以后，科学春天到来，先生也迎来了又一个学术研究的黄金时期。在五六十年代的基础上，先生对中国土地制度史、商品经济史、唐宋经济史等领域作了更为系统和深入的研究，除发表了大量论文外，先生先后出版了《中国封建经济史论集》《中国古代土地国有制史》《宋金楮币史系年》《〈史记·货殖列传〉研究》等专著。更为可贵的是，先生痛感岁月的流逝，他考虑得最多的是要利用有生之年，培育更多的人才，发展云南大学乃至云南省的经济史学科，促进祖国学术文化的繁荣。1980年先生招收培养硕士生，1982年创建了云南大学中国封建经济史研究室，1983年参与发起并组织了《历史研究》编辑部、南开大学历史系、云南大学历史系等单位，以及在昆明召开的"中国封建地主阶级研究学术讨论会"。1986年招收培养博士研究生，并联合云南大学研治经济史的同人，共同组建了云南大学中国经济史学科，旋即被批准为首批省级重点学科。同年12月，先生还前往河北廊坊参加了"中国经济史学会成立大会"并被选为顾问。会上，先生作了热情洋溢的发言，起到了重要的鼓舞作用。回昆不久，先生便联合云南多家高校和科研机构，于1987年3月成立了云南省经济史学会，先生被选为理事长，他号召全体会员共同努力，开创云南经济史研究的全新局面。

目前，虽然李埏先生已近望九之年，但他仍笔耕不辍。现正带领一批年轻学者对《盐铁论》作全面系统研究，以期继《〈史记·货殖列传〉研究》全面探讨中国历史上商品经济发展的第一个高峰的开始之后，对第一个高峰的终结作深入系统研究。同时，正在组织力量对《唐宋商品经济史》进行修订，完成对商品经济第二个高峰的全面研究。

二

李埏先生毕生致力于中国经济史的研究，在多个方面做出了重要的学术贡献。其中，最为主要的是中国土地制度史和中国商品经济史的研究。这是贯穿李埏先生整个学术研究的两条主线，也是他学术研究的两块基石。

作为中国土地所有制形式大讨论的重要参加者，李埏先生从理论上对土地国有制、大土地私有制和大土地占有制作了科学的区分，进而追溯了土地国有制的源头，并揭示了土地国有制和北方地理环境、农民大起义以及中央集权的封建国家的关系。他不同意单纯地依据地租来判定土地所有权，指出判断土地所有权的根本标准应该是看能不能将土地当作"私人意志的专有领域"，排他地、独占地去支配它。据此来看，在我国封建社会中，始终存在着封建的土地国有制、大土地占有制、大土地所有制，它们的区别就在于土地所有权上。此外，小农土地所有制和残余的村社土地所有制也同时存在。

在此基础上，李埏先生对中国封建社会土地所有制的变化发展以及地主阶级的产生和地主土地所有制的经营方式作了深入的揭示。他指出：农村公社是公有制和私有制并存的"二重性"的社会结构，它是从公有制向私有制过渡的必经阶段，农村公社的解体或者延续是由商品经济发展的程度决定的。西周时期，农村公社就是井田制。它是由公有制向私有制过渡的社会形态，是古代土地占有形态发展的一般规律和不可或缺的产物，并非孟子向壁虚构。井田制之所以长期存在，原因在于那时商品经济发展水平还不高，对井田制形不成破坏和瓦解力量；到了春秋战国时期，商品经济长足发展，商品货币关系渗入井田内部，逐渐引发土地买卖，最终摧毁了井田制。只不过由于当时商品经济的发展还有不小的局限性，井田制便有一些"活生生的残余"延续下来。井田制解体后，原来生活在农村公社里的人们摆脱了村社的束缚，但也同时失去了它的保护。士、农、工、商各在自己的道路上，为占有土地、获得财富而奔波劳碌，于是"齐民"不齐了。贫富分化如丸走坂似地不断扩大和加深，新的阶级、新的社会矛盾产生并发展起来。整个社会步入一个新的历史时代——封建地主制时代。在整个封建地主制时代，庄园制是地主土地所有制经营的重要方式，宋代庄园不过是其中的一段而已。《水浒传》有那么多的庄园，说明庄园制是存在的。

商品经济是李埏先生又一重要学术研究领域。先生根据恩格斯《反杜林论》中对于广义政治经济学的阐释，强调指出：生产和交换是社会经济发展的横坐标和纵坐标，而"商品经济发展的轨迹就是一个社会或一个时代的经济曲线"，代表着生产力和社会的进步。在商品经济存在的古代社会中，在战国以后的封建时期里，商品经济始终是一个进步因素和力量。每当它有所发展的时候，社会就相应地向前进展，战国时代和汉初、唐宋时代都是显著的例子。反之，每当它衰落的时候，社会就停滞甚至后退，例如魏晋时代就是这样。自然经济和商品经济是人类社会长期并存的两种经济形式，二者互相制约、互相影响，此进彼退、此消彼长。就这两种经济形式的对立运动来看，假如舍去曲折反复，只就总趋势而论，自然经济由绝对的统治地位逐渐削弱，趋于消亡，而商品经济则是由萌芽状态逐渐增长，最后取得全面统治地位。针对我国历史上长期不重视商品经济的旧观念、旧传统，他主张把商品经济问题放在经济史研究的头等重要位置，号召更多的人从事这项研究工作。

基于这些认识，李埏先生还对中国商品经济发展的历史作了高度的理论概括和分析。他认为，在中国商品经济发展的历史进程中，曾出现两次高峰，两次高峰之间是一个低落时期，呈"马鞍形"发展态势，形成一条升降起伏的经济曲线。第一个高峰是《史记·货殖列传》所传人物生存的那个时代，约自春秋末至西汉前期。中间阶段是魏晋南北朝的低谷，人们所熟悉的《桃花源记》《山居赋》等作品，都是自然经济在意识形态上的曲折反映。进入唐代，商品经济否极泰来，又向前发展了。经唐至宋，出现了第二个高峰。这个高峰，比第一个高峰更高。虽然封建统治者仍然实施管榷政策，但时移势异，商品经济发展之势已不可能逆转了。所以唐宋以来，商品经济好像在高原平台上移动一样，一直持续不断地向前发展。

与此同时，李埏先生还对唐宋货币经济作了深入的分析与阐释。他说，"唐代'钱帛兼行'是唐以前商品货币经济发展的结果。"铜钱是小生产者的货币。唐代中叶以后，商品经济日益发展，作为小生产者的货币，单位细小的贱金属铜钱在流通过程中产生了尖锐的矛盾，于是出现了飞钱。飞钱的出现，使"认票不认人"的信用票据树立起更大的权威，为后来楮币的产生准备了历史条件。关于楮币的产生和流通，《宋史·食货志》说："会子、交子之法，盖有取于唐之飞钱。"可谓直溯其源，最能得其演进之实。交子率先起源于四川，主要是因为宋廷规定四川专行铁钱，引起交换不便而又缺乏贵金属作为货币，交子便借信用业的发展而产生。交子产生的时间，说它出现于公元10世纪末应是最为恰当的。交子的界制前后有很大变化，凡有五期之不同。

最为独到的是，李埏先生还创造性地将土地制度史与商品经济史有机地结合起来，从商品经济的发展去考察中国古代土地制度的盛衰变化。他指出，在中国封建社会里，地主土地所有制、农民土地所有制、土地国有制等多种形态交织在一起，互为消长盈缩，构成一条曲折起伏的经济曲线，贯穿于整个封建社会，而规定秦汉以后社会性质的则是地主土地所有制。是什么原因导致各种土地所有制之间互为消长盈缩呢？李埏先生认为，主要是商品经济，商品经济曲线"是封建土地国有制存亡盛衰的关键"。以此为出发点，李埏先生分析了整个封建社会土地所有制的变化发展，以及商品经济与地主阶级产生和发展的关系。他强调商品经济的一定程度的发展是地主阶级产生的历史前提。春秋战国时期，货币经济冲击着农村公社，引起农村公社内部齐民的贫富分化。富者必然要剥削穷者，但由于双方均为齐民，同属一个等级，封建王法禁止隐占王民，不许抑良为贱，因而只能借助于租佃这种手段，这样就产生了地主和佃农，产生了封建地主制生产关系。这比之于把地主阶级的产生简单地归结为阶级斗争的结果的观点，显然更具说服力。地主有贵族地主、官僚地主、庶民地主之分，决定地主阶级性质和动向的是庶民地主。庶民地主与农民、手工业者以及商贾之间，不仅没有等级界线的障碍，反而有商品经济这一经济通道。商品经济使地主、农民、手工业者、商贾经常处于贫富分化之中，身份不断发生转化，从而使地主阶级获得不断更新。这是导致地主阶级长期存在的重要原因。

此外，作为一位云南籍并且一生执教桑梓的学者，李埏先生还十分重视云南地方经济史的研究。20世纪三四十年代编写了10余万字的《路南县沿革大事系年》，90年代出版了《滇云历年传》点校，并发表了《重视云南经济史的研究》《汉宋间云南的冶金业》《马援安宁立铜柱辨》等一系列论文，成功地解决了云南历史上的一些疑难问题。

三

司马迁撰《史记》，提出"究天人之际，通古今之变，成一家之言"的宗旨，成为后世中国史学研究中的一大指导思想。李埏先生早年随钱穆先生问学，钱先生一再教导他要有中国通史的全局观念，能够上下相承，左右相连，不可以见其一端，以偏概全。李埏先生认为，一个研究历史的学者，应该力求做到"通古今之变，成一家之言"。数十年来，他一直以此为努力的目标。

李埏先生认为，要做到这一点，既要详细占有史料，又要充分重视理论的学习，二者不可偏废。要善于用理论分析史料，透过现象认识来把握历史的本质。所以，先生非常强调对马克思主义理论的学习。据他自己的回顾："解放前，我于历史唯物主义毫无所知。而时常以不明历史发展之所以然而苦恼。解放以后，我开始学习马克思列宁主义。这真是指路明灯，一接触就令人欲罢不能。50年代初那几年，我把过去所读的古籍全收起来，尽读马列之书及许多较早用马克思主义观点进行研究中国史学的著作。"（《中国封建经济史论集》序言，云南教育出版社1987年版）几十年来，他养成了这样一个习惯：每天清晨，起床后擦一下脸，第一件事就是攻读马列，少则半小时，多则四五十分钟，一本又一本马列原著被他通读了一遍又一遍。他对马克思主义理论的学习，从来都是力求从深层次把握其精神实质，加以灵活运用。五六十年代直至70年代，马克思主义被严重地教条化、口号化。即使在这样的政治气氛下，先生也没有盲从和轻信，没有脱离把握其精神实质的轨道。

60年代初，先生在撰写《略论唐代的"钱帛兼行"》一文时，文末曾引马克思《资本论》中的一句话，原中译文为："生产越是发展，货币财产就越是集中在商人的手中，或表现为商人财产的特别形态。"联系前后文马克思的分析，先生认为"生产越是发展"一语应为"生产越是不发展"。在当时的历史条件下，提出此问题极容易与篡改马克思主义等同起来，是要冒相当大的风险的。为此，先生请教了一位研究《资本论》的资深教授和一位外语系的老专家，他们均不置可否。但尽管如此，先生仍相信自己的理解是正确的，并在引文中大胆加上了这个重要的"不"字，并对翻译的错误加注说明。论文在《历史研究》1964年第1期刊出后，时任中国科学院院长的郭沫若先生立即给《历史研究》编辑部写了一封信，指出先生的见解是对的，证实中译本确实漏了一个"不"字，虽然只是一字之差，但会"差之毫厘，而谬以千里"，并建议中译本出版处重视这个字，加以改正。这既说明了先生对马克思主义理论的准确理解和把握，同时也显示出他敢于坚持真理的勇气。通过长期系统的学习和钻研，先生确立起了对马克思主义的坚定信念。在《中国封建经济史论集》的序言中，先生说道："我笃信辩证唯物主义和历史唯物主义是颠扑不破的真理，力图正确地运用它去解决我所接触的问题。"对理论的深刻把握，使先生在研究具体的历史问题时常能洞悉窍要。著名历史学家、理论家苏双碧先生评论说："李埏先生很熟悉马克思主义，他运用马克思主义研究历史很自如，这是他的学术著作见解深刻、新颖的重要原因之一。"（苏双碧：《渊博·严谨·求实——为李埏先生学术活动五十周年而写》，云南大学历史系编：《纪念李埏教授从事学术活动五十周年史学论文集》，云南大学出版社1992年版）

在学术界，同人常说李埏先生是一位"两头熟"的专家，即理论熟、史料熟。他认为，占有史料、精心求证是历史唯物主义揭示历史本质的基本前提和有效途径。在史料的具体运用上，先生强调一方面要详细占有材料，另一方面要能从人们熟知的史料中发人之所未发。举例言之，在《略论唐代的"钱帛兼行"》一文中，先生继承陈寅恪先生以诗证史的方法，以白居易《卖炭翁》印证历史，精辟地分析了唐代小生产者与市场的联系，指出与市场联系最为紧密的是那些朝不保夕的小生产者，而非达官贵人。在《〈水浒传〉中的庄园和矛盾》一文中，先生独辟蹊径，以《水浒传》这部小说为范本，深刻地解剖了宋代社会的矛盾及其发展变化，认为各种矛盾有主次之分，不搞清这一点，很难对宋代社会的特点作出准确的分析。

四

李埏先生特别强调，科学研究需要一种献身和牺牲精神。他常常对学生说："科学研究必须坐冷板凳，啃冷猪头肉。"还说："一个人处逆境的时候容易动摇，但处顺境的时候恐怕更易动摇，因为功名利禄等等是很容易诱惑人的。"这既是他对学生的要求，也是对自己的鞭策。五六十年代，李先生取笔名为"二冷""敖冷"，意即自己甘愿坐冷板凳，甘愿啃冷猪头肉。

在科学研究上，是以多、快为道，还是以少、精为功呢？先生主张文不贵多，贵工。《汉书》卷51《枚乘传》载："乘子皋，武帝时为郎，为文疾，受诏辄成，故所赋者多。司马相如善为文而迟，故作少而善于皋。皋赋辞中自言为赋不如相如。"早年，李埏先生就手录这段话置诸座右，并自加按语说："自后世相如盛名观之，皋不逮相如远矣。由是可知，文章贵质不贵量。苟质不佳，虽多亦奚以为，疾则更无论矣。"顾炎武《日知录》卷19"文不贵多"条云："二汉文人所著皆少，史于其传末每云所著凡若干首。惟董仲舒至百三十篇。史之录其数，盖称之，非少之也。乃今人著作，则以多为富。夫多则必不能工，即工亦不必皆有用于世，其不传宜矣。"该条之下，注说："杨氏曰：'今之文集与今之时艺，若不拉杂摧烧，将伊于何底！'"80年代，当李埏先生读到这段记载时，他又亲手抄录，作为自己立身治学的准则。正因如此，李埏先生惜墨如金，从不轻易着笔。凡有所论，无不经过反复修改、推敲。他的稿子写就，不仅常常请同事们看，请他们提出意见、批评，还经常请学生看，请他们提意见和批评。即使到90年代，他仍坚持这样做而没有丝毫的松懈。以1997年底发表于《思想战线》的《夏、商、周——中国古代的一个历史发展的阶段》一文来说，初稿在1993年前后就已写成，在长达三四年的时间里，李埏先生对稿子作了多达七八次的修改。其间，有一次，稿子已被一家杂志社拿去排印即将发表，他感到其中一个地方论述尚不够完备，当即请学生到杂志社将稿子撤下拿回，又作了长达数页的修改补充。先生治学的严谨和风格由此可见一斑。

同时，李埏先生认为，要做好学问，一定要处理好博和精的关系。早在60年代初，先生就应有关报刊之约，相继发表了《博和精》《读书和灌园》《读书必有得力之书》《文章的眼睛》等十余篇杂文，以后又发表多篇有关专文，谈论自己的治学感受和为学之道。他指出：一方面学要有所专，另一方面不可片面只求专约，孤立地研究问题。"读书为学，既要广博，又要专约，二者缺一不可"，"重此忽彼，都是读书为学的偏向"。几十年来，先生涉及中国经济史的诸多方面，但始终以唐宋经济史为重点，贯穿中国土地制度史、中国商品经济史这两根主线，二者兼容互补，相得益彰，正是这一思想的具体实践。

延伸阅读：

《纪念李埏教授从事学术活动五十周年史学论文集》，云南大学出版社1992年版；

《李埏教授九十华诞纪念文集》，云南大学出版社2003年版；

《永久的思念：李埏教授逝世周年纪念文集》，云南大学出版社2011年版；

《李埏教授百年诞辰纪念文集》，云南大学出版社2014年版；

林文勋：《循循善诱 指点迷津——李埏教授培养研究生方法述要》，《学位与研究生教育》1993年第5期；

龙登高：《商品经济、土地制度与中国经济发展史——李埏教授治学专访》，《中国经济史研究》2000年第1期；

田晓忠：《李埏先生与中国经济史研究》，《中国经济史研究》2015年第3期。

漆侠

漆侠先生（1923—2001），我国著名历史学家。出生于山东省巨野县，1944年考入国立西南联合大学历史系，1948年自北京大学毕业后，旋入北大文科研究所史学部读研究生。1951年3月至1953年12月在中国科学院近代史研究所工作，任助理研究员。自1953年，任教于天津师范学院（后改称天津师范大学、河北大学）。曾任河北大学历史研究所所长、教授、博士生导师，兼任中国史学会理事、中国宋史研究会会长、中国农民战争史学会顾问（原理事长）、河北省历史学会会长、河北省社科联副主席等职。2001年11月2日去世。长期以来，致力于中国农民战争史、中国古代史、辽宋夏金史的教学和科研工作，曾荣获全国普通高等院校优秀教学成果国家级特等奖、河北省社科一等奖、教育部全国高校人文社会科学研究成果奖一等奖和二等奖、首届郭沫若中国历史学奖二等奖等。《中国大百科全书·中国历史》史学家栏目收录他的辞条。

主要著作

《王安石变法》，上海人民出版社1959年、1979年版；增订本，河北人民出版社2001年版；

《秦汉农民战争史》，合著，生活·读书·新知三联书店1962年、1979年版；

《宋代经济史》，上海人民出版社1987年、1988年版；中华书局2009年版；

《中国经济通史·宋代经济卷》，经济日报出版社1999年版；

《两宋政治经济问题》，与邓广铭先生合著，知识出版社1988年版；

《辽夏金经济史》，与乔幼梅教授合著，河北大学出版社1994年、1998年版；《中国经济通史·辽夏金经济卷》，经济日报出版社1999年版；

《宋学的发展和演变》，河北人民出版社2002年版，人民出版社2011年版；

《历史研究法》，河北大学出版社2003年版；

《漆侠全集》，十二卷本，500余万字，河北大学出版社2010年版；

《辽宋西夏金代通史》，主编，380余万字，人民出版社2010年版。

漆侠教授访谈录

漆先生，上海《历史教学问题》编辑部委托我对您进行一次访谈，希望就您的治学经历、研究心得，以及对目前学术界的状况，或者您现在所想的一些问题，谈一谈您的看法。先生，您看我们先从您的治学经历谈起，好吗？

好吧。我是1944年秋天考入西南联大的，当时联大名家大荟萃，学术气氛很浓。一年级的时候，为了猎取知识，我真正算是"兼容并包"了：诸家通史如翦伯赞、张荫麟、钱穆、邓之诚等人，甚至连缪风林的，都统统加以阅读、浏览。通史与通史不同，这就要博采众家之长了。到二年级，我打算在断代史，特别是唐宋史方面下点功夫，于是在上学期读《旧唐书》，下学期读《宋史》，在图书馆上午、下午、晚上三段时间，一本一本地读。1946年夏天，联大北迁，我入北大继续上三年级。这年秋天，邓先生（广铭）开设了《宋史专题研究》课，我立即就选了下来。我认识邓先生并跟随先生学习宋史，就是这个时候开始的。

我很早就读过梁启超先生的《王荆公传》，后来在大学里又读过《王安石评传》《王荆公政略》等书，还有许多有关"王安石变法"的论文。我认为，这些书和论文，对于"王荆公新法"的研究还都不够。所以我向邓先生提出，"王荆公新法"还有重新研究的必要，邓先生极为同意。我的大学和研究生论文，都是以"王荆公新法研究"为题的。大学毕业论文写了八九万字，只写了青苗、免役两法，研究生的时候继续进行。1951年3月，我到了中国科学院近代史所工作。那段时期，开始认真地学习马克思主义理论原著，有些书都是从范老（文澜）书架子上借走的。现在总有人问我：怎样才能学好历史？怎么学啊？要我说，不外乎两条：一是多掌握史料，二是学好马克思主义理论。我自己能有今天的认识水平无外乎，一是得益于旧大学的国学教育，受那么多名师的启发；二是得益于马克思主义的学习。

先生的治学方法有自己的特色，可以说是独树一帜的，就此请您谈谈。

我一直是认真学习马克思主义的。从1949年读普列汉诺夫《论个人在历史上的作用》开始，1951年到1953年这大约三年的时间里，在中国科学院近代史所认真学习了系列马列著作。另外，传统给我的教育，乾嘉学派传下来的校勘学、音韵学、训诂学等对我也有影响。还有就是取自西方的归纳、综合、逻辑等方法也有一些。但主要还是力图以马克思主义为指导，《王安石变法》《宋代经济史》的写作，就是这样的。

现在的有些学者，尤其是青年学者，对理论的学习和认识都很不够，总是想用一些西方的史学思想来代替马克思主义，甚至根本就不学什么理论。这种现象，您怎么看？

我对历史科学的解释，你看《辽夏金经济史》没有？对啦，就是乔老师（按：指乔幼梅，山东大学教授）写在后记里的那一段：

历史科学是对史料的诠释和运用的一门学问。它是建立在客观历史实际的基础之上的，包括文献和实物在内的各种材料是第一位的；但是，对史料的诠释运用，则决定于史学工作者的主观认识，主观认识的正确与否，又决定于史学工作者的观点和方法。

在这里，我所说的这个观点和方法，还是马克思主义的观点和方法。以我看，至今还没有什么理论能够取代马克思主义的理论。不学习这个理论，那怎么行？当然，如果别的理论方法，只要对我们的研究有帮助，我们也不是不可以看，但是，你别管控制论、新三论、旧三论，用它们来完全取代马克思主义，我看不行。马克思主义理论博大精深，你不学习，怎么能懂？你研究历史，能离开历史唯物主义？能不懂辩证法？

切思：学术的真与美

据我所知，您在几十年的研究中，不但一贯坚持运用马克思主义的理论来指导，并且，您在研究过程中，无论是对秦汉魏晋、隋唐宋史，还是对中国古代史许多重大问题的研究，一直都用一种比较开阔的眼光，也就是说，您一直在用贯通性的眼光来分析问题，对一个历史事件、一个历史现象，放在历史发展的长河中，去做贯通的分析、研究。当然，这是我的感觉。我想请教先生，您是否一开始研究就注意到了这个问题？

贯通了没有？这不敢说，也不能完全这么说。我经常说，要在专的基础上通，要在通的基础上专。一个人要在历史方面有所创新、有所发展，光学一个断代史，一个专门史，那是不够的。我常给你们说：光学历史，学不好历史；光学宋史，学不好宋史。也是这个道理。你学宋史，对宋以前、宋以后的知识不了解，甚至一无所知，那怎么行？要我说，不单是历史方面的书要多读多看，并且，哲学的、文学的、政治经济学各个方面的书，都得看，要博览群书，才能逐渐提高一个人认识问题、分析问题、解决问题的能力。以前的老先生，都是文史兼通的。陈寅恪先生不必说了，邓先生也是文史兼通啊！他不但精通宋史，对稼轩词作的笺注，就显示了他在国学方面的功底。这也是邓先生的传世之作。

先生这半个多世纪以来的研究工作，虽然对于农民战争史和其他各个断代史、包括古代史上的许多重大问题，都有自己独到的研究，但在宋史方面花费的精力最多，成果最多，也最突出。您的《王安石变法》《宋代经济史》，在国内外史学界都有很大的影响。您在经济史方面三个引人注目的观点——中国封建经济制度三个阶段的划分，封建时代生产力发展的两个马鞍形说和宋代经济不平衡的"北不如南，西不如东"，也就是学术界人们所乐道的"三大观点"影响也很大。

这几十年，对宋史我是用力最多。上大学、研究生，研究的是"王荆公新法"，到1957年，我写出了《王安石变法》。不过，50年代我对农民战争史兴趣很浓，我很早就想与几位志同道合的朋友共同撰写一部中国封建社会经济史，从战国秦汉直至明清，可是十年"文化大革命"破坏了这一设想。也是因为那时候，对农民战争史以及农民战争史颇有兴趣，就对隋末农民起义、秦汉农民战争史以及农民战争史的相关理论总问题等进行了一些研究。在农民战争史的研究方面，我认为自己还是做了一些工作，"二黄分期""让步政策"等论断的提出，虽然说在当时受到了批判，我还是没有放弃自己的观点。1966年5月，历史系开批判会，批我的让步政策。我说，如果让步政策是政治问题，我就放弃；如果是学术问题，我就坚持。你知道，我也不想当历史反革命啊！我说过，学术上的是与非，对与错，恩格斯早就指出，往往需要几年甚至几十年才能加以判定。并且，就一个人而言，形成一个观点，固非一朝一夕之功；清理或抛弃一种观点，也绝对不会是一朝一夕的事儿。不认真考虑不同的并且是正确的意见，一味固执己见，这自然不是追求真理应有的态度；相反，对不同意见，一遇到批评，就不加分析地接受下来，立即改变自己的见解，我看也不见得就是实事求是的态度。现在回过头去看，研究农民战争，必须把经济关系弄清楚，可是不能一下子就那么深入。农民起义的研究之所以不能深入下去，也是因为经济关系、政治制度没能搞清楚。

漆先生，您在农民战争史的研究之后，是什么时候又转向了宋史方面研究的呢？

从1973年下放劳动回校之后吧！"文化大革命"前我搜集的宋代经济史方面的史料已经六七十万字，当时认为这些材料还很不充分，没有贸然动手写。"文化大革命"中我被"缴械"了，全部资料和文稿《章惇年谱》等有300多万字，都被抄走了。下放回校之后，我决定重新搜集材料，对宋代经济史进行研究。当时，我立下了一条不看完700种书决不动笔的规定，这些我在《宋代经济史》后记中也讲到了。至于为什么转到经济史方面，这应该是学习马克思主义的结果。马克思主义讲，经济是在社会发展中起决定性作用的重要因素，每个历史研究者必须了解经济、懂得经济，才能够懂得历史。我是在这里得到启发的。经过七八年的努力，我终于达到了这个要求，积累了140多万字的资料，开始动手写了《宋代经济史》。又经过三年多的努力，至1981年底，完成了初稿。

切思：学术的真与美

《宋代经济史》出版之后，学术界反响很大，有人认为，这部书是填补空白的奠基性著作，也有人说，这部书既总结了过去，也开拓了未来，是部里程碑式的著作，从中国经济史研究和宋史的研究来看，都是如此。还有人说，是您开创了宋代经济史研究的新局面，也为断代史的研究开拓了一条道路。您在《后记》里提到了关于撰写方式的问题，您当时是怎么考虑的？

评论归评论，不用管它。关于中国经济史的研究，就国内来讲，在这之前，可以说，这一领域的研究成果较少，也很零碎。解放前，真正算得上有研究的、能够自立于著述之林的——像李剑农先生的《宋元明经济史稿》——为数很少。中国古代经济史的研究、宋代经济史的研究一直很薄弱，也可以说，在《宋代经济史》之前，并没有中国经济史领域或断代经济史研究的体系和经验可以借鉴，八九十年代以来才有所好转。就国外来讲，日本对中国宋代经济史的研究成就不小。从加藤繁到周藤吉之、宫崎市定，对经济史的研究都扎扎实实。但是，不足之处在于，他们不懂得、也不用经济关系、阶级关系来分析问题。在《宋代经济史》中，我用了十几万字的篇幅分析宋代生产力发展状况，同时注重对经济关系的考察。《宋代经济史》包括了农业、手工业、商业和经济思想各个方面的论述，注重全面性、系统性，但我决不搞材料堆积，也努力避免面面俱到又都很稀松。我的努力方向在于研究中的薄弱地方，譬如，对于宋代地租问题、宋代水利事业发展的研究等，力求有所突破。

目前有些青年学者不学、不用马克思主义来研究中国经济史，却运用西方经济学的一些方法来研究分析中国经济史，您对此有何看法？

我对现代西方经济学的方法，了解不多。但是，我很反对一些不懂马克思主义的人，却对马克思主义进行肆意诽谤，刚才我也说过。近年来还有什么马克思主义过时论等等，这在学风上是不可取的。这十多年来，与商品大潮的侵蚀息息相关，出现了几起几落的厌学，这其中就包括一部分青年厌学马克思主义。更离奇的是，从来不学也不懂马克思主义的人，在某些场合，居然离经叛道、厚颜无耻地自相标榜。不必说背离马克思主义，即使对马克思主义学习不多，知之不多，没掌握其精髓，也是得不到什么好处的。强不知以为知，不念书，又自以为是，这是学术工作中的大敌。我个人认为，运用马克思主义来研究中国经济史，把它与中国历史实际相结合，要比其他方法好。马克思主义这个博大精深的理论体系，西方经济学对它也不能全部否定，法国的百科全书派也给了它一席之地。现在，西方许多国家不是也有大批的人在研究马克思主义理论？我个人认为，社会主义经济问题不能用资本主义的方法来解决。同样，对中国历史研究也不能依赖于西方的经济学方法。运用马克思主义理论来解决中国的社会经济问题，也不能生吞活剥、生搬硬套，要把马克思主义的理论与中国历史发展的实际相结合，怎么个结合？结合的程度如何？这就是史学工作者个人的能力问题了。

近几年来，您先后发表了《宋学的发展和演变》《释智圆与宋学》《晁迥与宋学》等宋学方面的论文，最近一期《北京大学学报》（1999年3期）发表了您的《儒家的中庸之道与佛家的中道义》一文，我以前认为，先生是研究经济史为主的，没想到您这几年研究思想史、哲学史也这么内行。

这并不奇怪。我在西南联大上学时，冯友兰先生开《中国哲学史》课，我选修了。冯先生上课也不怎么有讲稿，那么多材料，都是用脑子记住的。了不起！冯先生的课，我听得很认真，做了很详细的笔记。期末考试，冯先生判我的考试卷，给了95分。我现在看他的书，只看两卷本《中国哲学史》。我对哲学史一直都感兴趣，汤用彤先生的《汉魏两晋南北朝佛教史》上下两册，《隋唐佛教史稿》《魏晋玄学论稿》《续高僧传》《五灯会元》等书，抄了好多卡片，很可惜，"文化大革命"中都给我抄走了。

先生在《宋学的发展和演变》一文的最后一部分，对以往思想史研究的模式，即单纯从思想史到思想史的研究，提出了中肯的批评，提出思想史的研究，必须与社会政治的经济的关系紧密结合的理论研究方法，您是怎样思考这一问题的？

对思想史的研究，是我近年的一个学习课题，这说明我在学术上没有停步不前，还在努力探索，努力向前。至于研究的水平如何，那很难说。你刚才说的思想史研究的模式问题，过去的研究，大多是从思想史到思想史，从思想家的文集等材料入手，斟字酌句，很少从社会政治、经济两大关系上思考问题。一个时代的学术思想，总该是时代政治关系和经济关系发展的体现。意识形态领域的发展，有它独立的一面，但是，它同时也受上述两个方面的影响、制约。如果忽视了从政治关系、经济关系方面的思考，那么，思想史的研究是不够全面的，也不是科学的。这只是我个人的看法，至于思想史学界的人接受不接受，那是另外一回事。

先生在宋学的研究方面，有什么新的打算？

我这个宋学的研究，是一个系列研究。写完《宋学的发展和演变》《释智圆与宋学》《晁迥与宋学》《儒家的中庸之道与佛家的中道义》，还有《中庸之道与司马光哲学》《荆公学派与辩证法哲学》《王雱及其哲学思想的研究》，这些都写出来了，下面还打算写写王安石和张载的辩证法比较，兼论张载的社会观，欧阳修、范仲淹、宋初三先生、苏氏兄弟等等。最后，出一本三十万字左右的集子。我写这些，是为我写断代史做的一个准备工作。

先生这两年一直有写辽宋夏金断代史的想法，具体计划安排，能大致谈谈吗？

断代史，以前我不想写。当初《中国大百科全书》的辽宋夏金史部分，是由邓先生挂帅，组织了我们几个人写的。如果那个时候邓先生说，我们几个继续工作，这个断代史就能早些时间出来了。我认为，中国学术界缺乏一部像样的中国通史，一个重要的原因是对断代史的研究不够。断代史的研究胜于中国通史，但是也不尽如人意，讲义式教科书多，有独到研究者则甚少。只有真正能够盱衡一代，将一代政治经济文化作为统一整体，从其相互联系、相互制约、相互作用中论述其发展，才有可能写出一部较有深度的断代史。所以，我自从在大学任教以来，虽然也写出了包括辽宋夏金史在内的几部断代史讲义，但从来不敢对辽宋夏金断代史有所问津。蒙邓先生厚爱，多年前就推荐我向某家出版社写这部断代史，我没有答应。七八年前，邓先生曾当面对我说："由你挂帅，写一部辽宋金史。"在我思想上从来没有这一奢望，当时没有回答上来。这以后，我一直惦记着这件事，前几年看到邓先生自选集序言，以自己没有写出辽宋夏金断代史为憾事。真正能够盱衡一朝史事的，只有先生。如果先生当面提出这一问题时，我力请先生主持其事，对先生、对我都不成其为终生憾事了。现在，邓先生不在了，我觉得我有这个责任，完成先生的未竟事业吧！

宋辽夏金断代史，以前的写法都有问题。这不是说，我要写断代史就没有问题，十全十美，那不可能。有一些问题，譬如宋代的文化思想，我以前没有专门研究，这几年，通过对宋学的一些探索，对宋代的思想文化有了较多的认识，我这才能准备写断代史。否则，没个人的见解，尽抄别人的，没意思，我也最不愿意那么做。

这部断代史在字数和时间上，有一个大致的计划吗？

辽宋夏金断代史，不好写。我大致有一个安排。总的要写120万字左右吧，宋这一部分，由我来写，得需要60至70万字吧。金这一部分，我请乔幼梅教授写（按：乔先生，山东大学历史系教授）。辽和西夏，那就看我的身体情况来定了。我今年七十六岁了，如果还有十年左右的时间，再做一些具体工作，完成这个断代史，把我的历史研究法整理出来，再多培养几个像样的学生，也就该见马克思了。

先生的气色一直很好，体格还是很硬朗，估计活过九十岁是没问题的。

我没那么高的奢求，十年，能再活上十年，把我要做的事情做完，也就行了，够了。

近几年来，受商品社会发展的影响，学术界也出现了许多问题。譬如，许多学者尤其是青年学者，受物欲的诱惑，剽窃抄袭他人成果，这种事情已经屡见不鲜。这两年，《历史研究》等一些有影响的期刊，开始对这一现象展开批评，引起了很大的反响，争论也很不少。先生怎么看这一现象？

这是学风问题。这些年来，在商品大潮冲击下，人们对劳动的态度，产生了一种所谓的、用时髦的话来说就是逆反心理：投入少，"效益"要大；即使不投入，也要无本万利。就像你刚才说的。这种"逆反心理"，反映到商品市场上，假冒伪劣的商品泛滥成灾，甚至置人命于不顾，敢于制造假药出售；反映到学术界和文化市场上，粗制滥造，移花接木，改头换面，剽窃抄袭等等，前辈学者鄙视的穿窬之盗，也就是贼娃子，统统暴露出来了。任何一个认真从事研究的史学工作者，不能也不应该随波逐流。还是要以辛勤不懈的劳动，做好自己的工作，共同维护、培育一个良好的学风。我管不了别人，但是，我能够管好我自己，管好咱们这个研究所，叫它在学风上不出问题。从我们这里毕业的硕士生、博士生，我都要严格把关，学位论文没有新见解、新观点、新材料，乱凑的，一律不能授给学位。在适当的时候，我也要公开呼吁。建立一个良好的学风，势在必行。

作为一个史学工作者，您认为该如何避免一些文人特有的毛病呢？

一个史学工作者，最重要的是要有自知之明，能够认识自己缺点和不足，然后才能不断地有所进步。文人相轻，是一个老毛病，谁都认为自己写的文章好，自己天下第一，那谁愿意当第二？对个人的不足和缺点有所认识，很不容易。还有一点，我常说，别当"三家村"的圣人。要看全国、全世界，在同类同行中对比，看自己的学问究竟达到了什么程度。搞研究工作的，要了解目前的研究状况，不能闭门造车，做重复劳动，炒冷饭；要多走出去看看，看看别的院校，别人的研究是怎样的，找找差距和不足。

最后想请您对我们这些青年学者提点希望。

就那么两点：一是认真学习马克思主义；二是要耐得住清苦和寂寞，要坐得住冷板凳，要天圆地方，而不要天方地圆。

延伸阅读：

李华瑞：《漆侠先生访谈录》，《史学史研究》2001年第3期；

李华瑞：《跟漆侠师学宋史》，《历史教学》2012年第1期；

刘永佶：《自缘身在最高层——悼老友漆侠先生》，《社会科学论坛》2002年第5期；

《漆侠先生纪念论文集》，河北大学出版社2002年版；

《漆侠与历史学：纪念漆侠先生逝世十周年文集》，河北大学出版社2012年版。

来新夏

来新夏（1923—2014），浙江萧山人，出生于浙江省杭州市，1946年毕业于辅仁大学历史学系。1949年初在华北大学第二部学习，接受南下工作的培训，后分配在该校历史研究室，为范文澜教授研究生，攻读中国近代史。1951年奉调至南开大学历史系任教，由助教循阶晋升至教授。先后担任南开大学校务委员、校图书馆馆长、出版社社长兼总编辑、图书馆学系系主任、教育部古籍整理研究工作委员会所属地方文献研究室主任，兼任中国近现代史史料学会名誉会长、北京大学中国古代文献研究中心兼职教授、文渊阁本《四库全书》学术委员会委员、点校本《二十四史》及《清史稿》修订工程审定委员会委员、天津市地方志编纂委员会顾问、美国俄亥俄大学图书馆顾问等职务。主要从事历史学、方志学、文献学等方面的教学与研究工作。发表论文百余篇，另撰有大量随笔散文，汇编成集的有《冷眼热心》《一苇争流》《且去填词》《出枥集》《学不厌集》《来新夏书话》《邃谷师友》和《皓首学术随笔丛书·来新夏卷》等十余种。

主要著作

《北洋军阀史略》，湖北人民出版社1957年版；

《北洋军阀史》，上海人民出版社1993年版，南开大学出版社2000年版，东方出版中心2011年版；

《近三百年人物年谱知见录》，上海人民出版社1983年版；中华书局2010年版；

《中国近代史述丛》，齐鲁书社1983年版；

《方志学概论》，福建人民出版社1983年版；

《林则徐年谱新编》，上海人民出版社1985年版，南开大学出版社1997年版；

《林则徐年谱长编》，上海交通大学出版社2011年版；

《天津近代史》，南开大学出版社1987年版；

《中国古代图书事业史》，上海人民出版社1990年、2009年版；

《中国地方志》，台湾商务印书馆1995年版；
《中日地方史志比较研究》，南开大学出版社1996年版；
《中国近代图书事业史》，上海人民出版社2000年版；
《清人笔记随录》，中华书局2005年版。

来新夏

纵横"三学"求真知
——来新夏先生访谈录

专与博、冷与热、学与用是我们在治学中经常面临的问题。作为一位横跨历史学、方志学、图书文献学的学术大家,来新夏先生研究领域之广泛、成就之突出,在学术界中是很少见的。更可贵的是,来先生一直提倡和实践"为人之学",如今,年逾80岁高龄依然笔耕不辍,在从事专业研究的同时,还撰写大量随笔杂文,并将此作为普及历史知识,服务社会的重要途径。来先生旺盛的学术生命力和"常开新境"的学术风格值得我们认真学习。

来先生,您好!您是我们尊敬的学界前辈,学界称誉您为"纵横三学"著名学者,大概也就是说,您在历史学、文献目录学、地方志研究方面都取得了重大成果,在国内外学术界影响深远。您能谈谈您的学术经历和研究概况吗?

好的,先谈谈我的本业历史学吧!我是上世纪40年代的大学生,1942—1946年间就读于辅仁大学,受过传统史学的科班训练。当时正是抗战时期,燕京关闭,北大成为伪大。辅仁作为德国教会学校,受日寇干扰较少,故而当时留在北京而不愿任伪职的学者纷纷加盟辅仁,一时名师云集,文史方面就有陈垣、余嘉锡、朱师辙、启功等名家。当时辅仁的学生较少,师生关系也很融洽,所以每个学生都能得到教师的悉心指点。

在这一环境熏陶下，我打下了扎实的学术基础。大学期间，我的主要研究方向是唐以前的中国历史，毕业论文做的就是有关汉唐年号变化与政治关系的题目。1949年参加革命以后，我到华北大学接受南下工作培训，后来，被留在历史研究室当研究生，师从范文澜先生，开始转向近代史研究。一年以后，我奉调到南开大学工作，讲授中国新民主主义革命史、鸦片战争史、中国近代史和北洋军阀史等课程。虽然学术方向有所转移，但我并未放弃古代史。我一贯主张学术不但要古今贯通，还要中西贯通，反对学问越走越窄，这个我们下面再谈。北洋军阀史是我研究近代史的核心点，这要追溯到跟随范老学习的那个时候。当时研究室（中华人民共和国成立后改制为中国科学院中国近代史研究所）接受了100多麻袋北洋档案，在整理这批档案过程中，我开始接触北洋军阀史。那时的工作条件很差，每天在仓库里弄，尘土飞扬，每人只发一件灰布制服，一个口罩。整理工作分两步，第一步非常辛苦，就是先把土抖落干净了。因为那些档案都很多年没有动，非常脏。我们早上去，晚上回来的时候，眼镜的镜片都是黑的，口罩遮住的地方是白的，可是口罩上两个鼻孔的位置也是黑的。全身都是土。这是第一步，弄干净后，把档案按文件类型分堆，再做大致的政治、文化、经济的分类，这就弄了近半年。第二步整理的时候就很细了，要把每份文件看一遍，然后做卡片，写明这是什么时间，什么事情，写出概要性的东西，进行专题的内容分类。在研究这些档案的同时，我又看了一些有关的书籍，对北洋军阀史产生了兴趣，我认为这是治学中的"从根做起"。1957年时，湖北人民出版社向我约写北洋史书稿。当时没有人写相关专著，我也是抱着试试的态度，写成了12万字的《北洋军阀史略》。没想到，出版后反响强烈，日本还出了两次译本。我当时自认为这是以马列观点写就的第一部北洋军阀史。1957年以后至70年代末，因受形势影响，研究处于徘徊阶段，没有什么进展。进入80年代，湖北人民出版社又向我约稿，希望增补《史略》。1983年面世的《北洋军阀史稿》就是在原书基础上重新扩充、修改完成的。《史稿》出版后，我仍觉得当时没有一部完备的北洋军阀通史是一个缺憾，认为这是自己的职责所在，遂又经过十余年努力，在几位同人的协助下，写就100万字的《北洋军阀史》一书。这本书获得了教育部科研成果奖。当时我自信心很强，认为50年内很难出现其他北洋通史，因为这是一部填补学术空白的著述。我在"文化大革命"时受冲击，其中一条"罪状"就是因为研究北洋史，被人指为是专门研究坏人的历史，与反动派气息相通。可我觉得，历史是丰富和多样的，如果大家都去研究英雄烈士了，那历史的另一面谁来研究呢？这样的历史不就成了片面的，而不是完整和全面的历史了吗？

以上是我在历史学方面的研究情况。我的另一研究领域是目录学。我们读大学时，允许跨系选课，我就选了中文系的目录学课程，师从余嘉锡先生学了几年。目录学难度较大，比较枯燥，要教好学好都不容易。作为老师，如果涉猎不广，积累不多，没有旁征博引的功夫，要讲得新鲜生动、引人入胜是不可能的。在"极左"时期，目录学属于"三基"，受到了批判，得不到应有的重视。直到80年代时，我才在南开大学历史系开设目录学的课程，后来因为身体原因，讲了两年多就没继续。我学目录学，是从《书目答问》入手的，读通了这本书，就掌握了2000多种古籍的大致情况，心中就有了做学术的纲领，无论你做哪个领域，都可以大致明了该领域内的基本书籍，再接触其他的书，就可以很容易地增补进这个体系中去。我现在正在总结自己在目录学方面的成果，明年中华书局将出版我的《书目答问汇补》一书。我在攻读目录学时，曾经做过《书目答问》索引，一种是从人名到书名，先列出作者，字号，属于哪一家，再列出著作；另一种是从书名到人名，先列出作品，属于四部中哪部，再写出作者。通过制作这两种索引，就等于将《书目答问》拆散了又重组，学问就应该用这个做法。你们可以看看我早年手批手校的《书目答问》，那时我就用了这个办法。

除了以上两个方面外，地方志也是我的一个主要研究领域。在这方面，我的起步较早，因为我的祖父是民国《萧山县志》的独立纂修者，所以，我有一定家学渊源，也很想继承祖父研究地方文献的传统。四五十年代，我阅读了大量旧志。我国的方志有2000余年的历史，但志书的分布却不均衡，有的地方修得多，有的地方少，有的甚至没有。所以，新中国成立初期，中央很重视纂修地方新志的工作，号召各地编修自己的"地情书"。由于政治运动不断的原因，新方志的修撰工作屡兴屡废，直到80年代初，才掀起全国性的修志高潮。当时由梁寒冰先生负责主持全国的修志工作，我担任第一助手，由此进入到地方志研究领域。我在这个领域除写了《方志学概论》《中国地方志》《中国地方志通览》《志域探步》《中日地方史志比较研究》等书外，还做了四点工作。第一，是做了新志编修的启动工作，负责起草了全国新志编修规划和第一次启动报告。第二，是参与了若干新志的评审工作，给几百个县市区的地方志写序，做了一些评论和纠谬的工作。第三，是培养了数以千计的新志纂修人才。1982年时，我担任了华中、华北、中南、西北四个地区新志编修人员的培训工作。现在我的学生和私淑弟子遍布全国各地。第四，是倡导和参与了旧志的整理研究工作。我国是个志书大国，新中国成立前编修的旧志就将近万种，不但存量大，而且种类繁多，包括各级行政区划志、江河山川志、行业志种种。这些志书包含有政治、经济、文化、社会等多方面的地方情况，是一个蕴藏量和信息量极为丰富的资料库，所以有必要进行相关的整理研究工作，以为现在社会所用。当时，我参与了旧志的目录编修、资料分类、内容研究和整体评价工作。

上述三个部分构成了我的学术体系，也就是别人讲的我的"三学"，所以我入选《南开史学家论丛》的集子就取了《三学集》的名称。到晚年后，我又想，干了一辈子学术，一辈子得到民众供养，如果只写了几篇供专业人士看的文章，意义有限，所以，我就想把我的知识和才学还给民众。因此，从80年代以后，我开始了学术随笔的写作。史学工作者所做的学术随笔，与作家随笔不同。我的随笔是以学术为根柢的，目的是给人更多的历史资料与信息，就算是针砭时弊，也是以历史为基础的。近30年来，我一直坚持写随笔，已经出版了十余种随笔集。最近的一本，是中华书局出的《皓首学术随笔丛书·来新夏卷》。所以，我觉得在我的"三学"之外，还有一学，就是学术随笔。以上就是我的学术研究概况。

来先生，作为一位出色的教育家，您在图书馆学的建设方面体现了史学家的通识，您能补充谈谈这方面的情况吗？

好的。我是历史系的教授，按照学校的安排，1983年，我离开历史系担任了南开图书馆馆长。1979年我曾创办了南开大学分校的图书馆学专业，1983年又组建了校本部的图书馆系。在办学过程中，我提出了编写教材和引进人才的"两材（才）"方针。首先是改变传统的图书馆学课程设置。原先的图书馆学专业课程有重见叠出的弊病，如中国书史、中国目录学史和中国图书馆史这三门课程在谈到图书的源流、分类，编目时都要涉及刘向、刘歆父子，所以，当时有学图书馆学要"七见向歆父子"的说法。于是，我就构想实施三史合一的课程，即以图书为中心，而将涉及与图书有关的各种事业，包括制作、搜求、典藏、分类和再编纂等包容进来，不仅最大限度地容纳了原来三种课程的内容，而且重新进行了编排和整合。为了将这一构想付诸实践，我就拟定提纲，组织人员，并亲自承担章节编写和删订通稿，先后完成了《中国古代图书事业史》和《中国近代图书事业史》的编写，应用于课堂，不仅使课程设置更趋科学合理，而且减轻了学生的学习负担。为了建立图书馆学的基本框架，我还组织编写了一套有七种专业课程的《图书馆学情报学系列教程》，涉及图书馆学、文献检索、情报工作、国外图书事业等方面，使南开的图书馆学专业成为一个比较完整的学科。另外，我还增添了"中国书法"一课。有些人不理解，我的想法是一个图书研究者每天和书、文字打交道，也要做一些书写工作，所以，掌握书法的基础知识是很有必要的。从这门课开设后的情况来看，效果还是很好的。

来先生，能谈谈您治学的心得体会吗？

好的，我想大致谈四点体会。首先，做学问一定要有基干，老话说就是"专攻一经"。无论你是搞哪一领域，先把这一领域内的重要书籍念透一部。我研究目录学，首先读的就是《书目答问》，一字一句地念，还将各家批注和相关资料汇总起来研究。我研究近代史，首先读的是《三朝筹办夷务始末》，因为近代史最重要的就是对外关系。在读书过程中，一定要作笔记，要会作笔记，不要怕麻烦、怕慢。读书快，但记得不牢，体会不深，快就等于慢；反之，细细研读，做了笔记，慢就等于快，这就是读书的快慢辩证法。年轻人不要自恃年轻聪明，记性好，一定要记得人总有老的时候，得来太易，失去也会太快。现在大家都用电脑，有好处也有坏处。我曾有一个"偏见"：没有"废话"的论文多是伪造，那都是靠电脑下载拼凑的"学术百衲本"，没有自己的思想，没有价值。电脑下载是为秘书们伺候长官准备的"急就篇"，做学问不是攒书，不要搞这种"奶妈学术"，要注重根柢，不要做无根之木。

其次，是要注重积累。现在学术界不重积累，这是受了社会风气浮躁的误导。特别是量化的评价标准，害死人。这是新八股的余毒，方便了评审，危害了学术。什么是好文章？能说清楚没有人说清楚的问题的就是好文章，10万字的是，500字的也是。现在设立许多数量的杠杠，这是不合理的。要积累就要抄书，做笔记，要做到四勤：脑勤、眼勤、手勤、耳勤。不要光看，而且要调动多种途径。学英语有所谓"快乐英语"，不但要看懂，还要嘴巴喊着，耳朵听着，调动各种感官，才能有效果，做学问也一样。一定要善于写杂记，这是做学问的一个重要步骤。在看书积累资料的过程中，一定要抓住那些一纵即逝的思想闪光，要马上记下来，否则过后即忘，就是狗熊掰棒子，一无所得。我所说的"积"，就是广泛地搜集，"累"就是不停地增多。每天都要抄一点，记一点，这样"日积月累"，学问才能不断进步。你们一定要重视我国的成语，"聚沙成塔""集腋成裘"，这都是方法的总结，智慧的结晶，要深刻体会其中的精髓。抄书什么时候最难？打开书，抄第一条的时候最难。一定要沉住气，才能坚持下去。抄书不是盲目地抄，不是做印刷机、复印机，而是一个研究的过程。首先是点读，其次是分析，然后是记录思维的火花。所记的东西不一定很完善，但一定要把思想记下来。在此基础上，将同类的资料和看法归结成小堆，整理以后，写出三四百字的小杂记。小杂记写多了，再进行分类集合，就可以写出小文章。小文章积累多了，再加以整理，就可集合成一部小书。在小书的基础上，再搜集，补充资料，就能写出部大书来。我的文章和专著大多都是这样写成的。所以说，读书研究一定要掌握"分合法"，先把读的书分开，再把它们合并，先分，后合，先有灰石砂土，才有高楼大厦。学文科的人一定要勤于积累。文科是很养老的，年轻时多积累，年老时就足够所用。二三十岁时一定要想到有一天会老，脑力体力不会永远旺盛，记忆也不会永远的过目不忘。你们不要被古人所欺骗，我非常反对"一目十行"的说法，这不是效率高，而是浮皮潦草。读书应当"十目一行"，一定要把书吃透。从"一目十行"到"十目一行"的转变很痛苦，但这是真有所得，而不是夸夸其谈。

再次，是一定要尊重传统，尊重前人的成果。所谓创新是在前人基础上的创新，绝不是不尊重前人成果，自搞一套。要相信一点，历史是在很公正地筛选。那些经过历史考验保存下来的文献，必定有它的道理和价值。学术固然有愉悦自身的功用，但这样的"为己之学"只是学术的一部分，"为人之学"才是学术的根本立足点。我一直觉得，读书要做善举，我编著《清人目录提要》《清人笔记随录》《近三百年人物年谱知见录》等书，就是为了这个目的。我最近成书的《书目答问汇补》，汇总了各家批注和相关资料，方便了他人，免去了后来者奔波于图书馆的劳累，延长了他们的学术生命。现在的文史研究之所以进展不快，跟很多学人不屑于为人服务有关。大家都想着尽快搞出自己的一套，默默为人奉献的就少了。"为人之学"必须要有耐心，不是一年、两年可以成就的。我写《清人笔记叙录》，积累了几十年，到晚年才出版。我现在担任的国家大清史项目"清经世文选编"总共200多万字，没有多年阅读积累，也不可能承担得起。此外，我现在一两年出一本随笔集，工作量也不逊于你们年轻人。总之，任何时候，心中都必须存有一念，即"为别人所用"。"天增岁月人增寿"，只有"为人之学"方能达到这一目的。

最后讲一点，做学问不要赶风。你只要做好你这块领域就行了，不要什么热潮都去赶。现在流行"国学热"，我在《中国文化》上发文，说赞同国学，但不赞同"国学热"。现在问你国学是什么？你能透彻讲明白吗？问题的关键在于如何对待国学。国学应当提倡，但不是拿国学作工具，谋一己私利。现在的"国学热"不是真正学习和普及国学，而是炒作，是商业行为。我在《中华读书报》上发文说，于丹的心得是于丹的，不是你的心得，你应当回到经典去求你的心得。学术有"显学"，也有"晦学"，不要光顾"显学",也要注意"晦学",不要什么都赶时髦,而要坚持做好选定的方向。比如你是做清史的,清史有很多领域都值得研究,比如清承明制问题,清代国史问题,清代的吏治问题。为什么有了养廉银,却养不了廉?陋规又加陋规,陈陈相因,这对现在治理腐败很有启发意义。另外诸如漕运、河工、铜政、盐务等问题对当前都有借鉴意义,有重大的研究价值。只要选中其中一个领域深入研究,踏踏实实地干,都会有成果。等研究有所得时,依然要保持一个"冷"的态度。作为学者,要经常保持一个"冷"字,求学时,要坐得起冷板凳,干事业时,要经得起冷遇,观察事务,则要保持冷眼。这里的"冷"指的就是沉着、平静、淡然。我写过一篇文章,叫《坐"冷板凳"与吃"冷猪肉"》,讲的就是这个问题。一个学者,只有持有这样的态度,学问上才能有建树,才能为社会作贡献,为百姓所铭记,才能到文庙里吃冷猪肉。做学问不是求荣华富贵,要发财、要当官,就不要走这条道路。当然我讲这点,并不是完全反对当下的学术炒作热潮。炒作也有一定作用,能引起社会关注,扩大学术的影响力,问题是对大众应当予以引导,而不是误导。现在的"国学热"就是误导甚于引导。

来先生,能谈谈您对国外史学的看法吗?您认为在借鉴他们的研究经验时,应当注意哪些问题呢?

对国外史学,我了解不多,但有一点感触很深,就是国外学者能从基础做起,从关键点切入的治学风格。国外真正史学家的作品都是求真求实的。我看过他们的一些著述,也很佩服他们的治学精神。我和一些美国、日本的史学家交流,他们都很羡慕中国的文献储藏量,既有档案,又有载籍,还有地方上的金石碑刻,他们认为中国是"无处没有史料"。不过同时,他们也比较委婉地批评了中国人不太珍惜历史文化遗产的态度。他们还认为中国的一些学者的急于求成,不是自己去源头挑水吃,而是从人家水桶里舀水吃,常常使用二手资料,而不重视去掌握第一手资料。有些外国学者来中国一两年,就泡在档案馆,从源头做起,从最基础的史料发现新的研究课题。他们的史料功夫很切实,也很注意历史的细节,擅长抓住研究的切入点,比如唐德刚的《晚清七十年》就抓住了中国历史上这一瓶颈期、转型期做文章，所以能有创见，也很有学术价值。另外，我觉得国外学者"和而不同"的学术风格也很值得我们学习。他们不搞"一言堂"，而是各抒己见，经常提出自己的不同观点，在此基础上，再求同存异，寻求合作。他们的"和"是从不同中求得的，就像乐队演奏，黑管是黑管，大贝斯是大贝斯，绝不会混淆，但是合起来呢，又能奏出优美的旋律。所以说先得有不同，才能有"和"，这是问题的重点所在。另外，在社会史和历史人类学方面，也要多加借鉴。中国传统史学也有实地调查的传统，但主体上仍然是文献编撰学。历史学应当吸收社会学注重调查研究的方法，应当加强田野工作。我的一个老学长李世瑜是研究秘密社会的，他通过调研美国一个小镇，发现了裂教的160余个教堂，这是闻所未闻的。美国哥伦比亚大学有个专门的口述历史研究馆，收集了大量的口述资料，虽然不一定都完全真实，有避讳和避重就轻现象，但毕竟是第一手的材料，有其独到的史料价值。重视实地调查还有助于从现实中找寻问题。华盛顿大学的郝瑞教授为研究中国近代人口的迁徙、流量、生息等问题，就选择浙江萧山作为研究的切入点，在掌握大量文献资料的基础上，带着助手，并邀我这个萧山人参加，亲自到萧山实地考察，并就地扩大资料量，从分析当地姓氏宗族入手，寻求人口迁移变动的真实原因。这种深入实际，解剖麻雀的小题大做的研究方法，所得到的成果，就比较接近真实，值得我们吸取借鉴。比如我们研究清代的"堕民"问题，光从文献中爬梳还不够，必须实地去考察。浙江慈城有很多"堕民"后代存在，通过对他们的走访调查，就可能得到史书上未记载的资料，获得更为全面的认识。总之，对国外的研究成果必须要关注，不能自我封闭起来，而是要择善而从。我是主张融合的，光抱着乾嘉家法不放，并不是治学的最佳途径。当然在此过程中，也不要一味接受，而是要懂得寸有所长，尺有所短的道理，善于取长补短。

来先生，南开历史学的精神是"惟真惟新，求通致用"，在致用方面，除了专业研究外，您主要是通过杂文的途径把学术返还给民众，服务于社会。您能谈谈历史知识传播的问题吗？

我之所以写杂文，也是从"为人之学"的角度考虑的。传统历史研究的一个基本问题就是从文献到文献。这点从专业本身来讲没错，但是从更大的社会角度来看，就不免有空对空的嫌疑了。很多历史学家的研究过程就是个自我愉悦的过程，是一个人在"独乐乐"，看了许多书，发现了一些问题，写了几篇文章，就是给学术圈子里的千百十号人看看，大家一块高兴高兴，乐和乐和，而没有去想如何让自己的研究成果，让无数倍于圈中人的更多人去了解、去接受。历史学家对这块阵地的拱手相让，正好给那些投机热炒者提供了空间。所以，我是赞成学者去讲历史的，也是赞成用影视、广播、网络等多种传媒手段传播普及历史知识的，但是必须有一个底线，就是要本着对历史负责，对他人负责的态度，提供给大众尽可能接近历史真实的信息，而不是打着专业的幌子，拿历史作工具，故意迎合大众的不正常心理，以达到牟取私利的目的，这是我坚决反对的！这样做比原来的自我封闭和稗官野史戏说的流毒更广、贻害更深！

总之，历史学家不但要求真，也要求新，不但要务实，也要致用，不但要自适，也要为人，不但要研究历史经验，也要紧扣时代脉搏，不但要坚守学术阵地，也要开辟新途径，耕耘新天地。如果还是囿于一隅，抱残守缺，光在爬梳文献中打圈圈，那历史学就不仅仅是面临困境，怕是要走向绝境了！

来先生，您在专业史家和杂文家之间的角色递换如此自然，一个重要原因就是得益于您出色的文笔，您能透露一下历史写作的秘诀吗？

好的。你们可能还不知道，我在历史系开过一门写作课。我觉得写作是个技巧活儿，除了有一定的基础知识外，还必须有一定的程序。程序过了，就是八股，没有程序，就成不了文。所以，我开写作课时就讲了各种文体，讲如何取材，如何论述，如何写景写人，使学生了解写作的基本规范。任何一个学历史的人，心中必得存有一念，即兼容文史，同时掌握文献和文字。古人云："言之不文,行之不远。"文字是把知识传给第三者和更多受众的重要工具，所以必须予以重视。那么，如何写好文章呢？我觉得首先要有积累，要多读、多背、多记名人名篇，丰富自己的语言和词汇。其次是要从小处着手，要学会写小文章。我在辅仁读书时，陈垣先生教我们写文章，就定了个规矩，超过500字的不收。我当时还耍了个小聪明，写小字，一行当两行。陈先生发现后就把我喊去，教导我说只有会写小文章的人，才能写大文章，才能真正放得开。这话我一直牢记于心。另外，写文章切忌一挥而就，要保持冷处理的态度。思考主题时要冷静，写完后不要急着发表，先放放，让思想有回旋的余地。发现了问题，要不怕麻烦地修改。要让三种人给你提意见，一种是比你强的人，一种是和你同水平的人，另外一种是不如你的人。这样不但得到教益，也了解了各种层次的人对本文的接受程度。提完意见后要继续修改，字斟句酌地改，特别要注意虚字，这是最不好用的。最后一点，写文章一定要善于触景生情。文献也是景，看书就是进入场景中去，但更重要的景是在我们的日常生活中，所以一定要多接触群众，多观察世态。世态是最激发思想的，多听多看，就有了内容，就会思考。比如，有一次我在大街上走，看到许多家长背着提琴盒，背着画板，领着孩子去上培训班，大热天，汗流浃背，我就写了篇文章，题目叫《饶了孩子吧》；我看到一些教授热衷于念博士，就写了篇《我好想考博哟》；我写《且去填词》，给宋仁宗翻案，认为宋仁宗让柳永填词，不是狭隘，而是知人善用，要没有他的谕旨，就成就不了柳词的光辉。我之所以有这个观点，就来源于生活中的一件小事。有次我听到楼下的小贩吵架，有人就说："吵什么吵？该干吗干吗去！"这句话就给了我启发，令我思考，现实生活中不就经常有不安本分、一肩多挑、越俎代庖的事吗？有些学者为了行政工作，把学术给耽误了，学者嘛就且去研究嘛，有些文学家担任了社会兼职，何必呢？文学家且去写小说嘛，如果人人做好本职，工人把工做好，农民把地种好，当官的把官当好，经商的把生意做好，学者把学问研究好，这样我们的社会就能和谐得多。

  总之，写好文章的秘诀就在于九个字："背得多，看得多，写得多"，要勤于写，笔头快是练出来的，不是什么人都是生来倚马可待的。

  来先生，我们在学习过程中常面临博和专的矛盾，能谈谈您对此的看法吗？

切思：学术的真与美

我的意见是不要怕杂。杂不但有助于开启思路，还可增加见闻。做学问太纯容易闭塞思路，所以攻其一点，不及其余的做法并不可取。有些人认为战线不要拉得太长，我觉得一个学者的知识储备量必须得大。金字塔屹立千年不倒，就在于底部宽大。我有个看法，一人一事不宜作博士论文的题目，这样会束缚自己的学术道路，也不利于将来教学研究。我任南开校务委员时，曾提出学生住宿应当文理相杂，也是出于这个目的。我念大学时读的《中国史大纲》，跟现在按朝代论述的中国史教材不同，它是按政治、经济、文化等专题分章节，按时代论述，这就有利于突破朝代的框框，形成通贯的认识。像我写的《书文化的传承》，就是出于这样的考虑。总之，不要怕杂，杂而后才能显正。当然也要注意杂而不乱，我提的杂是博杂，而不是驳杂。

来先生，能谈谈您对学术界和青年学子的期许吗？

作为一个学者尤其是青年学者，要特别注意避免浮躁之气，要读好书，做好人，做个实实在在的人，不想走捷径的人，这样才可以有所成就。成就不是靠走捷径求来的，而是靠坐冷板凳，靠积累所得。在这里，我想对你们提八个字："博观约取，好学深思"。这是读书的方法，也是治学的方法。"博观"和"好学"是一个范畴，这是做学问的第一步。只有读书多了，涉猎广了，你的视野才能打开，才懂得比较。比如学明清史的人，就应当懂点汉唐的历史，以此作背景，才可以比较，才能明白明清的历史地位。历代的典章制度对前代都有追承和借鉴，所以必须往上追寻，比如，明代内阁制对清代的影响，六部理事与南北朝六曹理事的关系，摊丁入亩与一条鞭法的关系。除了古今比较，也可以作中外比较，比如，清代与朝鲜李朝在各方面的关系和比较，都可以启发思维。有了博观和好学的基础，还要懂得深思与约取。学而不思则罔，不懂得思考，就认识不到事物背后的实质。"约取"就是提炼，一块废铁可以熔化成钢，关键就在于掌握了化腐朽为神奇的方法。我们研究历史，就应当抓住史料中蕴藏的精神实质。比如《清代笔记》中记了一个大雷雨后在庄园里留下大脚印的故事，说某地的一个地主，为富不仁，欺压乡民，有一次下大雨，电闪雷鸣，地主家遭到雷劈，夷为平地，现场留下一个大脚印，而其他村民家却安然无恙。这样一个表面荒诞的志怪故事，却蕴含着当时人们的观念和期许。我们就应该把这些挖掘出来。历史是讲究细节的，往往不是桌面上的事，不是太大的事，起到了关键作用，我们就是要从这些问题中约取、提炼、归纳出精神实质来。

延伸阅读：

周新国、弓楷：《来新夏与中国近代史研究》，《扬州大学学报》（人文社会科学版）2017年第3期；

张国：《91岁，始挂笔——忆来新夏先生》，《山东图书馆学刊》2014年第4期；

钱婉约：《仁厚勤敏长者风——回忆与晚年来新夏先生的文字交谊》，《图书馆研究与工作》2014年第3期；

魏桥：《多业并举 样样出彩——怀念方志大家来新夏》，《中国地方志》2014年第7期；

徐建华、冯凯悦：《来新夏先生图书馆学思想与成就研究》，《国家图书馆学刊》2012年第3期；

谭汝为：《满目春光来新夏——来新夏教授的人格与文品》，《社会科学论坛》2012年第8期；

杨玉圣：《有师友的人生是幸福的人生——读来新夏教授〈邃谷师友〉》，《世界知识》2009年第10期；

来新夏、柳家英：《植根于博 专务乎精——来新夏教授访谈录》，《图书馆论坛》2000年第6期；

焦静宜：《来新夏教授学术述略》，《文献》1995年第4期；

焦静宜：《人生难得老更忙——记来新夏教授》，《晋图学刊》1992年第1期。

高敏

高敏（1927—2014），生于今湖南省桃江县，1949年考入湖南大学历史系，因故辍学。1951年复学入武汉大学历史系继续学习，毕业后旋考为唐长孺先生的研究生。1958年研究生毕业后，任教于新乡师专、郑州师范学院、郑州大学，曾任郑州大学历史系副主任、历史研究所所长，教授、博士生导师等，曾任中国史学会理事、中国秦汉史学会会长、中国魏晋南北朝史学会常务理事、中国唐史学会顾问、中国农民战争史学会理事、中国经济史学会理事、河南省历史学会会长、郑州市社会科学联合会副主席等。主要从事简牍与简牍学、秦汉魏晋南北朝隋唐史的研究，主要研究领域包括中国古代经济史、土地制度史、农民战争史、兵制史、简牍学以及古籍整理等。已发表学术论文近200篇，国家级有突出贡献专家、全国教育系统劳动模范，国务院特殊津贴获得者。

主要著作

《云梦秦简初探》，河南人民出版社1979年版；增订本《睡虎地秦简初探》，台湾万卷楼图书公司2000年版；

《秦汉史论集》，中州书画社1982年版；

《秦汉魏晋南北朝土地制度研究》，中州古籍出版社1986年版；

《魏晋南北朝社会经济史探讨》，人民出版社1987年版；

《简牍研究入门》，广西人民出版社1989年版；

《魏晋南北朝经济史》，主编、主著，上海人民出版社1996年版；

《中国经济通史·魏晋南北朝》，经济日报出版社1998年版；

《魏晋南北朝兵制研究》，大象出版社1998年版；

《秦汉史探讨》，中州古籍出版社1998年版；

《秦汉史论稿》，五南图书出版股份有限公司2002年版；

《南北史掇琐》，中州古籍出版社2003年版；

《秦汉魏晋南北朝史论考》，中国社会科学出版社2004年版；

《中国通史·秦汉卷》，白寿彝总主编，该卷主编、主著，上海人民出版社2004年版；

《魏晋南北朝史发微》，中华书局2005年版；

《中华古史求索集》，中华书局2005年版；

《长沙走马楼简牍研究》，广西师范大学出版社2008年版；

《南北史考索》，天津古籍出版社2010年版；

《授堂金石跋》，古籍点校，中州古籍出版社1993年版；

《河南志》，古籍点校，中华书局1994年版。

高敏

新中国第一代马克思主义史学家的现实关注
——著名历史学家高敏先生访谈录

高先生，您是我们尊敬的学界前辈，在秦汉史、魏晋南北朝史、隋唐史等断代史研究中，在古代经济史、农民战争史、土地制度史、兵制史以及简牍和简牍学等研究领域，著述丰富，论证精辟，见解独到，贡献突出，在国内外史学界影响极大。本来，我建议由张旭华老师对您进行一次访谈，并得到了《历史教学问题》主编王斯德先生的首肯。但是，最后还是由我来进行这次访谈，我真有一种力不从心的感觉。下面，是不是先请您从您的学术经历谈起呢？

好的。我主要说说我在武汉大学跟唐长孺先生学习的情况吧！我跟唐先生学习历史，早在大学时候就在一起了。那个时候，他很赏识我，就有计划要招我做他的研究生，所以，我当时的毕业论文写的就是秦汉史方面的。这也是唐先生指定的。他经常跟我们说，你们要研究魏晋南北朝史，一定要先研究秦汉史，要从秦汉史开始。为什么呢？因为这样可以做到前后贯通，具体研究个别问题的时候，你可以把它摆到适当的位置，既不至于讲得不够，也不至于夸大。陈寅恪先生研究隋唐史，也是从魏晋南北朝史开始的，从魏晋南北朝去找隋唐制度的渊源。这也是唐先生的指导思想。我搞秦汉史，就是这么来的。大学毕业以后，姚薇元先生等几位师长都想招我做他们的研究生，可是，唐先生知道后很不满意。他说，我已经培养高敏好长时间了。因此还发生了一个小小的争论。后来，我说服了姚先生，还是跟着唐先生学习魏晋隋唐史。唐先生很器重我，也很关心和爱护我，大学本科的时候就是这样的。到了读研究生的时候，他更关心我了。就说在生活上吧，那时候我很穷，每年的中秋节、元旦节他都要请我和当时他的助手张泽咸到他的家中吃饭，满满一大桌子菜。差不多好几年都是这样。

他指导我们，讲课讲的很少，主要是要我们自己读书。一般一个星期给他汇报一次。每读一部书，这本书的特点是什么，它好的地方在哪里，有哪些不足，都要指出来。谈的符合他的要求，他就点头表示同意，又安排你读另外一本书；如果谈得不好，他的脸色就很不好看，但是也不生气，只是说"再读，再读，下次再汇报！"他对学生很严格，但是，如果你学习努力，有自己的见解，他就非常赏识，即使你犯一点儿错，也没有关系。我那时候有一点儿小毛病，就是好发表自己的意见，有一点骄傲自满。有人反映给他，说："高敏学习不错，就是太瞧不起人了。"他说："凡是有本事的人，大都有这个毛病，没有什么。"因此，后来武大有很多人批评他搞天才教育。实际上，当着我的面，他从来没有表扬过我一次，从来没有。

唐先生不仅学识渊博、精深，治学严谨，诲人不倦，而且他本人也很谦虚，又不囿于陈说，固执己见。他鼓励学生推进或推翻他的论点，你跟他有不同意见，尽管讲。如果你讲得有道理，他不但不生气，反而非常高兴。有一次，武大开学术讨论会，他在一篇文章中考证了一个年代。我指出《资治通鉴》中还有一条材料。他非常高兴，问我："你是怎么知道的？"我说："我做了卡片，记下正史上有这么一条，然后又核对了《资治通鉴》。"后来，他把我这个做卡片的办法介绍给其他的研究生。他为人坦诚，作风正派，对人也很好。据我所知，他下乡时，有好些次把自己工资的一大部分都给了农民。我这个老师的这些品德是值得学习的。我最难忘的是1957年"反右"前夕，那时候，他是中国科学院历史研究所的兼职研究员，每年要去北京工作三个月。他要带我去北京中国科学院，去开开眼界，内心也是想要我这个好说话的学生少惹事。我却坚持不去，还说什么："武大的书够我读了，将来还怕没有去北京的机会！"结果，他走之后，我在学校提了一些意见，尽管在今天看来这些意见是正确的，而且平常得很，但是，在当时却不得了。有个别人想乘此机会把我划成右派。唐老师回来知道以后，又恼又气。恼的是有人故意打击我，气的是我不听他的话。他一方面组织学生对我批评，一方面又替我到处说明情况，说高敏不可能是右派。唐先生爱护学生是不遗余力的。

1958年，我研究生毕业，原拟把我分配到内蒙古，但是因为我的湖南口音太重，又改往河南。到河南是分配到当时的郑州师范学院，而教育厅的人说下面的师专需要人，我又到了新乡师专。由于师专未招历史专业的学生，要求我先教政治经济学。幸喜我在大学本科学过政治经济学，研究生阶段又学过《资本论》。教了一年，学生很满意。到第二年，又没有招成，学校又要我讲中文专科。我不答应，他们就把我下放到百泉。到了1960年底，我一连写了三封信，分别给河南省政府、武大、我的家乡湖南，想调动一下。武大先回信说："我们要你，正在办手续，你等调令。"我刚刚收到武大的信，马上，省里一下子就将我调到了郑州师范学院。不久，郑州师院与郑州大学合并。就这样，在这里一直工作到现在。

在这段时间，有一件事情给我印象很深。1958年和1959年，当时河南灾荒流行，豫北一些地方的农民正准备种水稻。可是，又不知道成不成，就问我："你是学历史的研究生，我们河南历史上能不能种水稻啊？"我回答不上来。为了回答农民的这个问题，我通过当时的新乡专署，找到了豫北的几十套地方志，收集了大量的地方志资料，证明了豫北地区在古代是可以种水稻的。后来写成三篇文章，其中《历史上冀鲁豫交界地区种稻与改良盐碱地的关系》，发表在1965年12月7日的《人民日报》上。解决了当时的实际问题，受到了当地政府和群众的欢迎。通过这次研究，我认识到两个方面问题，一是研究明清史必须要读地方志，地方志中的资料，在许多方面大大地超出了正史中的记载；二是要关心现实问题，特别是要为现实服务。古代史的研究也能够为人民服务，而且也能为社会生产服务。历史学要有生命力，必须研究实际问题，直接为人民服务。

中华人民共和国成立后，迫切需要社会科学工作者学习和运用马克思主义的理论为中华人民共和国的建设服务。高先生，您可以说是中华人民

切思：学术的真与美

共和国培养的第一代马克思主义史学家，请您谈一谈您学习和运用这个理论，以及您把马克思主义理论与中国古代史研究相结合的情况。

学习马列主义理论，我在读本科、研究生的时候就开始了。我读研究生的时候，李达给我们讲哲学史。当时，我学习了《资本论》《反杜林论》等马克思主义原著。前几天，我还找到了上学时的读《资本论》的笔记，厚厚的一大本。"文化大革命"时候，扣发了我的工资，叫我去农场劳动。1970年的时候，准备复课闹革命，重新招学生，我被调了回来，就有时间读书了。当时不能读别的书，我就通读了《马恩全集》《列宁全集》《鲁迅全集》等书。另外，修改了一些关于秦汉史方面的文章。我1982年出版的那本《秦汉史论集》，就是那个时期写出来的。因为在此之前，关于秦汉史的一些基本材料，我已经都掌握了。到了"文化大革命"后期，1976年《文物》杂志连续三期公布发表了睡虎地秦简。我一看到，太高兴了。好多材料超出正史，一比较就清楚了。我发现睡虎地秦简是一个史料的宝库。于是，就立即动手写文章。从1976年底到1978年初，只用了一年零三个月，我就写成了一部书，这就是《云梦秦简初探》。当时我还教着课，基本上是晚上工作，一般都是干到一两点。

现在有些学者怀疑马列主义，说马列主义过时了，总之是不相信吧。我认为，这是一个误解。这个误解是怎样造成的呢？可能是因为前一段，在相当长的时间内，教条主义盛行，贴标签的做法比较多吧。一批判这种情况，就如同马克思说的，在倒脏水的时候将婴儿也倒掉了，于是产生了这么一些问题。事实上，搞史学研究要有理论指导，如果没有一个高屋建瓴的理论做指导，不可能观察到四方，你就会在史料中间拔不出来。研究问题，就像游泳，头要浮出水面，否则就看不到目标，要没有这个理论指导，就像头埋在水中，看不见外部世界。确实，马克思发现了人类历史发展的根本规律。新中国成立后的我国史学界，有了马克思历史唯物主义的理论做指导，使我们具备了前人所不具有，也不可能有的认识水平，从而必然带来认识水平的迅速提高。我们今天的人因为掌握了这个规律，了解了这个理论，所以，过去一些模糊的问题才能看得特别清、特别透。《二十四史》，前前后后多少人读过，但是，为什么好些问题前人没有发现？一些大名家，像王国维这样的大名家，为什么有许多问题也没有很好地解决？因为他们没有这个理论指导，不懂得马列主义。所以，懂得马列主义的人，你得到了好处，但又不买账，这太不应该。我们学历史科学的人，学了马列主义，首先要养成用发展的观点看问题，用联系的观点看问题，要分清主客关系、因果关系。马克思主义认为，历史上的许多事物都有它们的萌芽状态、发展形态、典型形态以及变异形态，即都有一个过程，所以，在研究问题的时候，有了这个理论做指导，就能自觉地探讨这些形态领域的演变。当然这个里面绝对不要孤立地去理解，要从事实出发，去认识它。我们一定要以马列主义的态度对待马列主义。马列主义不是教条，不是封闭的、凝固的，否则就是否定马列主义的基本观点，亦即发展演化观点。马列主义认为，一切事物都是发展变化的，这是毫无疑问的。那些教条主义的做法是要不得的。马列主义是活的，要灵活运用。我学习马列主义，一贯的观点就是用实事求是的态度对待马列主义，用事实说话，从实际出发，来研究问题。绝对不是仅仅运用马列主义的个别字句、条文、例证、理论来说话。具体运用到历史研究中，用毛主席的话讲，就是将马列主义理论与中国的社会实际相结合。我们研究历史也要用马列主义与中国的历史实际相结合的方法，将理论与历史资料相结合。比如说，马克思讲土地制度，他说，东方没有土地私有制。实际上他并不是针对中国的情况讲的。他是根据撒哈拉大沙漠、印度地区的情况而言的。我那本《秦汉魏晋南北朝土地制度研究》的前言讲得已经很清楚了。所以，不要把马列主义理论的模式教条化，要具体问题具体分析，也不要把一种理论模式绝对化。在不同时代的私有制问题上，有些人引用马克思的那句话，说东方没有土地私有制。我不同意这种看法。郭沫若、侯外庐等先生，我很尊重他们，但是我也反对他们的个别观点。不惧权威，又尊重权威，在真理面前人人平等。只要问题看准了，我就不怕。要用发展的眼光、辩证的眼光看问题，不要把马列主义看成教条。我再举一个例子，关于国家的形成问题，恩格斯说国家的形成有两条标准，一个是要有一套驾驭人民群众的权力机构；一个是按地域来划分居民。这两条具备了，国家就形成了。许多人赞成这一观点。实际上，他只是根据农耕民族的情况而言的，对于游牧民族来说，就不是这样的，恰恰相反，他们在很长一段时间内，保持血缘关系对他们更有利。所以拓跋的建国，并不一定要等到它全部解散部落组织的时候，我就提出了这种看法。总之，马列主义的历史唯物主义的理论，它所已经揭示了的、关于人类历史的最一般的和普遍存在的客观规律，永远是颠扑不破的真理，从而给史学研究者提供着无可怀疑的指南。

您在几十年的史学研究中，主要是以经济史的研究为重心。您的《秦汉魏晋南北朝土地制度研究》《魏晋南北朝社会经济探讨》，以及您主编并主撰的、享誉于学术界的《魏晋南北朝经济史》等，都堪称是中国古代经济史方面的杰作。比如，您在我国封建社会前期的土地所有制形态问题、汉代抑商政策的实质问题、徭役问题、赐爵问题、孙吴的奉邑问题、东晋的黄白籍问题、东魏北齐的食干制度问题以及在魏晋南北朝兵制史研究中探讨其对经济方面的影响等等，都提出了令人信服的创见。您以经济史为主要研究方向，请问您当初是怎样考虑的？您是怎样认识到经济史是研究其他一切历史的关键之所在？

我研究历史，经历了几个阶段。最初，我是从农民战争史开始的。这主要是因为，中华人民共和国成立以后，迫切需要有一个新的理论来取代旧的认识，在古代农民问题上，也要把以前颠倒了的历史重新颠倒过来，这样就不能不研究农民战争史。研究了一段时间以后，慢慢觉得，农战史要研究的问题有很多，而且，如果要把农民战争史研究好，就必须研究经济史，这也是研究农战史本身的需要。马克思主义理论认为，经济是基础，决定上层建筑等其他方面。这个结论是正确的。人类必须首先解决穿衣吃饭问题，然后才能从事政治、经济、宗教等活动，才能考虑其他，马克思的这个理论是很中肯的。所以，研究史学也是一样，首先要研究经济史，不研究经济史，政治史、军事史、农战史都无法进行深入研究。我在《魏晋南北朝社会经济史探讨·后记》中提出：人类历史上的任何一个社会形态，都有与之相适应的社会经济基础来决定或影响它的政治制度、文学艺术和意识形态。因此，我们要知道一个国家或社会的政治制度的变迁、文学艺术的兴衰，以及意识形态的演变，均有赖于了解其社会经济基础的状况及其变化情况。所以，社会经济史的研究，可以说是整个史学研究的基础与前提。其中，土地制度又是社会经济基础的基础。但是，要避免一种倾向，比如说，唯经济史论，有什么问题都局限在经济方面找原因。这种看法有片面性、局限性，要避免。要运用辩证的方法、联系的方法来看问题，不要把经济方面的原因看成是唯一的。

经济史，依照正规的说法，应该包括社会生产部门与社会生产有关的一些方面，还应该包括与分配和消费有关的一些方面。只有研究了这个基础，才能够研究政治、军事等其他方面的问题。现在看来，研究消费方面、社会财政的成果较少，今后应该加强。选择经济史作为我的主要研究方向，我至今无悔。

高先生，现在，随着商品经济的发展，人们的目光越来越偏重那些能够直接取得经济利益的东西，表现在大学学习的专业选择方面，目前有许多家长和学生在选报专业的时候，往往只是盯着那些热门的专业，特别是实行缴费上学以后，尤其明显。而从最近几年大学历史专业的学生录取来看，报考我们历史专业的学生越来越少，即使经调剂后被迫上了历史专业，也兴趣索然，并没有从事历史学习和研究的信心和志向。社会上更有一些人认为，历史学是一门可有可无的学科。总之，厌学历史的现象十分严重。给人的印象是，作为一门学科的历史学正处于萎缩之势。

历史学绝对不是可有可无的。这个问题要讲，三天三夜也讲不完，今天，我只讲这么几点：第一，一个国家、一个民族的兴亡与历史学有密切关系。比方说，我们经常讲，要对学生进行爱国主义的教育。历史学就是最好的爱国主义教育材料。一个国家、一个民族，如果不知道自己的源流，你是怎么来的，你是怎样发展的，还怎么谈爱国主义？根本谈不上！所以，如果没有历史学，一个国家、一个民族灭亡了，还不知道是怎么回事。所以，不懂得历史学，有灭国灭族的危险都不知道。第二个方面，我们不是说要弘扬中国古代文明吗？其实，历史学本身就是中国古代文明的一个重要组成部分，所以说，历史学不可缺少。第三个方面，历史学本身是智慧之学。你看，多少前人的经验教训都是在历史资料中知道的。我们可以从中学到许多东西，如治国之道、用兵之法、经商之道等等，多方面的知识都可以从历史学中得到。所以，整个中国历史学可以说是一部智慧大全。第四个方面，我们说要重视人，不是说要提倡人学吗？可以说，历史学就是人学，古代的人学。总之，历史学绝对是不可缺少的。但是，毕竟它不能直接创造物质财富，与生产的直接联系较少，正因为这样呢，研究它的人不能太多，但是又绝对不可缺少。

目前历史学界的一些学者，对于传统史学，传统的治学方法，比如校勘学、训诂学、音韵学、版本学、目录学、历史地理学、历史年代学等了解很少，在做研究的时候注意也很不够。您怎么看这一现象？

对待传统史学，一定要有正确的看法。就说乾嘉学派的影响吧，乾嘉学派的那套方法，对于史学研究来说，尤其是乾嘉考据的方法，不可缺少。有些人一开口就说，乾嘉学派过时了。实际上，你对乾嘉学派的方法懂不懂啊？他都不懂。乾嘉学派的方法是治学的基础，是根基。就乾嘉学派的整体研究情况而言，他们偏重于史料的整理工作。占有史料，是研究任何学科的前提和基础。研究历史学科，也不例外。要在史料的"质"和"量"两个方面下功夫。广泛地占有准确、可靠的史料，是进行史学研究的保障。我们要依靠史料，正如翻译要信、达、雅一样，史料也要讲准确性、全面性、原始性，要讲"三性"。这个"三性"怎么来？正是依靠考据。所以说，传统的治学方法不可忽略。但是，你要自觉地与马列主义的辩证方法有机结合起来，去认识真理。实际上，他们那些考据学也是唯物的，也是为了追求真理，就是缺少辩证法。对待马列主义，江泽民同志有句话确实讲得好，"与时俱进"，概括了马列主义的实质。随着时间的推进，马列主义也在变化发展。今天。我们搞历史研究的，也要与时俱进。现在的一些年轻学者，基本上不懂得乾嘉学派的考据方法，又不懂马列主义的理论，却可以信口开河，这是要不得的。当然，我们要正确地吸收和对待他们，他们考证的那些烦琐的东西，没有多少实际价值的东西，你可以不要。可是，他们考证了许多有价值的东西，你要不要？你必须吸收。所以，我的《〈南史〉掇琐》《〈北史〉掇琐》，就吸收了乾嘉学派的一些考证。

高先生，您一直比较注意对简牍学和简牍等出土文献的研究。据我所知，您最近还注意并研究着走马楼、张家山、尹湾的出土简牍，写出了大量的论文，在这一领域处于领先的地位，请您谈谈出土文献对于史学研究的重要意义。

经济史搞了一段，也是受我的老师唐先生的影响，重视出土史料的研究。因为搞史学首先要有史料，要重视史料的搜集和运用，而最重要、最准确的史料是从地下出土的。如果研究战国秦汉史，不研究简牍，简直不可思议。研究隋唐史，如果不研究敦煌学、吐鲁番文书，也是不可思议的。这主要是因为，这一段历史时期的史料太少。以秦汉史来说，现存的秦汉史史料只有几十种，屈指可数。造成这种现象的原因，是当时写的书少，有些还散佚了，所以要重视地下的出土资料。一句话，简牍和简牍学的研究，是战国秦汉史研究的命脉所在。

简牍与简牍学，对于先秦秦汉史学的研究，太重要了。主要原因还是先秦秦汉史的史料极少。就我的认识而言，先秦秦汉史的史料至少存在四大缺陷：少、佚、讹、伪。可是，简牍材料恰好可以克服这四大缺陷。第一，它具有原始性，是第一手的。搞史学，材料越原始越好，越早越好。地下出土的简牍资料，恰好具有这些特征。第二，很多散佚的书，它有。比如，以前人们认为《孙子兵法》就是《孙膑兵法》，可是地下的文献就说明了《孙子兵法》与《孙膑兵法》是两回事，解决了这个问题。第三，简牍材料可以订正许多讹误，可以辨明真伪。比如，老子的著作，以前总是称之为《道德经》，或者是《老子道德真经》。现在马王堆出土的《老子》，《德》经在前，《道》经在后，在山东临沂银雀山出土的汉墓竹简等出土资料说明，它的名字就叫做《老子》。《老子》的各种版本都出土了，有关的许多问题也明白了。你不看简牍材料能行吗？至于各种制度，更需要根据简牍材料进行研究。不讲别的，只说张家山汉简，最近出土的，关于汉代的赐爵制度问题，文献的材料我都用完了，可是好多问题还不清楚。张家山汉简一出来，什么都明白了。我举一个例子，秦汉的二十等爵制，从公士到彻侯，彻侯又叫通侯，是后来避汉武帝的讳，才改为通侯。现在，根据简牍资料，还发现有另外的一种，叫做卿侯，超出二十等，在二十等之外。这在过去的史书上是没有的。由此可见简牍资料的重要性。我写了一篇文章说明了这个问题。再如，获爵者的利益问题，他们都可以享受哪些好处，现有的文献资料非常之少，说明不了问题。可是，从汉简中的资料发现，其中关于获爵者的利益可以列出十几条来。为什么汉代的人那么重视爵？你看登记户口、登记什么，都是少不了"爵"这一项，可见"爵"对于当时人来说是何等重要。再如，秦律中没有《置后律》，汉律中却有了，是什么原因呢？我想同《置后律》主要讲的是嫡长子继承制有关。这是因为，李斯等人想让胡亥继承皇位，而胡亥是老二，不是长子。到了汉高祖的时候，吕后想保住她的儿子，也就是后来的汉惠帝的地位，保住吕氏家族的利益，所以就重视《置后律》。这主要是因为《置后律》强调的是嫡长子继承制的缘故。可以说，云梦秦简等资料出土以后，相对于以前的认识而言，秦代的历史面貌有了大的改变，汉简出土以后，汉代的历史面貌也要有所改变。总之，简牍等出土资料可以弥补上述缺陷。可以说，如同研究先秦史不懂得金文、甲骨文，叫做不入门一样，研究战国秦汉，如果不研究简牍，也叫做不入门。简牍资料的影响，实在太大了。研究魏晋南北朝史，要懂得敦煌学，最重要的还有要研究碑刻。在魏晋南北朝史领域作出较大贡献的学者，如严耕望、姚薇元，也都很重视碑刻史料的搜集和运用。魏晋南北朝史的史料辑佚，也多需要从碑刻入手。另外，魏晋南北朝时期，有一个特征，那就是由于纸张应用的推广，私人著述很多，特别是史学著作，与秦汉相比，增加了很多。但是，流传至今的少，什么原因呢？散佚了。那么，我们该怎样来补救它呢？要研究魏晋南北朝史，必须解决这个问题，就是要补救史料的散佚。这只有我们去辑佚。怎么做呢？第一，要几本书合并在一起阅读。我举一个例子来说吧！《资治通鉴》，秦汉部分的史料，超出正史的部分不到百分之十，很少，到魏晋南北朝部分，起码超出正史的有百分之三十。有些学者在引用《资治通鉴》的时候，很不注意。这就要看到，《资治通鉴》是有许多材料可以使用，但是，如果做研究来用，我们一定要用它超出正史的部分。对于研究者来说，这是很重要的。就是说用辑佚的办法整理搜集史料。第二，用《资治通鉴》这样的书来发掘"新"史料。我给研究生上课，有一门课就是《〈资治通鉴〉研究》，用这样的办法锻炼他们的能力，使他们发现哪些史料是"新"的，哪些史料是超出正史的。现在许多人到处乱引《资治通鉴》，不可取。隋唐史部分，《资治通鉴》中超出正史的约有百分之五十。研究唐史要特别重视《资治通鉴》。第三，用《通典》这样的书去发掘魏晋南北朝史的史料。《通典》这部书是唐人杜佑写的。他在唐中期写这部书的时候，当时许多关于魏晋南北朝的史料还没有散佚，所以，他引的书有好多超出了正史。试举一个例子，《通典》所引的《宋孝王关东风俗传》，记载了北齐的社会经济状况，后来，这本书散佚了，我们今天只能看到《通典》中大段大段地引用的原书，这些都相当重要。它引的《史记》《汉书》也有超出今本《史记》《汉书》的地方。特别是研究官制，《通典》中的职官部分不得不读，必须读。第四，南北朝史有互相补充的地方，研究北朝要读南朝的史料，研究南朝要读北朝的史料。通过这样的一些办法，克服南北朝史研究文献之不足。我教研究生，就要求他们在这些方面下功夫。做到了这些，魏晋南北朝的史料就好一些。因为史料是根基，历史研究中史料是第一位的。说到隋唐，现存史料有四五百种，相当多。所以，研究唐史要多读书，要读全，要什么东西都能说出个道道来，这就要靠积累。据初步统计，明清以后的史料，有许多种档案都没有整理出来，还有各种地方志，各种私人著述、笔记小说，多如牛毛。研究明清时期的历史，只要你下功夫，多读书，就能做出成绩来。

目前，学术界的不正之风极为严重，一些学者剽窃抄袭，影响很坏。甚至一些重点院校的、在学术界已经很有名气的学者，也存在这种学风问题。对这一现象，您怎么看？您认为，采取哪些方法，可以制止这种现象或者使之减少？

学风问题，这些年确实比较突出。大致有几种表现，最主要的一种表现是浮躁，急于求成。是什么原因导致的呢？也与我们的体制有关系。你评职称、评奖评什么跨世纪人才、特聘教授，所有这些都要看你的论文、专著的多少。这一体制造成了许多人只重数量，不重质量。也造成了个别人抄袭别人的论文和书，有的甚至只是换一个名字。也往往有一本书，几十个人编写，主编也不是真正的主编，一些官老爷还要这个名分。许多参加评奖的人，自己根本就不懂，还不听别人的建议。评比的时候还拉关系等，都属于不正之风。评选博导也是这样，使得许多不符合条件的人也成了博导。由于浮躁，又要成果，他自己又没有真正的研究，怎么办？只能东拼西凑，造成了抄袭成风的现象。有的人引用别人的观点、结论，却不注明出处，好像是他自己的见解似的。实际上这也是一种抄袭。这种情况还出现于权威部门的一些著作，实在太不应该。这些抄来的所谓论文，以及个别博士生的论文选题，大多是炒冷饭，做重复课题，重复劳动，实际上都是些没有任何学术价值的东西。甚至一些所谓的学术权威也有这种情况，很普遍。长久以来，也就形成了一种不好的风气。在这种不良的风气下，一些优良的学术风气反而被视为"异类"，歪风邪气却可以广有市场，很不正常。你写文章批评和揭露这种情况，却无人敢发表，实在不可容忍。

　　如何克服这个毛病呢？一个是要注意体制上的一些问题，评职称、评奖，一定要评得真正合理。而目前的评审体制，什么时候都是那么几个人，成为评审专业户。连评委的选择与确定都不公正，怎么能保证评审的公正呢？第二，现在一些报纸杂志发表文章采用匿名审稿、外审等办法，也采取了一些措施，这样做可能要好一点。但这都是一些头痛医头，脚痛医脚的办法。治本的办法，还在于社会各个方面进行综合治理，营造一个打假的社会氛围。就是叫人们都知道，这样做是光荣，那样做可耻。叫学术上的假冒伪劣的东西没有了市场，也是一个办法。学术上的创新，无论大小，都应要表扬、鼓励，要建立这方面的有效机制。第三，要努力提高自身的素质，要真正树立刻苦钻研的好风气，鼓励创新。因为创新是学术研究的生命。教学是讲授已知的知识，科研是探索未知的学术领域。如果要真正踏踏实实搞科研，认识到科研的性质和作用，还要求创新，这样就可以提高个人的素质。而且，学术是有源流的，要重视学术史的研究。你不要轻易否定前人的研究，要在前人研究的基础上再求发展。你把前人都忘记了，也就等于否定了自己，失去了自己的根基。要使大家都懂得这些道理。我们的学术研究要有社会责任，要为社会负责。最后，学术界的不正之风，还有一种重要的表现，那就是当了官，还要当教授、当博导。我看就凭这一条，就表明他就没有当官的资格。还有一种怪现象，只要当了官，即使是民主党派的"官"，他的学问也就跟着大了，到处招摇过市，其实，啥学问都没有！所以，我说，许多问题坏就坏在这个官本位上。

高先生，您最近思考着哪些学术问题，您今后几年中大致的研究计划，也请谈一谈。

我现在有五本书要出，首先是《〈南史〉掇琐》和《〈北史〉掇琐》两部，由中州古籍出版社近期出版；另外，台湾还要出我的三部书，一是五南出版社再版我的《秦汉史论集》，再就是万卷楼图书有限公司出版我的《魏晋南北朝史发微》和《中华古史求索集》。都已经通过了外审，订了合同。另外，我还要出一本《〈资治通鉴〉研究》，研究《资治通鉴》存在的三大问题：第一个是它超出正史的部分，第二个是它史料顺序有讹误的部分，第三个是它系年错误的部分。我已经搜集了不少素材，因为做一条都比较困难，所以至今还没有最后完成，但是，第一个方面已经搜集了百十条以上，第二个方面也找到了几十条，第三个方面不足二十条。要下大功夫，才能最后完成。这是第一个要完成的工作。第二个是《翘楚斋札记》，全是一条一条的像《日知录》那样的小考证，多则几千字，少则几百字、几十字，已经在《社会科学战线》杂志的补白中发表了十几条。我目前搜集了有几百条，是一点一点积累起来的。第三个方面，现在考虑较多的是对走马楼简牍的研究。出土文献已经公布了第一册，我写出了八篇文章。下面还有第二册至第十册没有公布，我想根据这些资料再写一些篇，最后出一本《走马楼简牍研究集》。再一个是关于张家山汉简的研究，我已经写了一些文章，将在《文物》《中国经济史研究》《郑州大学学报》和《史学月刊》等杂志上发表。在今后一段时间内，与我已经写的其他文章合在一起，打算出一本《秦汉魏晋南北朝史论考》，现在已经有三十几篇文章了。这就是我的大致计划吧。

延伸阅读：

《探索中国古史的深层底蕴——高敏先生访谈录》，《史学月刊》2004年第2期；

《高敏先生七十华诞纪念文集》，中州古籍出版社2001年版；

《高敏先生八十华诞纪念论文集》，线装书局2006年版。

胡昭曦

胡昭曦（1933-2019），四川自贡人，1956年考入四川大学历史系，1961年毕业后留校任教。四川大学历史文化学院教授、博士生导师、四川省学术带头人。曾任四川大学研究生部主任、图书馆馆长、人文社会科学学院院长、中国宋史研究会副会长等。长期从事宋史和巴蜀历史文化研究，先后发表论文100余篇。1989年被评为全国优秀教育工作者，1992年获准享受国务院特殊津贴。

主要著作

《张献忠屠蜀考辨——兼析"湖广填四川"》，四川人民出版社1980年版；

《王小波李顺起义》，四川人民出版社1985年版；

《四川古史考察札记》，重庆出版社1986年版；

《宋蒙（元）关系史》，合著，四川大学出版社1992年版；

《宋理宗宋度宗》，合著，吉林文史出版社1996年版；

《宋代蜀学研究》，合著，巴蜀书社1997年版；

《胡昭曦宋史论集》，西南师范大学出版社1998年版；

《四川书院史》，巴蜀书社2000年版，四川大学出版社2006年版；

《巴蜀历史文化论集》，巴蜀书社2002年版；

《宋代蜀学论集》，四川人民出版社2004年版；

《巴蜀历史考察研究》，巴蜀书社2007年版；

《旭水斋存稿》，四川大学出版社2012年版；

《旭水斋存稿续集》，四川大学出版社2017年版。

切思：学术的真与美

教书育人重能力，科学研究尚创新
——著名宋史专家胡昭曦教授访谈录①

胡先生，您好！2012年3月，四川省社科联为您主办了一个八十寿辰的学术座谈会，会议开得很成功，大家对您的道德文章都评价很高，我们作为后学也深受教益。今天，受《历史教学问题》杂志社的委托，对您老做一次采访，想请您谈谈您的从学经历、治学概况和教学科研心得等。我们首先关心的是，您是如何走上学习和研究历史这条道路的？

这要从我考大学选报历史专业谈起。我于1949年在自贡的旭川中学高中三年级时参加革命，1956年响应国家"向科学进军"的号召，在职参加高考，1956年7月被录取入读四川大学历史系。历史专业是我报考的第一志愿。当时对学历史的感觉是朦朦胧胧的，现在看来这是偶然也是必然。

首先有家学环境的影响。我的祖籍是江西省吉安府庐陵县，清朝嘉庆年间先祖至四川，从行走贩布到开设布店，再到经营盐业，同治、光绪年间家业极盛，民国初年走向衰败。祖父胡汝修（名念祖）、父亲胡少权，经营盐业，喜好诗书。先祖父重视名教，嗜读《周易》，喜好诗词。他当家时，先后延请多位饱学宿儒主教族塾，还经常与蜀中名流聚会赋诗。特别是与近世鸿儒荣县赵熙（1867—1948）联姻，世交四十多年，研讨请益，关系至密。赵熙是光绪年间进士，做过翰林院编修、监察御史，善诗

---
① 本篇访谈者乃粟品孝教授。

文，工书画，好戏剧，对胡氏后代倾力教育。我家伯叔父辈中，有诗画书法著名者，有精于中医医术者。先父幼承庭训，学于家塾，又深得赵熙诲教，其著作有《百一诗存》《胡少权文存》。在我读中学的寒暑假时，父亲或自己讲授，或敦请学者，给我们弟兄补习国文，诸如《唐诗三百首》《古文观止》等，虽断续为之，亦稍获益。

其次是中学老师的影响。1947年秋，我考入旭川中学高中，入读高八班。这是一所具有书院传统和革命传统的中学，它延续了旭川书院的文脉，为孙中山追授为陆军中将的谢奉琦烈士，杰出的无产阶级革命家、教育家、历史学家和语言文字学家吴玉章都曾在旭川书院学习。我有幸遇到一批好老师，受到了很好的教育。当时我不喜欢自然学科，感到难学。到高中二年级分文、理组时，我选文组就读，喜欢国文、历史、英语、音乐等科。在这些老师中，我最佩服的是教历史课的王道隆先生，他毕业于武汉大学历史系，知识渊博，思路清晰，讲课时常常穿插一些有趣的历史故事，令人兴趣盎然；他为人平易，不厌其烦地回答课外提问，颇受我辈学生欢迎。我最喜欢听他讲课，因而对历史课产生了浓厚兴趣。他又是一位中共地下党员，新中国成立初期，曾任旭川中学团总支书记，我是团总支组织委员，对他有更多请教。我尊敬他，也看重历史课，因而考大学选报专业时首先想到的是历史。

再一个就是六年多基层工作的影响。1956年报考时，我已参加基层工作六年多。先是在中学教导处和从事土改试点、复查，农村、城市建团等工作，这些使我较为广泛而深入地接触社会的今昔状况和各种人，潜移默化地培养我观察社会、思考历史的习惯。后来又有两年多团市委的基点工作，试验了一些新的举措，写了不少情况反映、试点计划、工作简报或总结，在创新意识、资料搜集、分析综合、文字表达上有了不少锻炼。

报考大学时，视自然学科为难学，对人文学科感兴趣又有一定基础的我，就选了历史专业。当时，谈不上对历史专业有什么认识，只觉得这个专业我有些了解，报这个专业，我可能考得上大学，也能够学下去。

您从1956年进入四川大学学习历史，1961年毕业留校后又一直从事历史的教学和研究。这期间您得到了很多老师的培养教育，能不能就此谈一谈他们对您的影响？

说实话，我至今都感到非常自豪。在四川大学历史系学习的五年期间，我得到了很多老师的悉心教诲。当时先后给我们授课的有徐中舒、蒙文通、缪钺、冯汉骥、胡鉴民、蒙思明、卢剑波、赵卫邦、谭英华、孙次舟、王介平、李世平、黄少荃等教授和其他老师。这是当时国内高校中很强的历史学科教师阵容，有一级教授，有全国著名教授，有蜚声国内外的历史学家、人类学家和考古学家，有本学科前沿的学术带头人。我有机会接受这些老师的教育，非常幸运，收获很大，影响至深，给我的专业进修打下了初步而坚实的基础，把我导引进历史学科的大门。

1961年8月大学毕业后被分配留校，在历史系中国古代史教研室工作。当时，系主任是徐中舒先生，古代史教研室主任是缪钺先生。我得到许多老师的培养教育，在这些老师中，我请教最多的是蒙文通先生、缪钺先生。

蒙文通先生是我国现代杰出的历史学家和经学家，被学界称为"20世纪中国卓立不苟的儒学大师、国史专家"。我到中国古代史教研室担任助教，当时学校实行青年助教导师制，系里确定蒙先生为我的指导老师，安排我进修备课，同时协助蒙文通教授进行教学科研。此后的三年（1961年9月—1964年8月；蒙师于当月不幸逝世）中，我跟随蒙师重点学习宋史，并协助他做些教学科研工作。

我是同蒙师新招的研究生朱瑞熙、贾大泉两位同志一起学习宋史的。先生要求很严格，布置先读《御批通鉴辑览》，以明通史之概绪。继而逐字细读《续资治通鉴长编》，了解北宋编年史，培养系统读书和细致咀嚼的精神，锻炼深入钻研和发现问题的能力。同时阅读《文献通考》《宋文鉴》等书。第一年内每周必写读书笔记，用两个本子轮换，写心得札记或提出问题。先生审阅得很细，连错别字也改正。在答疑时，还加以具体讲评或解答。蒙师这种高度重视基础知识、能力锻炼、因人施教的教学思想和方法，使我受益很深。

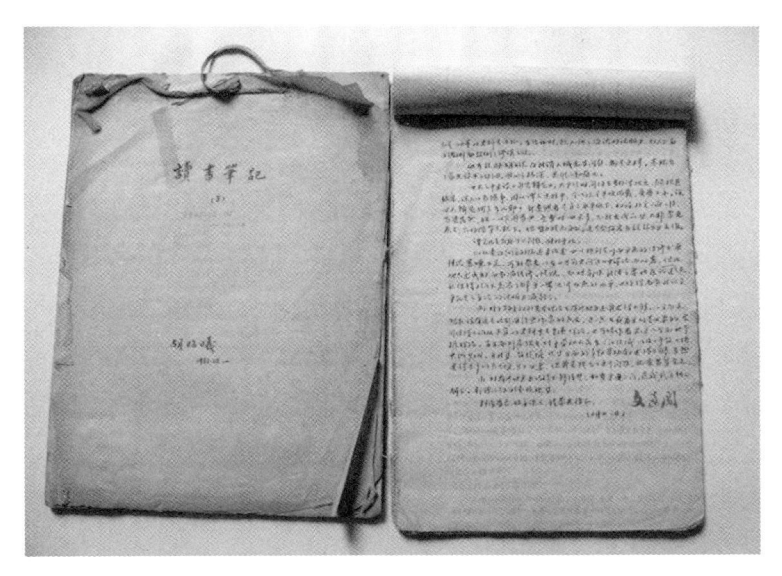

1961年向蒙先生呈送的读书笔记

  现在总结起来，在培养方式上，蒙先生有两个突出特点，一是课外讲授，直面交流；二是安排写作，培养能力。开始学习的头一年，先生要求我们每周至少一次去他住的水津街川大宿舍，大多是晚上7点到10点钟。主要是先生讲论，内容广泛，丰富精彩。先生研究之灼见，为学之甘苦，治史之经验，无所不谈。我虽不能全懂，但潜移默化，逐渐消化，启迪尤多。对我们提的问题，先生总是悉心解答。此外的时间去请教，只要在家，先生总是放下其他事情，热心接谈。有时还带我去隔壁茶馆，边饮茶边讲解，往往坐上两三个钟头。这种讲授方法，比课堂得到的知识更多、更深、更实际并且更具有针对性，我也对老师的治学经验、研究方法了解得更具体、更切实。先生对培养我们的研究能力非常重视，主要通过安排写作进行。先是要求写读书笔记。接着，要我把他在学术会上的发言纲要整理为文稿，同时为他的研究再查些资料，或者对他指导的本科学生毕业论文提些问题。然后，拟订课题，布置参考书目，指导我撰写了通史性的专题论文《论汉晋的氐羌和隋唐以后的羌族》（1963年刊载于《历史研究》）。对我写的稿子，均严审细改。通过这些措施，使我增加了知识，增强了科研能力。

先生不仅在业务上悉心指导，在做人操守方面也言传身教。我们每次去先生住所求教完毕，纵使是冬天晚上10点过，先生总要亲自送到宿舍大门。一次，先生看到一条新资料，为了及时告诉我，竟然同师母自水津街坐三轮到我的住处盐市口附近交通路，在宿舍门口说完材料就离开了。可见先生对学生的热忱关爱，悉心扶植。先生是大学问家，但并不摆大自用、将己见强加于人。对与他不同的学术意见，先生从不责难，亦不视为不恭，还鼓励讲出来、写出来。如我对熙丰变法的评价，同先生根本否认的看法有异议，觉得宜一分为二。先生莅堂听完我的备课试讲后，鼓励我可以按自己观点。我写了一篇稿子，请先生审阅，先生再次鼓励并同意投稿发表（1965年刊载于《光明日报》）。先生这种高风美德对我教育尤深。

在讲论学问时，先生曾说："不管做哪门学问，都要堂堂正正做个人"，"一个心术不正的人，做学问不可能有什么大成就。"先生是这样教导学生要求学生的，也是这样身体力行的。在专业上，先生强调：要自己认真读书，独立思索，把一本书打得粉碎，使书为己用，而不是己跟书走；要目光四射，广泛涉猎，纵贯古今，环顾学界，要有创进的史观；要在读书中产生问题，置疑存问，在研究中逐步解决；要勤于写作，稿子写成后不要急于发表，可存于书匧，多次复读修订，然后定稿。蒙先生无论在科学研究还是教书育人上都堪称楷模，道德文章，言传身教，足以垂范后学。

那您向缪钺先生请教的情况呢？

缪钺先生也是我请教很多的老师，对我影响很大。缪先生是20世纪我国杰出的文学家、史学家和教育家，是我国高等学校突出的名师，也是我们后学的优秀指导老师。缪先生非常重视基本功，经常教导青年学人要高度重视基本功的培养锻炼。他说："一个人要想做学问，先练基本功是必要的。"研治文史之学的基本功"首先是有较好的语文能力，包括读与写，还有目录学与文字、声韵、训诂学的常识"。他在这方面要求特别严格，并且贯彻始终。

我刚到中国古代史教研室工作，缪先生分配给我的任务是进修备课，确定由蒙文通先生担任我的指导老师，并根据校系布置，叫我拟订并填写学校统一制订的《教师个人进修计划（1962—1967年）》表①，并反复强调"三基"即基础理论、基本知识、基本技能的重要性。对填表逐项审阅，与蒙文通先生相商后，给我提出修订意见，还经常督促检查执行情况。比如，根据计划我着手注释《宋史·食货志》选段的习作，缪先生教我要从严从难，适当多立条目，广查史籍与工具书，包括字义词义、今古读音，年号庙号、时间地点，特别要注意人物、地理沿革、纪时换算、事件、典章制度的诠考。我都努力按照这些要求去做，每次习作都复写两份分别交缪、蒙二位先生审阅。

指导和帮助青年教师备课开课，是缪先生重视基本功练习的又一重要部分。他按照进修计划所定进度，适时组织试讲。我的试讲安排在1963年上学期，内容是"庆历新政与熙丰变法"，讲10个课时。缪先生检查了我的讲稿准备情况，然后他组织教研室几位老师听我试讲部分内容，进行帮助。正式试讲时，蒙文通先生自始至终莅堂指导。全部试讲完后，缪先生和蒙先生又在教研室做了讲评。此后，我就正式开课了。这次试讲，给我很大收获，为我进行教学打下很坚实的基础。40年来，我能较好地先后开出中国古代史的断代史、通史、专门史、专题研究等本科生、研究生课程，同这次试讲的锻炼是分不开的。

缪先生讲课特别精彩。记得1957年上学期，缪先生给我们年级讲授基础课《秦汉魏晋南北朝史》，整整一个学期，每周6学时。他那全面系统而又详略得当的内容，严密有序的层次布局和逻辑结构，重点难点的突出讲解，明晰简洁的论析，标准的普通话，以及课外的细致答疑，不仅使我能够详细笔录讲授内容，比较顺利地初学了最为纷繁的魏晋南北朝史，更体会到教学的艺术，可以说听缪先生讲课是一种美的享受。缪先生的教学，是对我们后学的言传身教，给我树立了很好的典范，也帮助我几十年来努力做好教学工作。

---

① 此表有"教学工作"（含教学任务、教学能力）、"业务基础"（含专业基础、外文、基本技能训练）、"科学研究"（含基本文献、专题研究）、"培养和指导工作"四项，并分项列出"本人目前情况"，然后分5个学年（前三年分上下学期）共8栏列出"主要措施"，要求逐项填写。

1961年制订的个人进修计划（底稿）

胡先生，您刚才谈到了蒙先生和缪先生对您的教育和影响。实际上您在自己的教学中也加以了传承和发展，您在本科生和研究生的教育中都十分突出，先后被评为"成都市先进教师"（1985年）、"全国优秀教育工作者"（1989年），现在学院不少中青年老师还津津乐道于您的讲课风采。因此我们很想听听您在教学方面的看法，好吗？

谈不上什么突出和风采，这里只是作一个较为系统的介绍。先说说本科教学。上个世纪60年代到80年代，我有20多年的时间主要从事本科教学。我印象最深的是，"文化大革命"后给本科一些年级尤其是77、78、79级同学上课，非常愉快。他们学习的主动性和自觉性强，有渴求知识的热情，上课听讲时特别专注，面目表情同讲授内容相应，师生之间目光互接，心神交会，真有灵犀相通之感，让老师觉得特别舒畅。

我在给本科生上中国古代史基础课时，每个年级都要讲一个"绪论"，向同学们开宗明义地说明我的教学要求和想法。

一是基本要求。总的是"一严三重"，即严格要求，重基础、重思考、重实践。中心是搞好自学,就是要求发挥自己在学习上的主动性,而不是跟着书本或教员后面跑,当然要善于借助书本和教员的指导。自学就是要求同学们自己研究书本包括教材、参考资料和教师的讲授,把主要精力放在提高分析问题和解决问题的能力上。这些,对综合大学历史系的学生尤其重要。怎样搞好自学呢?第一,熟悉教材,研究讲授内容。第二,要争取多接触原始材料。同教材相配套的《参考资料》要好好利用,有余力可看点白文本古籍。第三,要使知识面广些。或精读,或浏览,尽可能多读些书,可做目录索引,不做卡片或摘抄。第四,要多思考、多提问题,包括在课堂上递纸条提问。

二是要打好基础。通史是很重要的基础课,通过通史学习,逐渐掌握基本理论、基础知识、基本技能。基本理论很重要,要坚持以马列主义、毛泽东思想为指导,全面准确地理解其基本原理。基础知识必须掌握得系统、广博而牢固,只有这样才能深入。基本技能的训练,中心是提高自己的阅读能力、分析能力和解决问题的能力,注意别人怎样分析问题,熟练地使用基本工具书。

三是把作业做好。话说"百闻不如一见",而百见不如一践。一般每学期布置一至两次课外作业,其内容大致是史料标点、注释、分析,干支纪时换算,古地今址、古籍版本知识等等。目的在于把同学引向图书馆,开阔知识视野,练习基本技能,启迪学术思考,有助读书习惯。同学们普遍热心习作,反映有"实战"感受,很有收获。

我还注意锻炼学生社会调查的能力。"文化大革命"中复课以后,我组织了三位同学,先后到灌县、青神、开县、奉节等近10个县考察农民起义和其他历史遗址与文物,以扩充和积累资料,并从中锻炼他们进行社会访问考察、搜集资料、见识文物、辩证史实,乃至安排旅途吃住行的能力。之后,又组织了两位同学一起搜集资料,进行研究,撰写和发表了文章。这都有助于他们增长社会见识,提高科研能力。

胡先生,您担任过6年的研究生部主任,又做了20年的研究生指导教师,您这方面一定积累了很多宝贵的经验。我们也想请您谈一谈,好吗?

谈不上经验，我也是按照上级要求和老师教导边学边实践的。对于研究生的教学，我的基本态度是：严格要求，全面关心，勤学善思，严谨切实。我是从1982年起开始指导硕士研究生，1984—1990年被学校任为研究生部主任。当时的研究生教育不像现在，很多方面还处于摸索的过程中。我写了《要加强硕士研究生的能力培养》（载于四川大学《高教研究》1985年第3期）一文探讨，也有一些实践。

一是课程设置要更加适应能力培养的要求。对硕士生课程的设置，我认为宜宽泛一些，要符合硕士生以自学为主和注重能力培养的教学要求，充分调动硕士生的学习主动性，有利于硕士生独立的学习能力和研究能力的培养。根据上述要求，我们把硕士生课程分为三类：一类是专业的基干课，即保证研究方向的特色和深度的课程，由指导教师亲自主持负责；一类是相近专业、研究方向共同的专业课或专业基础课，由教研室（研究室）或系（所）统一安排，遴选水平较高的教师担任，硕士生可经导师同意后必选或任选；一类是跨专业、跨系科的课程，全校统一安排，由硕士生任选。与此同时，必须实行硕士生在导师指导下自由选课的制度。

二是开展教学实习和社会调查。就是组织硕士生积极参加教学实践、社会调查、科研活动和开展各种学术活动，让他们有更多的独立工作的机会，在实践中增长才干和能力。比如，1984年5月，吴天墀先生、方北辰先生和我，带领4位宋史方向硕士生进行学术访问，先后拜访了武汉大学、南京大学、上海师大、杭州大学、北京大学、中国社科院、河南大学研究宋史的先生，并同他们指导的硕士生进行了学术交流，收获很大。

三是对学位论文严格要求。总的是按国家《学位条例》的有关要求。结合我的实践来看，第一，硕士生一般尚处于入门阶段，需要在研究方面再打基础和进行专业的基本训练，在选题上一定要"查重"求新、自主决定；要有创进性的研究心得；主要论证须资料充实，尽可能用第一手资料，史论结合；对已有研究成果可以引用，要注明出处，决不能抄袭；行文通达、规范；分量不超过3万字。第二，论文题目，最好与我的科研项目相配合，以更好地发挥我的指导作用，在我一共招收并指导的14位硕士生中，有10位都从晚宋史和四川历史文化中选题。对除此之外的选题，我则逐个加以准备，梳理其基本研究状况，做到心中有数。我又推荐他们以论文参加学术会议，进行广泛交流。

您对硕士生培养问题的探索效果很好，有些已成为现在的培养制度。我们还知道，您从1993年开始还担任博士生指导教师，也培养了一批优秀人才。请问您在博士生的培养中有什么认识呢？

我自1993年被国务院学位委员会批准为博士生导师后，至2003年离休，招收指导了8位博士研究生。1998年，我在教学实践的同时，写了一篇文字，题目是《浅谈文科博士生知识的博观厚积》（载国务院学位委员会办公室、国家教委研究生工作办公室编：《博士生培养纵横谈》，河南大学出版社1998年版），反映出我的主要看法和做法。

最先我招收的5位博士生，都是硕士考入的，但所学不一：中国古代史专业宋史、先秦史研究方向各1位，中国近现代史专业1位，世界上古中古史专业1位，中国古代文学专业1位。这样，在专业培养上面临以下问题：第一，我们招生的专业和研究方向，要求他们在中国古代史尤其是宋史方面，学得扎实，比较深厚，能获得创造性的研究成果。然而，多数博士生对宋史甚至中国古代史的系统了解不多，对浩瀚的宋代史籍接触很少。第二，中国古代史专业的非宋史方向硕士，仅对原攻研方向比较熟悉，无论在基础理论和专业知识上，都需要继续扩大和深入。第三，非中国古代史专业的硕士，则对中国古代史的基础理论和主要论题都不熟悉。归纳起来，这些问题最基本的是"基础"与"精深"、"博"与"约"的矛盾。我要全面达到博士生的培养要求，必须加大扩展基础的培养力度，引导博士生博观厚积，从博反约，并为此初步采取了以下措施。

一是抓紧课程教学，扩展课程内容的知识面。我在博士生入学一年至一年半以内，安排了两门课程：一是"中国古代专题研讨"。主要是加强基础理论、基本知识和扩大知识面，也介绍一些研究方法。二是"基本史籍研读"。要求他们通读《资治通鉴》，细读《宋史》中"纪""志""世家"和部分列传，参读《中国古代史史料学》一书，第一学期结束后，由博士生写出"读书报告"。此外，还安排或鼓励博士生旁听有关课程。例如，系里其他老师为中国古代史专业硕士生开设"宋史专题研究"课，我要求非宋史研究方向硕士的博士生，都要作为必选课旁听，以弥补他们在这方面的不足。

二是发挥集体培养的作用，要求博士生主动求学问道。面对硕士专业各异、阅览广泛、置疑不少、论文选题不同的几位博士生，单靠导师一人的指导是不够的，很有必要结合集体的培养力量来建立指导小组。当时由六位教师组成指导小组，其成员除导师外，有中国古代史教授三位、副教授一位，他们分别主攻魏晋南北朝史、西夏史与宋史、明清史、中国民族史，哲学系教授一位，主攻中国哲学史，另一位副教授为副导师，从而构成多专业知识结构和不同学术风格的合力，使博士生能够多方位地接受和扩展知识、多风格地学习研究方法。博士生们经常主动地去请教这些老师，也得到这些老师的热情帮助和悉心指导。

三是提倡博士生就近参加学术活动。参加学术活动是扩大知识面、培养科研能力的好机会。因此，我提倡博士生在条件允许的情况下，尽可能就近参加校内外的有关学术活动。一种情况是导师安排或组织博士生参加，这是教学要求的一个部分。如先后参加在成都举行的"中国宋史研究会第六次年会"、成都地区宋代研究座谈会、我校宗教研究所两届6名博士生的学位论文答辩会，以及美国、台湾地区的学者访问指导教师时的学术座谈会。指导教师到香港讲学和到台湾参加学术会议后，向博士生介绍学术动态。一位在我所指导毕业的硕士，先后在美国哈佛大学进修和香港中文大学攻博，返蓉休假时，也安排他们一起进行了座谈。另一种情况是由博士生自选参加，有校内外不定期的学术讨论，也有定期学术讨论会，如本校历史系多次举办的学术论坛等。

以上这些做法，对博士生扩充知识、加强基础、增长科研能力起到了促进作用。值得注意的是，强调博士生的"博"并非漫无边际，而是《学位条例》要求的"在本门学科"上"坚实宽广""系统深入"，以求做出创造性成果。这个基点和目标是不能分割的。

四是博士生学位论文的中心是创造性研究。博士生要走向本学科专业的殿堂，做到"登堂入室"，既要积累知识，又要再添技能，更要锻炼和显现科学研究的创造能力，因而我对博士学位论文要求的中心是创造性研究。当时，我的科研课题集中在"晚宋史""宋代蜀学""四川书院史"上，尚居于本专业的研究前沿之列。我有意引导他们从中选题，以补前人未谈、少谈之不足，或辩证得失，或发掘新资料，或提出新见解。结果，他们的论文题目大多围绕上述课题，且都有创造性的研究和成果，有一份论文还被评审选入"高校文科博士文库"，由高等教育出版社于1998年10月出版。

胡先生，您是著名的宋史研究专家和巴蜀历史文化研究专家，取得了卓著的科研成果。希望您和我们分享一下您在科研方面的心得体会。能不能先谈谈科研选题问题？这往往是年轻学人最头痛的事情。

我不敢说在科研上有多大的成绩，更说不上卓著。但40多年的科研活动确实有不少值得总结的地方，有一些心得体会。

选题是科研的首要工作，决定着科研工作的成与败、科研成果的大与小和科研价值的高与低，因此要特别注意，要力争做到开拓创新、切实可行。大体上是几个环节：首先是目光四射，发现课题，估量其学术价值与实际意义；接着了解已有研究和查重；再就是仔细考虑可行性，主要是看能否走得通，诸如自己的基础与能力、客观条件与主观能动，是否经过艰苦努力可以达到要求。我的选题主要有两类：一是围绕提高本科和研究生教学质量的；一是促进本专业即宋史和巴蜀历史文化的学术发展或直接服务社会的。二者并非截然划分，而是紧密相联的。

关于围绕提高教学质量的科研。主要是对一些重大的或带全局性、贯穿性问题的探究。其中，有的是推向深入的拓展性研究，如：熙丰变法评价、中国古代史上的民族关系（重点在10—13世纪）、中国农民战争史（重点在四川）；有的是对学界已有成果的综合性研究，如：宋代社会与中华文化、中国古代科举制度、中国古代官职、历史人物的评价，等等。举例而言。1961—1962年备课期间，准备试讲"庆历新政与王安石变法"，接触到对王安石变法的两种评价，即过分肯定和根本否定。我在进行了较系统的梳理和论析后，提出了宜称为"熙丰变法"和既有肯定又有否定的第三种看法，使教学内容更为充实、深入也更具启发性，受到了学界的重视。

关于促进本专业发展和直接服务社会的科研，主要是前人没有研究过或研究不够的方面，因而具有原创性和拓展性。在这方面，我注意到宋代四川地区在全国的重要地位，而我在四川高校工作，有地区条件优势，因而主要选择宋代四川地区关乎全国历史的一些问题。其中，有厘清学界争论的，如王小波起义发祥地青城县不在今天的青神县，而在都江堰市徐渡乡境内；有提出新资料新看法的，如晚宋史的分期、陈抟的里籍、对宋理宗的评价，宋代学术人物如谯定、张栻、华阳范祖禹家族、蒲江魏了翁家族，大足石刻的史料价值及有关人物如冯楫等；有关于一个历史事件或历史时段首次开展的较为全面系统的研究，如宋蒙（元）关系史、宋末四川战争、宋代蜀学、四川书院史等。

您刚才提到科研服务社会的问题，古代史研究似乎不及近现代史那么直接。请问您是怎样认识这一问题的？又是怎么做的呢？

历史研究与现实社会是有一定距离的，但历史不能割断，古代史研究成果很多也是具有现实意义的，也可以服务于我们当前的社会建设。这方面学者要有敏锐性和责任感。我虽然做得不够，但也有过一些努力。比如我曾利用研究成果向党政有关机关建言献策。这里举两个例子。

一是关于宋代交子纪念标志。2007年10月，我曾致信成都市党政主要领导，建议抓住我市建设金融街道、商务中心（圈）的时机，向社会宣传和大力彰显世界第一张纸币"交子"产生于北宋成都的历史，以宣扬我国杰出的优秀历史遗产和民族精神，更加展现历史文化名城成都的深厚积淀，扩展与加深爱国爱成都的教育内容，进一步推动成都市旅游事业的发展和增加其科学文化内涵。建议将市区内已建或正建、待建的某条金融街道或商业街道，冠以"交子"的名称，如"交子大道东大街"。这一建议得到了重视，目前成都市在新市区已正式命名了"交子大道"和"交子北"一、二路，"交子南"一、二路。其具体位置与建设环境也很考究。交子大道，东起金融城（其北邻近成都市金融工作办公室），西穿益州大道，接于成汉南路。交子北一路、交子南一路，纵贯金融城。交子北二路、交子南二路，在益州大道之西，纵跨交子大道。

再就是关于四川省遂宁市唐代张九宗书院创立时间的问题。针对学界和社会上有遂宁唐代张九宗书院是中国最早的第一所书院之说，并希望有关部门依此规划复建该书院的建议，我依据历史资料做了认真探考，写了一篇文章。认为遂宁张九宗书院最早不始于唐太宗贞观九年（635年），而是建于唐德宗贞元年间（785—805年），因此根本不可能是中国最早的书院。为此，我在2011年10月致信中共遂宁市委书记，把这一情况做了汇报，指出张九宗书院是遂宁市也是我省一个很重要的历史文化项目，是历史上的真人真事，希望有关部门在坚持历史真实性这一基础上进行科学宣传和开发规划，以更好地为今日建设服务。这一建议得到遂宁市委书记的重视和亲自书面回复。

看来确实要依据确凿的史料才能服人啊！近代史学名家傅斯年有句名言："近代的史学只是史料学。"这句话虽然广受诟病，但从强调史料是史学的核心这一点来看，还是很有道理的。下面请您谈谈史料在史学研究中的作用问题。

史学不等于史料学，但其重要部分是史料学，而其研究基础则是史料，这是没有疑问的。研究历史必须掌握与研究课题有关的丰富资料，包括史料和前人有关研究，在史料方面，不但要量广，还要力争是第一手的或尽可能原始的，讲求版本的道理也在此。

这里我想重点谈谈重视历史文物资料的问题。历史文物中，有许多是第一手资料或较原始的资料。我进行的科研内容大多是宋代至清前期这段历史的时期，这期间的文献资料非常丰富，可谓皓首而不能尽览，因此学者们毕生致力于文献者众多，对历史文物包括出土的、地面的、传世的文物却顾而不及或重视不足。我在大学阶段也受到考古学的基础教育，如听冯汉骥先生讲课、考古实习，参观遗址，以及同年级"考古学专门化"同学的影响，因而对文物资料比较重视。在我的科研工作中，很注意努力掌握有关文物资料，并运用到分析和解决研究中的问题。事实证明，这对我进行科研有很大帮助。

切思：学术的真与美

一是补充或挖掘出新资料，丰富和充实了我论证问题的根据和基础。比如：南宋末年四川军民抗击蒙古军队的山城战术，我运用了现存宋末的钓鱼、神臂、大良、云顶城等数十座山城遗址的资料，提供了不少新见原始资料，弥补了一些史籍缺载。

二是校核辨析了文献记载的准确性。如辨析"张献忠杀尽四川人"之说时，我运用了现存的不少碑碣文物，有一通1979年仍立于邛崃县东安公社九大队境内的咸丰元年《徐氏宗坊碑》，碑文云徐氏先祖明时由湖广入川，住于邛崃，明末合家逃亡，"乱息后，先祖母携三子以归原业"。所列徐姓祖宗共10代，其中在明4代，在清6代。足证所谓"张献忠杀尽四川人"之说乃不实之词。

当然，对历史文物的可靠性要有科学辨识和考订，有的文物或并非原始资料，或所载文字有误，不能作为稽据。如成都附近的郫县旧县署内有一通立于民国二十三年（1934）的石碑，碑文说司马光出生于郫县，故字曰岷。考之史籍，此为附会之说，不足凭信。

胡先生，您刚才谈到的一些文物资料，有些是您通过实地考察获得的。我们知道您非常重视实地考察，并撰写了《四川古史考察札记》，听说徐中舒先生也特别称赞这一方法。您能不能就此多谈一点的呢？

徐中舒先生肯定这本书中的一些研究方法，是先生的过奖和鞭策，其实这些方法许多是从徐先生那里学的。这个问题与历史地理有关。我对历史地理没有基础，只是从"读万卷书，行万里路"的古训和徐中舒先生、蒙文通先生的一些著作中对其意义有一般认识。后来，有一件事促进了我接触历史地理和实地考察的兴趣和要求。那是1973年上半年，省里要求四川大学为复旦大学编绘的《中国历史地图》四川部分样张提意见，学校在历史系组织了一个班子，我是负责人之一，在校图书馆一间房里工作了一个月左右，翻查了许多地理书和地方志，对该图提出了一些意见和建议。对我来说，这无异是进了学习历史地理的短训班。这次工作中，我们对该图一些地方的方位和里程提出了意见或疑问，我觉得，作为在四川的历史工作者，有责任也有条件尽可能弄清，而且这些问题还关乎全国通史的准确性。于是，我踏上了在细察文献基础上进行实地考察之路。

从1974年至1976年初，我会同地方有关部门，对北宋青城县和味江河进行实地考察。先后十多次在灌县、崇庆县境内考察，还去过青神县一次，足迹到过青城内外山、泰安寺、沙坪和灌县东南部一些村乡。结合文献记载与实地考察，弄清了唐宋青城县的位置在灌口镇南（偏东）金马河以西、徐渡乡五队杜家墩子一带；明确了味江河不是沙沟河的支流，而是源于青城山，流经泰安、沙坪、太平场至元通场西注入文井江的另一条河；肯定了王小波籍贯味江和起义发祥地青城县均在灌县境内，廓清了自明朝以来"青神"说的误载，为史学界所认同。

此后，我或申请科研考察，或组织教学实习，或随同省地震考古组，在查阅文献、提出考察要点的基础上，到省内一些地方进行实地考察，总计自1974年到1984年初的10年中，去过省内上50个县（市）。后来我被调校研究生处工作，没有时间再去考察了。

通过实地考察，我收获很大。如围绕南宋后期宋蒙（元）之间的战争，我考察了现存山城遗址15座、水碛2处、铁锁关1处，对当地地理形势、城防设施、战斗地点、交兵路线等问题，获得了一些在文献上得不到的解答。如钓鱼城这座山城，为何能供应约10万军民坚守36年？1979—1981年，我和系里两位老师会同合川的同志三上钓鱼山，其中一次自县城带上炊事员、租带卧具，在山上住了三天。发现该山被嘉陵江、渠江三面围成半岛，周围约20公里，山城突兀于半岛台地之上，台地大部分可种农作物，山城相对高度约300公尺，城墙周长约6公里。考察时，城内有堰塘10多口，其中一口约40亩、水井10多口、山泉1处；城内有5个生产队，水田400余亩、旱地150余亩，住有近200户约700人。这一下就释惑了。我在钓鱼城还发现一佛龛上被凿摩崖残存文字"逆丑元主""王公坚以鱼台一柱支半壁""诗纪厥功被之金石"等，经考订，是宋末为抗战将领王坚纪功的文字。王坚在《宋史》无传，其他书籍也没有详其生平，这一摩崖文字就成为重要的实证。

事实证明，虽然古代距今已远，极少可能获得可靠口碑资料，但山川形势变化不大，一些遗址尚存，当时碑碣散见，如能在掌握大量文献资料的基础上，有目的地、实事求是地进行必要的实地考察，加以核校辨析，对中国古代历史尤其是地方史的研究是有很重要帮助的，甚至在一些问题的研究中是不可或缺的。

胡先生，我们知道，电脑检索也是您获取研究资料的重要手段。还听说您是从70岁时才开始进行电脑学习与运用的，这在一般人看来不可想象。能不能谈一谈您接受这一现代工具的原因和运用电脑的收获？

对于电脑，我长期敬而远之，即使在校图书馆工作，推动数字化管理的良好环境里，我也没学用电脑。在我看来，应用计算机，是自然科学领域老师们的事，我用不用没什么关系；而且，我已年过花甲，不容易学会。

2003年我70岁，办理了离休手续。当时，我仍担任博士后的合作指导任务，几位博士后、已毕业的博士和家里的子孙，轮番、反复地向我宣传并演示使用电脑的必要和效果，把我"逼上梁山"。自2004年起，分别给我买了台式电脑、显示器等硬件，教我如何使用。还送给了《四库全书》等电子版，装进了《四部丛刊》检索版等，使我尝到甜头：我住在校外，许多基本书籍可在家里查阅，不必频繁去图书馆了。针对我不熟悉拼音，又不习惯在键盘上用五笔字等输入法，他们又送给我写字版（记得我用的第一个写字版是一个儿童玩具厂出产的），于是我得以较顺利地在电脑上写作，至今我至少已用过6个写字版。此后，他们又给我装上《四库全书》检索版、川大校外访问软件，添加了存有不少大部头古书和各地地方志等等电子史籍移动硬盘。这样，我的电脑储存的资料，堪比一个中型图书馆的藏书。

使用电脑7年多来，我虽只涉电脑皮毛，但亦脱盲境。我逐渐掌握了阅读和检索查核电子书籍、写作、上网查阅下载资料和浏览时事、收发电子邮件、开通视频等方法。我的文稿，基本上在电脑上写成，不下几百万字。较之用手写，资料排比分类、摘录引用方便；反复修改不用重抄未改文字；利于分类存储原稿，也减少收存空间。运用电脑，可谓大开眼界，如有千里眼纵观古今，横视中外；可谓承旧习新，添翼增力，在知识获取上、教学科研上、师友交往上、保健治病上大得益处。我深深地体会到，在学习方法上要在传承发展的同时，不断地改革创新。当然，电脑查阅只是提供线索，科学研究还必须通读细查有关原书原文，因此不能以电脑检索代替读书。

胡先生，您在科学研究中非常注重创新性，像王小波李顺起义的发祥地、熙丰变法的评价、晚宋政治及宋蒙（元）关系、张献忠、宋代蜀学及有关晚清蜀学研究、四川书院史等等研究，您都有独树一帜的新见，都有开创之功，有些在学术界产生了很大影响。我们很想知道，您是如何做到这些创新的？

科学研究需要传承，更需要创新，尤其需要做前人未曾做过的研究，即原创性研究。要做到这点是很难的，但我们必须努力去做。我的老师蒙文通先生曾语重心长地说："学生总得超过先生，如不能超过先生，纵学得和先生一样，还要你这学生作何用！"这也就是要求学生在学业上，既要继承老师，又要比老师更向前进。因此，进行科学研究，就要立志出特色、出新意，充分考虑其学术价值和现实意义，力争使研究成果具有创造性。

我认为，首先读书要产生和置带问题，即古人所谓"置疑"。历史研究的过程是一个发现问题、分析问题、论证问题、解决问题的过程。如果不能发现问题，就不能选好题目，也不能完成所选题目的研究。因此，必须注意发现问题并带着这些问题去爬梳、取舍资料，所带问题越多、越大，经解决后其研究成果也会更多、更大，不断产生新问题，科研工作就会不断前进；反之，胸中没有问题，科研则会停滞不前。朱熹说过："读书，始读未知有疑，其次则渐渐有疑，中则节节是疑。过了这一番，疑渐释，以至融贯会通，都无可疑，方始是学。"又说："大疑则大进。"（《朱子读书法》卷1）置疑、释疑才是学问，有疑有问题才能不安于故而进于新，这是符合辩证唯物主义的矛盾论的。发现问题就是发现矛盾，解决问题就是解决矛盾，不断发现，不断解决，这就是科学研究的发展轨迹。

科学研究同社会的发展一样，要前进就必须传承创新，没有传承就没有基础，没有创新就没有发展前进，这就是科学研究的基本功能和研究者的基本任务。一个合格的研究型大学的教师，也应该成为在独立进行创造性研究上不断取得成果的科学工作者。我认为教学和科研都是我应努力以赴的任务，要搞好教学必须搞好科研，我要争取在前人的基础上有所创新有所前进。

创新性科研，尤其是进行原创性的研究，是披荆斩棘、深山采矿的历程，需要锲而不舍、艰苦奋斗做出奉献的。几十年来，我在科研中也经常着意于出新，不敢说有什么创造，更无惊人的创新成果，但也有一些实践和体会。所谓创新，是包括各种层次、规模、程度的新意，据我的经历，主要有以下两类：

一类是，前人已进行过探究，但还不够完善，我的研究成果促其更臻完善。或使其趋于全面系统，如南宋四川山城战术、"湖广填四川"等；或对长期的重要学术争论发表己见，如对熙丰变法的评价、张献忠"屠蜀"问题的考辨等；或对已有资料、研究结论提出置疑辨析，如宋代益州交子的具体制造地。

另一类是，前人没有进行过研究，或没有进行过系统研究，我的工作具有肇始性。这种肇始，包括几个层次和方面。一是零星的但较重要的。有的是发现新资料，如合川钓鱼城王坚纪功碑；有的是发表新看法，如大足石刻铭文中"冯大学"的含义；有的是提供新线索，如陈抟里籍在普州崇龛县，即今重庆市潼南县境内。二是单个题目研究。如熙丰变法经济措施的再评价，宋代川峡地区的茶法与"贩茶失职"，谯定张栻与朱熹的学术联系，张献忠"屠蜀"与"湖广填四川"考辨等。三是课题研究。主要有：王小波李顺起义、宋蒙（元）关系研究、宋代蜀学研究、四川书院史。这四个课题都是比较大的，立题全新或首次全面系统探究，研究历时较长（大都在10年左右），少数教师和同学参加过部分资料搜集、实地考察、某个问题的前期研究或协助通纂校核工作。我觉得，大凡一个较大的研究课题，其有计划的前期研究是很必要、很重要的，不然就会没有基础而影响课题成果。可以说，这些研究是否具有新意、能否深入有效，是这个课题能否创新的保证。

胡先生，您长期从事晚宋史特别是宋蒙（元）关系史的研究，扎实深

入,影响很大,台湾清华大学萧启庆院士曾针对这一情况指出:"四川大学是中国大陆宋史研究的一个重镇,特别着重南宋后期历史——尤其是宋与蒙元关系的研究。"我们想知道的是,您后来为什么转向了蜀学和书院史研究呢?您是从什么时候开展蜀学研究的呢?

宋蒙(元)关系史的研究课题基本结束时,我就在思考下一步的选题。我当时管理任务很重,难以开展全国规模的大课题,就打算找一个相对小的课题。以前我接触过四川历史,还参与过四川地方史的修撰,感觉蜀学是一个四川史也是宋史上重要但还研究不足的问题,而且蒙文通先生早就深研过蜀中经学并号召推进蜀学研究,于是从上个世纪80年代后期开始,我就选择较系统地进行蜀学研究了。我研究蜀学是从两点入手的:第一,不从哲学去研究蜀学,只从蜀学史来研究。这样就可以扬长避短,我如果还要去研究经学、哲学的话,就要从头学很多东西,而且也学不好。第二,从我较熟悉的历史阶段——宋史着手。宋代又是蜀学在古代空前发展的时期,首先做了宋代蜀学发展脉络的研究,包括宋代蜀学的兴起、鼎盛、衰亡、转型以及学统、学派、特色等,撰写了一些论文,研究成果集中体现在我同两位老师合作撰写出版的《宋代蜀学研究》(巴蜀书社1997年版)中,这是第一本关于宋代蜀学研究的著作。

"蜀学"研究近些年呈现出蓬勃发展之势。您是早期的倡导者,也做了很多具体的研究。您能不能进一步谈谈对蜀学和蜀学研究的认识呢?

目前蜀学研究还非常初步,对于蜀学还未能完全深入学科本身,更多是在研究蜀学的演变和发展,是从史的角度去研究,如果要从一个学科的角度去研究还很费力。具体而言,对蜀学的认识还没有完全趋同。原因是长期以来,认为蜀学就是经学;认为古代只有宋代才有蜀学,而宋代蜀学只有苏氏蜀学。1941年卫聚贤先生首次提出了"巴蜀文化"这样一个概念,但它基本限于隋唐以前甚至先秦以前,而且主要是跟考古相结合的东西,后半段则谈得很少。

近二三十年有一个很大进展,"巴蜀文化"有了广义和狭义的界定,"蜀学"也有广、狭二义之释。广义的蜀学,是指巴蜀地区自西汉迄今的以儒为主、融会佛道的学术文化。为什么我要提这点呢？因为现在研究蜀学，一个很重要的问题就是它跟中华学术文化的关系。究竟蜀学是什么？如果只认为是苏氏蜀学，是局部地方的蜀学，或是某一个学派的蜀学就不妥了。它应该是一个比较完整、明显、强大的地方学术，是中华学术文化的基本元素和组成部分，中华文化哺育了地方文化，地方文化也推进了中华民族文化的发展。"十二五"规划中也特别强调发展地方优秀传统文化和地方学术文化，这样才有中华学术文化的大繁荣大发展。

我们对广义蜀学的界定：蜀学是巴蜀地区即四川省和直辖前的重庆市的学术文化，它是中华学术文化基本元素和主要组成部分，包括了巴蜀地方学术文化的各个方面，主要是哲学、文学、史学、经学、宗教，重点在于思想理论方面。

蜀学研究目前还有不少尚待解决的难题。如四川是一个移民社会，从秦到现在好多次大移民，我们要弄清楚土著文化和移民文化之间的关系怎样，这个问题非常费劲，后来明清的移民还好些，特别是先秦以前的移民情况较难弄清。以及《华阳国志》所谓"染秦化"的具体情况，"文翁化蜀"的实际内容等。因此我们必须艰苦努力，并重视培养后续研究人才。

您在书院史方面也很有成绩，出版过《四川书院史》这样的开创之作。请您谈谈您在这方面的研究和认识。

我在上个世纪80年代即萌发研究书院史的念头，90年代拟定的"四川书院史"被批准为省"九五"重点项目。之所以选此题，我认为书院为中国历史上教育的发展繁荣，为中国传统文化的传承延续起了积极的促进作用。书院教育的历史功绩不可磨灭，具有中国特色的书院教育的历史经验值得总结和借鉴。

于是，我从了解全国书院史研究状况开始，重点全面搜集和梳理四川书院的发展历史，其中着力于宋代书院、魏了翁书院教育、清代锦江书院、晚清尊经书院的微观探究，撰写了《四川书院史》。同时，有意识地试图总结书院教育的历史经验。随着我的教学经验和行政管理经验的积累，更加认为我接受过的苏式或欧美式教育方法中，虽有不少值得借鉴的，但其中也有不少是我国书院教育中早已行之有效的，为什么不加以继承发展，使我们教育更适合中国国情、更具中国特色呢？比如，上个世纪五六十年代，举行学术研讨会，这种形式往往被叫做"习明纳尔"（俄语音译），似乎这种教学方法只在苏联才有。其实，中国的书院早就采用这种自由研讨的重要教学方法，被称为"讲会"或"会讲"，而且连绵千年，效果显著。我们实在应该加以认真认识和继承。

胡先生，您的教学科研都很有成就，令人钦佩。同时我们还知道，您从1983年到1997年，还先后兼任学校四个部门主要负责人共14年，表现出很强的才干。我们很想知道，您是如何协调好行政管理和教学科研这两个看似矛盾的关系的？

我实际上并没有完全协调好。总的说来，我认为管理工作、社会工作非常锻炼人，有助于专业的学习，因为它实际锻炼了我的组织能力、协调能力、分析与解决问题的能力、克服困难与坚持进取的毅力。

我读高中时，就参加社会工作，解放前任过学校社团社长，解放初期任过区学园主任、中学团总支组织委员、川南区学联执委等。1950—1956年，我又先后在学校、农村、工厂、城市等基层工作。在川大，我先后兼任年级团支书、系总支副书记、校业余文工团团长、年级主任兼政治辅导员。"文化大革命"后，又任历史系中国古代史教研室副主任。

改革开放后，我被调到学校职能部门工作，先后担任古籍整理研究所副所长、研究生部主任、校图书馆馆长、校人文社会科学院院长，共4个单位历时14年（从1983年到1997年）。之后，调回历史系编制内，专职担任教学工作，直至2003年、70岁办理离休手续。对于组织的安排，我是服从的；也觉得业务人员应该参加教育改革，承担一些行政职务，为学校建设出点力。于是成为了不懂得教学管理、又必须亲自动手动腿的"双肩挑"的干部。这14年是在管理工作和教学科研工作的矛盾中行进的，一方面，我素来对认定和接受的工作，一定要尽力做好，不然就不接受；另方面，1983年我还是一个副教授，还要争取晋升教授，乃至承担博士生导师，在专业上必须扎实努力艰苦奋斗。

在这4个单位中，有两个是新建（古籍所、校人社院），一个是升格扩建的（校研究生部，原是教务处的一个科）。从办公和业务用房、图书资料、家具用具，到申请经费、物色人员，再到拟订和实施工作计划，都得同有关部门多次协调后报学校和上级部门审批，基本上是从零开始。校图书馆又是人员较多、摊子较大的单位。特别是都要参加与全国直属高校同类工作的比评，需要很多大的跨越，日常工作的思想压力很大，比如担心本校研究生招生具体组织工作中发生失误或事故，严防图书馆发生火灾等等。而且，还得带头工作，准时考勤，坚持坐班。在研究生部的6年，基本上没有假期，暑假寒假都分别进行硕士生、博士生的招生事务。这一时期，可以说是业余进行教学科研。一些原来计划进行的连续性、较大规模的科研项目，也因没有基本的时间空间条件而压缩乃至停止，如晚宋史研究，如到本省100个县市进行历史考察只走了近50个。

学校也注意到这个情况，在1990年任命我为图书馆馆长时，校党委常委会决定，我可以半天在馆工作、半天进行教学科研。此后，从事专业的时间相对多些，在坐班、考勤上也可灵活些。但是，作为主要行政负责人，馆里的事也少不了许多。我这才真正认识到我这个"双肩挑"的干部，要双肩负重是很困难的。

回顾起来，自1983年以后，我的行政工作和教学科研虽皆有进展，但都不理想，没有达到组织的期望，也没有实现自己的设想，而且在身体健康上预支不少，以致1997年卸任行政职务至离休以来，年老多病，对一些具有创造性的科研项目，只能做点开题、初步设计和专题（个案）论析，心有余而力不足。

胡先生，您太谦虚了。这样，还是回到您教学科研的本行，最后请您谈一个问题，就是如何才能成为一个合格甚至优秀的高校教师？

怎样才能成为一名合格的教师？这是我毕业留校任教以来首先和经常考虑的。第一，四川大学是全国重点高校之一，历史系里有多位全国知名的历史学家，我必须努力承传，不辱没作为他们教出来的学生这一荣耀。第二，川大历史系是当时全国综合大学中教学质量著名的历史系科之一，我必须自强奋进，站好三尺讲坛，促进发扬已有优势。第三，综合大学历史系是培养高校师资和历史学工作者的地方，既需历史学知识，更需研究历史学的能力，我必须双管齐下，教学科研齐头并进，以保证教学质量。结合前辈的教导，我觉得以下四点特别重要。

一是要处理好一碗水与一桶水的关系。这是比喻教学准备中资料与讲述关系的通俗表述。我的老师们在谈到教学时叮嘱说，要给学生一碗水，就要有一桶水的储备，这样才能辨析正误、触类旁通、精益求精、答疑有备、游刃有余。我从试讲就开始这样做，长期坚持，从不懈怠。1963年试讲题目是《庆历熙丰变法》，共10课时。为此，我阅读了《续资治通鉴长编》《宋史》等基本史籍，以及王安石、司马光、"二程"、"三苏"等相关人物的文集，蔡上翔《王荆公年谱考略》、漆侠先生《王安石变法》、蒙文通先生《北宋变法批判八件》（手稿）以及有关学术论文，将重要而手边无书者摘抄成许多卡片，然后写成讲稿，其内容虽说全面，但字数较之所摘资料可谓甚少。以后我系选定翦伯赞先生主编《中国史纲要》为教材，我则首先熟悉教材，广泛阅读有关史籍、参考资料和论著，补充阙略，辩证史实，提出重点、难点或疑点，写成与教材若即若离的讲稿。在研究生教学中，除了讲课仍坚持博中求约地备课而外，我则尽可能把研究生学位论文选题，纳入我已开展的研究课题。

二是要使学生听明白，首先自己要弄清楚。教师责在传道、授业、解惑，《孟子·尽心下》写道："贤者以其昭昭，使人昭昭。今以其昏昏，使人昭昭。"我不够称为贤者，但我是学生课程的引导者，如果自己昏昏然，是不能使学生昭昭明了的。对教学内容，我努力弄懂，在主要点上概念、内涵、线索要清楚，还要联系一些相关内容；对引用的关键史料一一熟悉，包括读音、释义、今译、古今地名、纪年换算等；还要准备如何回答同学们可能提出的疑问。当然也会有不少问题自己没有弄清楚，还需存疑待考，我就在讲课或辅导时主动告知。例如，在给本科生讲宋史时，讲到当时川峡地区的客户为什么称为旁户？宋朝疆域小、国力弱，为何能延续320年之久？我向同学们坦言我还不能圆满回答。

三是"授之以鱼，更要授之以渔"。这是著名的古训，中外也有类似的

"点金术"的故事。用在教学上，其意是比喻，教师不只是授给学生以知识，更要授给他们获取知识的技能。这是非常重要的教育方法，也是我国历来行之有效的重要教学经验。我的老师经常强调和运用这种方法，致使我在耳濡目染和践行中甚为注意。我告诉同学们，要立志青出于蓝而更胜于蓝，但首先要认识和学习老师们的长处。与同学相比较，老师有许多长处，其中在专业上最突出的一点是，对于专业上的问题，老师知道采取何种方式方法和怎样着手、逐步深入去寻求解决，具有比学生更强的发现问题和解决问题的能力。因此，在教学中我特别重视对同学们的能力培养。

四是要坚持教学相长。作为教育工作者，首先必须先受教育，这是一个教师最基本的素质和品格，其中也包括要向自己的学生学习，这是中国传统教育的宝贵经验。我认为，同学们年轻，朝气蓬勃，思想敏锐，富有创造精神，敢于闯关克难、推陈出新；而且，本科和研究生人数众多，接触的知识面广、信息量大、方法多样，因此长期以来注意发现、汲取他们有益的新见和建议。对于学生，我抱着平等相待的态度，亦师生，亦学友，同他们随意交谈聊天，在工作上、生活上互相关心和帮助。我们的教与学是在平等和谐气氛中进行的。

延伸阅读：

吴运亮：《胡昭曦：习学人生 不断攀登》，《中国社会科学报》2014年12月1日。

冯尔康

冯尔康，1934年出生于江苏仪征，在北京读中学，1955年就读于南开大学历史系，毕业后留校做助教，次年转修研究生课程，师从郑天挺先生。曾任南开大学历史学院教授、中国社会史学会会长，现为南开大学中国社会史研究中心学术委员会主任、中国人民大学清史研究中心学术委员、安徽大学徽学研究中心学术委员、国家清史编纂委员会委员，主要从事中国古代史和史料学的教学和研究，特别是清代社会史、中国家族通史的研讨。发表文章约200篇。

主要著作

《曹雪芹和红楼梦》，中华书局1986年版；

《清史史料学初稿》，南开大学出版社1986年版；

《清史史料学》，台湾商务印书馆1993年版，沈阳出版社2004年版；

《清人社会生活》，天津人民出版社1990年版，沈阳出版社2001年版；

《雍正继位之谜》，中国人民大学出版社1990年版；

《雍正继位新探》，天津人民出版社2008年版；

《雍正皇帝全传》，学苑出版社1994年版；

《雍正传》，人民出版社2008年、2014年版；

《雍正帝》，中华书局2009年版；

《雍正皇帝》，故宫出版社2016年版；

《中国古代的宗族和祠堂》，商务印书馆1996年版，台湾商务印书馆1998年版，商务印书馆2013年版；

《古人生活剪影》，中国社会出版社1999年版；

《清人生活漫步》，中国社会出版社1999年版；

《生活在清朝的人们》，中国社会出版社1999年版，中华书局2005年版；

《顾真斋文丛》，中华书局2003年版；

《中国社会史概论》，高等教育出版社2004年版；

《清代人物传记史料研究》，天津教育出版社2005年版；

《18世纪以来中国家族的现代转向》，上海人民出版社2005年版；

《中国社会史研究》，天津人民出版社2010年版；

《中国宗族制度与谱牒编纂》，天津古籍出版社2011年版；

《清代人物三十题》，岳麓书社2012年版；

《砥节砺行》，天津教育出版社2013年版；

《尝新集：康雍乾三帝与天主教在中国》，天津古籍出版社2017年版；

《中国宗族社会》，合著，浙江人民出版社1994年版，上海人民出版社2009年版；

《中国社会结构的演变》，主编，河南人民出版社1994年版；

《清代宗族史料选辑》，主编，天津古籍出版社2014年版；

《冯尔康文集》10卷本，460万字，天津人民出版社2019年版。

冯尔康

历史学的传承与启新
——冯尔康先生访谈录

近20年多来，或许可以这样说，中国史学界存在着两个较为明显的变革：其一是史观史学的式微，实证史学的凸显；其二是社会史理论与研究的繁盛。其间，众多史学前辈以其求知的渴望和坚忍不拔的毅力，一如既往地推动着史学的前进。他们的学术探索历程，见证了一个时代，同时也创造了一个时代。反思半个多世纪以来中国史学的发展趋向，并在时代大潮与学术发展的关系上加以反思，应更利于我们总结教训，汲取经验。而作为中国社会史研究的首倡者，著名历史学家、南开大学冯尔康先生，较好地契合了传统史学与新史学研究，做出了许多开创性的贡献。而他20多年来一直极力倡导、推进社会史的研究，使新时代的史学开拓出新的空间，更使之成为近20年来史学百花园中璀璨而艳丽的一枝，影响深远。由他来讲述最近二十多年来，社会史研究的发展进程，以及他自己研究的心得体会，对我们未来的学习，应该是多有助益。在李振宏先生的帮助下，经过进一步联络，2003年10月，冯先生应允了我们的访谈请求。以下是访谈记录的整理稿。

冯先生，您好！您是我们尊敬的学界前辈。您在中国社会史研究领域的开拓性的研究和推动，在中外学术界都产生了巨大的影响。在明清史和其他几个专史领域的研究，也做出了世人瞩目的学术贡献。您能否先概括

切思：学术的真与美

地谈一谈您的史学传承与创新？

我谈不上什么创新，只不过进行了多样的史学学习与研究，在史学研究的路上，我受四种学术流派的影响，首先是中国的传统历史编纂学和乾嘉考据学，我从这里获得重视史料和考证的教益；其次是20世纪二三十年代兴起的实证史学，令我更加懂得史料对于历史研究的重要性，以及归纳分析的研究方法；再次是受马克思主义的教育，明了宏观把握历史的重要，并且有了相对于英雄史观的民众史观的意识，多少注意到社会下层人物的历史；最后是年鉴学派和西方新史学的影响，使我开阔视野，多方位多层次地去观察历史及其变迁，树立建立整体史的研究目标。我的特点大约在于，一定程度上能综合各流派之长，并予以吸收，运用到我的研究和社会活动中，如将社会史作为我近20年的研究方向，并致力于推动它在中国史学界的开展。当然，我并没有放弃传统历史内容的研究，比如写作《雍正传》，并且将它看作是使历史知识大众化的尝试。

那么，就请您再简单谈谈您的学术经历，以及您的学术研究过程中，谁对您的影响最大？

我从少年时代起就喜欢听历史故事，看历史读物，当然那时候看的是一些知识性的历史读物。司马光、王阳明的故事，我都喜欢读。同时，我也喜欢读历史小说，像《说唐》《说岳》等。读这些历史小说，不仅增加了我的知识，也引起了我学习历史的兴趣，可以说为我以后习史治史奠定了兴趣基础。上中学时，我也偶尔看一下《史记》《纲鉴易知录》等史学名著。报考大学时，我选择了历史专业。

1955年，我考入南开大学历史学系，可以这样说吧，中学的兴趣，大学的专业训练，研究生的进一步训练是我从读史到治史的一个过程。隋唐史和明清史对我来讲都是有兴趣的，也是有一些机缘的关系。郑毅生天挺先生、杨佩之志玖先生都是我敬重的老师。起初，我对隋唐史情有独钟，1956年写出《为什么李唐能够建立王朝》的习作，并获得学生论文竞赛奖，到研究生时跟郑先生学习明清史。郑先生对我的影响就是关于精读一本书的方法。郑先生特别强调精读一本价值高的书，原始材料太多了，但是你要把一部书读透了，精读了，掌握了，你将来就会受用无穷。我从这里面学习了一种治学方法，它不仅是读某一本书的问题，而是以后研究、教学备课所必须采用的一种方法。做某一断代史，只要把这一断代最重要的那部书掌握了，就有了进一步研究的根基，就能有想不到的奇迹。这对我们来说是一种训练的方法。我也把这种方法传授给我的学生。后来我获知，清朝人研读"五经"以为甚难深入，遂以专治一经为求学进步之阶，可见，精读一本书是我们祖宗的老传统。那么我想，我们不仅要读好一本古书，还要精读你所研究领域的其他重要著作，包括古代文献，包括现代人的。这是一种很重要的也是行之有效的学习方法。

在南开求学，还有一个重要的影响是关于实证史学。重视材料的实证史学研究，是南开也是北大的传统。因为我的老师多是从北大移师南开的，这样在南开也形成了这种学风和传统。因此，我的研究也非常重视史料的搜集。研究一个问题，稍微有一点理解之后，我就立刻找最重要的原始材料，只有读了原始材料之后，才觉得自己对这个问题的认识有了一个根基。掌握原始材料，益处有二：一是有助于我们赞同或不赞成某种观点，二是可以形成自己的见解。最主要的是后者。这都是从老师那儿所得的教益。

我们最初在读您的一些著作后，感到您的研究方法和研究理念跟现在的一些做社会史的或史学界青年一代有很大不同，您还是沿袭了传统的治学风格，在实际研究中又与最新的研究动态紧密结合起来。请问是不是这样？

在具体的研究上，我采取实证、考证的方法，希望多多地占有材料，而不空发议论，这是一种意向。还有一种意向是小题大做。我做微观的题目多，宏观的题目很少。有人会问，做微观，做很小的题目，意义何在呢？其实，我所做的，并不是把一个事情本身说清楚就完了，而是尽可能把它和更广阔的社会现象、社会问题联系起来，看能否说明一个更大的问题。也许具体写文章时，并没有具体说明更大的问题，但至少心里应该有这种想法。比如说20世纪70年代末，我做了一篇《雍正削除绍兴和常熟丐籍》，1980年刊出。题目非常小，社会中的堕民，本来人数就很少，而又说的是一个小地域范围的，表面看起来似乎无甚必要，而我就觉得这个问题值得研究。从社会结构来考虑，堕民是一种群体，或者一个等级。我们从等级制度考虑，它是等级制中的一员。讲等级制度，如果不从多方面来讲，把每一个群体、等级都说清楚，你的等级制度如何能够清晰地表述出来。所以需要做微观的研究，以小见大。虽然我做的是小题目，注意史料，但宏观研究、宏观思考问题的方法，我也是在学习，也在思考。从理论来讲，因为我们那时主要就是马列主义，还有斯大林主义、毛泽东思想。他们关于人类社会的认识，有关于历史学的一些观点，我们从1964年开始每天学习"毛选"。一些经典著作，也是不止一遍地读，有些就变成了自己的观点，而这个观点，可以说深入脑际，很容易就会想到。我们对于马克思有关史学的理论，应该说是有所了解，有所把握。马克思主义给我的一个大收获，就是对问题宏观的把握。研究一个具体问题，往往需要把它放在一个大的背景下，看它是什么地位。就我来讲，一直到今天，坚持这种宏观的把握，就是始终不忘宏观和微观相结合来思考问题。

您受马克思主义宏观理论的一些影响，我有些想法，您从社会经济史入手开始做史学的研究，与受的那种影响还是有关系吧？

有关系，因为当时史学界时常集中讨论一些问题。从20世纪二三十年代"社会史大论战"开始，延续到五六十年代史学界讨论诸如中国封建社会为什么长期停滞不前，涉及社会形态的演变，上古史的分期，封建社会内部的分期，资本主义萌芽问题。我做研究生时，毕业论文《清代中叶江南租佃关系研究》，本来就是研究地主和佃农的关系。传统的生产方式和地租形态，分配方式是传统的，还是实物的地租。当时受整个史学界讨论的影响，我不是只讨论租佃关系、地租形态，还思考这个时期有没有新的生产关系出现、有没有农场主那种雇工经营，或者地主直接雇工来经营，也就是说，这时农业生产关系有没有新的变化，会不会出现资本主义萌芽。由此扩展一步，延伸到经济发展状况。如果生产中采取非传统的方法，采取新的比如货币地租的方法，佃户要向地主交纳货币，他就必须去把粮食出卖，那就是进入粮食市场。谁需要粮食，是不是商品经济发展了，手工工人增多了，非农业人口增多了？这就涉及市场，乃至商品经济的研究。所以，实际这一研究，并不限于农村租佃关系，还涉及到当时的农业生产结构，粮食生产之外的经济作物种植与出卖，全社会的产业结构、商品经济、商品经济的发展程度，手工业当中有没有资本主义因素，所以它涉及的面不仅仅是粮食生产与租佃关系的单纯问题。

您是从社会经济史入手，开始学术研究工作的。能否请您谈谈您这一领域中所做的一些具体的研究工作？您又是在怎样的一个社会的和学术的背景之下，呼吁并展开对中国社会史的研究的？

我对社会经济史的研究，一开始是地域性的，做的是江南。当初做论文选题时，郑先生告诉我，光做江南是不够的，还要找另外一个地区作比较，这样才可能找出一些特点，所以当时我就找皖南。有关皖南的文集、方志、家谱我读了不少，但后来的论文，并没有做比较。为什么呢？主要感觉到当时进行这种比较，知识能力上还不具备，当然这有时间的原因。当时区域比较在中国好像还没有。如果有时间，做出来就好了。不过，我倒有个成果，就是在1978年发表了《试论清代皖南棚民的经营方式》一文。这是我在当时大背景下做的社会经济史研究中的一个副产品。为什么做这个题目呢？我还是研究农业经营方式是什么性质的，完全是传统社会的，还是带有资本主义因素。其实，这是我60年代初期研究的继续，到这时综合起来，写出文章。我研究生毕业的文章，讲租佃关系的内容是其中的重点部分。如刚才讲的，考虑到它与商品经济、资本主义萌芽的关系，而且还写到了关于跟农业、手工业当中的资本主义因素与商品交换的这些问题。80年代初将它抽出来，写出《17世纪到18世纪中叶江南商品经济中的几个问题》。为什么选择17—18世纪呢？为了与《红楼梦》的时代背景讨论结合在一起。曹雪芹在《红楼梦》里反映出来的有没有民主主义的思想意识，民主主义的思想因素从哪里产生，是否存在资本主义生产关系？我在写文章的时候，也是考虑到要解决《红楼梦》的背景问题。这是在社会经济史领域研究的大概历程。

我为什么研究社会史，看得出来，上面说的社会经济史的研究，已经探讨人的社会生活方面，探讨了社会下层。如何转向社会史的研究，就我来说，还是在做学生的时候，就比较关注相关的问题。我认识到历史研究、历史教学应该有的一些内容，可是那时候，我们课堂上听不到，教科书中也没有，比如娱乐、游戏等。而当时我们读邓之诚的《中华二千年史》，主要具有资料性，捎带有一些观点。学到哪一阶段，把他的书拿出来看一看，作为参考入门的东西，那里面就有这方面的内容，然而，后来教学用翦伯赞和郑老他们编的那套《中国通史参考资料》，其中就没有关于生活方式、生活情趣的内容。而这些有关社会生活的内容是应该有的，原来我就注意这个问题，自70年代末、80年代初开始思考这个问题，那时还没有"社会史"这种认识。我觉得讲历史应当讲，但是在当时那个讲阶级斗争的时代，不能讲。因为有关"封资修"的生活方式，当然不能讲。1979年郑老组织编《明清史资料》，我建议增加两个方面的内容，一是家族史，一是娱乐。郑老认为好，让我来做，可惜由于某种客观原因我没有进行。80年代初，我思考什么是社会史，究竟要研究什么内容，能不能有一个概念，能不能成为一个专门学科，有一个学科的规范。对社会史，现在大家都公认了，原先没有，原来有所谓的社会史大论战，主要是讨论生产方式的更替，是社会发展史，并非今日所说的社会史。思考了几年后，但在80年代前期，我还没有精力来集中做这个问题，因为我在写《雍正传》，完稿后，又写《清史史料学》和《曹雪芹和红楼梦》小册子。1985年初，我就可以用大部分精力来做社会史。因为在这以前就有这样的计划。1985年，在南开大学，开出了全校性的选修课，正式讲社会史，还写了一篇《开展社会史研究》，发表于《百科知识》1986年1月号。因为要讲社会史是门什么学问，经过一番思考，我认为社会史是一门专史，可称为专门的学问，才起了这样的名字。1986年召开全国第一次社会史讨论会，是由南开历史系联合《历史研究》、天津人民出版社主办的，当时系主任刘泽华、田居俭主编和我共同主持。有关开展社会史研究的背景，1991年春天，《光明日报》的记者吕延涛先生采访我（报导见《光明日报》1991年4月10日），我当时讲，开展社会史研究不是一个人的事，是许多学者的共识，是时代对史学发展的一种要求。至于我，可能意识得早一点，也可能我是第一个发表关于这方面文章的，又是我们首次发出通知，邀请诸位学者来参加讨论的。不过话说回来，根本上是大家有这个共同愿望，也有这个条件，共同推动了社会史的开展。如山西大学乔志强教授、南京大学蔡少卿教授等，均致力于这方面的研究。

当初经过了五六十年代所谓"五朵金花"等问题的讨论后，大家觉得，对一些宏观问题的讨论，一时得不出相对科学的结论，就不如做一些踏踏实实的工作，这里面还有的人是经过了"文化大革命"后的反思，认为真正科学的历史研究，不能单纯以中国的历史资料去印证来自西方的宏观理论。请问，80年代后，社会史研究的发端跟这个潮流是不是有关系？

这太有关系了。改革开放以后，学术界还在继续讨论宏观问题。80年代初，在天津召开过关于亚细亚生产方式的研讨会。实际上，还是继续原来的讨论，但内容方面有些改变。另外一个反思，可能觉得太多的论著与政策相配合，史学论文只是为了解释政策，被很多学者认为不是史学应走的道路。相反，对文献、史料的研究加强了，所以1978年，在上海召开农民战争史研讨会时，大家交谈时都在讨论一个现象：现在考文献学的学生特别多，为什么？这是因为，做文献、做史料是传世的，做义理、做那些解释是过眼烟云，时代一变，思潮一变，就没有什么价值。这是一大背景。关于为什么开展社会史研究，就我而言，把历史简单的看成阶级斗争史，这样做，就把丰富复杂的历史简单化、片面化了。历史上许多问题用阶级斗争的观点是解释不了的。我当时想，人们的生活本来是丰富多彩的，为什么却只变成一种斗争式的、战斗式的生活？人们的生活究竟是什么样的？只用阶级斗争研究的结果，把历史变成一个小瘪三，无血无肉，难以反映历史的全貌，所以应把有血有肉的历史再现出来。在当时，尤其不可以讨论阶级斗争的理论。马克思主义最根本的道理就是阶级斗争，在那种情况下，很难发展丰富马克思主义，所以当时人们一切用此解释是解释不了的，我们是不是来探讨丰富历史。后来王家范教授说，社会史研究的提出是一种叛逆。我想，实质上也是这样，但从当时观念上讲，还主要是一种补充性的研究，出于填补空白的考虑。但有时主观想法和客观效果可能是不一样的。主观想的不会那么深，那么远，在实际行动中却可能开辟一个新天地，这都是研究深化的结果，理论也会随着实践而更新。

当时的背景，还有就是"影射史学"。因为历史是为无产阶级服务的，是政治的附庸，这是不可置疑的。而为无产阶级服务的结果，就是解释原著和现行政策。史学同人自身反思，是很反感的。当时就社会上的人来讲，看不起历史。可是经过这一反思之后，社会上更看不起史学家了，说你们是哈巴狗、是鹦鹉学舌，依附于政治家的宏观理论，一会儿这么说，一会儿那么说。当然，那时候的人主要谈儒法斗争之类，还没有扩大到更大范围。不过，这对我们史学来讲已经是灾难性的了，几乎要把史学断送。从事社会史研究，从内容上来说是丰富历史，使历史有血有肉，实际上，是让它脱离影射史学，也是对历史的一种挽救。所以说，后来引起大家的共识，都来做这个，都不愿再做影射史学。

总体上说，社会史研究的出现是在改革开放的大背景下，人们对三十年的史学研究做深刻反思，希望史学研究开辟出新的路子，就想到了社会史。当然文化史的研究已在先开展了，可能社会史更容易把握，更易从内容上落实，最易与人民大众的生活贴近，所以也可以说社会史的出现挽救了史学的危机，这是史学界的共识，是大家的愿望。我所做的事情，除了改革开放以来发表第一篇呼吁开展社会史研究的文章，就是参与组织第一次社会史研讨会，以后每届（包括2004年的第十届）都参与筹备。

近20多年来，您和几位前辈学者努力倡导、并大力推进社会史的研究，而您的积极推动和研究，影响深远，也是学术界所熟知的。据我所知，台湾学者梁其姿教授曾说您"很早对法国年鉴学派的史学研究有兴趣，且不遗余力地介绍、推广社会史"研究；香港学者叶汉明则说"在冯尔康等学者的大力鼓吹下，社会史研究得以开展"。您对于新时期社会史研究的推动作用，由此可见一斑。能否请您就您研究工作展开的过程，并结合您的论著，从社会史理论的探讨、明清社会史研究的实践两个方面，谈一谈您的研究心得？

我和学界同人共同倡导、促进了社会史的研究和学术团体的成立。社会史学会的成立和挂靠在南开大学，使这里成为全国研究社会史的一个基地，是对社会史研究的推动。学术研究工作，一方面我自己做，一方面我花了相当的精力去推动社会史的研究。我很注意邀请大陆以外学者来参加研讨会，以便与国外学者对话，扩大我们的影响和学术交流。我想学术研究发展一个重要的因素就是开展国际对话，吸收大陆以外的研究成果和方法，同时让外界知道我们的研究理论和研究成果。每次社会史年会上，我都提到如何提高我们的研究质量，把社会史研究引向深入的发展。有两次我讲到我们不要成为显学，成为显学之后，就容易离开真理，我们的学科就难以前进。因为成为显学，各种弊病也就会随之而生，所以只希望社会史成为史学研究的一个重要组成部分。

更新研究方法或用范式来做比较，才能推动史学研究的发展。我在社会史研究中，一方面做具体的，一方面关注它的理论。自从《百科知识》那篇文章开始，不断在探讨。当然我和大多数学者一样，不会纯粹探讨理论，必须和具体研究结合起来，从研究当中总结理论。

关于理论，《百科知识》那篇除外，我先后发表过三篇论文，多半从道理上讲这个学科应该是什么样子的，这是从理论思维，也就是说主要从概念上来讲这个学科的规范问题。但到了90年代末，再讲理论时我改变了，从学科所走过的历程来提炼，看这个学科是什么学科，也就是说我不再从观念上来思考它，它应当是什么，而是说我们大家认为这是社会史，它自己走了什么样的路子；我从实践看，它做的是什么，做了些什么，然后，从中我们可以提炼出什么概念、理论。从方法论上，我有这样一个变化，是在1998年苏州年会上开始讲这个观念。我已脱稿的《社会史概论稿》，将在2004年底出版。在第一章绪论，讲到什么是社会史，再一次说明我的研究方法，再讲理论，完全要从实际出发。从这种学科的研究实际状况把它提炼成为这个学科的理论，而不是用一个什么外在的理论来约束。当然在这样的情况下，我对社会史也有一个比以前改进的定义——"社会史是研究历史上社会结构与日常社会生活及其所反映的社会意识的运动体系，它以社会群体、社会组织、社会等级、阶级、社区、人口的社会构成，以及上述成分所形成的社会结构及其变动，构成社会结构的人群的日常生活行为、变化及其观念，产生变化的自然环境与社会环境的因素为研究范畴，揭示其在历史上发展变化及在历史进程中的作用和地位；它是历史学的一门专史，并将其研究放置于整体史研究范围之内，处理好两者的关系，以便促进历史学全面系统地说明历史进程和可能认知的发展规律；它与社会学、文化人类学、经济学、政治学等等自然科学、工程科学、社会科学、人文学的许多学科有交叉的研究内容，具有多学科研究的性质与方法，是历史学与其他学科联系的一种桥梁。"这个定义包含了社会史的研究对象、范围、任务、功能，与历史学及其他学科的关系，其中最重要的是对社会史研究对象的确定，如果没有自身的特定的研究内容，那就不是一门专门学问，也就失去了存在的意义。当然，我把社会史看成专门史，是立足于专门史，面向整体史。这具有可操作性，有利于社会史研究的发展。如果只讲方法、角度，只讲一种范例，那我们如何做？在西方，年鉴学派的学术研究，现在一般称作新史学，强调它是一种方法论。他们也是从《腓力二世时代的地中海和地中海世界》《十五至十八世纪的物质文明、经济和资本主义》这些具体的研究开始的，并不是一开始就提出方法论，当然其中也有方法理论问题。比如我一开始是针对政治史的，我不是排斥政治史，但是我少做，我把精力放在社会史，不把精力放在政治史、外交史、军事史，这也是一种方法。但这样做，开始可不是完全从方法论角度出发的，也就是说，我排除这些内容，做别的一些东西。所以我想可能西方经历了这么一个实际研究阶段之后，反思一下，提到方法论，因此现在更多的是从方法论上思考新史学或过去的年鉴运动。这是事后之论，在开始时可能没有这种强烈的意识，强调有一些具体内容的专门史，它的研究范畴不断在变化，具有扩展性、开放性，所以它具有探讨性，有可操作性，在实际中更容易，社会史作为专门史来做，我想这样更好一些。它不限于哪一个范畴，将来发展到一定程度，就突破它了。就目前来讲，它还是一种专门史，但并不排除把它作为一种方法论来看待，作为一种视角来看待，这二者并行不悖。如果不从方法论的角度思考，只是陷入具体、琐碎的研究，做得也不会很顺利，所以方法论的研究是必要的。

至于具体的社会史研究，我想大概有这么三个方面：一是关于清代社会史的研究。这是从我学术背景来讲，我的根基在清代。有两本书可以反

冯尔康

映出来，一本是我和常建华教授合著的《清人社会生活》，这本书主要是我来做的。我想为断代社会史编写提出一个框架。中华人民共和国成立前也有过断代社会史，但从80年代以来，《清人社会生活》是断代社会史第一部，是我根据对社会史的理解，想建立一个断代社会史研究的框架，所以这里面有社会结构、生活方式以及社会史在历史研究中所处的地位。具体研究各个结构中各种群体、生活方式中的衣食住行、文化娱乐、风俗习惯。清朝是少数民族为主的，我们国家本身就是多民族国家，所以又有少数民族生活的专题。第二部是《顾真斋文丛》，序言中有一句话："关于女性的生活、社会地位、她们本身的观念，为什么她们会自杀、会守寡，多是主动做的。"如何看待她们自身的生活，为什么会有这种追求。过去我们从压迫史来讲，是被迫的，固然是有被迫成分，可是她们把被迫变为一种自我意识。她们从小接受这种教育，变成自己的观念，有的很自然就这样做，这就是《清代的婚姻制度与妇女的社会地位》一文所揭示的。该文初稿写于1964年，发表却是在20年后的1985年。其中，我把后来研究的婚姻问题、女性问题的方方面面基本都涉及到了。改革开放以来，女性研究逐步展开了，如包办婚姻、婚龄问题、童养媳、寡妇再婚、寡妇旌表、守寡与家庭、弃婴与育婴堂的建立、妇女与生产劳动关系、妇女家庭地位、妇女对生产资料及家庭财产的问题等都提出来了。到今天还是研究这些方面，当然观点多有不同了。现在的研究前进了，不像过去那么绝对化了。以前我们老是绷着脸，看什么都是对立的，家庭也是对立的。家庭确实有对立的一面，但一定主要是和谐的一面，没有和谐的主导方面，家庭早就崩溃瓦解了。这些问题是很值得研究的。

关于社会史，我在研究的开始，就意识到这是一种交叉学科，不是一种简单的历史学的事情。我们在1986年第一次开社会史研讨会时，尽量邀请历史学科以外的有关学科的专家，有文学史、哲学史、民俗学、社会学的，人类学当时还没有提出来。但由于刚开始，各个学科壁垒森严，而我们的学问还不系统，一些专家没有请到，这也是可以理解的。但这说明我们从开始就知道社会史是多学科的。后来，认识深化了，知道社会史是跨学科的，交叉学科的研究。以至我们明确社会史是跨学科的，是历史学科和其他学科联系的桥梁和中介。

有关社会史的定义。我最新的定义，首先是界定方法与态度。关于定义，早期我没有注意到人文环境和社会环境的因素，现在把它补充进来。这个定义不是完全从老定义来的，而是从事实、从研究实际出发思考的。这个定义只是一家之言，只是个人的想法。这个想法，和别的观点不同，只是抱着一种探索的态度，谁也不能强加于谁，因为任何定义都不会是完全科学的，都不会是无可非议的。定义只是一种范畴性的东西，不可能用几个字、几十个字把事物都包括进来，那是绝对做不到的，别人可以给你提出许多建议。文化史的定义，十几年前就有四百多个，那四百多个定义显然不可能都是对的，可能只有一个是贴近的。我也是抱着这个态度的。我做定义从两个方面考虑，一个是纯学理的界定，一个是可操作性的界定。定义不能是纯学理的，还要注意可操作性。在这个定义里，其中有一些观念是从前苏联社会学关于社会的一个定义里借鉴来的。为什么要考虑苏联的东西，是因为当初苏联的东西翻译过来得早，欧美那时你想看还没有，这是一个因素。另外一个因素跟思想体系有些接近。再有我想，我们已有几十年的马克思主义历史唯物论的教育和接受，这已形成中国学术一种新的传统。如果说像傅斯年、胡适他们所提倡的，那是西方欧美的实证史学。这也是一种传统。马克思主义也是那时传过来，特别是后来，作为指导性的思想和理论灌输，几乎被大家接受了，比实证史学流行。实证史学不是官方的，从来就是民间。马克思主义是官方的，那当然更加容易形成一种传统。其实马克思主义史学也好，实证史学也好，都是西方过来的，在中国被接受了，也就形成中国学术界的思潮。所以我想，我们现在接受的年鉴派的东西，这也是西方的，这必然就会碰到我们原来已经形成传统的东西。像西方现在强调所谓整体史、新史学或新社会史，他们强调整体史，不是做局部的研究。但这个问题就马克思主义史学来讲，从来都是注意宏观的。所以我们今天讲宏观，在我这儿来讲，更多的不是接受现在西方的东西，而是说把它与传统结合起来。这里说的传统，是20世纪以来形成的新传统，而不是20世纪以前的，那种古典的、封建的传统。我把它们结合起来了，因此我想，我们中国人今天接受整体史学并不困难。

可能有一些比较年轻的学者，他们是从年鉴史学，或西方的新史学学过来的。而我们原来就有这种宏观历史的观念，现在接受它的一些新的思考、新的内容，就是年鉴学派所提出的从下向上看这样一些内容和方法，不过把它结合而已。也可以说从马克思主义史学这儿，所谓劳动者是创造历史的主人，只是片面强调乃至公式化、教条化，以后就是阶级斗争史。那好，我们变一下，扩大它的内容，自从下向上看的角度，全面研究下层社会，而不是只研究阶级斗争。因此，我想这种结合是顺理成章的，也不是说完全吸收当代西方的史学，还是和传统的结合起来。但这个结合不是传统的延续，要是延续的话，那还是接着走，还讲阶级斗争、农民战争是历史发展的动力，只有劳动人民是创造者，那就不承认其他社会群体对历史的贡献。不是简单的接受和发展，而是一种新的综合，所以它不是过去理解的马克思主义的史学，也不是纯粹西方的新史学，但很难说形成一种新的学派。在讨论中，坚持把社会史看成专门史的似乎并不太多，就我在文章中还不断说这个问题，但是大多数人不这么说，尤其是一些年青学者坚持范式说或提出中层理论。我的态度是互相尊重，尽管这些学者很年青，但我觉得他们能提出问题来，启发我们思考。可能他们没有操作性，但是他能提高研究的品位、研究的层次。只有具有操作性，你才能研究具体的，如何升华出更高的理论，总有不同的意见提出来，才能逼着你思考。我觉得不同意见的讨论能起这种作用。其实我想我们是互相讨论的，你是什么认识，坚持什么认识好了，这样学术界有交锋，才能够前进，谁也不是权威，谁也不能压迫谁，一切等待日后的检验。

关于阶级结构的问题，在《清代地主阶级述论》（《清代地主层级结构及经营方式》）这篇文章中，我是从组成地主阶级的成分方面思考的，所以讲地主构成及其复杂化，包括平民地主、学校地主、宗族地主、善堂地主。善堂有许多种，普济堂、育婴堂、社仓、义仓等各种，这是后来我们讲的救济事业、慈善机构，但当时没人提。当时我倒不是从这种社会组织出发的，但是讲到它的构成，这里有各种类型的构成，虽然目的不是讲育婴堂、普济堂等各堂是什么，但它有什么功能没有，讲到它的经济，也把这个问题带出来了。注意这样一些慈善事业，像宗族地主、寺院地主

（早在30年代社会史大论战中就提出了）、商人地主、官绅地主，还有皇室地主，不同类型的地主有不同的特权或地位。这篇文章，讲了地主的多种成分，实际是讲的清代社会结构。90年代以后，我又研究地主的构成和农民的构成，分别写出不同的文章，有我自己的观点。现在除社会群体和他们的生活方式外，做一些区域性研究。区域研究涉及经济、人文、人才、民俗等。另外还关注社会问题，如社会救济、民变、华侨问题等。那么，90年代后期所做的地主和农民的研究，也是我60年代以来研究的继续。其实等于五六十年代参加讨论到90年代回过头来重新讨论社会构成、土地所有制等问题。土地所有制和社会阶级构成的问题涉及到土地国有、私有。在这种情况下，人是什么样的生活状态，处于什么地位？在社会变迁过程中，处于什么地位？在农民的构成中，我把平民地主算为农民，我就是用的等级分析方法，地主有各种类型的地主，有有特权的地主，有平民地主，还有贱民地主，他们身份很低，但有钱，有土地出租，所以要用阶级观点讲，都是地主，但从等级角度考虑，他在法律上，在社会习俗上处于不同的地位，这个才是关键。也就是说，这个人要给他定性，最关键的要看他在等级上所处的地位。过去讲"肉头地主"是挨欺负的，你说地主是统治阶级，可他们往往是地方官、衙役、小吏、恶霸等社会恶势力欺负的对象。有钱，若没有政治势力，就找你的麻烦，勒索你。赋税靠谁？不是靠佃农，因为佃农根本不缴税，缴的是租，有时有劳役、人口税，但没有赋，那赋税靠谁缴——自耕农和地主。我们说政权是地主阶级的，那么地主阶级是不用缴税的吗？不是，该政权保护的就是他们，所以我们要从等级社会上来看，是平民，他就有纳税和服劳役的义务。为什么后来他们要造反，农民起义他们也参加，劳役太厉害的时候，赋敛无艺的时候，矛盾也就爆发出来了。造反的是地主和自耕农为主体。佃农跟国家隔着一层，主要的还是自耕农和地主。所以像窦建德等你说他是自耕农就是自耕农，你说他是地主就是地主。我们要具体分析研究，反正他是这两种人，只有他们才是造反的领导人，所以后来有些人我们很难说他是什么阶级，比如方腊，有文献说是漆园主，也有文献说他是佃户。也许他都做过，但是他反映的什么情形？他根本不是什么雇工的情况。因此，我从这个角度上来讲，农民的构成，包括地主但不是所有的地主，而是平民地主、庶民地主。其实，庶民地主在当时讨论中，侯外庐的概念当中都有。庶民地主参加反抗斗争，有时在无奈的情况下，他们就会参与农民运动。至于官僚地主、皇室地主，他们是贵族，有特权、有身份，他们就不包括在农民里。后来的研究，地主也是我研究土地制度史、社会经济史研究中的一种人。从80年代初研究清代地主，到90年代末，从学术观点上来讲有些明确了。原来还是作为一种阶级性来考察。

您对社会史是专门史的认识与那种范式的认识，可否看成是实证与理论的分歧？请结合您的研究，谈谈您对微观与宏观二者关系的认识？

对社会史理解上的分歧，确实有实证与理论分歧的影子，这是个出发点的问题。我们更注意微观，他们更注意宏观。你的问题很好，可以讨论。陈祖武教授在《中国社会史论》的发布会上说应该多思考我的意见（见《光明日报》2001年4月3日），不是说我的意见正确，而是说要引起众人思考。专门史说的提出，有两个学术背景，一个是实证史学，另一个是我们同时受宏观史学的影响，也就是说能把这两个结合起来。虽然说，我强调微观的，认为社会史是专门史，为了好操作，能够进行具体研究，但从来没有忽视整体性。一开始我做研究的时候，举例说，1986年写的《清代社会史论纲》，也就是《清人社会生活》一书的纲。最后一章讲社会生活在历史当中的地位，它和整个清代的政治斗争联系在一起，如我写剃发运动，剃发本来是服饰问题，生活方式、生活习俗问题，但是剃发引起的政治、民族斗争、社会矛盾的变化，就不是生活领域中的小事。我为什么把它放到那么一个大范围——当时的政治斗争、民族斗争中来看，就是说，我有宏观史学的概念在里边。假如我没有宏观史学的训练，我想到剃发是民族生活方式的不同也就行了。我是主张做微观，但我决不忽视宏观，只是宏观有宏观的思维方式，他们提的要更理论化。我在十几年前，给《文史知识》写的《习史治史杂谈》一文中，我说我是做微观研究的，但我历来佩服宏观研究的人，比如侯外庐先生，有几次大的学术讨论都是他提出来的，在史学界反响强烈。虽我不同意他的一些观点，但对他的理论思维非常佩服。这是我们做实证史学的人很难具备的。我想我的研究可能是受乾嘉史学、实证史学的影响，从来都是以小见大，所做的问题是放在一定的历史范畴中考虑的，而不是为了问题而问题。历史学寓论于史，也还有夹叙夹议。古人历史编纂学，司马光为什么选择那些材料，其实就是寓论于史，最后有"臣光曰"这种典型的评论。你看了材料，自己就会做出结论来。那我们今天要比传统的历史编纂前进一步，更多的是夹叙夹议。我在《雍正传》最后一章讲的是时代。它不是以论文发表的，看该传，也许看到最后一章，以为历史事实都说完了，就不重视了。其实最后一章，是我对清朝前期做了一个总结，也是提出我对清朝历史的分期建议的看法。那么，别的人提出的分期，对历史背景做了一个总结，有很多道理，我也接受。但我的分析与多数学者不同。我是把乾隆二十三年解决新疆准噶尔蒙古问题作为清朝前期、中期的分界。别人的大都以解决三藩问题，统一台湾问题为划分的，认为康熙二十一年、二十二年台湾问题一经解决，除了边疆问题，基本实现大一统了。但我更看重清朝的民族问题，它是清代的重大政治问题。今天我们研究有时也注意民族问题，可是只注意到满汉关系，而对蒙古族和藏族我们就注意不够。后来辛亥革命时，孙中山提出"五族共和"。其实早在清朝时就注意到了。清朝不叫"五族共和"，清帝退位的时候，就特别提出蒙古和西藏问题，不光是优待满族皇室，对待蒙古、西藏，他也希望妥善解决，也就是为这些民族说话，直到退位时还为他们说话。整个来讲，汉、满、蒙、藏五个民族统一观察是在清代提出，而我们的史学研究却相对忽视。为什么清朝对西方国家一概不让步，唯一让步的国家就是俄国。俄国在中国有东正教组织，有人住在北京，还派人到中国来学习。清俄的贸易一直到北京。那英国为什么不行，尼布楚、恰克图条约都对俄国做出让步。清朝为什么让步？因为俄国人和某些蒙古人勾结，反对清朝。要知道在康熙时代，准噶尔人的势力，在新疆之外一度达到青海、西藏、喀尔喀蒙古，以及甘肃、宁夏的一部分，控制喇嘛教进窥内蒙古，所以康熙帝为阻止、拆散蒙古野心家与俄国殖民势力的勾结而向俄国让步。雍正帝在向准噶尔两路出师中与俄国订约，也不得不有让步举措。康、雍、乾三帝懂得，只有妥善解决准噶尔问题，才能最终巩固西北、西南边疆，为此他们一直支持黄教，因为准噶尔信喇嘛教，所以就特别给黄教崇高的地位。实际上清朝是把蒙藏问题看得重要，尤其是蒙古问题。清朝是个多民族国家，不解决民族问题如何立足呢？它是靠着满蒙联盟，靠蒙古族帮助的，要稳定蒙古就要靠西藏，它是这样通盘考虑的。只有到乾隆二十三年彻底击跨准噶尔势力，解决了这些问题。因此，我觉得清朝前期、中期的划分，就以这一年为分界线。我这是从微观研究出来的，但得出的结论应该是宏观的，因为这是分期问题，不是一个局部问题。总之，宏观和微观不能完全对立起来。因此我强调，微观的人要理论升华，宏观的人要向实证史学靠拢，也得有实证史学的本领。如果你没有实证史学的本领，只靠人家实证史学给你提供的那些材料，你在上面进行总结，恐怕难以完成历史学赋予的使命。二者应互相学习，取长补短，这不光是社会史的问题，而是说整个历史学的问题了。

您一直呼吁并亲自实践、积极推动关于清史史料学、社会史史料学建设和研究，为此做出了重要的学术贡献。请谈谈您是怎样思考和研究史料学问题的？

关于史料学方面的情况，我有《清史史料学》和《清代人物传记史料研究》两部专著和几篇论文。从宏观上讲，我相信实证史学，"没有史料就没有史学"，史料学是历史学的一种辅助学科。具体什么是史料学，它的研究对象、研究方法、功用又是什么，我做过一番思考。

在《清史史料学》这本书中，介绍构成史料的要素包括：1. 先人生产技术，生活方式与传统意识摸不着的历史遗存；2. 看得见的历史遗存：遗物、遗迹、遗址；3. 文献，社会调查，田野调查，口述史料。其中最重要的是文献中的史料。我写这本书的任务，一个是确定史料的来源，所谓史源学吧。也就是说，对于一本原始文献，我们不光要知道它的内容，还要知道它是根据什么写的。比如说《清实录》是根据什么写的，还要往前追，要追到源头，这样才能了解到这本书的史学价值。再有一个是确定史实的可靠性。影响史料可靠性的因素太多了。我们做史料学的一个工作，就是要了解史料的可靠性怎样，如《清史稿》可靠不可靠，有那么多争议，怎样确定其可靠性？其实有很多方法，如考证的方法，进行中外文献的比较，朝鲜李朝的实录与当时中国清朝的史料对比，涉及的相关内容来验证《清史稿》和清朝的实录。用李朝的实录来考证清朝的实录，就会发现清朝的实录有许多漏载的或不实的内容，所以在李朝实录被人们发现时，研究者很高兴，因为可用来纠正中国官书的谬误，但是大家却较少注意到李朝实录的问题。李朝本身有一个立场，那就是看不起清朝。它派到清朝的使团搜集情报时，被找的人越说清朝的社会问题多，越说政治局势不稳，朝鲜的使臣就越高兴，所以就有人有意识地来做假情报给他。因此，我们也不要迷信这些朝鲜的史料，也不要在反对官书的时候一味说野史好，要持一种相对客观的态度，走到另一个极端就又失去真理了。西方传教士的文书，能够以其中的书信集与中国的史料相勘正，基督教天主教在华的历史能够依靠这些文书得以反映。但是传教士也是有他们自己的目的的，其书信也就有其主观意向。一个时代的思潮有一个时代的特性。史料的利用，要对其进行分析批判，因为作者的观念以及对历史的感情有其自身的选择标准，所以史料学要说明史料的利用信息和使用方法，作者、版本、流传与使用的情况，以及有关它的工具书。我的史料学研究，是希望能够实现学术性和工具性二者兼有的作用。我对《清史史料学》写作的方法想了很多，最终是采用图书本来的面貌来分类，这样做的好处是眉目清楚些。同时，我还给书做索引。一本好的学术著作、史料学著作，外国的著作，一般都有一个专有名词的索引，这是一本学术书必有的内容，我自己也花费了很大的精力去做。

　　传记史料方面，修传记的原则是什么？规范是什么？编写人物志时的原则是什么？我都做了思考，并在《清代人物传记史料研究》书中表现出来。我在这本书中还比较强调下层社会人物的传记史料，这是不同于其他著作的。这是这本书的特点之一。它也是与社会史研究相一致的，是配合的。这本书原计划有500—600幅插图，最后实际印到书中的也就是30多幅。依照我的看法，在严肃的学术论著中插入一些必要的、能准确反映所写内容的插图，可以起到图情并茂的作用。

关于社会史的史料学，我也发表过文章，如《关于建设中国社会史料学的思考》。我的意思是对史料的重新认识，有新的门类和新的发现，我和一些西方学者一样，把原来不称其为史料的文书、视觉材料看成为史料了。这有一个概念上变化，就是用社会史的新概念去搜集、解释材料。我们研究政治史、经济史，容易知道到哪里去寻觅材料，因为我们有政治史、经济史的明确概念，知道到哪一类的书籍里可能有相关内容的资料。社会史史料到哪儿找？道理是一样的，应有社会史的概念，明确这是研究何种事情的学问，就可以考虑哪一方面的历史文献可能会有这方面的资料，当然，由于社会史是较新的学问，研究者还不太熟悉，寻找起来还不会顺手，不过已经有了查询的方向，事情就相对好办了。同时社会史的研究领域日益拓宽，新概念、新方向、新领域不断地产生，于是就有了探索其史料的新方向。总之，社会史研究的开展，以及关于它的新概念、新方向、新领域的提出，无不给社会史史料打开新的领域、方向。比如研究社会下层的概念被提出来了，方志、族谱、家训、笔记、一般士人撰著的文集，便会成为我们查找民众社会生活史的资料对象，从中可能发现民众的社会组织、群体生活、社交关系、家庭家族生活、节日生活、宗教信仰、神鬼信仰、秘密结社、风俗习惯、生产方式、经济状况、官民关系等方面的素材。又如妇女史、性别史研究方向的出现，各种类型的列女传记、笔记中关于女性的载笔，均被开辟为社会史的史料。身体史研究的提出，医药类的专书、民间验方、记录医疗实践的经验，被从社会史的角度加以解读，成为社会医疗史的宝贵材料。因而可以说，社会史研究赋予历史文献新的生命，而新概念、新方向、新领域是打开社会史史料宝藏的钥匙。有了这种认识，从社会史的视角出发，一些被排除的，不在视野范围的图籍、文书就被纳入社会史史料当中，一些非传统的史书、零散的资料被加以利用，而原有的史料也可能被研究者进行新的挖掘与诠释。

您一直关注历史观问题，能否请您具体归纳一下您的史学观？

关于史观的问题，首先说，什么是史学理论，尤其是我们做实证研究的人，一说史观就有点茫然。我考虑，讲史观有两个方面，一是如何认识历史学；一是关于历史学的基本理论。

我对历史学的看法，史学就是讲故事，是陈述之学，这是史学的本色。社会科学也好，人文学也好，每一门学问有自己的特色，我们历史学要保持自己的特色。这种看法，我已写成《说"故事"的历史学和历史知识的大众文化化》，在此就不多说了。有的人担忧，史学会被别的领域分割了，造成历史学危机，历史学难以存在。在我看来，这不是问题，你只要保持你的本色，就会有你的立足之处，你就和别的学科不一样，文学是形象思维，得益于想象，我们不能按形象思维，否则就成编造历史了。我们也不能像哲学的抽象思维，讲一些个哲理。要保持我们的本色，陈述历史，寓论于史，夹叙夹议，同样令人有道理的领悟，这样还是有立足之地。历史也不怕被别的学科分割，相反来说，历史是别的学科的基础。任何一个学科都有自己的学科史，天文有天文学史、数学有数学史，都有历史寻根的问题，它还要到历史学这里获得历史背景知识。我们只能说，从学术发展史的角度，数学史、天文学史等等可以告诉我们当时学科发展的水平，但我们给它的是历史背景知识，所以说还是如何结合得好的问题，倒不怕别人分割，你只要保持自己的本色就可以了。

关于史学理论，我还是强调实证史学，但我认识到，实证史学一定要上升到理论，不能满足于一般性的陈述。关于史学的研究理论，现在来讲，我比较强调等级论和结构论，因为我们做古代史，等级能够更多地说明历史问题，有些问题用其它理论解释不清的，可能用等级理论一解释就清晰了。等级的形成既是制度所规定的，又是习俗，所以它才会深入社会多个层面、各个层级，生活的各个领域。不同的人、不同的部门有不同的权利和义务，这是法律规定的，是不可逾越的，而这个规定，包括到你的生活方式——不同等级的官，穿衣、发型、住房，都是法律规定的。当然如果只是法律规定的，它不可能深入各个阶层去，规定到社会生活的方方面面，因为法律的规定不会那么面面俱到，所以又要由习俗形成。用等级观念思考和解释历史现象可能会解释的多一些，所以我强调等级观念，因此在《中国社会结构的演变》中，我在"绪论"里专门写了一段关于这方面的内容，但并没有展开。后来，我发表了与此相关的几篇文章，比那本书更具体一点。我把平民地主看成农民，就可以解释他和自耕农一样是主要的赋役的负担者，因此在赋役这个问题上，它和国家是对立的，所以它才会有反抗政府的行为，也会参与农民爆发的抗粮、抗税、抗捐的斗争，也包括这些读书人，抗粮是经常现象，读书人和地主绅士特别是读书人带头闹事。如果用阶级分析很难解释，但用等级分析把平民地主算是农民等级，它是平民等级，它没有特权，更多的是义务，赋税主要是他们交纳，当义务使得他无法承担的时候，他当然就要反抗。用阶级分析，地主阶级国家是代表地主阶级的，收的税再重，他不能反抗，因他是地主阶级的代表，怎么也不能反抗政府啊！我就把这看成几种矛盾，纳税民和政府是一对矛盾，田主和佃农是一对矛盾，一般来讲，如果做等级的具体分析的话，就不会像阶级分析那么简单，不会把不是一个矛盾统一体的阶层放在一起，如自耕农和政府发生联系，不和地主发生关系，他们不形成一种生产关系，因此它不是对立统一体，相反的，自耕农倒是和平民地主往往连到一起。因为他们跟国家的赋役联系在一起，他们的利益往往是一致的。再就是关于结构论，借鉴于社会学的理论。社会学家认为社会结构理论是社会学研究最大的一个成果，社会结构有一些要素来形成的社会关系，而所形成的社会关系不是永恒的，是在不断变化的。我们看到的是一种结构的模式，那是静态的，实际上，它总是在冲突变动当中，应当从动态的角度去考察它。因此，动态的观念，是我们做历史的人必须具有的一种认识，历史本身是变动的，是发展变化的，用模式找出几个形态来进行研究，是必要的，可以帮助我们认识事物的本质，但还是静态性的研究。我们更要看到它的变化，那我们就要做动态的研究。

在史观上，还有历史前进的动力和方式问题，当然现在讨论这个问题的比较少了。那时候讲阶级斗争，历史是阶级斗争按照劳动人民的愿望发展的，不是按照统治阶级的方向发展的。其实，这解释不通的，为什么发展来发展去还是剥削制度呢？我觉得好多问题还需要我们思考，比如农民战争这些问题究竟是破坏呀、阻力呀，还是促进历史发展，现在都不讨论了，我也没有更多思考，但是刚才我说了，渐进和激进，二者都可能促进历史前进。不应忽视渐进，渐进不是破坏一种制度，而是一些局部范围的改革，缓慢、缓和的改革，也可以是大范围的，但采取缓和的方式，而激进呢，是破坏，然后来建设，渐进可能不会破坏更多人民的利益，而使人民得到新的利益，激进是破坏一部分人的利益，使一部分人得益，但如果历史要发展，你总是破坏一些人的利益，这样好不好，值得思考。我认为渐进派并不是反动，他们是希望历史向前走，所以从这一点上肯定他们。

在史学观方面，还可以说到关于历史著作的问题。一部历史著作成功不成功的检验就是时间，你的书出来后可能反响很大，不一定说明你是成功的，可能反对你的很多，也不一定说你就失败，最后的结果要用时间来证明，这个我写过一篇文章《重要的是时间的检验》（收录于《我的史学观》一书，1997年），就是说过了若干年之后，再来看你的观点对不对，文章有没有价值，有没有值得他人借鉴的地方，或者你的研究可以成为后人再研究的参考。这种观点，可能与我做实证史学有关系。我们做实证史学的人，就希望时间的检验，不是一时让人觉得好，或觉得坏，而是踏踏实实去做。实际上，我们的生活当中可以看到，有的人作品要出集子，没人给他出，这是不是就叫时代的检验，时代把他给淘汰了，他的东西今天没人看了，除了注疏一些政策和空洞的理论，没有别的什么价值。但若是实证的东西，只要你写得好，恐怕哪个时代都不会被淘汰。因此我在做学问上把它当作一种要求，就是一定要经得起时间的检验。从某种意义上来讲，我有些欣慰的地方，比如《清史史料学》和《清代人物传记史料研究》这两本书，有些人只是当工具书、目录学来用。但我自己认为这是研究性的专著，因为我是对各种文体加以研究之后，才把它给介绍出来的。我不是介绍一本书，或某一类型的书，特别是有的资料，过去在严格意义上，都没有把它当作史料，因此我专门讲信札、日记的价值，做了研究。我希望我的研究能经过时间的检验。《清史史料学》，一个出版社出了，另一个出版社梓刻，又有一个出版社印行，大概也说明了它的价值。它本来不是大众性的读物，只能给研究生或研究者看，但按照我的想法，要让它有长远的、传世的价值，不管别人如何评价，我自己是要往这方面努力，我要让实践、读者来检验，不让某个人来检验，某个权威机构来检验。

冯尔康

延伸阅读：

刁培俊、夏柯、刘佳佳：《传布智慧的历史学——访冯尔康教授》，《历史教学问题》2009年第1期；

陈鑫：《中国社会史研究新识——访冯尔康先生》，《中国史研究动态》2017年第1期；

《明清人口婚姻家族史论》，天津古籍出版社2002年版；

《传统中国社会与明清时代》，天津人民出版社2013年版。

刘泽华

刘泽华（1935—2018），河北省石家庄人。曾任南开大学历史系教授，兼任中国社会史研究中心主任、历史学院学术委员会主任、校务委员会委员。主要从事中国古代史、中国古代政治思想史、政治史、知识分子史、历史认识论等方面的教学与研究。发表学术论文百余篇。学界誉之为"刘泽华学派"或"南开王权主义学派"领军人物。

主要著作

《先秦政治思想史》，南开大学出版社1984年版；

《士人与社会·先秦卷》，天津人民出版社1988年版；

《先秦士人与社会》，天津人民出版社2004年版；

《专制权力与中国社会》，合著，吉林文史出版社1988年版，中华书局有限公司1988年版，天津古籍出版社2005年版；

《中国传统政治思想反思》，读书·生活·新知三联书店1987年版，被译成韩文在韩国出版；

《中国传统政治思维》，吉林教育出版社1991年版；

《中国古代政治思想史》，合著，南开大学出版社1992年、2001年版；

《中国政治思想史》，三卷本，主编并合著，浙江人民出版社1996年版，被译成韩文在韩国出版；

《中国古代王朝兴衰史论》，合著，吉林人民出版社1998年版；

《中国的王权主义：传统社会与思想特点考察》，上海人民出版社2000年版；

《中国传统政治哲学与社会的整合》，主编，中国社会科学出版社2000年版；

《洗耳斋文稿》，中华书局2003年版；

《公私观念与中国社会》，合著，中国人民大学出版社2003年版；

《王权思想论》，天津人民出版社2006年版；

《中国政治思想史研究》，合著，湖北教育出版社2006年版；

《思想的门径：中国政治思想史研究方法论》，合著，天津古籍出版社2006年版；

《中国政治思想史集》，三卷本，人民出版社2008年版；

《历史点睛：正解中国历史》，天津教育出版社2013年版；

主编十卷本《中国政治思想通史》，中国人民大学出版社2014年版；

《八十自述：走在思考的路上》，生活·读书·新知三联书店2017年版；

《刘泽华全集》十二卷本，约500万字，天津人民出版社2019年版。

刘泽华

治史观念与方法经验琐谈
——刘泽华教授访谈录[①]

先生已届古稀，您在历史学科耕耘了近五十年。这五十年史学的变化可谓天翻地覆，您都经历了，您的感受如何？

人到老年，往往有一种反思和追忆过去的情结，我也不例外。但真要反思，又有些犹疑、怯懦、无奈和悔恨，多种滋味涌上心头，不知从哪里说起，也难于给自己定位。我是一个普通的史学工作者，典型意义不大，但反思一下也能从小处说明一些问题。就我而言，大体经历了三个阶段：第一个阶段是"紧跟"圣人的时期；第二个阶段是从教条主义蠕动出来的时期；第三个阶段是独立思考的时期。

请您说说什么是"紧跟"，现在的中青年对此相当陌生了。

时代有变，陌生是很自然的，但不要成为被遗忘的角落。50年代、60年代和70年代是教条主义盛行的时期。教条主义同"崇圣"互为表里。当时有至高无上的圣人，还有呈金字塔形的不同等次的代圣人立言的贤人群。底层是一群自觉或不自觉的，主动或被动的"紧跟者"和"随从者"。每人的情况可能很不一样的，就我而言，我是自觉的和虔诚的信徒，时时事事都以圣人之教为准则来要求自己、衡裁自己。那个时期我还

[①] 本篇访谈完成者为范思。

是一个初学者，成果不多，只写过几篇小文，70年代由我主持编写过一部《中国古代史》，我的主观追求依然是代圣人立言，在我看来史学的功能就是为圣人之论作注。也许在一些具体问题上有一点这样或那样的小个性，但大体决无二心。那时节是政治挂帅、突出政治的时期，所谓学术观念和理论都是从属于政治的，而对"政治"的立场和态度则是"紧跟"。所谓"紧跟"：一、是唯圣人与贤人的著述、教导、指示、讲话是从；二、是权威报刊的社论、重要栏目的文章要细心领会；三、是没有"理论依据"的话尽量不讲；四、是随时准备自我检查和认错。后一点极为重要，即使有点风雨，也能大体保平安。这时期知识分子的主流是被动性的思维和防御性的思维，盛行的是"唯上"和"紧跟"。但"紧跟"也未必保险，比如吴晗写《论海瑞》与《海瑞罢官》应该说就是"唯上"和"紧跟"的典型之作，后来成了惨剧的由头，实在是历史的误会和圣人随机转念的牺牲品。我在"文化大革命"伊始被革命群众揪了出来，而后又被投入"牛鬼蛇神"的行列，说实在的，也属"误会"之列，因为我从根本上是属于"紧跟"派。看看历史不难发现，越是教条主义盛行，就越易产生宗派和发生"窝里斗"，"窝里斗"与教条主义有不解之缘。

您是怎么从"紧跟"转向怀疑的呢？

这个过程很缓慢。我当时说不上有自己的学理追求，因为学理源于圣人，又从属于政治，因此产生疑问也由政治引发而来。在一个时段我对无产阶级专政下继续革命和整"走资派"的理论是接受的，但革命司令部一次又一次的残酷斗争使我百思不得其解，他们都是圣人和贤人，怎么还闹个不停？特别是"9·13"事件，从另一个角度对我有着"启蒙"意义。啊，原来"内幕"是这样！从那时起，对"文化大革命"和"圣人"渐渐有所疑问，进而引起理论上的再思考。在极端教条主义时期把马克思主义权力化，形成了权力意志格局和相应的专政体制，任何发疑的想法都是很危险的，其极端表现无疑是"文化大革命"。"文化大革命"给人带来了蒙昧，但从另一方面说，也为觉醒提供了土壤和条件。我从教条主义走向独立思考的过程，就是从崇拜"权威化的马克思主义"逐渐向"马克思主义在我心中"转变。这里讲一个例子。1974年夏我有幸参加了"法家著作注释会议",这次会是落实毛主席指示而召开的,会议的主调是"用儒法斗争重新改写历史""儒法斗争贯彻古今,也表现在共产党内"。与会者多数跟着跑,我记得有人还激动赋诗歌颂,大意是,东汉有白虎观会议,这次会议是新时期的白虎观会议,只是反其道而行之。8月7日政治局委员接见了与会者,江青、张春桥等有长篇讲话。江青开头问,今天是几号?今天是8月7日,历史上有"八七会议",今天我们也是"八七"会议,要斗修正主义、要批儒等等……我政治上十分愚钝,不理解会议精神,对上述说法在大会、小会、私谈中均持反对意见,我认为不能用儒法斗争取代阶级斗争,坚信自己的想法符合马克思主义。在一次大会上,知识分子的克星迟群(当时的科教组长,相当后来的教育部和科技部部长)打断我的发言,要我立即停止。我不知从哪来了一股犟劲,竟敢说应让我把话讲完,而且硬是说个不停。会议主持者整理了我的专门材料。由于政治形势的变化,我没有被派上用场,便宜了我。"四人帮"垮台之后,《历史研究》和《人民教育》编辑部清理这次会议时,把我"反潮流"的事发掘出来,还把我请到北京小住,看了会议档案,并要我写批判文章。由于我实在不知会议内幕,说不到点子上,只好作罢。这件事多少说明,我开始有点自己了,不无条件地"紧跟"了。

您能对"马克思主义在我心中"做一点说明吗?

"马克思主义在我心中"的念头是在上个世纪70年代后期萌生的,对我来说这是一个很大的转变,"我心"不是很容易就能有的,像长期关在笼子的鸟一样,打开笼子让它自主的飞都难得飞起来。长久习惯于"紧跟""听喝"之后,人的自主性能力变得很弱,从被动性的思维转向自主性的思维也不那么容易,要有一个过程。对"四人帮"的垮台,说不出有多么激动,写了一篇又一篇批判"四人帮"的文章,一日我突然发现,我的思维方式、路数、文风、语言与"四人帮"没有什么大的差别,只不过把矛头对准"四人帮"而已。我开始冷静的反思,到底问题的症结在哪里?想来想去,问题出在阶级斗争理论上。我开始对阶级斗争为纲、阶级斗争是历史发展的"唯一动力"说萌生了疑问。啊！这是一个天大的问题，众所周知，此前，这一理论是极其神圣的，关系革命的生命线。历史的经验告诉我们，谁敢对这一神圣观念发疑，谁就倒霉，有多少人因触犯它而陷入囹圄！到了1978年，在痛定思痛之时，我深深感到必须对这一理念进行反思。当时还是"两个凡是"的时代，人们的怒气发向了"四人帮"，但还没有在理论上向这一神圣理念提出质疑。当我对这一理论生疑时，心里依然是胆战心惊。如何提出问题，很费心计。1978年的后半年我与王连升同志全力以赴写出了《关于历史发展的动力问题》一文。我们依据马克思、恩格斯有关生产是历史发展的"根本动力"说，来修正当时神圣的阶级斗争说，对阶级斗争做了诸多限制，使其降到次要的地位。1978年底，作为自流稿寄给《教学与研究》杂志，时间不长得到主编王思治同志的来信，这是我与王思治同志相交之始。他支持我们的大思路，认为立意极为重要，并提出了一些修改建议。稿子上还有一些审稿者的批语，都予以支持。正当此时，全国史学规划会议筹备处发来征稿启示，我们应征将此稿也寄会议筹备处。时隔不久，会议筹备处来信，采纳了我们的稿子，并拟由我作大会发言。1979年4月会议在成都召开，会议期间发生了一些戏剧性的情节，秘书处的负责人一会通知我在大会上发言，一会又通知我不发言，隔了几个钟头又通知我在大会上发言，由此推想出会议主持者的犹疑心态。当然这有更大的背景（"左"风骤起）使会议主持者难作决断。我佩服会议主持者的胆量，最后仍决定要我在大会上发言。与会议几乎同时，《教学与研究》也刊发了本文。这篇文章是我开始缓慢而艰难的从教条主义束缚中向外蠕动出来的标志。这篇文章与稍后发表的戴逸、王戎笙先生的文章成为史学界和理论界关于历史动力问题大讨论的由头文章。现在看，文章还有浓重的八股气，但在那个时代是相当"冒犯"的，直到1983年"反精神污染"时，还遭到斥责。关于历史发展动力问题的讨论的意义与影响，有多篇文章论及，认为是上个世纪80年代史学思潮转变的起点。总之，从这时起，我才进入独立思考和自主写作阶段。

您进入独立思考后还信奉马克思主义吗？独立思考与用马克思主义统

刘泽华

一 意识形态的意图是否矛盾？

你提的是一个很尖锐的问题，也是一个很难用几句话能说清的问题。在我个人看来，不能认为独立思考与马克思主义是绝对的对立。如果把马克思主义作为一种学理和方法，那么它同独立思考完全可以相辅相成。后来我对马克思的著作和论述，是作为一种学理和方法来对待的。对外开放以后，从西方传进许多理论和方法，足资参考，但我还是认为马克思主义有更强的解释力，所以从总体上说我仍信奉马克思主义。对其他的理论我从多元的立场出发，持平等以待的态度，实行百家争鸣。

马克思主义很强调阶级理论和阶级分析方法，现在史学界很多人把它淡漠了，或者置诸一旁，根本不用阶级分析，您如何看待这种现象？

前边提到的我与王连升合写的《关于历史发展动力问题》一文，可以毫不夸张地说，这在理论上是对阶级分析绝对化时代的一次具有突破性的冲击。其后在历史研究中，我又进一步对阶级分析进行了限制，提出还有超越阶级的社会性问题，比如我在1984年写的《关于中国政治思想史研究对象问题》一文中，有如下一段论述：在阶级社会，政治思想的核心部分具有明显的阶级性质。但从政治思想的总体看，又不能全部归入阶级范畴，比如关于处理人与自然关系的理论，除有阶级烙印外，还有人类与自然的共同关系问题；关于社会生活的认识，也有一些超出了一个阶级的范围，比如调和阶级关系的某些论述，便包含了不同阶级、不同阶层的要求；还有一些社会规范是人人需要遵守的，也不好简单划入某一个阶级范畴之中。就每个思想家而论情况更为复杂，虽然每个人都无法游离于阶级生活之外，但在观念上，并不妨碍某些人会提出超阶级的理论和主张。……在这里不是讨论阶级分析方法问题，目的在于说明，即使在政治思想史范围内，也不能把每一种思想命题统统还原为阶级的命题，因为政治思想对象本身并不都是阶级的。放在现在，上述看法似乎是常识，但如果回到那段历史，在体制内的人能提出上述看法的似乎也没有几人。我上述的话至少在学科范围内，把"政治"与"阶级"做了适当的区划，"政治"还有社会的"公共性"。我的拙作《先秦政治思想史》就贯彻了上述理念，在写作过程中我尽可能从定型化的阶级分析中走出来。我当时的心情是战战兢兢的，一本政治思想史的专著却淡化阶级分析，可以说是一次大胆的尝试。我希望有兴趣的读者对当时的著述做一点比读，会理解我的用心。在当时这样做还是有几分危险的。

我反对把阶级分析方法绝对化，但我认为阶级分析依然是有效的，而且在我看来，在某些方面和领域仍是最有说服力和解释力的。在论述经济关系时，现在许多人把阶级分析方法置于一旁，而多用"阶层""利润分配""博弈关系"把事情了结。我认为这是一种泼脏水把小孩一同泼掉的现象，很值得冷静思考。阶级区分的事实无法否认。有阶级存在就要进行阶级分析，而且不可避免要揭示人际关系中的不平等性和不公正性，同时也会涉及价值判定和选择，也会涉及历史定位等等问题。在我看来，不进行阶级分析，就不能揭示历史的深层关系。现在有一个热门话题是社会公平问题，大家都反对社会不公。不公的背后深层是什么问题？难道仅仅是道德或人道问题？在我看来不公的背后主要是一部分人侵占了另一部分人的合理权益，也就是说，其间有剥削与被剥削的关系。不讲"剥削"不符合历史实际，有大量的史料根本无法解释，有剥削就要说阶级。

您在文章中提出过"阶级—共同体综合分析"，能否谈谈您是如何想的？

这个问题应再写专门文章论述。我的意思是对阶级分析法要做些补充和修正。对"修正"一词要有一种开放的理解。从历史看，任何一种学说和理论在其传承过程中都有和都要进行"修正"，不修正就不能发展，就会失去活力。过去把"修正主义"搞臭了，这是教条主义的产物。其实应把"修正主义"作为一个中性词使用。提出"阶级—共同体综合分析"就是对阶级分析进行"修正"，是一种尝试。"共同体"是社会学中常用的分析方法，有其依据和道理。"共同体"与"阶级"不同，但又交织在一起，不能用一个否定一个。共同体主要是说人们的"共同性"，阶级则主要说经济、政治和社会利益的分配问题。过去很长一段时间内过分强调阶级分析，这些年来多着眼于共同体的描述。我想应该把两者结合起来，既要讲阶级斗争，又要讲阶级调和，在一定条件下"斗争"是动力，"调和""妥协"也是动力。在历史上出现了许多既搞斗争又搞调和的人和事，由于我们把阶级斗争绝对化，这些人和事都被遗弃和否定，不能不说是我们史学的一个大缺陷。

现在以"剥削"为切入点分析社会关系的文字比较少，在现实关系中谈得更少，似乎有意避开，对这种现象您有何看法？

是的，很多人已不把"剥削"作为分析社会关系的切入点。在现实中更忌讳说"剥削"，怕把"资本"吓跑。中国的发展的确需要资本，但在学理上我认为是不能避开"剥削"二字的。"剥削"是汉语中一个老词，古人就有"剥削黔黎"之类的话语。马克思的剩余劳动说给"剥削"做了经济分析。"剥削"是不是一种事实，是不是一种社会关系？对此不能回避。如果是一种事实和社会关系，对历史的叙述无疑具有极其重要的意义，会导致绝然不同的历史景象和面貌。大量的有关"剥削"的资料摆在人们的面前，不能视而不见。剥削是历史中普遍的事实，因此也是历史中的一个基本范畴。但我想对"剥削"现象也要从学理上进行再认识。过去我们把剥削视为私有制的产物，由此得出的结论是消灭私有制，并为此做过前所未有的大试验，并形成了一个历史时期。结果呢，出乎人们（不是少数人，曾有以亿计的人相信这一理论，并为之而奋斗）的意料，除了衰败的结局之外，似乎没有其他希望。所谓衰败，其一，以权力强行实现的消灭私有制又带来了权力经济，权力经济只能是更普遍甚至是更严酷的一种剥削。所谓全民所有或公有是一种无法落实的抽象，能落实的只是一种权力经济，即掌权者具有实际的支配权。且不说体制上的种种弊病无法克服，仅就掌权者而言，其中固然有不少好人，但又无法根除贪欲之辈，应该说一次又一次的政治运动把矛头指向了这些人，但结果并不理想，总是前边打了狼，后边又来了虎。于是出现不反就烂，一反又乱的恶性循环，经济无法正常运转。一句话，权力经济除其他弊病外，它不能消灭剥削，没有生长活力，注定要衰败。其二，以为取消了私有制后大家就"平等"了，就会各尽所能。的确有过一段时间的兴奋和激动，然而时间一长却出现了普遍的社会性怠惰，所谓"出工不出力"是也，后来随着特权、腐败又出现了"大家拿"。不停地进行这个教育，那个学习，大抵都是形式主义，无济于事。在所"依靠"的人中无疑有模范，但多数人失去了活力和创造力。我想这与我们不承认人的复杂性有极大关系，认定所有的人都应是特定"道德化"或"理念化"的人，都应是某种"神化"了的阶级性的体现，"六亿神州尽舜尧"是也。如果达不到某种道德要求就进行"改造"，乃至"专政"，结果罪案遍寰中。

在人类的现阶段，要消灭私有制、消灭剥削，只能是一种乌托邦性的试验，不可能成功。于是明事理者在实践上不能再恢复私有制、恢复剥削。经济学界对剥削的界限也做了许多新的划分，提出私有制与剥削是两个范畴，又进一步区分这不是剥削，那不是剥削等等，这相对于我们坚持的消灭私有制和消灭剥削的观念和实践来说无疑是个突破，很有启发，但他们又认为，凡属剥削就要反对，而且在理念上仍坚持消灭剥削。以我浅见，到此是远远不够的，应该说，承认私有制，就要承认剥削。其实应更彻底些，只要是一定的大所有制，不管冠以什么名义，一概会有剥削。如果说某种所有制能消灭剥削，在现实与遥远的未来还都无法实现。基于消灭剥削理念在实践上的失败，我们应该对"剥削"做必要的反思，应该承认剥削可能是与人类俱来的一种事实，根源于人的贪欲本能（动物性）及其外化。恃强凌弱是动物的法则，人是从动物变来的，也承继了这一点。两千年前的智者猜测人类最初是恃强凌弱、以智欺愚的霸权世界。恩格斯曾指出不要忽视人的动物性。在历史的进程中，人的贪欲与政治优势、经济优势、文化知识优势、心智优势、信息优势等等结合，都可能用来作为剥削的手段和条件。总之，每个人生性不一，本事不同，想法不同，人各有志。从历史的角度看，在历史的进程中剥削是不可避免的，是人的本性的一种表现，不能人为地强行消灭，现在不能，在遥远的未来也做不到。我们应从消灭剥削的美好幻想中走出来。当然，人类不能没有幻想，但又不能把幻想作为实践的理论依据。从历史的角度看，剥削关系是生产得以进行的基本形式之一和社会的基本组织体系之一。由于主客观的种种因素，人一定要分化，一些人拥有经济等等优势，一些人失去了生产要素，剥削关系有可能把两者组合起来，组成一定的生产方式，使生产得以进行。以此为基础又会形成阶级、阶层、集团以及许多社会组织。

在一定意义上剥削是历史发展的动力之一，恩格斯曾指出，人们的贪欲是历史进步的一种动力，剥削则是贪欲的主要表现。剥削关系的演进在很大程度上决定着人们的社会关系和地位的演进。当我这样说的时候，也不是要全盘肯定剥削，无论从历史的角度还是从道德的角度，对剥削都应一分为二，大致说来，"剥削"可分为两部分：一部分是历史适度剥削。这有两层含义，其一是说"历史性的"，即不以人的主观为转移的历史过程，亦即历史主义的事实；其二是"适度"。什么是适度，这是一个很大的问题，古人一再提出的"取民有度"就是在探讨这个问题。马克思讲的"必要劳动"和"剩余劳动"从某种意义上也是在说明这个"度"。"适度"是一个历史的范畴，只能在历史过程中判断。大致说来，历代主张的"轻徭薄赋"就是"适度"的。过去实行的"二五减租""劳资两利"应该说是很好的政策。"历史适度剥削"也是人们道德所允许和接受的。另一部分是过度剥削，这也是人们道德所痛恨的、在事实上是难容忍的。由此而来，剥削既可能是善（先贤所说的"剥削有功"），也可能是恶；既可能是历史的动力，也可能是历史的阻力。剥削者与被剥削者之间既有双方相安的时候，也有冲突、斗争和关系激化的时候。相安状态大致就是"适度"的。从以往的历史来看，程度不同的过度剥削更为普遍。因此被剥削者的反抗斗争应给予更多的同情和理解。

我个人现在的认识是，笼统的反剥削和消灭剥削是不实际的，人们所能做的只是如何改良剥削，而不是消灭剥削。迄今，人类的历史的主要内容之一是剥削制度的改良史。改良剥削有着说不完的历史内容。在过去的很多年，我一直坚持"反对剥削"和"消灭剥削"这一理念，并以此为指导来写历史。上述看法无疑是对自己原来看法的修正，如果贯彻上述观念，肯定要对历史的认识和解释作许多修正。

眼下很多人倡导对历史要多些"温情和敬意"，您认同吗？

温情和敬意是作为一种立场，还是作为一种认识论和方法论，其含义我还不是很清楚，希望倡导者多做些论述。就倾向而言，我基本是怀疑的。提出温情和敬意是有针对性的，是反"五四"精神的，尤其是反对马克思主义的阶级分析。从多元的角度说，当然可以反这反那，这是自己的自由选择。"五四"时期对专制主义的批判和其后马克思主义者对中国历史的阶级分析，其中无疑有片面或过头的现象，但主流是合理的，我认为更接近历史的真实。不承认君主专制的事实，说中国没有阶级差别，只有大贫、小贫之分，这些看法无论如何离历史真实更远。敬意和温情是单向的，而历史是矛盾体，有时是对抗的，面对着矛盾、对抗；试问，敬意和温情指向何方？马克思说过要在矛盾中陈述历史，我看这是比较科学的。我们研究历史的人，首先应把历史的矛盾揭示出来，在矛盾的叙述中选择价值取向。现在有人不承认农民起义、农民战争，而定位为破坏性的暴民暴乱，我看就是对被害者缺乏应有的敬意和温情。试想一想，当统治者把老百姓剥夺的一干二净，无法生存下去的时候，面对"朱门酒肉臭，路有冻死骨"，不让老百姓造反，这能说的过去吗？是的，造反者常常又会过头，造成另一种破坏，也真是无可奈何！这里只有用矛盾的方法才能把历史陈述清楚。

学界价值中立的思潮影响很大，您赞成吗？

价值问题是一个很复杂的问题，在上世纪80年代我与张国刚合写过一篇《论历史研究中的价值认识》。价值是一种历史事实，是一种历史存在，其核心是"关系"和"意义"问题。说到"关系"和"意义"，就不可能有什么所谓的"中立"。面对"朱门酒肉臭，路有冻死骨"，你怎么"中立"？这二十多年，我主要精力用于研究君主专制主义和古代政治思想，面对剥削、压迫之类的问题，我个人感到根本无法"中立"。梁启超说要"客观"云云，但又坦率地说"吾能言之而不能躬践之"。我认为面对关系复杂的历史问题，所谓价值"中立"根本无法操作，实在是自欺欺人之谈。韦伯倡导价值中立，他关于新教伦理精神的论述就不是价值中立。在我看来，重要的是如何确定价值以及如何作出自己的选择和陈述。

价值问题是否是一种预设？能否谈谈您在历史研究中是如何确定和选

择价值的？是不是每个史学家各有自己的价值选择？

这一连串的问题很难回答，试着说一下。首先一点，我认为价值是一种历史存在，人是有思想的、有道德的，又是社会关系的综合，因此人的活动都是有价值的。由于价值是历史过程中的一种实在，自然应是历史认识的重要对象。任何否认价值是一种历史实在的说法都是对历史整体性的阉割。研究历史上的价值问题，是历史研究的重头任务之一。

其次，历史认识主体也是在价值中生存的。有人标榜自己如何超"价值"，这就像自己拽着自己的头发离开地球一样，是不可能的。

再次，历史是一种价值的存在，历史认识的主体又有自己的价值，因此对历史价值的判断和确定便成为历史客观价值与认识主体价值的混合物。这种现象是无可奈何的事实。我把历史研究视为一种历史认识，而只要是认识，就是主客观的混合物。稍作考察和比较，不难发现，对任何一个关系复杂的历史现象的认识，都会有多种不同的看法。比如对秦始皇，能避开价值认识吗？认识能统一吗？我认为价值中立也是一种乌托邦，因此与其把幻想作为目标，不如切诸实际，力求把历史的价值与认识主体的价值有机的结合起来。有价值认识才有智慧和启发。说到我个人，我的大思路还是遵循马克思主义来确定和选择价值的。我认定生产力、生产方式、剥削、阶级等等相关理论既是历史真实的概括和抽象，又是认识历史的门径和方法。我认为用马克思主义研究历史能更好贴近历史和解释历史。除马克思主义之外还有许多其他价值评判理论和方法，也足资参考。

在中国政治思想史领域，您的研究成果多多，20世纪80年代出版的《先秦政治思想史》《中国传统政治反思》、2000年出版的《中国的王权主义》，还有您主编的三卷本《中国政治思想史》等等，颇受学界关注，成为青年学子的主要参考书和教材。您为什么要研究政治思想史？

学术方向的选择是在学习进程中逐渐明确的。说起来可分作两个阶段。20世纪70年代末以前出于个人兴趣和课程建设，其后还有一种使命感，就是重新认识封建主义的问题。就事实而论，封建主义的东西在50年代、60年代也很盛，但当时不但没有知觉，而且还作为"党性"加以接受。"文化大革命"时期封建主义的大泛滥和大刺激，才引起了反思。批判"四人帮"时大家常用的一个词是"封建法西斯主义"，由此引发我清理历史上的封建主义的冲动。在这里我要说一下黎澍先生的贡献和对我的启发。1977年秋在辽宁大学召开了"文化大革命"后史学界首次学术讨论会。会上维护"文化大革命"和"最高指示"的声音还十分浓重。然而使人震聋发聩的是，黎澍先生提交的一篇批判封建主义的论文，黎澍先生没有与会，由别人代读。不久在《历史研究》上发表。如果我的记忆不错，我认为黎澍先生是中国学界和理论界在"文化大革命"后最早系统批判封建主义的先行者。黎澍先生的文章把我带入了自觉的理性思维境域。

您研究政治思想史的目的之一是批判封建主义，这是否是"理念"先行，违背了学术独立的原则，是否有实用主义的毛病？

我想，或许有不食人间烟火的纯学术，但我不是；也或许有不要思想的纯学术，但我也不是。人是要吃饭的，是有思想的动物。在我看来，历史研究不外是一种历史认识。我不排除"我"的因素和目的，也不排除"理念"先行，不贯彻某种"理念"的历史认识几乎是不存在的。我所写的东西表达的是我的一种认识。"文化大革命"以及前后那么多的封建主义，不全是新冒出来的，很多是中国历史的延续，对此不应袖手旁观和熟视无睹。清理的办法最好直面对垒，但形势有所不便，那么清理历史，摆出一面镜子对照一下，也不失为一种必要的方式。比如我写的《道、王相对二分与合而为一》《圣、王相对二分与合而为一》，就是想剖析一下中国自古以来的一种"文化模式"及其现代影响。在思想史界颇为盛行的一种看法是，认为古来的道与王、圣与王是二分的，道与圣由儒家体现，对王进行制约和规整。在我占有的资料和视野里，情况不是如此，而是如我的题目所标示的那样，其主流是合而为一的。这一"文化模式"没有受到批判，以至在"文化大革命"时期达到无以复加的地步，至今仍流毒甚广，还有很多人继续沿着这一"文化模式"制造新词。又比如我写的《春秋战国的"立公灭私"观念与社会整合》《先秦时期的党、党禁与君主集权》《臣民的罪感意识刍议》《君尊臣卑：中国传统思想文化的大框架——析韩愈、柳宗元的表奏》等等，都是在揭示中国传统文化的王权主义精神及其思维方式的影响。我们应该充分认识，就我们民族的整体观念而言，还远没有从中世纪走出来。"文化大革命"固然是有人发动的，但闹起来后何尝不是民族观念的一次大展现？诸如"生为某某的人，死为某某的鬼""三忠于，四无限"等等，就是普遍认同的一种意识。更为悲惨的是，许多被打倒的、被折磨致死的"老革命"，最后竟是要"紧跟"之类的遗嘱。这些思维方式在传统文化中有深厚的根基。我写的多篇文章，从历史角度说，是对历史的描述，但放到现在则是想照照镜子。有人说，从我著述中看到了某些现在的东西，能有这种感受，可谓得吾心矣！有人说是影射，平心而论，不能直言的环境，影射便是必要的一种表达方式。古往今来，影射何其多，足可以写多篇博士论文！

您有一本书名曰《中国的王权主义》，请对这个题目作些简要的提示如何？

多年以来我写过不少文章，从不同角度论证中国古代的一个基本特点是"王权支配社会"，由此我名之曰"王权主义"。我在一篇文章中对王权主义做了如下的概述：中国从有文字记载开始，即有一个最显赫的利益集团，这就是以王—贵族为中心的利益集团，以后则发展为帝王—贵族、官僚集团。这个集团的成员在不停的变动，而其结构却又十分稳定，正是这个集团控制着社会。这是一个无可怀疑的事实，我的问题就是以此为依据而提出的。

这种王权是基于社会经济又超乎社会经济的一种特殊存在。它是社会经济运动中非经济方式吞噬经济的产物，是武力争夺的结果，所谓"马上得天下"是也。这种靠武力为基础形成的王权统治的社会，就总体而言，不是经济力量决定着权力分配，而是权力分配决定着社会经济分配，社会经济关系的主体是权力分配的产物。在社会结构诸多因素中，王权体系同时又是一种社会结构，并在社会的诸种结构中居于主导地位。在社会诸种权力中，王权是最高的权力。在日常的社会运转中，王权起着枢纽作用。社会与政治动荡的结局，最终是回复到王权秩序。王权崇拜是思想文化的核心，而"王道"则是社会理性、道德、正义、公正的体现，等等。过去我们通常用经济关系去解释社会现象，这无疑是有意义的；然而从更直接的意义上说，我认为从王权去解释更为具体，更便当。王权主义是上述现象的总称，我所说的王权主义既不是指社会形态，也不限于通常所说的权力系统，而是指社会的一种控制和运行机制。大致说来又可分为三个层次：一是以王权为中心的权力系统；二是以这种权力系统为骨架形成的社会结构；三是与上述状况相应的观念体系。

1983年史学界举行"中国地主阶级学术讨论会"，我在提交的论文中提出，文明以来的传统社会是"权力支配经济"，地主的主干是"权力分配的产物"，主要不是"地租地产化"，而是"权力地产化"。此论一出便受到史学界重量级人物的批评，我说是杜林"暴力论"的翻版等等。就实而论，在一定的历史时期，暴力确实能够支配经济，特别是支配分配，这是无可辩驳的事实。近些年来经济学界提出"权力资本"，应该说这是有传统来支持的。其实，用"权力经济"可能会说明更多的问题。

您上边说到的"阶级""剥削""权力支配经济""中国的王权主义"等问题，事关历史的全局，您有进一步的计划吗？

我的《中国的王权主义》一书，把主要想法都收容进去了，现在忙着组织同人写多卷本的《中国政治思想通史》，其中"通论"部分由我负责，会对上述问题作进一步讨论。如果有可能也想写点文章进行论述。

延伸阅读：

《答客问：漫说我的学术经历和理念》，《社会科学战线》2004年第4期；

葛荃编：《反思中的思想世界：刘泽华先生八秩华诞纪念文集》，天津人民出版社2014年版；

陈寒鸣：《刘泽华与"刘泽华学派"》，《衡水学院学报》2018年第4—5期；

陈鑫：《王权主义与社会形态等问题的再思考——访刘泽华先生》，《中国史研究动态》2017年第4期；

方克立：《为"刘泽华学派"赞一个》，《天津社会科学》2015年第2期；

李振宏：《王权主义历史观的有效性及其证成》，《天津社会科学》2015年第2期；

李宪堂：《刘泽华先生之王权批判理论的内容及价值》，《西部学刊》2014年第12期；

李振宏：《中国政治思想史研究中的王权主义学派》，《文史哲》2013年第4期；

王丁、王申：《反思中国传统政治思想要有现实观照意识——刘泽华先生访谈》，《历史教学》（下半月刊）2011年第2期；

林存光：《思想、社会与历史——刘泽华先生的"王权主义"说评析》，《天津社会科学》2009年第3期。

瞿林东

瞿林东，1937年12月出生，安徽肥东人。1964年毕业于北京师范大学历史系本科，1967年以中国史学史专业研究生毕业于该系。1968—1981年曾任职于内蒙古民族师范学院（今内蒙古民族大学）；兼任北京师范大学史学理论与史学史研究中心主任、教育部社会科学委员会委员等，主编《史学理论与史学史学刊》；现为北京师范大学资深教授、史学研究所教授、博士生导师，主要研究方向为史学理论及史学史，发表《中国史学的遗产、传统和当前发展趋势》《略论中国古代历史理论的特点》等论文、评论200余篇。

主要著作

《唐代史学论稿》，北京师范大学出版社1989年版；增订本，高等教育出版社2015年版；

《中国史学散论》，湖南教育出版社1992年版；

《中国古代史学批评纵横》，中华书局1994年版；增订本，重庆出版社2016年版；

《史学的沉思》，浙江人民出版社1994年版；

《杜佑评传》，广西教育出版社1996年版；

《史学志》，上海人民出版社1998年、2010年版；

《白寿彝史学的理论风格》，河南大学出版社2001年版；

《中国史学史纲》，北京出版社2005年版；第2版，2010年版；五南图书出版公司2002年版；

《中国史学的理论遗产》，北京师范大学出版社2005年、2013年版；

《中国简明史学史》，上海人民出版社2005年版；

《中国史学史研究》，湖北教育出版社2006年版；

《中国史学通论》，武汉出版社2006年版；

《范晔评传》，南京大学出版社2006年、2011年版；

《中国历史文化散论》，重庆出版社2008年版；

《20世纪中国史学散论》，安徽人民出版社2009年版；安徽师范大学出版社2010

年版；

《史学在社会中的位置》，商务印书馆2011年版；

《中国史学史教程》，高等教育出版社2011年版；

《白寿彝与20世纪中国史学》，高等教育出版社2012年版；

《我的史学人生》，中华书局2016年版；

《中国古代史学十讲》，北京出版社2017年版；

北京师范大学出版社2017年推出《瞿林东文集》，收录《史学在社会中的位置：外一种》《走进我们共有的精神家园：近三十年史学演讲录》《中国史学的理论遗产：从过去到现在和未来的传承》《中华史学志》《中国古代史学批评纵横：外一种》《中国史学史纲》《魏晋南北朝隋唐史学》《20世纪中国史学论集》《彰往察来：探寻历史中的智慧》《白寿彝与20世纪中国史学》共10卷460余万字。

瞿林东

理性地对待过去,坚定地面向未来
——瞿林东先生谈20世纪中国史学①

瞿先生,首先感谢您给我们这个机会,向您请教有关20世纪中国史学的问题。我们都注意到,您的《中国史学史纲》一书,近日已由北京出版社在内地第三次印刷,同时上海人民出版社出版了您的《中国简明史学史》,而年初北京师范大学出版社还出版了您的《中国史学的理论遗产》一书。在这三部书中,反映了您研究中国史学史的两个特点:一是力求古今贯通;二是注重理论遗产。您能不能谈一下,您是怎样在坚持对中国古代史学研究的同时,还对20世纪中国史学进行研究的?

我很高兴同你们一起讨论20世纪中国史学的有关问题。我首先要说明的是,我最初研究的是中国古代史学史。你们也都知道,我的第一本史学史的著作是《唐代史学论稿》,出版于1989年。当初,我是想以研究唐代史学为起点,以它作为一个研究领域的基础。这样,向上伸展可以研究魏晋南北朝史学,向下延伸可以研究宋元史学,总之,是把研究重点放在古代史学史上面。20世纪80年代中期,由于理论问题被史学界所关注,而理论问题多涉及到20世纪中国史学,涉及到马克思主义史学的许多问题,所以我逐渐对20世纪中国史学发展有所关注。严格说来,我对20世纪中国史学研究得是很不够的。最早和白寿彝先生合作写了《马克思主义史学在中

---

① 本篇访谈者马艳辉、曹守亮。

国的产生和发展》一文，发表在《史学史研究》1983年第1期上面，是为了纪念马克思逝世一百周年而撰写的。后来，由于大家对理论问题都比较感兴趣，这也激励了我对20世纪中国史学发展更加关注，因而也陆续发表了一些研究心得。

我们也注意到您发表了很多关于20世纪中国史学的研究成果，比如您收在《中国史学史纲》一书中，作为附录的两篇文章《中国史学：20世纪的遗产与21世纪的前景（论纲）》及《百年史学断想》，还有1999年发表在《安徽大学学报》上的《新中国史学五十年的理论建设》，2000年发表在《历史教学》上的《20世纪中国历史学》（上、下），2002年发表在《南开学报》上的《唯物史观与中国史学发展》等等。我们还注意到陈其泰先生等撰写的《二十世纪历史考证学》一书，就是您主编的"二十世纪中国史学研究系列"中的一种。这部书已经引起了史学界的积极反响，这个研究系列也开始受到史学界的关注。尤其是您作为编纂工作委员会主任，负责编纂的"二十世纪中国史学名著"丛书，在史学界有广泛的影响和好评。请问从整个中国史学发展的角度，您是怎样看待20世纪的中国史学的整体面貌的？

这里有一个基本的出发点，是要着眼于史学与历史的关系。这就是说，20世纪的史学与20世纪的历史究竟是什么关系。我写过一篇小文叫《20世纪中国史学发展的历史条件》，谈到了这个问题。我始终认为，离开了20世纪中国历史发展的实际，无法来判断20世纪中国史学。这是一个常识问题，我们在讨论问题时不应忘记了这个普通的常识。当然，史学也有它自身发展的脉络，可是这个脉络归根到底还是受到历史条件的影响。那么，20世纪中国历史有什么特点呢？这是一个经历了许多重大转折的百年史学。我们从具体事件上讲，从辛亥革命、五四运动、中国共产党的成立，其后是全民族的抗日战争、第三次国内革命战争。这时期的史学，大多直接、间接受到这些重大事件的影响，带有深刻的时代烙印。中华人民共和国成立后，迎来了一段朝气蓬勃的历史局面，但是后来出现了曲折，有反"右"运动、"大跃进"、"文化大革命"，中国历史走了很大的弯路，史学也走了很大的弯路。直到改革开放，中国历史走上了正确的轨道。在这一时期，由于改革开放推动了中外文化的交流，中外史学的交流也活跃起来，史学出现了新的面貌。同时，由于改变了以阶级斗争为纲的路线，确立了以经济建设为中心的国策，所以历史学在这样一个大环境中重新找到自己的位置，克服了过去在以阶级斗争为纲的局面下的史学的某些缺陷。总之，不能离开20世纪中国历史的具体状况，去谈20世纪中国史学的面貌。也就是说，我们要把20世纪中国史学放到20世纪中国历史的环境中去考察，去认识它的整体面貌及其细部。我想，这是我们认识20世纪中国历史学的基本原则：史学和社会的密切关系。这也应该是20世纪中国历史学的一个基本问题。因此，我是不赞成脱离历史环境去讨论史学问题的。

瞿先生，根据您的研究和认识，您认为应该如何评价20世纪中国史学？

在20世纪中国史学的发展过程中，不论成就也好，弯路也好，以至于缺点、错误也好，都要放在一定的历史条件中去考察。根据这样一个原则，我们是否可以认为，20世纪中国史学的主要成就，是近代以来进化论的观点引进中国史学界，被用来指导研究历史；接着是马克思主义传入中国，唯物史观也被用来指导研究历史。这两种新的历史观在思想界、史学界产生了很大影响，使人们对历史的认识有了一种新的观念。在这两种历史观当中，唯物史观是科学的历史观，用唯物史观研究历史使20世纪中国史学走向了科学的道路。这是我对20世纪中国史学的一个基本的认识。

当然，在这一时期，有一些学者并没有运用唯物史观来研究历史，但也取得了很大的成绩。这是因为从中国的史学传统来说，乾嘉时期历史考证学的延续和西方的历史实证研究相结合，产生了新历史考证学，取得了很大成绩。还有一些用进化论研究历史的学者，我们称之为新史学学派，同样取得了很大的成绩。我曾对20世纪中国史学有过简洁的概括：20世纪中国史学最显著的进步是历史观的进步，最主要的成就是中国通史编纂的成就，最重要的经验是史学和社会的结合，最严重的教训是史学不能失去自己的独立品格。我现在仍然认为这四句话的概括是可以成立的。

在刚才您所讲的在注重全局、从整体把握20世纪中国史学的基础上，您认为应该如何梳理20世纪中国史学的脉络、概括其趋势？

我们今天来回顾中国史学在20世纪这一百年中的历程，怎么对其进行深入的研究？首先，是不是再考察一下我们前面所讲的史学和社会的关系这个前提，在把握全局的前提下，考察20世纪中国史学发展的基本趋势。这个基本趋势，我想从它和社会密切关系当中去探讨，也就是说社会怎么样影响到史学的变化、变革、进步。这是可以深入研究的。其次，是要从中国史学自身发展的客观规律，来检讨它在20世纪当中的趋势。历史学自身发展的趋势和规律，我们可以参考白寿彝先生对史学史研究概括的四个要点：历史理论、历史文献学、历史编纂学和历史文学。这应该反映出史学自身的要求。在20世纪中，随着社会的变化，在前一个重要因素的影响下，史学有些什么重要变化。这是我们考察趋势的又一个方面。再次，还要同20世纪中国史学不断地跟外国史学发生联系，这比之于19世纪联系要多得多。因此这种趋势还要从中外史学的交流当中去考察。对外来的东西与我们自己的优秀遗产，我们应持什么态度？在这一过程中我们有什么经验、有些什么教训，它也反映出史学发展的趋势。最后，还要认识20世纪中国史学的主要思潮相互之间的关系，它们之间地位的变化。从这些重要因素的综合中来揭示20世纪中国史学发展的脉络和趋势。在我看来，目前对于这个问题可能还没有一个广泛的共识。一个原因是研究得不够，另一个更重要的原因是许多同行对这方面的研究重视不够，或者说兴趣不大，这就影响到我们对20世纪中国史学发展趋势的深刻认识。我们现在应当重视这个问题。只有认清了史学发展的趋势，我们才能给自己定位，才能够明确努力的目标，才能谈到今后发展的道路。大家都知道，巴勒克拉夫写过《当前史学主要趋势》，重视趋势，这是一个很要紧的问题。我们现在恰恰对此研究得很少，我认为在这方面是要加强的。

瞿先生，从1924年李大钊出版《史学要论》至今，中国马克思主义史学已有八十多年的历史了。您怎样看待中国马克思主义史学在20世纪中国史学发展过程中的地位和作用？

瞿林东

我们说中国马克思主义史学有八十多年的历史，一个界标就是李大钊1924年出版的《史学要论》。马克思主义史学在20世纪对中国史学究竟产生了什么影响？我想这实际上是在问：中国马克思主义史学在20世纪中国史学中究竟有什么价值，或者说，唯物史观对中国20世纪史学产生了什么作用？

关于这个问题，过去我也发表过文章，讲到唯物史观作为科学的历史观，给中国学者提供了正确认识历史的理论武器，这就形成了中国马克思主义史学。马克思主义史学一个很重要的特点就是讲人类社会怎样从野蛮进入文明，而在文明时期，它经历了怎样的发展过程。这个过程有什么样的阶段性，每个阶段有什么特点，有什么规律性。这就是我们通常所说的历史发展中不同的社会形态从低级走向高级的过程，这种历史观使我们对中国历史有了全新的认识。从史学上看，对历史的认识，古代史家也提出过一些真知灼见，也探讨过国家是怎样形成的，但是有些问题他们是无法解释的。比如说人们在一个社会中是处于不同的生产关系是社会地位，这种不同的生产关系从根本上导致了人们的差别。这是过去人们不能够揭示的，更无法去解释一种新的生产关系如何代替旧的生产关系。中国马克思主义史学给20世纪中国史学注入了新的活力，帮助人们认识了历史到底是怎么开始的，怎么发展的。这个发展过程有些什么阶段，每个阶段有些什么特点，其间有何规律可循。这样，我们对社会历史就有了一个合理的认识，或者说有了一个科学的认识。更详细的说明，你们可以参考我在《唯物史观和中国史学发展》这篇文章中所讲到的几个要点。

瞿先生，我们发现这样两种研究现象。一是把20世纪中国史学以1949年新中国的成立为界分为两个部分，有的学者侧重于20世纪前半期的研究，有的学者则侧重于20世纪后半期的研究；一是有的学者则注重对于20世纪的非马克思主义史学的研究，有的学者则对中国马克思主义史学研究更感兴趣。这使20世纪中国史学研究在取得了一些重要成绩的同时，也给人一种彼此割裂的甚至是对立的印象。您是怎样看待这种现象的？

对20世纪中国史学的研究，当然有不同的视角，每个研究者也有不同的兴趣。他可以自主地选择他有兴趣的研究阶段、研究领域，这都是可以理解的，也是正常的。我要说明的是：不论研究者的兴趣何在，都要有全局意识。20世纪中国史学是个整体。在这样一个整体当中，人们可以有所选择地进行研究。正是因为它是一个整体，所以在研究中就应该从全局出发，或者如同我们通常讲的那样，要"左盼右顾""瞻前顾后"。这样才能有一个全局意识，把自己的研究领域放在全局当中进行考察，因为事物总是相互联系的。

关于20世纪中国史学以1949年划分为两个阶段进行研究的问题，是不是可以这样看：1949年中华人民共和国成立，这是20世纪中国历史上的重大事件，中国人民站起来了，这是很重要的。从意识形态来看，马克思主义在新中国大地上广泛传播，成为国家的指导思想。在这种情况下，自然科学、社会科学都以辩证唯物论和历史唯物论为指导，中国史学的面貌也发生了极大的变化，和1949年以前的史学有很大的不同。从这个意义上讲，把20世纪中国史学分成两段来研究是可以的。但是我们也应该注意到，1949年前后的史学并不是截然分开的。如老一辈的马克思主义史学家郭沫若、范文澜、侯外庐、翦伯赞、吕振羽等，主要都是从三四十年代开展自己的研究的，中华人民共和国成立以后他们仍在继续研究。另外，还有一批史学家，比如像顾颉刚、陈垣、陈寅恪等，这一批史学家在中华人民共和国成立以后也仍然继续从事研究。他们都取得丰硕的成果。这就要求我们既看到1949年前后历史环境不同，史学有很大的不同，同时我们也必须看到1949年前后的史学存在着密切的联系。

您认为造成上述研究中出现某种割裂的现象是怎样产生的？

谈到这种现象产生的原因，我想这是一个关于全局和局部的关系问题。研究某一个局部方面，从学术研究来讲，是一种兴趣，一种视角，一种选择。那么，在全局意识这样一个理念的指导下，要考虑到相互之间的关系，这样的研究就会健康地发展。如果说不是从全局出发，那么只看到某一方面研究的价值和意义，而忽视或否定另一方面研究的价值和意义，就会走向偏颇，就不可能对20世纪中国史学有正确的看法。当这种情况出现的时候，我们考察它的原因，从学理上讲，能否全面地看问题是一个基本原因；再一个原因就是研究者的价值取向和方法论。从历史经验来看，史学界过去出现过片面性的问题。今天，应该尽可能地避免片面性，努力做到全面地看问题。比如说，过去认为只有马克思主义史学是合理的，其他史学都是不值得一提的，这种看法显然是不全面的。那么今天不能因为中国马克思主义史学走过弯路，存在一些缺点，就认为马克思主义史学是不合理的，这也是一种片面性。刘知几讲"才""学""识"，能不能从全局的角度看问题，这就是史识问题。学术研究贵在专精，研究者应有一个研究得比较深入的领域，但是如果脱离了整体，这种深入也就受到了限制。脱离了整体，就很难做到对局部有恰当的定位，这个道理是很明白的。

现在，史学界对中国马克思主义史学的评价出现了不同的看法，您是怎样看待中国马克思主义史学在发展过程中存在的教训？

我记得，唐代史家杜佑曾提出不能"将后事以酬前旨"的论点，即不能用后来的事情去指责前人。我在《中国史学史纲》中讲到过这个问题。公元9世纪的人都认识到这个道理，我们今天应该超过古人。在看待历史时，我们要有一点理性精神。如果没有理性精神，看待20世纪中国史学，总是会带有这样那样的偏见。这种偏见在五六十年代有过，否定一切非马克思主义史学的成就。那么今天否定马克思主义史学的成就，是不是也是一种偏见呢？当然也是。我们不应该走历史的回头路，应该真正从历史教训中得到启发，从而张扬理性精神。应当看到，中国马克思主义史学给我们留下的成果是丰厚的。老一辈马克思主义史学家关于中国通史的研究和撰述、关于中国社会史的研究和撰述、关于中国思想史的研究和撰述以及其他专史的研究和撰述，都给我们留下了宝贵的财富。他们在治史的理论和方法论方面，也给我们留下了丰厚的遗产。对于这些，我们研究得很不够。我过去写过论郭沫若的史学理论遗产、侯外庐的史学理论遗产的历史价值等文章，但是我写得还很肤浅。对于另外的老一辈史学家，我们同样也应该进行研究。这是一方面。另一方面，中国马克思主义史学虽然有光辉的成就，但教训还是很严重的。这主要是教条主义、简单化、片面性所造成的。过去有人讲"穿靴戴帽",不是把理论作为指导思想,而是把它作为研究的结论,用各种各样的事实来证明这个结论。这样,历史就被僵化了,甚至被曲解了,历史成了理论的注脚,历史学的发展必然受到了限制。同时,再加上史学与政治的混淆,也使人们对许多问题的研究成为禁区,或者有一些认识不能够得到充分的发表。这些都给历史学带来了严重的损害。今天对这些问题,有相当一部分史学工作者有了比较深刻的认识,认识到过去的简单化、片面性、教条主义对学术研究所带来的危害。经过二十多年的拨乱反正,有了很大的改观。一些坚持运用唯物史观研究历史的同行,正在逐步地走向更加健康、更加成熟的学术道路。这里,说来说去,就是一个实事求是的精神、一个理性的精神,对谁来讲这都是应该遵循的。

正如刚才我讲的,因为在20世纪中国历史走了一些弯路,马克思主义史学在这样一个历史环境中也走了一些弯路,这也是不难理解的。我们一方面要看到20世纪中国史学面貌由于新的历史观,特别是唯物史观的引入,在性质上和成就上与过去相比有很大的不同;再一方面要看到它走过一些弯路,从不太成熟的阶段逐渐走向比较成熟的阶段。我们这样来看问题,就会看得全面一些。的确不错,在马克思主义史学发展的过程中有过严重的教训。比如说,当政治上出现了偏差的时候,尤其是"左"的思潮出现的时候,这种思潮也影响到历史学,其直接的表现就是政治和学术的混淆,如阶级斗争理论在历史研究中的夸大,这是无可讳言的。但是这个教训还有另外一个原因,就是人们接受一个新的事物的时候,是要有一个由浅入深的过程。当中国最早的一批马克思主义史学家接受马克思主义的时候,对马克思主义史学的认识、理解需要一个发展过程,不是一朝一夕就能够达到完全合理的程度的。我想这是任何一个人在接受任何一个新事物时,都会有这样一个发展过程的。

有人把中国马克思主义史学的某些失误或教训归结为与它现实社会结合得过于紧密,您如何看待这种说法?

关于中国马克思主义史学,我刚才已经讲到了它走过一些弯路,有曲折、有教训，对于这些问题，我们应该作理性的认识。所谓理性的认识，就是要认识到马克思主义史学在中国的产生和发展是和中国的革命、中国的建设事业紧密相联的，也就是说是和中国的历史实际、中国的历史前途紧密相联的，就像中国古代的史学、近代的史学是同中国古代的历史实际、近代的历史实际相联系一样。马克思主义史学与社会实践的结合并不是它本身固有的特点，历史学从它产生的时候起就是和社会结合在一起的。大家都读过《史记》，《史记》从传说中的黄帝一直写到汉武帝，《史记》130篇是脱离社会的吗？它是和社会密切联系在一起的。近代以来，史学家研究边疆史地、研究外国史地，都是和当时中国处于民族危机的形势联系在一起的，和救亡图强的现实联系在一起的。梁启超不是马克思主义史学家，梁启超大声疾呼：ّ"悠悠万事，惟此为大。"他认为：在当时，只有史学才能唤起民众，使中华民族振兴起来。这说明他也认为史学是和社会联系在一起的。马克思主义史学与中国革命有着必然的联系，这并不奇怪。任何时候的史学都具有它的社会属性和实践的目的，只是马克思主义史学或者马克思主义史学家把这个观点更明确地写在自己的旗帜之上罢了。

有些朋友对此表示怀疑，甚至予以指责，我认为这主要是对于历史学的学科属性不太了解的缘故。当然，也不排除有的朋友是不愿意承认这一点。不论何种原因，从科学的、求实的态度来说，都应当理性地看待这个问题，看待历史学的属性的问题，即一是求真，二是致用。正像人们过去不能够理性地看待马克思主义史学以外的史学，说它们都是落后的、甚至是反动的，今天人们已经认识到这个看法是不对的，应该理性地看待它们一样。现在有许多同行事实上已经这样做了。历史的经验告诉我们，不用理性的态度对待马克思主义史学，同样是片面的，是不对的。其实，不只是对待马克思主义史学如此，研究任何问题都应该有实事求是的态度，都应该有理性的精神。

现在有人提出"文革史学"的说法，您认为这种说法的依据是什么，这种提法是否可以成立？

从原则上讲，不存在所谓"文革史学"。因为"文化大革命"本身是政治，这个政治与一般的政治不一样，它是从意识形态到社会实践包括全国的社会生活，都搞乱了。从学科整体上看，"文化大革命"当中没有史学；从理论上看，马克思主义被践踏了、曲解了，马克思主义被一些人按照教条主义的轨道发展到登峰造极的地步。那个时候，学术界包括历史学界，都没有存身的余地了。当时，历史学家基本上都被打倒了。我们很难想象，一个社会里会存在没有历史学家的历史学，这是不可思议的。也许人们会说，当时有"儒法斗争史"，这不是"史学"吗？对于这个问题，我思考了很久，也修正了我过去的一些说法。我认为，准确地说，"儒法斗争史"不是史学，是"四人帮"政治的一种代名词，它是借用了历史学的语言，打着历史学的旗号，而包装在里面的，实质上是政治。所谓"从古到今贯穿着一条儒法斗争的线索"，贩卖的是一种反动的政治。从这两个意义上讲，我不认为有所谓的"文革史学"。因此，"文革史学"的提法，是不妥当的，是没有根据的。

这里，我想指出两点：第一，不能把根本不存在的所谓"文革史学"作为"文化大革命"时期马克思主义史学的代名词，以此来"证明"马克思主义史学的错误，这显然是不能成立的。第二，不应当把"儒法斗争史"的泛滥看作是史学成为"显学"的标志或时代，并以此"证明"史学不必关注社会，这显然也是不能成立的。首先，"儒法斗争史"不是史学，这一点应当明确。其次，历史学的属性一是求真，二是致用。我过去写过文章，论证求真与致用的辩证统一关系，发表在《社会科学战线》这家杂志上，这里就不多讲了。

如果说"文化大革命"当中，还有一些历史学家在"不合法"的情况下（至少是在不正常的历史条件下），仍然对马克思主义坚信不移，对历史学坚定执着，仍然在坚持自己的研究工作的话，这种情况是存在的。显然，也不应把这种情况称为"文革史学"。但这种情况表明，即使在那个是非颠倒的年代，还有一些真诚的史学工作者，在艰难的情况下进行研究工作。这种现象，证明了历史学家本有一种精神力量，也证明了历史学的生命力是扼杀不了的。

瞿林东

瞿先生，您刚才着重谈了如何进行理性地、科学地评价中国马克思主义史学的问题。我们觉得事实上这已经涉及到史学批评问题了。现在有一些史学界的朋友，认为时下的史学界太过于沉闷。您能否就20世纪中国史学对史学批评与史学发展的关系，谈谈您的看法？

史学史是一门反省的学科，是历史学自我反省的学科，史学批评也是一种反省。不论是研究史学批评的，还是被别人论述到的，都是在这个总的反省范围之内。在这个问题上，我们要有一种自觉的认识，即史学批评是史学发展的内在动力之一。史学的发展当然主要是社会发展的驱动，客观历史发展的驱动，但是史学自身也不是被动的。它自身的活力之一就是批评，就是反省。同时我们还要注意到，史学批评是促进理论发展的重要途径。没有史学批评，历史学的理论发展就会受到很大的影响。从历史上看，这个问题是很清楚的。司马迁对《春秋》的评论，班彪、班固父子对《史记》的评论，范晔对《史记》《汉书》的评论等等，这都是在提高人们的认识。直到刘知几写出《史通》，全面评论他以前的史书和史家，人们对史学的认识就大大提高了。我们知道，在史学批评史上，《史通》的地位是非常重要的。我想，古今道理是一样的。

现在历史学界的朋友对于史学批评大多不满意，各方面都不满意。那么不满意的地方在哪里呢？一个是没有太多的商榷，没有太多的切磋。这种情况如果说是"沉闷"的话，确实如此。我们知道，过去有两句话是"百家争鸣，百花齐放"。为什么要"百家争鸣"呢？没有商榷，没有争鸣，怎么能够发展呢？大家都平平静静的，你讲你的，我讲我的，学术怎能发展，理论怎能提高？有人说当今中国无书评，这当然说得绝对了一点，好的书评还是有的，只是为数不多。再一个是人们对理论的兴趣比较淡薄，这是当前史学研究、历史研究当中的重大问题。不关注史学界的重大问题，势必形成理论上淡薄的现象，这种情况对于史学发展是不利的。如果我们真正认识到批评是史学发展的内在活力之一，是理论发展的活力之一的话，今天我们就应该开展正常的史学批评。

您说"应该展开正常的史学批评"，那么怎样才是正常的史学批评呢？

切思：学术的真与美

关于史学批评，我常常想起白寿彝先生的一些文章、一些论说。白寿彝先生讲，要关心当代人的著作，要开读书会，多写评论。评论的出发点是与人为善。评论不是吹捧，评论也不是挑眼。评论是切磋学术，目的是为了发展学术、发展史学。白先生讲得很好：写评论，要站在作者的立场上，用商量的口吻来表达看法。比如说："你这个问题，要是换这样一种说法，是不是更好呢？"这样提出问题的话，既指出了别人的不足之处，也表明了你的观点，读者又容易接受，作者也可以理解。要真正开展批评，就要有一种和谐的气氛，今天我们讲和谐社会。这个和谐社会，我看也包含一种学术上的和谐气氛。同行之间展开史学批评，是为了求得真知，求得史学的发展。至于人们经常说到的学术中的不正之风，如果我们大力开展了在和谐氛围中的评论和批评，不正之风也就会逐渐消退。这要许多人的努力才能做到。我过去写过一些评论，总的来说，不是很尖锐的，但是也还提到了老一辈学者的论著中存在的不足，甚至错误，我和他们之间的学术友谊是很深的。这是为什么呢？因为我是善意的。我不赞成那种盛气凌人的、教训人式的批评，当然我也不赞成没有原则的吹捧。我想这还是白寿彝先生所说的，既不是吹捧，也不是挑眼。要营造这样一个好的氛围，要许多人带着平常心的心态来参与评论工作，这个气氛一旦形成就会对历史学产生极大的影响。这一点我是深信不疑的。

现在，中国史研究领域的学者多从如何借鉴外国史学的理论、方法和范式来思考、反省自己的研究，而外国史的研究者则在一定程度上强调了如何从中国史学，尤其是从中国古代史学中汲取有益的营养来进一步形成中国史学的特色和风格。您认为应该如何评价20世纪的中外史学交流？

一些中国史学工作者对外国史学的理论、方法、模式有浓厚兴趣，并且积极地借鉴，这是很必要的。当今时代是一个信息时代，整个世界比以往任何时代的交往都更加密切。研究外国史的学者提出来，要继承中国史学的优秀遗产，这也是非常正确的。我曾经讲过，中国史学的优秀遗产在20世纪长期得不到重视，白寿彝先生在20世纪60年代发表的《谈史学遗产》一文以及后来发表的系列文章，可谓凤毛麟角。大约到了20世纪90年代中期，才渐渐听到人们说要继承中国史学优秀遗产。白寿彝先生在60年代提出重视中国史学遗产，说明他的远见。最近在纪念中国人民抗日战争和世界反法西斯战争胜利六十周年时，有这样的文章，说到抗日战争期间中国共产党对于民族文化遗产的重视。这一点，我们在《毛泽东选集》中早已读到过。可见，这不是一个新问题，只是过去人们没有意识到这个问题的重要。今天提出这个问题，从历史上看不是一个新问题，但我们从史学发展来看，人们真正认识到这个问题的重要是20世纪90年代才开始的，这是认识上的进步。

我们应该怎样把握中外史学交流的原则呢，这个原则是什么呢？中国的史学工作者首先应当对本民族的优秀遗产有一定的修养，在这个基础上，要有开阔的胸襟和器识，能够接受各种外来的、新的东西，而不是固守已有的东西。这就要求我们一方面在发展学术中面向世界，一方面在面向世界的过程中发展自我，而不要失去自我。所谓不失去自我，最根本的就是本民族的历史文化的修养和气质。研究中国史的学者借鉴外国史学的积极成果，研究外国史的学者继承中国史学的优秀遗产，这都非常重要，但前提是要把握好原则。这是一个基本的立足点。

在当今经济全球化趋势的影响下，您认为我们应该如何建设21世纪具有中国作风和中国气派的历史学？

从实际情况来看，21世纪史学已经经历过了几年的时间了。从上个世纪80年代开始，中国历史学便处于活跃的时期。主要表现为思想的活跃、研究领域的活跃，研究方法的多种多样，以及中外史学交流的活跃。对这样一个局面，要予以充分肯定。当然，在活跃的局面之下，也有值得关注的问题。21世纪中国史学更加呈现出一种多元发展的趋势。在这种趋势下，如何更好地发挥马克思主义史学的作用？这个作用是一种引导的作用，积极的作用。在这种多元发展的现象中如何体现出马克思主义史学的主流地位？这是21世纪中国史学面临的首要问题。

从学术前景上说，许多史学工作者认为唯物史观是科学的历史观，既然是科学的历史观，它就应该作为研究历史的理论指导。这并不意味着又回到教条主义、简单化、片面性那里去，而是如何更加理性地看待唯物史观及其运用。我说这个问题是有历史依据的。我们可以想一想，老一辈马克思主义史家的研究成果到底给了我们什么样的收获？我想这个收获就在于帮助人们正确地、全面地、辩证地认识我们这个民族所走过的道路。科学的历史观、民族观、国家观，以至于正确的人生观，都可以从这里反映出来，产生巨大的教育作用。这是马克思主义史学给予我们的。如果对自己民族的历史十分茫然，或者有种种误读，那是不可想象的。马克思主义史学也告诉我们如何正确认识外国的历史和现实。

还有，我们不应该排斥其他的历史学家的贡献，但是我们要看到马克思主义史学给予我们的东西确实是最基本的，这就是唯物史观的魅力。那么，马克思主义史学如何才能够发挥更大的作用，发挥引导的作用或者说是主流的作用呢？这就要在总结经验教训的基础上，开拓新的研究领域，拿出新的成果。这个新的成果怎么获得？以往所走过的弯路，是把理论作为研究的出发点，不是把它作为指导。研究的出发点应该是材料。现在我们认识到，创造性的历史研究是要把唯物史观的基本原理同研究对象紧密地结合起来，做出新的理论概括。这样就可能有新的创造，也一定会有新的创造。在这个结合过程中，我们不仅要认识到马克思主义史学是科学历史观指导下的史学，还要认识到中国古代史学的优秀遗产可以用来丰富中国马克思主义史学。我们也要认识到，马克思主义史学不是封闭的，中国马克思主义史学应该有一种信念，吸收外国史学的积极成果，使自己变得更加丰富、厚重。中国有句古话，"它山之石，可以攻玉"。马克思主义史学也是这样，尽管它是一种科学的历史观指导下的史学，但是它也有必要吸收其他史学的积极成果。这一点在认识上跟过去有很大的不同，甚至于有根本的不同。

如果我们不这样做，不以中国马克思主义史学为基础，继承中国史学的优秀遗产，不吸收外国史学的积极成果，就可能出现别的情况，可能会推崇外国史学的某一个思潮或某一种流派，也许在这方面可以和外国同行对话，但最终会走到哪里去呢，最终能不能形成具有中国特色、中国气派的历史学呢？那就很难说了。20世纪80年代，白寿彝先生在陕西师范大学有一个演讲，题目是《关于建设有中国民族特点的马克思主义史学的几个问题》，他从六个方面阐述了他的看法：第一，关于历史资料的重新估价问题；第二，史学遗产的重要性；第三，取鉴于外国历史的问题；第四，历史教育的重大意义；第五，历史理论和历史现实的问题；第六，史学队伍的智力结构问题。这反映出老一辈学者的心愿。我们可以吸取、借鉴外国学者的积极成果，但是不要失去自我。学了人家的东西之后，有了提高后，并不丢弃自己的本色，只是变得更加富有内涵。换言之，丰富了自己而不是失去了自己。我们吸收古代优秀遗产也是这样，吸收以后，不是把自己变成复古的人了，只是把自己变得更有经验了，更有智慧了。

在新的世纪里，我认为只有青年人，才有可能在比较广泛的领域里与外国学者进行对话、沟通和切磋。21世纪是中国现在和未来几代史学工作者展现才华的年代，史学这个舞台主要靠中青年同行扮演主要角色。我在1996年写的《中国史学：20世纪的遗产和21世纪的前景》里面讲到了21世纪的学者应该具备什么样的条件。我当时是这样想的，这样写的：他们应成为新型的史学家，应有较高的马克思主义理论修养和中国学问的根底，应对外国历史和外国史学有相当的理解，应在专精的基础上努力向通识发展，应具有较高的古代汉语的修养和现代汉语的表述水平及外国语水平，应善于同外国同行合作而又具有中国作风和中国气派。我认为，对于这样的憧憬，第一，要明确我们的方向；第二，应该有充分的信心。方向明确了、端正了，信心建立起来了，那么获得更大的成绩，是毫无疑问的。我希望青年朋友对这些问题进行思考。在当前这样一个很好的历史环境中，年轻一代史学工作者一定是大有作为的。

谢谢您接受我们的访问，这给了我们很多启发。

我讲的这些，不一定都对，供你们和史学界朋友们参考吧。讲得不对的地方，也希望大家批评。

延伸阅读:

  史文、薛义:《探索史学的历史、理论及其社会意义——瞿林东教授访谈录》,《史学月刊》2003年第1期;

  赵梅春:《探索、开拓与使命感——〈瞿林东文集〉读后》,《廊坊师范学院学报》2018年第3期;

  周文玖:《在断代和会通之间——瞿林东先生谈中国史学史研究》,《北京师范大学学报》2016年第2期;

  刘开军、王姝:《我所认识的中国史学史——瞿林东教授访谈录》,《史学史研究》2014年第1期;

  张霞、朱志先:《瞿林东先生与中国古代史学批评研究》,《廊坊师范学院学报》2012年第5期;

  马艳辉、曹守亮:《理性地对待过去 坚定地面向未来——瞿林东先生谈20世纪中国史学》,《历史教学问题》2006年第1期;

  罗炳良:《求会通而重理论——瞿林东教授的史学理论与中国史学史研究》,《高校理论战线》2003年第12期;

  江湄等主编:《时代·师承·史学——瞿林东教授八秩祝寿文集》,社会科学文献出版社2016年版。

杨际平

杨际平，1938年9月出生于福建平潭。1956—1961年就读于北京大学历史系。先后在湖南哲学社会科学研究所、湖南零陵三中、零陵一中工作，1978年考入厦门大学历史系硕士研究生，1981年毕业留校任教，现为厦门大学历史系教授、博士生导师。主要从事秦汉隋唐两宋时期的社会经济史研究、敦煌学研究，历任中国经济史学会理事、中国魏晋南北朝史学会理事、中国敦煌吐鲁番学会理事。参加编写《敦煌吐鲁番出土经济文书研究》（韩国磐先生主编）、《中国赋役制度史》（郑学檬主编）、《简明中国经济通史》（郑学檬主编）等。在《历史研究》《中国史研究》《中国经济史研究》《中国社会经济史研究》等刊物发表学术论文100多篇。

主要著作

《均田制新探：敦煌吐鲁番出土文书研究》，厦门大学出版社1991年版；增订本《北朝隋唐均田制新探》，岳麓书社2003年版；

《中国财政通史·秦汉卷》，湖南人民出版社2013年版；

《中国经济通史》第四卷隋唐五代卷，与郑学檬先生等编著，湖南人民出版社2002年版；

《五—十世纪敦煌的家庭与家族关系》，合著，岳麓书社1997年版；

《杨际平中国社会经济史论集》，三卷本，厦门大学出版社2016年版。

切思：学术的真与美

中国社会经济史研究的心路历程
——著名中国经济史学家杨际平先生访谈录①

杨先生，您好，您是我们尊敬的学界前辈，在中国古代社会经济史领域有突出的成就，研究成果跨越秦汉魏晋、隋唐五代乃至于两宋等历史阶段，著述丰富，影响深远，许多后学对您仰望不已。这次访谈，能否请您先谈谈您是怎样对历史学产生兴趣，以及您在北京大学历史系和厦门大学历史系的学习和教学经历。

对历史的兴趣可能源自小时候，当时很喜欢看旧小说和连环画（如《七侠五义》《隋唐演义》《说岳》《水浒传》等），还萌生过长大后写历史题材的电影剧本的想法。在福建师院附中（现为福建师大附中）读高中阶段，当时不分文科理科，我的兴趣很广泛，各科成绩也都比较均衡。对历史课并没有表现出特别的兴趣，只是有一次参加历史课的课外活动，写过一篇习作《李密与瓦岗军》。虽然用的都是第二手、第三手资料，毕竟是一次大胆尝试，不知道这算不算冥冥中我与隋唐史的缘分。

1956年，高三临毕业时，我才决定报考文科，并有幸考入北京大学历史系，1961年毕业。第一年的学习比较正规，除了课程，还听过许多学术讲座（范文澜、李约瑟、杜波伊斯、吴晗等），并组织参观过许多博物馆，总之，第一学年基础知识学得很扎实，也很丰富多彩。但好景不长，从第一学年末开始，各种各样的运动纷纷扰扰，正常的教学秩序被打乱，课堂

---

① 本篇访谈完成者为毛蕾。

教学时断时续。大二分专业,我报的是世界史专业亚非史专门化。临毕业时,各专业都还有一些课没上完,又匆忙补了一些课。没写学年论文、毕业论文就草草毕业。所以说,我在北大的学习是不完整的。至今还对此深感遗憾。

尽管如此,北大一贯的学术上独立思考的自由民主空气的熏陶,名师严谨学风的言传身教,仍使我终生受益。北大历来有各种学派"兼容并包"的传统,大家都勇于发表自己学术观点。课堂讨论异常活跃,学生与老师有不同意见的情况很常见。老师也极力鼓励学生独立思考。回想起我这几十年的学术经历,北大这种开放、严谨和鼓励百家争鸣的学术精神是对我影响最大和使我受益最多的。

大学毕业后,我被分配到湖南哲学社会科学研究所哲学研究室工作。我对哲学史研究不感兴趣,一心想回本专业工作,正好赶上精简机构,也很可能跟我在政治学习场合一再把"政治"问题当学术问题讨论,发表与所领导不同的意见有关。如坚持认为彭德怀问题本来就是人民内部矛盾,不是敌我矛盾当作人民内部矛盾处理,认为人民公社化时,合作社的优越性还没发挥完,等等。我当时实际上是本着学术上百家争鸣的心态讨论这些问题,但与主流不符。于是我离开了原单位,从1963年3月到1978年,我就先后在湖南零陵三中、零陵一中工作。在零陵中学15年期间,我当过校阅览室管理员,教过外语、语文、物理,因为历史科不缺教员,我当时并没有教过历史。

业余时间,我就中国古代史的一些问题写过几篇论文。第一篇论文《试谈〈说唐〉的主题和倾向性》刊在《光明日报》1966年2月6日《文学遗产》。该文认为"《说唐》歌颂的人物都是唐代的开国君臣","不是一部农民起义的颂歌,不是反封建的作品"(这篇文章与我高中时那篇《李密与瓦岗军》的习作有点关联)。然后就是在"文化大革命"期间完成的几篇学术性文章,一篇是《释"戮力本业耕织,致粟帛多者复其身"》,刊在《历史研究》1977年第1期。一篇是《私田制即封建制说质疑》,刊在《福建师大学报》1978年第1期。还有两篇当时都未能发表。一篇是《有关中国古代史分期几个问题的探讨》,就奴隶制与封建制的经济基础、奴隶制向封建制转化的途径等问题提出与郭沫若先生不同的看法，认为井田制不等于奴隶制，私田制不等于封建制，不能在诸侯公士与卿大夫私门之间划分阶级；中外历史上根本不存在地主阶级向奴隶主阶级暴力革命夺权的事例。另一篇是《"高宗临朝不决事"说质疑》，主要是论证唐高宗在世时，决策权一直在唐高宗手中，武则天所处理的只是后宫事与武后外家事。"文化大革命"中，前一篇文章曾寄给北大周一良老师，征求意见。周一良先生把它推荐给《历史研究》，但终无下文。后一篇论文最初是纯考证的（当时还不了解江青自比武则天的背景），后来才加上一节批判"四人帮"的内容。这两篇文章在我考上厦大研究生后才分别发表于《厦门大学学报》1980年第4期与1979年第2期。

1978年恢复招收硕士研究生，最初限35岁以下，后延至38岁，再延至40岁，而且可以不必经过本单位同意。我有幸以不惑之年考进厦大历史系中国古代史的研究生，既实现了我希望回到福建原籍的愿望，又能从事历史研究，可谓一举两得。当年，福建只有厦大招收历史专业的研究生。导师只有两位：韩国磐先生招收魏晋南北朝隋唐五代史研究生，傅家麟先生招收明清史研究生。因为我读高中时的习作是《李密与瓦岗军》，在湖南零陵中学任职期间又写了与隋唐史有关的论文，所以就报考了韩先生的隋唐五代史。

1978年招收的研究生不多，大家都很珍惜这一机会。社会经济史是厦大历史系的强项，韩国磐先生、傅家麟先生等都以社会经济史的研究见长，在这样的氛围里，厦大历史系最初几届中国古代史专业的研究生，硕士论文的选题不约而同都是社会经济史，我自然也不例外。一次偶然机会我在图书馆看到《敦煌资料》第一辑，便深深地被它所吸引，直觉告诉我，这是研究北朝隋唐经济史、研究北朝隋唐均田制实施状况的绝好资料，从此我便一头扎进去，利用敦煌吐鲁番文书研究汉唐经济史便成为我的主要研究方向之一。韩国磐先生对此也十分认可，我的硕士论文便定为《略论均田制的几个问题》。此后三十年，结合出土文书研究均田制实施状况研究始终是我的主要研究课题，并由此逐渐扩展到汉唐经济史研究。

杨际平

您在从事中学教学的15年间，研究环境和研究条件应该都十分有限，但您完成的这几篇学术论文质量都比较高，而且已经显现出您不盲从权威、坚持自己学术观点的研究特点。您的研究成果主要都是在中国古代经济史领域，已经发表100多篇学术论文和多部学术论著。您应该是从在厦大读研究生的时候开始形成了自己的研究方向吧？能否请您先介绍一下您所做的具体研究内容和研究重点。

我在湖南零陵中学教书的时候没办法系统读书，只是业余从事一些史学研究工作，所以研究范围不固定，谈不上研究重点与研究方向。1978年进厦大读研后，便以中国古代经济史为主要研究方向。最初，以北魏隋唐均田制为重点，然后逐渐延伸到汉唐土地制度，再延伸至赋役制度、户口管理制度、财政管理制度、农业、阶级阶层关系（如奴婢问题、雇佣关系等）、社会生活（如家庭宗族关系、婚姻制度、社邑活动）等，研究的时限以魏晋南北朝隋唐为主，有时也延伸到秦汉、两宋（仅限于土地制度）。所利用的出土文书也由敦煌吐鲁番出土文书扩展至秦汉三国简牍。总的来说，研究范围相对集中，彼此间有一定联系。

您在研究方法和路径上，主要是侧重于利用敦煌吐鲁番出土文书、秦简、汉魏简牍等出土资料，与传世文献相结合相映证。请您具体谈一谈在这方面的研究心得。出土文献对于史学研究的重要意义？在利用出土文献和传世文献时应如何平衡？

我以为就社会经济史的研究而言，传世文献和出土文献是两条腿走路的关系，出土文献与传世文献有很强的互补性，可以相得益彰。比如，传世文献中有关政治史的资料相对较多，有关社会史、经济史的资料则很少，而且不大具体。出土文书则相反，有关政治史的资料相对较少，而有关社会史、经济史的资料就很多，并且很具体；再比如，传世文献有关州郡以上层级和社会上层的资料多，反映乡里基层与社会下层的资料少，出土文书则相反，基本上是反映乡里基层与社会下层的资料，反映州郡以上层级（特别是中央政权）和社会上层的资料绝少；还有，传世文献（特别是正史），关于典章制度的记载较多，关于这些制度的实施状况的资料很少。出土文书又恰好相反。这些方面传世文献和出土文献都正好形成了互相补充的关系。

出土文书还有一个重要的特点，就是它是原始的实证资料。与传世文献不同，出土文献除了一些墓志和碑刻，都是无意中留传下来的，比如敦煌吐鲁番资料、里耶秦简、走马楼三国吴简，都是当时废弃的官私文书，这类出土文献记录了当时社会经济生活的原始状态，从资料的可靠性方面来讲，出土资料往往是权威的第一手资料。但出土文书往往残缺不全，背景不明，如果对传世文献（特别是其中的典章制度）不熟悉，就很难宏观把握，准确应用，充分发挥其史料价值。所以，也不能孤立的研究出土文书。必须与传世文献相结合，这样资料就比较齐备、完整了。

我举一个例子吧。以前对秦汉时期、魏晋时期，奴婢是否登记入户籍是有争议的。有些学者据《唐律疏议》"奴婢贱人，律比畜产"，认为奴婢既是作为主人的财产，视同牲口，就不会登到户口册上。但里耶秦简、走马楼三国吴简都确切证明了当时财产不入籍，而奴婢是入籍的，登记在老百姓的家口之后。所以关于这个问题的讨论，如果没有实证资料的佐证，就很难取得共识。

再比如秦汉乡里与邮亭的关系问题。史书在这方面记载都很简略，并且有很多矛盾。学者在这个问题上也有分歧。一种意见认为：县辖乡，乡辖亭，亭辖里。亭"是统辖里的一级政权"。一种意见认为亭长不主民事，乡不辖亭，亭不辖里。这两种意见长期争讼，达不成共识。直到东海郡尹湾汉简的出土，才一举解决了这一问题。因为《东海郡集簿》中，"乡"与"里"单独一行，上承县、邑、侯国。"亭"与"邮"也单独一行，独立于"乡""里"之外。显示"乡""里"与"亭""邮"属于不同的系统。

再如汉代田租征收办法。史书记载秦汉时期直到东汉建武六年以前的田租，或什税一，或什伍税一，或三十税一，都是分成税率。但真正实行分成税率，政府官员要亲临监收、监晒、监扬场、监秤量过程，如果一里三五十户，一户用二三天，算下来就得二三个月，早就误了农时。为赶农时，就得大量增加政府吏员，同时实行监督，这就会大大提高征税成本。

因为分成税缺乏可操作性，所以学者多数认为，其时的田租实际上还是定额租税。但定额租税之说又显然与传世文献的记载相矛盾。

云梦龙岗六号秦末墓葬出土了一批云梦官辑录的与禁苑事务有关的法律文书残册，谈及"程田""程租""轻租""重租""故轻故重""希（稀）其程率；或稼？"等等。居延汉简也有一简称："垦田簿署岁上中下，度得谷，□率，其有菑害者，署顷亩□率□？"（《合校》113.6，139.24）。这或许表明，所谓"程租"就是通过估产来确定每块地的田租。由于该简册残损过甚，所以我们还不能断言秦汉田租就是采取估产分成的办法，但该简册无疑为解开秦汉田租征收办法之迷，提供了一种新的思路。

再如会计账目中的四柱结算法问题。传世文献最早明确言及四柱结算法的，始于马端临《文献通考》卷二三引宋人陈傅良语。学者即据此认为"四柱结算法"的广泛采用始于宋，而盛于明。其实，唐五代敦煌官厅会计文书与寺院会计文书就已广泛运用四柱结算法，而且十分熟练。吐鲁番文书还显示，高昌国时期的官厅会计文书已采用四柱结算法，其特点是以悬欠的虚数为中心进行运算。汉简还显示：早在西汉末，就已出现四柱结算法。

再如契约租佃制问题。汉唐传世文献对租佃制偶有记载，如《汉书·食货志》引董仲舒语："或耕豪民之田，见税什五"；陆贽《翰苑集》卷二二《均节赋税恤百姓第六条论兼并之家私敛重于公税》语："今京畿之内，每田一亩，官税五升，而私家收租殆有亩至一石者，是二十倍于官税也。降及中等，租犹半之，是十倍于官税也。"而对契约租佃则只字未提，因此人们普遍认为契约租佃制到了宋朝才开始发展。敦煌吐鲁番出土的麴氏高昌与唐代西州、沙州的大量租佃契令人大开眼界。原来，不迟于南北朝时期，契约租佃关系就已相当普遍。

从这些例证都可以看出，出土文书对于社会经济史研究，对于我们了解当时基层社会的生产、生活状况是何等的重要。至于说在研究过程中，传世文献与出土文献二者如何平衡，那得依所论的内容而异，不能一概而论。

您关于出土文书和传世文献两条腿走路的说法，与您强调要关注律令

条文的实施情况正好是相呼应的。我记得您曾说过，对研究社会经济史的人来讲，研究律令、制度条文是非常重要的，但更重要的是律令法规与实际执行情况之间的区别。也就是说，对于制度条文的使用不能想当然。能否请您简单谈谈这个问题。

古代的各种法令，其实施情况差别极大，可以说是因制度、因时、因地、因人而异。所以研究各种法令规定，必须研究其实施状况。而出土文书正好可以在这方面给我们提供一些实证，所以非常有价值。

我举个例子，比如唐前期的和籴，通常规定丰年每斗加时价三两钱（或三五钱）收籴，不得抑敛。敦煌出土的武周长安三年（703）敦煌县隶董文彻牒、天宝年间敦煌郡仓和籴牒、河西豆卢军和籴牒、河西豆卢军会计账等都显示，其时敦煌的和籴确是加时价三五钱收籴，农民与商人踊跃交籴。郡仓账簿只有流水账，并不统计各乡、各里、各户交籴数额，显示其时敦煌的和籴不具强制性，完全是自愿的。这表明，唐前期政府有关和籴的规定基本上被执行。

再举一个法令规定执行时被大打折扣的例子。唐平高昌后，为了安抚当地吏民，贞观十六年（642）唐太宗曾颁发《巡抚高昌诏》，规定："彼州所有官田，并分给旧官人首望及百姓等。"事实上，唐西州当局也确曾将部分官田，按有别于《唐令·田令》的一丁常田肆田，三易部田陆亩的标准分给原佃官田的佃农，超过标准部分继续交租：上价常田亩纳大麦9斗，中价常田亩纳大麦7.5斗，中价部田亩纳小麦7.5斗，下价部田亩纳大麦5斗。与此同时，还将内迁户的田土，亦按此标准分给百姓。但西州当局并未遵诏将"所有"官田分给西州百姓，而只是将官田的一部分（更准确地说是一小部分）分给西州百姓。据《通典》卷一七四《州郡典》载：当时西州"垦田九百顷"。但我们在吐鲁番出土文书看到，至开元年间，西州不仅还有"天山屯营田五十顷"、"柳中屯营田卅顷"、其他镇戍营田拾余顷的材料，甚至还有大量"废屯"（其"今年废屯税子粟麦四千石"，估计其数不下50顷）的描述。屯田与废屯加起来，约占当时总垦田数的16.6%。说明当时拿来给百姓的不是"彼州所有官田"，而只是其中的一小部分。《巡抚高昌诏》具体实施时，被打了很大的折扣。

再举一个法令规定未被执行的例子。《唐六典》卷三《尚书户部》载："凡王公已下，每年户别据已受田及借荒等，具所种苗顷亩造青苗簿，诸州以七月已前申尚书省，至征收时亩别纳粟二升以为义仓。"（原注：宽乡据见营田，狭乡据籍征）。唐宣宗《两税外不许更征诏》亦规定："青苗两税，本系田土。地既属人，税合随去"。可见，无论是唐前期，还是唐后期，地税都应由田主承担。吐鲁番出土的租佃契，大多数也载明"租输佰役，仰田主了"。据此，租佃制下地税由田主承担似乎已无庸置疑。但我们从吐鲁番出土文书中却发现两件百姓辞牒。一件是麟德三年（666）至神龙二年（706）前后的阿麴辞。辞称："县司：阿麴上件去春为无手力营种，租与宁大乡人张感通佃种。昨征地子麦，还征阿麴，不征感通。……望请附感佃名，除阿麴名。"一件是载初元年（689）史玄政牒。辞称："玄政今年春始佃上件人分地二亩半。去年地乃是索拾力佃食。地子现在拾力腹内。隆贞去年身死，地亦无人受领。昨被地正成忠追征，遣替纳逋悬，又不追寻拾力。……望请追征去年佃人代纳。"联系唐代西州青苗簿，田主自耕场合，注田主乡别，租佃场合，不记田主乡别，而登记佃人乡别，由此判断，当时租佃制场合，地税实际上由佃人承担。唐代关于"据地取税"的规定，至少说在吐鲁番地区未被执行。

简单的举了几个例子，就是想说明，古代政府的各种法令规定，其实施状况可能大不相同，因此不能想当然地将法令规定当作社会现实。

关于均田制度您有深入的研究，出版了专著《北朝隋唐的均田制度》，请您谈一谈这方面的研究和体会。

我可以谈三个方面的体会。

第一点体会是要完整、准确地了解北朝隋唐地令（田令）的相关规定。北朝隋唐地令（田令）是当时经济制度方面的重要法令，研究北朝隋唐"均田制"的性质、内容、特点、作用，首先要完整、准确地了解唐代田令，在此基础上才有可能探究它实施状况。

我们过去对唐《田令》的了解是不完整、不准确的。新复原的《唐令·田令》共56条。其中44条，即第1—44条，与官民授田以及职田、公廨田等有关，今人习称之为均田令，共3500多字；另外12条，亦即第45—56条，今人习称之为屯田令。新旧《唐书》《资治通鉴》《唐会要》《唐六典》《通典》等史籍都记载了唐田令的一些条文，但它们都不是原原本本地照录唐田令的令文，而是掺入了作者的理解，择要介绍，因而多有错漏。《资治通鉴》卷190武德七年四月条记唐田令最为简略，仅31字。《通典》卷2《田制》记唐开元二十五年田令最详，但也只有1600多字。许多至关重要的条款（如土地还授之际先行户内调整的条款）被遗漏了。

因为传世文献记载的重大的缺漏，过去我们未能完整准确地了解《唐令·田令》也就不足为奇了。学界过去关于唐代均田制实施状况的不少分歧意见很大程度上也就源于此。新近复原的《唐令·田令》使我们对《唐令·田令》有了完整、准确的认识，纠正了人们对唐《田令》、对唐代均田制的许多片面认识，解决了均田制研究中许多长期有争议的问题。

第二点体会是要全面掌握相关的传世文献资料与出土文献资料，不能选择性地举几条似乎于己有利的某些资料就下断语，而回避于己不利的资料。过去有的学者只选取吐鲁番出土文书中的欠田文书、退田文书、给田文书，以及有"还公""死退""剩退"字样其他文书，就断言"均田制"下的土地还授被切实实行。这种研究方法是完全不可取的。后来陆续发现的吐鲁番出土文书证明：上述这些文书所反映的都是有别于"均田制"的，根据贞观十六年《巡抚高昌诏》而实施的"官田给百姓"制度，与"均田制"无关。

第三点体会是要对"均田制"的各个侧面（如：如何对民户、官吏、寺观进行初授田？民户、寺观的田土，如何进行土地还授？"均田制"下是否有"私田"存在？唐代律令是否允许"私田"存在？"均田制"与"租庸调制"有什么关系？"均田制"是否在一定程度上起到抑制土地兼并作用？等等）应分别进行深入研究，不能以偏概全。

我对您发表在《历史研究》的一篇关于秦汉农业是精耕细作抑或粗放经营的文章印象深刻，您对学术界长期以来惯常的观点进行辨析和修正，具有很大的突破性。文章中您对中华人民共和国成立后相关考古学刊所

杨际平

有有关秦汉农业考古的资料一一爬梳，列表统计，做了非常细致的准备工作，花费了大量功夫。您能介绍一下当时如何发现这个问题，以及研究这个问题的思路和过程吗？

关于秦汉农业的问题，事实上是一组文章构成的，包括《试论秦汉铁农具的推广程度》（《中国社会经济史研究》2001年第2期）《秦汉农业：精耕细作抑或粗放耕作》（《历史研究》2001年第4期）。

写这组文章是源于对汉唐亩产的讨论。有学者认为从春秋战国起，中国就已精耕细作，到秦汉时亩产非常高，可以达到264斤。我对此十分怀疑，因为上世纪70年代，我在湖南零陵（永州）下乡时了解到当地地多人少的地方，即便是水稻亩产也仅一百来斤。后来我读研时曾经到西安和敦煌参观，据当地老农讲，解放前关中地区、敦煌地区土地比较好的地方，亩产也才一百多斤。所以我觉得关于秦汉时期农业的实际状况究竟如何值得认真研究，不能人为地拔高我国的古代文明。

鉴于春秋战国"精耕细作"说有一定的代表性，于是我就着手搜集资料论证秦汉时期我国农业仍较粗放，先进的农业技术（包括牛耕）尚未普及，一般亩产不及百斤。写成初稿后，我突然想到，双方似乎都是用举例式的方法来证实自己的观点，对方选取秦汉精耕细作的一些资料以证其说，我则举一些相反的资料进行驳论，这样讨论下去，恐怕谁也说服不了谁。于是我便转换思路，把解放后所有考古类刊物中有关秦汉起土农具的文章一篇一篇看下来，然后进行分类统计，制成表格，用统计数据说话。统计结果是考古报道的秦汉起土农具共1350件，其中有关犁的仅146件（其中≥101件为犁的配件——犁冠。此外还有一些年代不明确的采集品或断代缺乏科学依据的犁）。锸241件，镢492件，铲282件，锄189件。犁与犁的配件仅占全部起土农具的10.8％（如果扣除其中年代不明确的采集品或断代缺乏科学依据的犁具，其比例还不及起土农具总数的10％）。锸占全部起土农具的17.9％。镢占全部起土农具的36.4％。铲占全部起土农具的20.9％。锄约占全部起土农具的14％。镢、铲、锸、锄合计约占全部起土农具90％。如果排除年代不明确的采集品或断代缺乏科学依据的犁具，镢、铲、锸、锄所占比例将更高。出土文书《东阳田器志》记载锸、锄、锸等田器约500件，其中并未提及犁。秦汉出土的持农具俑超过百件，其中犁俑仅3件，且都是东汉时物。其余都是锸、锄、铲之属。通过以上量化分析，不难得出结论，秦汉时代还是铁器锸锄耕时代，不是牛耕时代。

我用全面的随机统计数据说明：秦汉时期我国尚未进入牛耕时代，秦至东汉前期、中期，我国基本上仍处于锸、犁并用而以锸为主时期，亦即由"耝耕"向犁耕过渡时期。东汉后期或魏晋南北朝，北方中原地区始进入牛耕时代。至魏晋南北朝时期，铁犁牛耕才确立其主导地位。由于秦汉时期耕作还较粗放，所以一般亩产仍很低，折今制每亩只有四十多斤。我认为这个数字是比较符合当时的实际情况的。

把中华人民共和国成立后所有考古类刊物的相关信息搜集整理然后进行分析，整个过程您花费了多长时间？这篇文章充分展示了您注重量化分析，用统计数字和表格说明问题的研究风格，功力很深，也很有说服力。请您再谈一谈关于量化分析这方面的研究心得。

当时为了统计相关数据，文章初稿写成后，我又花了一年多的时间。虽然多费了很多时间，但其效果无疑比举例式的论证好得多。

量化分析对于社会经济史研究是十分重要的。唯物辩证法告诉我们：任何事物都有一定的质，也都有一定的量。量变过程中可以包含部分的质变，量变达到一定程度就会引起事物的质变。社会经济史研究自然少不了定性分析与定量分析。

我在"文化大革命"期间写作《"高宗临朝不决事"说质疑》一文的时候，其实就已经使用了量化分析的方法，我把当时正史中所记载的高宗在位时期处理的政务搜集了一下，有近300件，发现其中只有20多件有武则天参加，而且大多是关涉外家和后宫的事务。任命宰相、将领等重要事务，都是唐高宗亲自处理的。单就这个数据来说，就已经很能说明问题了。

我还可以再举几个例子。

比如西汉吕后《二年律令·户律》规定：没有爵位，也没有过犯的成年男子（公卒、士伍、庶人），应"受"田1顷、宅1区。被罚作司寇、隐官者，也应"受"田0.5顷、宅0.5区。有爵位的受田宅数随爵位递增，从一等爵公士的1.5顷1.5宅，至关内侯的95顷、95宅。据文献记载当时经常普赐爵位，据累计，至吕后二年（前186年）年届40岁的成年男子，一般都可达到第五等爵，年届32岁的成年男子，一般可达四等爵。年届28岁的成年男子，一般可达到三等爵。年届24岁的成年男子，一般可达到二等爵。年届21岁的成年男子，一般可达到一等爵。又据统计：与《二年律令》同出的《奏谳书》案例22例，案件关系人38人，其中12人爵位情况不明，其余26人，平均爵位为5.8级。如果扣除其中3人（皆18等爵大庶长）平均爵位亦达4.2级。即以此约计，当时如果实行普遍授田制，平均每户即应授田4顷以上，应授宅4宅以上。但是很明显的是，当时政府哪有这么多的田宅可授？即使有大量的荒地可供耕垦与建宅，政府也无此财力。如果以开垦一亩荒地需30个劳动日，一个全劳力每年300个劳动日计，1个劳力开垦3－4顷地就要用30－40年时间。劳力或可无偿征发，食粮总得政府禀给吧。可见以上述标准实行授田宅，完全没有可行性，也远远超出一般农户的耕作能力。如果只是限田宅，因所定限额太高，对一般民众也无实际意义。豪强大族能否限得住，很难说。经此量化分析，我们就可得出结论，吕后《二年律令》关于授田宅的制度设计完全缺乏可行性。

量化分析还可以对一些史料的可信度进行检验。《汉书》卷二四《食货志》说秦始皇"收泰半之赋"，也就是说三分取二。但同书同卷同段又引董仲舒话"至秦则不然，用商鞅之法，改帝王之制，除井田，民得卖买，富者田连仟伯，贫者亡立锥之地。……或耕豪民之田，见税什五"。就是说，豪强地主向农民收租的租额是亩产之一半，而它向政府交纳的赋税是亩产的2/3。这岂不意味着豪强地主不仅毫无所得，而且还要倒贴亩产之16.66%？显然不合常理。可见所谓秦朝收"泰半之赋"之说，只是汉代人出于对秦朝敌忾的一种极其夸张的说法，并不符历史事实。同样，董仲舒谈及的秦朝"力役三十倍于古；田租口赋、盐铁之利二十倍于古"等等，也都是不具统计意义的夸张之说，不足为据。

又如《新唐书》卷五三《食货志》载：开元二十一年，裴耀卿改革漕运前，漕运成本很高，"民间传言用斗钱运斗米，其糜耗如此"。据学者测算：漕运费用：最低每斗70—80文，一般每斗200—300文，特别高者每斗1262文（以损耗70％—80％计）。我们知道铜的比重为8.9，一斗钱约1.3万文，扣除铜钱中间的方孔、间隙，一斗装万钱应无问题。可见时民间传言的斗钱运斗米是非常夸张的说法，不可信以为真。

这里附带一提，史书记载南朝货币之滥，常说其时"钱货乱败，一千钱长不盈三寸，大小称此，谓之'鹅眼钱'，劣于此者谓之'綖环钱'。贯之以缕，入水不沉，随手破碎，市井不复料数，十万钱不盈一掬。"仔细思考一下就知道"1000钱长不满3寸"这个说法不可信。因为在南朝，1尺为24.7厘米，则1000钱不及7.41厘米，也就是说大约135钱只有1厘米长，13.5钱长1毫米。即便以今天的工艺，一般工厂也很难铸造出这么小的钱。至于说铜钱薄到入水不沉，这也绝不可能（物体沉不沉，取决于比重，与物体形状及厚薄无关）。不能信以为真。

量化分析对于社会史的研究也很有用。如平均寿命的测定；一村一里，核心家庭居多，还是数世同居的大家庭居多；同姓聚居的居多，还是异姓杂居的居多，等等，都可以通过对实证资料（户籍资料）量化分析得出。我曾用敦煌户籍资料统计，自西魏大统十三年（547）至大历四年（769）死亡口63人，平均寿命约27.5岁。其中，天宝六载（749）以前相对和平时期25人，平均寿命约31.9岁。乾元三年（760）至大历三年（768）战乱时期，38人，平均寿命仅约24.6岁。这一数据虽然出乎很多人的意料，但应比较接近历史实际。

量化分析还可以包括对研究对象的某一方面的时间分布、空间分布进行分析。即不仅及于"数"，而且及于"形"。此类分析有时也很有用。如唐前期的府兵制，传世文献中有许多关于府兵非常年在军的资料，但也有"初分军府，计户充兵，才足周年，遂使二十一入募，六十出军"（唐睿宗诏）、"役莫重于军府，一为卫士，六十乃免"（唐玄宗诏）的说法，好像是府兵一辈子都在军。我曾利用敦煌户籍资料对府兵的生儿育女情况进行排列，发现府兵子女数量不比常人少，生育年龄也与常人无异（如府兵曹思礼生儿育女时的年龄是26、36、38、40、42、44岁；府兵程智意是27、28、32、34、35、42、46、47、48岁；府兵卑思亮是

28、30、32、36、37、40、41、49、52岁。）证明府兵平时确实只是后备军，在家务农、娶妻生子同于一般百姓。所谓"二十一入募，六十出军"，指的是21岁入军籍，60岁出军籍。

再比如考察唐代西州两种田制下"受田户"的田土分布情况，我们就会发现，两者的田土虽都很细碎，但前者每户的田土都相对集中，一般不出本乡里。后者每户的田土常相距甚远，常有此乡田土给其他乡人，其他乡的田土又给此乡人现象，有的人田土甚至跨越交河、柳中、高昌三县。为什么会这样，就很值得用研究。

您分析问题的时候逻辑结构很严密，层层递进，整个分析过程就好像解数学题一样，是一步一步推导出的结论，非常严谨。另外，您的文章也时常会涉及数学、物理、化学等多方面的知识，感觉您具有良好的自然科学的知识背景。请您介绍一下您是如何获得这些方面的能力，又是如何与具体的研究相结合的。

我的自然科学知识主要就是中学时代学的，得益于当时的文理不分科。虽然我的数理化知识很有限（当时的高中水平），但对于从事中国古代历史研究，尤其是社会经济史的研究，还是非常有用的。我读研究生期间写的第一篇关于社会经济史的论文《试考唐代吐鲁番地区"部田"的历史渊源》（发表在1982年第1期《中国社会经济史研究》），就把资料里有关的每一块常田、部田的地理分布都记录下来，进行排列，就好像是把每一块田都复原到地图上一样，这样便有可能发现其中的规律。这个就是应用了中学数学到的要注意事物的空中排列关系。这篇文章当时日本学者非常重视，曾被池田温指定为其研究生必读的文章。我想他主要看重的也是我这篇文章的研究方法。

从您的叙述和您的文章中，我发现，其实中学的数理化知识对于社会科学的研究还是非常重要的。这还是涉及一个知识结构和知识储备的问题。

很多学文科的人往往认为中学所学的数理化知识没什么用，这显然是个误区。我觉得不是没有用，而是没有学好，没有用好。当然在研究社会经济史的具体问题时，还需要有针对性地多吸收相关学科的知识。

我举一个例子。秦朝的时候曾经修了郑国渠，《史记》卷二九《河渠书》：秦王政元年（前246）于关中"凿泾水，自中山西邸瓠口为渠，并北山东注洛三百余里。……渠就，用注填阏之水，溉泽卤之地四万余顷，收皆亩一钟，于是关中为沃野，无凶年。秦以富强，卒并诸侯，因命曰郑国渠"。后来西汉修了白渠，可以灌溉四千五百顷。到了唐代，好的时候可以灌溉一万顷，差的时候是六千多顷。有学者就认为唐朝不重视水利，没有修新的水利工程，旧的水利工程也没充分利用。杨虎城先生当年在西安主持兴修水利，也曾为汉代泾水可以灌溉四万多顷，而现在为什么只能灌溉一万顷而大感不解。

其实，如果你了解一点自然科学知识，就比较容易理解。秦与西汉所说的四万多顷，指的是发大水时候的淤灌，与春旱、伏旱时的灌溉庄稼，不是一个概念。查关中水文资料，泾水流域的年降水量为500毫米上下，其中约50%的降水集中在7、8、9三个月，此时淤灌或可达四万顷（汉亩），泾水流域春旱、伏旱时，正值农作物最需灌溉时期，又恰值泾水较小流量时期，可灌溉面积自然较小。近代水文资料也表明，2–5月泾水的径流量多在$25m^3/s$上下，6月的径流量一般也不超过$40m^3/s$。现今的泾惠渠渠首设计引水流量为$25m^3/s$。目前，关中地区灌溉的一般标准为一个流量灌溉二万亩旱地。照此测算，如果单纯引用泾水灌溉（当年的郑白渠就是引泾水灌溉），大约可灌溉五千顷（折合汉亩约为7200顷）。考虑到秦汉时期的气温略高于现在，降水量也可能略多于现在，而郑国渠也可能接纳其他小河来水，其常年的总灌溉面积的上限也就是万顷（汉亩）上下。西汉修成白渠时，因为郑、白两渠都是引泾水，受泾水流量的限制，白渠修成后，郑白渠的总灌溉面积并没有增加，只是泾水资源的分配与用水方式发生了变化。唐永徽年间郑、白渠灌溉一万多顷（唐亩，多为稻田），基本上已经是它可能达到的最大效益。大历年间，因为碾磨用水等用掉了一些水，能灌溉六千多顷，也已很不错。可见，所谓唐代不重视水利事业，旧的水利工程也没充分利用，完全不符历史事实。

我再举个炼铁的例子。我们知道，我国早在商朝已有铁器，西亚用铁甚至比中国还要早得多。但那时农业生产力并未出现飞跃发展。为什么？因为最初利用的铁，还是天然的铁，是天上掉下的陨铁。陨铁非常硬，但极其稀罕。陨铁的发现与利用，虽有助于人们对铁的认识，但对社会生产却没有什么用，它不能形成社会生产力，更不可能取代木石工具。

冶金学知识告诉我们：生铁的含碳量>2%，熔点为1146℃，熟铁含碳量<0.5%，熔点为1500℃。生铁的韧性差，硬度高；熟铁刚好反过来，韧性好，硬度差。因为熔点的关系，冶炼生铁比冶炼熟铁容易。但实际上，更早使用的是熟铁，但这种熟铁是块炼铁。因为不是在铁矿石熔化状态下冶炼出来的，是用低温（大约1000℃就行）固体还原法炼出来的，所以杂质非常多，要反复加热、锻打，挤出杂质才能用。但仍很软，所以又叫做海绵铁，不适于制造起土农具，且非常费工、费料。公元前14世纪，埃及、两河流域、爱琴海地区开始冶炼的就是这种铁。熟铁的利用，中国也比埃及、两河流域、爱琴海地区晚。熟铁硬度差，对社会生产仍然没有什么用，仍不能形成社会生产力。

真正能做成农具（锄、锸、镰等）、手工工具（刀、斧等）的是生铁。中国熟铁和陨铁的利用虽都比较晚，就唯独生铁的冶炼比别的国家都早（比欧洲国家早了一千九百多年，欧洲国家到14世纪才开始冶炼生铁）。为什么我国的生铁在春秋战国时期就能够炼出来呢？因为我国的青铜器技术非常成熟。炼青铜器的温度再加高一点，生铁就炼出来了。春秋战国时期冶炼生铁，有两种办法：一种是用坩埚炼铁，一炉可装坩埚几十个至二三百个，每个坩埚可装15斤左右，炼铁效率之高，远非块炼铁所能比。近代太行山一带，仍用坩埚炼铁。另一种是用高炉炼铁、炉非常大，中国很早就用排囊鼓风，高炉可以持续炼铁，炼铁的效率更高。到东汉的时候还用水鼓风，炼铁效率更高。生铁硬度强，柔性差，容易碎，适于铸，不适于锻。战国时期，中国又创造铸铁（生铁）柔化技术（将生铁加热到900℃，保持三五天，再让它慢慢冷却，这种热处理方法叫退火脱碳），经过退火脱碳后的生铁亦称韧性铸铁、展性铸铁，可以铸造。春秋战国时期，我国又有了固体渗碳炼钢，它以块炼的熟铁为原料，加上渗碳剂和催化剂（含磷）等炼成的，传说中的干将、莫邪铸剑故事，说的就是固体渗碳钢。到了西汉末年，又发明了炒钢（熔化生铁，使之脱碳成钢）。有了以上各种炼铁、炼钢技术，就使铁的产量大增，并批量生产出各种农具与手工工具，进而取代木石工具，形成社会生产力。弄清楚这些知识点，我们就能理解，为什么我国很早就有铁器，可是直到春秋战国时期和秦汉时期，我国的社会生产力才大发展。当时为了弄清这个问题，我反复看了几遍杨宽先生著《中国古代冶铁技术发展史》，又看了一些相关论文。

再举一个与农业史有关的例子。北朝隋唐《地令》《田令》都有"桑田／永业田间种桑榆枣果"的规定。北魏《地令》规定："诸初受田者，男夫一人给田二十亩，课莳余种桑五十树、枣五株、榆三根。"北齐、北周、隋大致相同。唐代，《通典·田制》记唐《田令》为"大唐开元二十五年令：……丁男给永业田二十亩，……每亩课种桑五十根以上，榆、枣各十根以上"。《唐律疏议·户婚律》则记为："依《田令》：户内永业田，课植桑五十根以上，榆、枣各十根以上"。两者所记载的桑、榆、枣株数相差20倍。日本学者仁井田陞据《通典》复原《唐令》，显然是认为传世的《唐律疏议》脱"每亩"两字。中华书局1983年点校本《唐律疏议》据《通典》将底本的"户内永业田，课植桑五十根以上，榆、枣各十根以上"句增"每亩"两字，显然也是认为《唐律疏议》底本脱"每亩"两字。其实，《唐律疏议》底本不误，倒是《通典·田制》衍"每亩"两字。这个问题只要翻翻相关农史著作，一切就很清楚。北朝贾思勰《齐民要术》卷五《种桑》载"率十步一树。自注：阴相接者，则妨禾、豆"。说明间种粮食场合，一亩地（240方步）只能种植2.4棵桑。唐韩鄂《四时纂要》卷一载：移栽桑，"五步一株"（25方步一株），则每亩约可种桑10株（不再间种粮食）。南宋陈旉《农书》介绍的植桑方法，每亩地也是可植桑10株上下。直至南宋，农书记载的桑树都是乔木，并未见每亩可植50株的桑树品种。

我们还可以换个角度计算。《齐民要术》卷四《种枣》记，种枣"三步一树"则10株枣约占地90方步。《齐民要术》卷五《种榆》未言榆树适宜的种植密度，但言"榆性扇地，其阴下五谷不植"，又言榆树苗一岁之中可长八九尺，后年正月二月移栽，五年后堪作椽，十五年后堪作车毂。

可见，榆树也是多年生乔木，树形比桑更高大，其行株距亦当比桑更宽广。这样算起来，一亩的永业田，恐怕连种十株枣、十株榆都嫌太密，又怎么还能植桑50株，并间种粮食呢？今本《唐律疏议》点校者就是因为缺乏相关农史知识，反而将对的东西改成错的。

对于古代史的研究来说，资料的甄别考订和多角度深入挖掘资料背后的信息，是一项很重要的功课。您的论著在资料的考订和利用方面做得非常细致，令人印象深刻。您说过对历史资料要"精耕细作"，能请您谈一谈这个问题吗？

历史是一门实证的科学，社会经济史更是如此。历史资料是我们研究工作的基础，也是我们立论的依据。对历史资料要"精耕细作"，包括三层含义：1. 要选用经过审核的可靠的资料。比如，关于西汉武帝时的屯田，有两条差别很大的资料。一条是《史记》卷一〇〇《匈奴传》（《汉书》卷九四上《匈奴传》所记略同），说汉武帝元狩四年（前119）大败匈奴后，"匈奴远遁，而幕南无王庭。汉度河自朔方以西至令居，往往通渠置田，官吏卒五六万人，稍蚕食，地接匈奴以北"。另一条出自《史记》卷三〇《平准书》（《汉书》卷二四《食货志》所记略同），也是讲汉武帝打败匈奴之后："其明年（按指元鼎六年，公元前111年），初置张掖、酒泉郡，而上郡、朔方、西河、河西开田官，斥塞卒六十万人戍田之。"这两条资料时间相近，屯田规模相差十倍，两者必有一误。汉武帝打匈奴的时候，派兵最多的时候是十来万，不可能打败了匈奴以后还在西北边境屯兵六十万。汉政府当时也没有财力支持这么大规模的屯田。可见后一条资料是错的。有些人写文章就不看这个，一方面说汉武帝开始实行屯田，规模还不大，并引《史记·平准书》说当时屯田六十万人；另一方面说到了汉宣帝、汉昭帝的时候，屯田规模才有所扩大，屯田十万人左右。因选用了未经审核的资料，才导致前后矛盾。

文人夸张不实的说法实际上很常见，包括司马迁这样的大史家也都有很多夸张不实的话。《史记》卷八《高祖本纪》记汉高祖"七年，匈奴攻韩王信马邑，……高祖自往击之。会天寒，士卒堕指者什二三。"大家知道，在极寒情况下，手指会冻坏，需要手术切除。没听说天寒地冻时，手指会自动掉落的（珠穆朗玛峰遇难者事后找到的尸体，就未听说手指脱落）。司马迁就讲，汉高祖在白登被匈奴围困住的时候，天很冷，"士卒堕指者什二三"。这十分之二三，夸张得很离谱。

再如《史记·货殖列传》讲"陆地牧马二百蹄，牛蹄角千，千足羊，泽中千足彘，……；安邑千树枣；燕、秦千树栗；蜀、汉、江陵千树橘……；此其人皆与千户侯等"。其实，牧马50匹（"牧马二百蹄"），167头牛（"牛蹄角千"）与250只羊（"千足羊"）就不可能等值。"渭川千亩竹"与"带郭千亩亩钟之田"也不可能等值。"安邑千树枣"，《齐民要术》卷四《种枣》记，种枣"三步一树"。则1亩地可植枣26.7株，1000株枣则占地37.5亩。汉代户均垦田60—70亩，占地37.5亩者充其量也可能是半自耕农，其年收入又岂能与千户侯相比？燕、秦千树栗；蜀、汉、江陵千树橘者，大体也是如此。这些夸张不实之语，自然不能拿来就用。

2. 引用相关资料，一定要看其背景情况，看上下文，注意何人、何时、何地、何事、怎么样、为什么这几个环节（前辈史家称之为六个"W"：Who、When、Where、What、How、Why）。不能信手拿来就用。

这里举一例。西汉末成、哀之时，鲍宣曾说：今"群小日进，国家空虚，用度不足"。鲍宣又有七亡、七死之说。总之，老百姓生活非常苦，情况非常之差。而《汉书·食货志》则讲西汉末年的财政非常好："宫室苑囿府库之臧已侈，百姓訾富虽不及文景，然天下户口最盛矣。平帝崩，王莽居摄，遂篡位。王莽因汉承平之业，匈奴称藩，百蛮宾服，舟车所通，尽为臣妾，府库百官之富，天下晏然。莽一朝有之，其心意未满，狭小汉家制度，以为疏阔……"同样讲西汉末年财政情况，一个说非常好，一个说非常差，该信谁？联系其背景就很清楚。鲍宣要皇帝节约，所以讲现在财政极其困难，不要乱花钱。后一条资料意在批判王莽，为了突出王莽之坏，就把西汉末财政讲得非常之好。

关于东汉初年的财政状况，也是如此，既有说当时"帑藏殷积"的，也有说"中州内郡，公私屈竭"的。大体上也都是出于不同的目的而极而言之，都难免言过其实。

3. 要深入发掘资料所隐含的信息。一条资料往往包含多种信息，有的信息，很容易觉察，有的信息则要深入发掘。举个例子：敦煌出土的唐睿宗唐隆元年七月十九日敕规定："逃人田宅，不得辄容买卖，其地任依乡原价租充课役，有剩官收；若逃人三年内归者，还其剩物。其无田宅，逃经三年以上不还者，不得更令邻保代出租课。"仅60字。它比较直观地反映了当时的逃户政策、租佃制的发展情况和"均田制"实施状况。如果深入发掘，发现它还说明了其时租庸调制与均田制的脱节，"其无田宅者"的丁男仍要交租庸调。这也就否定了"均田制"下其无地者不必交租庸调的说法。

再举一例，《旧唐书》卷九八《李元纮传》载："时初废京司职田，议者请于关辅置屯，以实仓廪。（宰相）元纮建议曰：'军国不同，中外异制。若人闲无役，地弃不垦，发闲人以耕弃地，省馈运以实军粮，于是乎有屯田，其为益多矣。今百官所退职田，散在诸县，不可聚也；百姓所有私田，皆力自耕垦，不可取也。若置屯田，即须公私相换，征发丁夫，征役则业废于家，免庸则赋阙于国。内地置屯，古所未有，得不补失，或恐未可。'其议遂止。"这条资料除直观反映了其时职田制度的演变和置屯原则外，还深刻反映了当时朝廷的土地产权观点，反映了国家对百姓田地的土地私有权的承认。说明秦汉以后，土地私有观点早已深入人心。西汉成帝"置私田于民间"，东汉灵帝"还河间买田宅"，也可做如此分析。

总之，对现有的历史资料你要从多角度研究它，尽可能发掘其可能隐藏在深层次的信息。前辈史家特别鼓励从"常见书"中发掘资料就是这个意思。这对我们搞隋唐以前历史的尤其重要，隋唐以前历史资料本来就少，因此每一条资料都非常珍贵，非"精耕细作"不可。

就社会经济史的研究而言，您认为在研究方法上，还应注意哪些问题？

我想至少还有两点要注意：一是概念的准确性；一是比较研究中的可比性。

《晋书》卷二六《食货志》记西晋平吴之后，"又制户调之式：……其官品第一至于第九，各以贵贱占田，品第一者占五十顷，……第九品十顷。而又各以品之高卑荫其亲属，多者及九族，少者三世。……又得荫人以为衣食客及佃客"。许多学者乃至教科书把它说成士族地主有占田免役荫客的特权。《晋书·食货志》讲得很清楚，说的是品官，不是士族地主。魏晋南北朝时期，高官固多士族地主，但出身于庶族者也不乏其人。就享受占田荫客的权利而言，士族地主和庶族地主是一样的。用士族的概念代替品官，显然不科学。列宁说过："无可争辩的真理，只要再多走一小步，看来像是朝同一方向多走了一小步，真理就会变成错误。"虽然其时高官多是士族，但庶族知识分子当上高官的也不乏其人。而且，士族地主（特别是低级士族）中的每个男性成年人也不一定都有官做。士族地主破落了，也是什么都没有。总之，魏晋南北朝时期，品官与士族是不同的概念，绝对不可以混淆，绝对不可以偏概全。

又如，西欧中世纪和日本都有庄园制，西欧的庄园制与日本的庄园有许多不同的特点，但又有明显共同点。概括地说，至少有两个共同点：一是完整性，它是基本的、独立的生产与经营单位。它作为统计的单位，可以确切计量。一是稳定性，庄园主世代领有庄园，直接生产者世代附着于庄园；庄园主与庄园的直接劳动生产者有较强的人身依附关系。隋唐五代中国传世文献与出土文书也常有"庄""园""庄园"的提法。论者或据之认为，中国隋唐五代时期也有庄园制。其实，隋唐五代传世文献与出土文献所说的"庄园"，除了都是田土的同义语外，找不出别的共同性。其时，佃农的些许田土可以称为庄园，自耕农半自耕农三五十亩的田土，也可以称为庄园。总之，一切田土都可称为庄园。可见，隋唐五代传世文献、出土文献所说的"庄""园""庄园"与欧洲、日本的庄园是完全不同的概念。因为隋唐五代文献所见的"庄园"与欧洲、日本的庄园毫无共同之处，所以也有学者不称之为庄园经济，而改称之为田庄经济。但何谓田庄经济？它是怎么来的？它有什么特点？这些"特点"是怎么概括出来的，是否具有普遍性？它与一般的封建大地产有什么区别？都没说清楚，让人一头雾水。这就是既没有弄清概念，又没有注意中西所谓庄园不具备可比性而形成的。

再举一例。宋元时人很喜欢谈论"田制"，但他们使用的概念并不统一。廖行之《省斋集·田制论》认为汉代"田制不立"，"汉固无田制"，

《宋史》作者元人脱脱等也说宋代"田制不立"。但宋人王应麟《困学纪闻·历代田制考》中所论"田制",就包括汉董仲舒请限民名田,赵过教民为代田,师丹建言限名田,新莽的更名天下田曰王田,建武十五年诏州郡检核垦田户口,北魏、北齐、北周、隋唐的"均田制",开元九年宇文融为劝农使括逃户及籍外田,陆贽请为占田条限,后周世宗以元稹均田图赐诸道,南唐烈祖分遣使者按行民田以肥瘠定其税等等。元人胡诠《澹庵文集·附录》所说田制更包括"(宋)真宗用耿望之计于是乎治屯田,仁宗用欧阳修之议于是乎建营田"。由此可见,廖行之与脱脱等人所说的田制与王应麟、胡诠所说的"田制",不是同一概念。廖行之、脱脱等所谓"田制",指的是井田制之属。王应麟等所谓"田制"则包括各种土地法规、土地规划。如果不弄清宋元时人各自所说"田制"的内涵,就去讨论汉代或宋代是否"田制不立",就没有任何意义。

社会经济史研究中常需将不同时期或不同地域作比较研究。比较研究时必须注意可比性,共性对共性、特例对特例,还要尽可能用同类型的资料进行比较研究。如,唐代华北地区与西北地区租佃制的比较研究,隋唐五代与两宋地租形态的比较研究,就很需要用同类型资料进行比较研究。唐代敦煌吐鲁番出土了许多租佃契,地租形态以定额租居多,吐鲁番出土的租佃契中货币租还占相当比例。同期华北地区缺乏此类实证资料。两宋时期,此类资料也不多,文人表述的多数还是"田之所入,己得其半,耕者得其半""募人耕田,十取其五""田主之收十六七"之类说法。而学田记、义田记、寺田记等实证资料所记的绝大多数是实物定额租。以文人所述与隋唐五代敦煌吐鲁番租佃契所见资料进行比较,与以两宋学田记、义田记、寺田记等实证资料与隋唐五代敦煌吐鲁番租佃契所见资料进行对比,结论自然大不相同。这些都是需要在研究过程中认真考量的。可比性越严谨,结论自然越有说服力。

我们注意到,您的研究成果中有相当一部分是商榷性论文,不但与著名学者商榷,也多与年轻一辈商榷。这些论文扎实深入,并且态度平和,以理服人,对学术研究有很大的推进。但是,学界对您的这样一种做法,或有异议。您能大致谈谈您写作商榷性论文的过程吗？也请您谈谈商榷性论文的价值和意义，以及在讨论过程中应注意哪些问题？

科学研究讲究创新。开辟崭新领域，做出成绩，是创新。在前人研究基础上继续前进，或补充论证前人的观点、深化前人的研究结论，或纠正前人不准确乃至错误的结论，也都是创新。汉唐经济史研究的起点高，前人的研究成果很多，要开辟一个新领域，研究前人未曾研究过的课题，不太容易。多数只能是在前人研究基础上展开，或予以补充，或对其不完善或不正确处提出不同意见。后者其实就是商榷。商榷的方法有多种。有的学者喜欢不公开的商榷，无商榷之名而有商榷之实。我则比较偏好直截了当地就学术界有争议的问题提出自己的见解，希望由此引起对该问题的深入讨论。其实，只要不是重复劳动，只要能在前人研究的基础上，将研究引向深入，以上各种做法都值得肯定。我想，这也是一种史无定法吧！

至于说是与著名学者商榷，或者是与年轻学者商榷，我并不太在意。我想我所商榷的（或者说我所针对的）其实只是某种观点或某些观点，而不是某人。既然如此，只要自信自己所论言之成理，持之有故，就不会因为商榷对象是著名学者而畏缩，也不会因商榷对象是年轻学者而不当回事。

我认为写商榷文章要注意几个问题：第一，要准确理解对方的观点与主要论据，不能歪曲对方观点。否则就是无的放矢。第二，要有充分的把握。写商榷文章通常是先发现对方某一观点与自己已知的事实不符，从而产生怀疑。然后再进一步收集资料，详加论证。这后一步骤十分重要。第三，要做到就事论事，不及其他，谦虚谨慎，充分尊重对方。与人相处，要以人之长比自己之短。写商榷文章则相反，实际上是以己之长比对方之短。清醒地意识到这一点，就不会一叶障目，见不到对方的长处，也不会因自己一孔之见而沾沾自喜，忘乎所以。做到这一点，就不会因学术争鸣而影响私人关系。（前些年从周绍良、白化文编的《敦煌变文论文录》看到，自20世纪二三十年代以来，周绍良、向达、孙楷第、傅芸子、周一良、关德栋等学者就敦煌俗文学中说唱故事类作品的归类、"变文"一词的由来等展开反复讨论，他们私交多很好。这种学术争论不影响私交的良好风气很值得提倡。）第四，学术面前人人平等。既允许自己质疑他人的某些观点，自然也应当欢迎他人质疑自己的观点。确实是自己搞错了，就大胆承认。如果认为对方的反驳意见仍然不能成立，就应该继续与其讨论。我认为这应该算是一种求真的科学精神。我记得我还推荐过几篇跟我观点不一致的文章到《中国社会经济史研究》刊物发表。类如这样的学术争论，如果有益于深化对问题的讨论，何乐而不为呢？

您在退休之后仍笔耕不辍，并在《历史研究》等权威刊物发表了一系列相当有分量的研究论文。而且您很注意锻炼身体，每年坚持游泳，您每天的时间是如何分配的，近期还有什么研究计划？

我没什么特殊嗜好，除了看报、看电视（主要看体育新闻，海峡两岸新闻）、体育锻炼外，基本上都还是看书、查资料、写文章。这几年最主要的工作是主持两《唐书》今注。

最后，请您简单谈谈您认为年轻一辈学者治学和您的区别，以及您对年轻一辈的期望吧。

我希望年轻一代史学工作者多读书，加强基本功训练，使基础更扎实。过去一边读书一边做卡片，十分辛苦。现在电脑检索系统很多，检索资料十分方便，输入一个关键词，几条、几十条，甚至几百条相关资料一下子就出来，甚至无须动笔。科技的进步，给我们的学习与研究工作带来了极大的方便，为我们节省了很多的时间。但是科研手段的长足进步有利也有弊。其弊就是同时也养成了以检索文献代替读书的惰性。其实，电子检索系统也有其明显的局限性：与关键词不同的同义词无法检索出来；检索出来的资料，其背景情况未必都得以显现。因此，电子检索系统不能代替读书。对于史学工作者来说，多读一些纸质书才是积累知识、加强基本功训练的主要途径。

延伸阅读：

赵永磊等：《研治中国社会经济史之路——访杨际平先生》，《中国史研究动态》2019年第3期。

王曾瑜

王曾瑜，1939年出生于上海，1957—1962年就读北京大学历史系，此后一直在中国社会科学院工作。现任中国社会科学院荣誉学部委员、历史研究所研究员、博士生导师，曾任河北大学特聘教授、中国宋史研究会会长等。主要从事辽宋金史研究，另写杂文和历史小说。已发表论文和译文近300篇，还参加了《中国大百科全书》《中国历史大辞典》（均为辽宋夏金时期）等撰写工作，《剑桥中国史》宋代部分特约撰稿人，与人合作校点《名公书判清明集》，发表文字计600万字以上。

主要著作

《岳飞新传》，上海人民出版社1983年版；

《尽忠报国——岳飞新传》，河北人民出版社2001年版，中国书籍出版社2016年版；

《宋朝兵制初探》，中华书局1983年版；增订本《宋朝军制初探》，中华书局2011年版；

《鄂国金佗稡编续编校注》，中华书局1989年、2018年版；

《宋帝列传·宋高宗》，吉林文史出版社1996年版；

《荒淫无道宋高宗》，河北人民出版社1999年版；

《荒淫无道宋高宗传》，中国书籍出版社2016年版；

《金朝军制》，河北大学出版社1996年版；增订本《辽金军制》，河北大学出版社2011年版；

《宋朝阶级结构》，河北教育出版社1996年版；增订版，中国人民大学出版社2010年版；

《辽宋西夏金社会生活史》，合撰，中国社会科学出版社1998年版；

《岳飞和南宋前期政治与军事研究》，河南大学出版社2002年版；

《靖康奇耻》《河洛悲歌》《大江风云》《转战湖汉》《扬威南北》《关山怅望》《忠贯天日》，历史系列纪实小说，河南大学出版社2001年、2005年版；

《满江红》，河南大学出版社2014年版；

《凝意斋集》，论文选集，兰州大学出版社2003年版；

《锱铢编》《涓埃编》《丝毫编》《点滴编》《纤微编》，论文选集，河北大学出版社2006年、2008年、2009年、2010年、2011年版；

《王曾瑜说辽宋夏金》，上海科学技术文献出版社2009年版；《并存继逝的王朝：王曾瑜说辽宋夏金》，生活·读书·新知三联书店2018年版；

《潘家园的书声》，北方文艺出版社2011年版；

《古今一理：王曾瑜读史杂感》，上海古籍出版社2013年版；

《中华古政治史论集》，中国社会科学出版社2013年版；

《辽宋西夏金代通史》，漆侠主编，实际总编纂，人民出版社2011年版；

《中国古代历史图谱》，张政烺主编，主要编纂者与后期组织者，湖南人民出版社2016年版。

王曾瑜

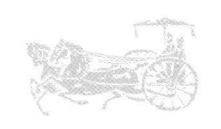

辽宋金史研究与史学发展现状
——王曾瑜先生访谈录

王先生，您好。您是我们青年学者敬仰的前辈，在辽宋金史等领域，您做出了不少开创性的研究，影响并启迪了许多青年学者，推动了学术的发展。上海《历史教学问题》编辑部邀我对您进行一次访问，希望能就您的学术研究工作的展开过程、研究心得，以及您对目前学术界的一些看法等，谈一谈您的经验和体会。下面，您能否先就您的学术经历谈起？

我的学术经历，在《我和辽宋金史研究》一文中已经谈到，最初发表在《学林春秋》三编，后收录于《凝意斋集》，最近也在中国宋史研究会的网站（www.songdai.com）上发表，在此不需重复。应当重复的，只有一句话，我们这一代治史者可说是先天不足，后天失调，这是无可争辩的客观事实，与前辈优秀学者相比，只能是才疏学浅。这是民族悲剧所造成的。在大学时代，我作为五年制学生，只读了两年书。在工作之后，又整整损失了九年时间，并且正是在青壮年时期，是最浪费不得的宝贵光阴。应当申明，我个人的专长虽然是辽宋金史，事实上，只是对这一断代史的少数领域有深入研究，对多数领域是无知或知之甚少的。

我们的另一个弱项，是外语能力。在我们这一代，除了如陈得芝、姜伯勤先生等很少数人之外，外语都是不行的。外语是否过关，只有一条简单的标准，就是能否用外语进行专业对话。能用外语撰写论著，固然是更高的标准，只怕是苛求了。希望青年学者以我们缺少外语能力为戒，认真掌握一种至数种外语，多多益善。作为一个现代学者，不应该没有外语能力。

如果说我们有什么强项的话，受了马克思主义的训练，应算一条。已故的前辈史学家，如胡如雷、漆侠先生等，都对马克思主义下过很深的研读功夫。比我年长十岁的汉唐史专家张泽咸先生，也对马克思主义的原著相当精熟。我自问对马克思主义的研读功夫下得不深，但尚能懂得其ABC，能够用于治史。过去将马克思主义强调为唯一真理，似乎非马克思主义都不是科学，这当然是很片面的。例如，顾颉刚先生倡导的"古史辨"，虽然与马克思主义不沾边，也是对研究中华古史很有用的、重要的科学思维和研究方法。但马克思主义也确有值得珍视的科学理论和研究方法，值得治史者学习和运用。应当承认，我个人学习马克思主义，受益匪浅。目前的问题是，一方面，马克思主义遭到青年学者们普遍的厌弃，认为学不学无所谓；另一方面，有人分明懂得马克思主义理论，仅仅是为了捞实惠，故意搞"指鹿为马"，炮制和兜售伪科学。对于前一种情况，我只能感觉惋惜；对于后一种情况，自然也不想苟合。一个知识分子，总应有自己的学术良知，不应将良知标价出售。信仰是自由的，不愿学习马克思主义，自然不应勉强。但我最近不厌其烦地强调学习马克思主义的问题，总希望至少引起一些中青年学者的注意，不要聪明人做傻事。

您在辽宋金史等领域进行了长时间的研究，著作丰富，见解超远。作为后学，我们都很想学习一些您的研究经验和体会。您在一次演讲中，将您的论著分为四等。是否先就这个问题谈一谈？

我曾说过，如自己将自己的史学专著分等，《鄂国金佗稡编、续编校注》可以算是一等，《尽忠报国——岳飞新传》《荒淫无道宋高宗》和《岳飞和南宋前期政治与军事研究》算是二等，《金朝军制》和《宋朝阶级结构》算是三等，而《宋朝兵制初探》和《辽宋西夏金社会生活史》就算是四等了。

您的专著《宋朝兵制初探》，利用了现代军事理论和方法，较为全面地展现了两宋军制史，也涉及一些军事史的问题，在宋史界影响深远。这以后，您对辽金的军制也作了研究，发表了《金朝军制》和若干论文。请您谈谈对辽宋金军制史的研究状况。

我写《宋朝兵制初探》，是受了恩格斯军事著作的影响。马克思和恩格斯无疑是当时世界上有数的大学者，恩格斯的研究领域还比马克思更广。在我之前，古代兵制已有研究，但是这本书可说是在断代军制史研究中，完成了由传统到现代的转轨。这本书如果说有可供借鉴之处，主要还是史识上应有创新精神。这本书是在闭门造车的情况下完成的，所以"初探"二字，不可不加。后来军界对军制有了十二条更全面的规范性界定，以我的旧作相对照，确实存在一些缺陷。但往后撰写军制史，也不必完全拘泥于十二条，这在我为陈峰先生《北宋武将群体与相关问题研究》所写的序中已作说明。其他学者对宋朝军制史研究已提供不少重要的新成果，我个人也写了一些补充旧作的论文，旧作无疑没有再版价值。目前，陈峰先生筹划集体重写新的宋朝军制史，约60万字，我尽管精力不多，还是愿意参加其中的部分写作。这事应由陈峰先生作为负责人，我们商议不设主编，大家平等合作。如果这一计划得以实现，就完全可以取代我的旧作了。

金朝史料比宋朝少得多，网罗工作比较省时省力，《金史》是我在"二十四史"中翻阅频率最高者。《金朝军制》灵活地汲取了军界的十二条军制规范，并且较为广泛地搜罗了辽宋元的记载，进行对比研究，故质量上自然胜于《宋朝兵制初探》。如今再版，还是作一些修订和补充。前辈刘子健先生曾强调学问就全在于"学"和"问"两字。有一次，别人问我金军的军衣是什么颜色，才使我联想到金朝建国之初，崇尚五行中水德，故军衣和军旗都是黑色，连伪齐军也随之使用黑色。这是我原来写作时不曾考虑到的，在再版时正可补充。没有别人发问，只怕就不易作这样的联想和补充。辽代史料太少，我曾写过一篇军制文章，觉得治辽史犹如治先秦史，有时没有实证，只能是猜谜式的研究。如果将来有时间和精力，也许准备写一篇辽朝军制的长文，但估计不应到10万字。

我曾经强调过，治辽金史不可不知五代史、宋史和元史，仅在十分单薄的辽金史料中打转，会成为井底之蛙。反之，我兼治辽金史，包括军制史的经验，正在于自己是从五代辽宋金元史的大局和史料着眼和着手。

自上世纪70年代开始，您对宋代社会经济史作了深入研究，在赋役、户等、货币等不少问题上，发掘出许多前人未曾注意的历史问题；在王安石变法问题上，您提出自己的独到见解；《宋朝阶级结构》则全面地展现了两宋的阶级结构，那接下来就请谈谈您在社会经济史领域的研究和体会。

马克思主义的阶级论是对人类文明时代的社会经济史最根本、最科学的提炼和概括。中国近代以来，对古代社会经济史的重新研究，是由陶希圣先生开创的，他举办了《食货》杂志，不论他后来的政治经历如何，他的开创研究无疑是受了马克思主义的影响，这是客观事实，不应抹杀。也就是说，正是在马克思主义的影响下，对古代社会经济史，中国近代学者才开始了重新研究。与中国古代传统的士农工商、帝官民、良贱等社会人群分类相比，阶级论最能揭示人群关系的实质，这就是阶级之间存在着剥削和压迫的关系。阶级论打破了传统观念，在"民"和"良"的一层中揭示最基本的阶级分野，例如至少在唐宋时代，民和良的一层中就主要有地主和农民，他们的社会经济地位是有根本差别的，不能混为一谈。至于官与民之中的地主，倒是同一阶级。这是前辈学者早已做出的科学论证。这种阶级分析，自然比笼统地用"民"用"良"要科学得多，高明得多。我吸取前辈学者的研究成果，依据宋代史实，在阶级划分中进一步作了更细的阶层划分。

最近我将几年前所写的《宋代社会结构》登上宋史网站，并且补充了一段附记："按照过去一般的惯例，是在阶级（Class）大分类之下再区分阶层（Stratum）的小分类。但近年来，不少人就只谈阶层，讳言阶级，企图以阶层论取代马克思主义的阶级论。阶级或阶层本是外来词的翻译，人们似不必作无谓的字眼上的争论。但马克思主义阶级论最根本的实质问题，是强调阶级之间的经济剥削和政治压迫，这是人类文明史的科学提炼和总结。国家是统治阶级镇压被统治阶级的工具，其实是阶级论的派生。如果是蓄意掩盖和抹杀阶级之间的经济剥削和政治压迫，就只能是违背人类文明社会的根本事实，违背马克思主义的伪科学和歪理邪说。"关于社会结构和阶级结构的关系，我在这篇文章中作了一点力所能及的探索，是否恰当，只能请大家评议和指正了。

赋役史料是中国古代社会经济史料中最丰富的部份。我研究宋代赋役史，离不开马克思主义阶级论和国家论的指导，主要还是分析、揭露宋代统治阶级是如何通过赋役压榨农民为主体的被统治阶级。我痛感官府为刀俎，农民为鱼肉的血淋淋的史实。古代伟大思想家孔子从"仁"的精神出发，感叹"苛政猛于虎"。自古以来，横征暴敛和司法腐败是苛政的主要表现，是官府对农民的两大祸害，创巨而痛深。

我对宋代赋役只写过一些长文，未作全面、系统的研究，如身丁钱、夫役等，其他学者写了文章，自己就无法再写。也有自己忽视的领域，例如土贡，其实是古代皇帝竭天下以自奉的制度化，对民间为害甚烈，流毒甚远。张泽咸先生重视这个问题，所以他在《唐五代赋役史草》中对土贡和进奉作了专门论述。我只是在《宋朝阶级结构》中皇室一章稍作介绍，这是完全不够的，但愿见到其他学者有深度的力作。

最近接触一些明代史料，深感明代的赋役史料远比宋代丰赡，但目前的研究状况似不能令人满意。前辈学者、著名的秦汉史和明史专家王毓铨先生已经辞世，当他身体尚健康时，就对我表示，他对明史研究现状甚为不满。中国的两税始于唐，终于明。唐代的史料最少，研究得十分热闹。元代的两税大致在南方，史料也少。宋代史料稍多，我写过较系统的论文。明代的两税实施了200多年，"一条鞭"只实施了60年，且不说专著，连《中国历史大辞典·明史卷》竟无两税的词条。依我估计，用今存的史料为明代两税写一部70—80万字的长篇专著，是绰绰有余的，也理应有人撰写。依有的明人说，明朝的赋役可分赋、贡、役三部份。就贡而论，史料也同样比宋代丰赡得多。洪焕椿先生为《中国历史大辞典·明史卷》写了三办，即额办、坐办、杂办的词条。明代的赋役其实与宋代相似，各地有其不同的特色和名目，我在明代地方志中就见到另有岁办、正办、坐派、派办等名目。明代的贡当然可以写专著。再如明代的课程，大致是杂税的总称，也同样可以写专著。明朝的役是宋朝职役的延续，也完全应当写长篇专著。我总认为，中国古代社会经济史的明清部分，还是大有拓展的余地。赋役史当然应是古代社会经济史的重要组成部分。

王安石变法研究当然是宋史的一大课题，其好处是可以带动不少方面的研究。对这次变法的评价，无须追求统一，但应作更细致的研究，才能展开深入的争论。

这些年来，社会史、生活史的研究不仅起步，已走向深广，可谓是史学界一棵葳蕤而璀璨的花树。请您谈一下参加《辽宋西夏金社会生活史》的工作经验和您相关研究的体会。

我个人没有学力单独写辽宋西夏金社会生活史，所以邀请朱瑞熙、张邦炜、刘复生和蔡崇榜先生合作。这本书朱瑞熙先生出力尤多。集体写作的经验，是大家平等合作，共同审稿，对别人提意见，补充史料，避免矛盾和重复。各章节虽是个人执笔，其实已是你中有我，我中有你。社会生活史的内容本来就比较烦琐，不易周全，这本书具有初探性质，但涉及的问题较为宽泛。目前准备再版，也作了些补充和修改，但篇幅没有大量增加。这本书之后，社会生活史的书出了不少，如宋德金先生的《中国风俗通史·辽代卷》等，质量高于我们的作品。

我早已著文，批判空头主编，但如今空头主编风和拼抢名位风很盛。其实，许多书完全可以一人完成，没有本事，才需要拉人垫背。所以，主编的名位不是证明他们的学术水平高，而恰好是证明他们的学术水平低。特别是官员和传媒的外行，应当明白其中的道理，切勿上当。

在政治史方面，我发现，您对北宋晚期和南宋前期的历史，关注尤多，著述也明显的多。在围绕当时政治和军事史研究中，您对岳飞、宋高宗等历史人物的研究，对当时文化专制、政争、台谏政治和人治，尤其是北宋末到南宋初的社会腐败问题等，研究也极为深入，请您谈谈为什么对这一时期的历史人物如此关注通过研究，又有哪些体会。

王毓铨先生不论对秦汉史和明史，都是致力于经济方面的研究。记得他曾说，不论搞经济史或其他什么史，政治史总是研究历史的主干和基础，研究其他史不能没有政治史的基础知识。王先生的精辟议论是值得治史者们认真领会的。宋代的史料呈枣核形,两头小,中间大。这段中间的历史史料丰富。邓广铭先生曾说:宋金战争的史料之多,远非以往的历次大战争可比。我在《荒淫无道宋高宗》的自序中说:"中华民族是伟大而古老的,迭经磨难而又有强韧生命力的民族。在其漫长的民族发展史上,芳香与秽臭共生,光荣与耻辱并存,正义与邪恶互争,进步和倒退兼备。优秀的历史传统可以成为民族进步的动力,腐恶的历史传统则可以成为民族进步的阻力,甚至反动力。"这一段历史在表达上述精神方面具有典型性。单从史料的搜集和考证功夫着眼,《金朝军制》和《宋朝阶级结构》并不低于围绕这段历史的三部著作,我所以自己将这三部书列为第二等,主要是由于它们体现了强烈批判中国腐恶的历史传统的精神。一个真正的爱国者,不能不批判中国腐恶的历史传统。个人认为,中国的历史传统,主要可区分为政治和文化两个层面。从史实出发,中国古代不能认为没有留下好的政治传统,但可惜只居非主流的地位,而主流政治传统恰好是坏的。

从正面看,对照如今的各种丑恶现象,像岳飞那样一个为山河一统的崇高事业而献身,仅就不爱钱、不贪色、不是官迷三条,就足以成为震铄千古的伟人。从反面看,有的学者对我说,过去对宋高宗其实没有太坏的印象,看了宋高宗传记的揭露,才知道他是坏透了。三部书是有一定的感染力。有几位先生,包括一位蒙古族的先生,正是看了我的书,然后和我成为朋友。当然,对于那些一心一意捞实惠,只嫌趋炎附热不够的人,也不可能有任何感染力。

我重视对中国古代台谏政治的研究。在专制的古代,不可能有马克思提倡的直接选举,但好的台谏政治多少体现了以舆论监督权力,多少体现了企图对最高权力有所监督和制约,这是古代专制政体下的民主因素,值得今人珍视。我研究秦桧独相期间的执政群,提出时势造小丑、小丑造时势的历史哲学命题,作为对中国流传已久的时势造英雄,英雄造时势之说的必要补充;并且指出,中华历史上时势造英雄、英雄造时势的情况,远不如时势造小丑、小丑造时势的情况多,后一种情况对民族兴衰的影响,也远比前一种情况多而大。这是符合史实的概括。

切思：学术的真与美

反映岳飞事迹的主要史料《鄂国金佗稡编、续编》，您所作的校注，扎实而精细，质量相当高，学界誉之为古籍整理领域的典范之作，也充分显现出您在古籍整理方面的深厚功力。那么，请您谈谈史籍的校注、考证与史学研究的关系。

在古籍数字化之前，我个人做《鄂国金佗稡编、续编校注》，无疑是件浩大的工作，所以前辈王毓铨先生称之为一项永久性的工程，因为别人此后没有必要另做，当然，在我整理的史料基础上，完全可以提出不同的见解。看这本书的校样是自己学术生涯中最累、最苦的一年，当时还在四十多岁的壮年时期，现在肯定没有这个能力了。这本书错字率可能是在万分之一以下，我尚期望能出第三版，以作进一步的修订和补充。

史学研究的特点，无非是其实证性，只有实证，才能客观，在客观的基础上，才能公正。史实本身是客观的存在，但形诸笔墨之后，篡改和掩饰就势不可免。欲实证就离不开考证。考证是史学家必须具备的基本功，其要领无非是去伪求真，由表（现象）入里（本质），自此及彼，分清主次。考证固然需要逻辑推理，但至少在某些场合下还是离不开马克思主义哲学的指导。所谓一分史料说一分话，几分史料说几分话，不能说完全正确。运用马克思主义哲学的指导，有时一分史料可以说几分话，有时几分史料只能说一分话。几分话或一分话不是随意乱说，而是更接近于客观和公正。譬如有人说了一大堆美妙动听、冠冕堂皇的言词，可算是几分史料，却不能说明其为人；偶尔暴露出几句心声，算是一分史料，却足以说明其为人。传世的史料大多是反映仅占人口约百分之几的统治阶级的生活，反映广大被统治阶级的史料很少，但这少量的史料却是反映了更重要、更广泛的史实。欲由表入里，分清主次，就更需要马克思主义哲学的指导和运用。

顺便说一句，研究历史与研究现实经济、社会学等的情况有异。史料大约过了数十年，上百年，就不能再生。从目前的情况看，任何时代的传世史料，都是残缺不全的，但史学家只能依据残缺不全的史料研究历史。研究现实经济、社会学就完全不同，可以先设定题目，然后去主动调查，挖掘资料。一方面，随着人类知识总量的猛增，史学的视野势必会不断开阔，新领域和新课题肯定会层出不穷；但在另一方面，一个课题的研究愈是深入，愈是细致，就往往会感到传世史料的欠缺，或多或少地影响着研究的深入和细致。这是史学的局限性，不知将来能否避免。

古籍中有错字、脱字等，在史学研究中，要准确使用史料，必须校勘错字，补充脱字，并非只有整理古籍，才用得着校勘手段。我原先并未专门学过校勘，但有了一定的国学基础，参照前人对一些史书的校勘记，还是可以学会的。一般说来，他校，即参照他书、本书的不同版本或本书的相类文字进行校勘，是最为稳妥可靠的。《鄂国金佗稡编、续编》一书总的说来，没有太大的校勘难度。这里不妨举《名公书判清明集》中的两个例子。这本书第72页标题"纲运所阕"，是无法理解的，我参照《文献通考》卷25，改为"纲运折阅"，就读得通。这本书第136页最末一行，原为"诸作匿减免等第及科罪者"，我参照《庆元条法事类》卷47同类文字，方得以将"作"改为"诈"，"罪"改为"配"，也就读得通。由此可见，他校的功底，正来源于对其他史料的阅读。这两处他校，也是来源于对宋代纲运和科配的知识。

近些年来，您写了一些学术性的杂文和历史小说，请您谈谈这些方面的体会和计划。

关于创作历史小说，我在《靖康奇耻》等序言和《凝意斋集》中《关于历史小说创作的己见》一文中已经谈了一些想法，在此不必重复。我最初无意于创作历史小说，只打算自己提供素材，由文学家们创作。但后来发现，他们的创作思想与自己有距离，因为他们往往喜欢尽量发挥自己的"创作自由"，不愿意受各朝各代的不同名物制度、社会风俗等拘束，脱离史实，随意编造一些当时不可能发生的故事情节。目前对历史小说和电视剧的创作有两种意见，一些文学家和史学家的分歧，其实在无非是否要尊重史实。一些"戏说"的历史剧也许最适合一些文学家的口胃，但正如人们的雅谑，要气死史学家。记得在学生时代，一位文学家曾写道，小说家们是用另一种手段写历史，自然应当写实。我当然还是倾向于王春瑜先生的说法，要"尊重历史"。岳飞的传奇故事，在中国是家喻户晓的。但我的作品无疑是站在时代的高度和新的角度，通过其纪实故事的描述，揭露和剖析了专制政体的兽性。

目前的史学研究在相当程度上成为象牙之塔，只是在小小的史学圈内评论是非优劣。能够接近民众，普及准确的历史知识者，大致有传记、历史小说、通俗读物、影视片等。自己写历史小说，是有普及历史知识的意愿，总想用自己的史学长处走另一条路，但不抱奢望，明知自己的文学才能不如某些文学家。我共写了七部，从靖康之耻到岳飞死难，目前已经完稿。从已发表的两部看，评价也各有不同。如已故的杂文家牧惠先生，就明确表示不喜欢。但也有喜欢的，一位北大中文系校友蒋文安先生，一位人民日报的青年编辑刘红先生，主动写了肯定的书评。特别是有几位不知姓名的读者，显然是费了一番寻觅周折，才得以用电话向我询问创作和出版情况，表示他们喜欢这种风格的历史小说，就给了我鼓舞。有人喜欢，我就满足了，至少不是枉费心血。今后如有时间和可能，也许会继续写一部或两三部续篇，写到宋高宗死。但估计难度更大，因为光是谁当小说主人公，就是一个大问题。

我在"文化大革命"时，曾以极端苦闷的心情，大致通读了鲁迅先生的杂文，深为敬服其杂文的精妙和深刻。不料自己近年来也拿起杂文的武器。中华民族要追求不断进步，就必须苛待自身的缺点，杂文应有用武之地。如我所写的《腐败就是今天的国耻、党耻》一文，竟有不少报刊转载，正说明产生了一定的社会影响。这篇文章其实是述而不作，只是讲了自己20多年前重新学习马克思主义的心得。著名的巴黎公社原则是马克思主义的精髓，强调对新社会的一切公仆必须实行直接选举制，对干部必须实行工人工资，即只有普通工人的生活待遇。巴黎公社原则是兴邦治国的法宝，反腐的法宝，也可说是根治目前积弊的唯一良方。人们至少应当年年讲，月月讲，不仅是宣传，还应逐步地、稳妥地付之实践。人民群众肯定是会坚决拥护巴黎公社原则的。

近年来，由于各个方面的原因，学术论著量化、发表于权威或核心刊物与否的评价体系，在学术界影响很大。这样的评价方式，在很大程度上使得学风日渐浇漓，一些学术论著也是泥沙俱下；如今，像您所说的空头主编满天飞，单纯为标新立异而创新，等等，都不再是什么稀奇的事情。各种学术腐败成为严重的社会问题，对此您发表了不少评论，我们也想进一步聆听您的看法。

针对空头主编，我写过两篇文章，反映相当强烈。日前已写完《量化考核与版面费之弊》的讨论稿，正在征求修改意见。我认为，量化考核完全取消了各杂志社、出版社之间的自由竞争，使我联想到明朝科举八股文的创设，两者实际上是同类。如今一方面是上级热衷此道，还对量化考核不断加码和细化；另一方面是高校的教师们穷于应付，苦不堪言。有人自称成了量化考核的奴隶，一切教学科研活动，只是围绕着量化考核团团转，没有任何自主的余地。但是，个人的提升，单位的等级，全是由量化考核的相应规定的硬指标所主宰，不应付量化考核不行。量化考核造成了各种急功近利的短期行为。这篇文章主张废除目前盛行的将各种杂志、出版社分等计量的办法，改为一律平等计分，允许各杂志社和出版社自由竞争。可能科学计量则计量，不可能科学计量则不计量。若要计量的话，一篇三万字的文章与一篇三千字者，一部专著与一篇论文之间，总应有合理的差别。考核理应简单易行，力求避免烦琐丛脞，兴师动众。我作为一个旁观者，每次见到或听说高校教师为了应付上级考核，简直疲于奔命，耗费了很多的宝贵精力和时间，总是感叹不已，要是这些精力和时间能大为节约，而投入于教学和科研，该有多好！

版面费自然苦了众研究生，特别是其中还有不少穷困生，他们生计艰窘，欲维持正常的学习和生活，尚且有赖学校的补助，哪里有余财可供搜刮。但是，只顾将杂志办成摇钱树的人们，却不须有怜贫恤苦之心。版面费完全成了新开发的学术腐败，对学术进步有百害，而只是使那些妄图不义之财者得利。应当声讨和取消版面费。

出现版面费的腐败，自然也是与对研究生的不合理管理有关。一名研究生过去只须在就读期间完成毕业论文，这本是一项合理的指标，无须另外加码。因为一位青年学者在入门之初，应注重于打基础，多读书，有余力另外发表文章，固然是锦上添花，但主要还是应当集中时间和精力，力争将毕业论文写好。加码的结果，无非是强制他们把许多半生不熟的作品投稿，反而严重影响了他们的打基础，影响了他们学业的正常成长。

当今的学术腐败可谓五花八门，我今后准备再写一些文章。譬如拼抢名位风，我逐渐发现，凡是一些人的学问愈是档次低，甚至不上档次，他们对抢名位的劲头和所下的功力就愈大，也许正是他们的"生存权"吧。目前的可悲情况是，随着世风日下，人们做坏事越来越多，越来越大，并且互相攀比，就不免产生另一个严重的社会道德问题，就是人们的脸皮越来越厚，说得文雅一点，是不知愧耻为何物。过去羞于启齿的话，现在变得可以理直气壮地说了；过去羞于动作的事，现在变得可以明目张胆地做了。其故非他，枉己正人式的思想教育必然失败，既有一些头面人物搞歪门邪道而得利的榜样在前，就势必激发更多人的贪欲，群起仿效，当然也还有一个更大的社会背景。应当造成一种对学术腐败犹如过街老鼠，人人喊打的环境。目前批判学术腐败的声音过于微弱，但唯其如此，就应有更多的人站出来说话。

目前，学科整合、古典文献电子化等发展趋势，已经日趋明显，对史学的进一步发展影响很大。史学如何在继承前辈研究的基础上发展，您有何看法？也希望请您谈谈您对青年学者有什么希望？

80多年前，以顾颉刚先生倡导的"古史辨"讨论为标志，中国的传统古史学进行了一次脱胎换骨式的革命，依我之见，这是中国近代史学史上唯一的一次革命，从史识到研究方法的革命。如今古典文献电子化等高科技手段的使用和推广，确是在进行一场研究手段上的革命。这场革命方兴未艾，难以判断到何种地步方为终极，是否会进一步影响到史识上的新革命，我也不敢预言。例如，对古籍的校勘，肯定是不难设计用于校勘的电子软件。目前对古籍的检索，须设定词汇，这可能还是处在低级阶段，因为部分史料是不可能用设定的词汇检索的。将来有可能设计出更高级的软件，可以不设定词汇，而模仿史学家的思维检索史料。

中国古史太长，史料太丰富，欲深入研究，非从断代史着手不可，这已是大多数人的共识。至于那些没有断代史根基的浮光掠影式的研讨，企图阐述什么中国历史的发展道路，只能表明学识的浅陋而已。但是断代史研究也确有明显的局限，容易成为井底之蛙。我在辽宋金史研究中感觉到此种局限，所以曾经提出，要适当扩大研究范围。例如，秦汉隋唐史就可以作贯通研究，辽宋金元史也可作贯通研究，但明史，特别是清史的史料太浩繁，似以个别研究为宜。但稍微接触一下电子化的古典文献，就不难发现，自己过去的看法是过于保守了。我想，将来的学者完全有条件对中华古史作深入的贯通式的研究，甚至会出现熔古今中外于一炉的史学巨匠。一个人终生写数十部、上百部质量颇高的史学著作，以千万字计，是完全可能的。我曾在《历史研究》1997年第4期《宋史研究的回顾和展望》中说："浩如烟海、任何人无法遍阅的古籍，就有可能压缩在多少张光盘之中，而随心所欲地检索。任何学者家的狭小书房中不难包容全部古籍，而所谓博览群书在某种程度上便成为空话。在占有史料方面，新老学者将一律平等。"这段话也需要修正，因为在占有史料方面，使用电子古文献的新学者，甚至可能优胜于博览群书的老学者，况且电子化的范围，也并不仅限于古文献，也包括文物之类。史学研究一代胜于一代，这绝不是空想。

但是，随着也出现一个问题，前辈优秀学者的重要治史经验是否值得继承。我与一些同行，包括台湾史语所的黄宽重先生进行讨论。大家的结论是完全一致的，前辈优秀学者的重要治史经验，必须继承或借鉴。例如前辈学者特别强调治史有个打基础的问题，"二十四史"倒不一定通读，但前四史和《资治通鉴》必须通读，这是最重要的基本训练。如果还有进一步的高标准要求，就应当通读先秦的典籍。再比如，即使有贯通中华古史研究的雄心，也须从深入细致地研究某个断代史入手，切忌好高骛远。目前有的研究生虽然接触电子化的古文献，却难以对其中文字进行断句和标点，有错字和脱字无力校勘，又如何进行深入研究？我想，一些先生和我强调"打基础"的问题，是应当引起青年学者的重视。史学研究一代胜于一代，当然绝不是空想，但电子化的古文献等现代研究手段，是不可能照顾学术懒汉，只能照顾勤学者，使他们在学问上超越前辈，大有作为。

延伸阅读：

王曾瑜：《我和辽宋金史研究》，《学林春秋》第三编下册，朝华出版社1999年版；

刘红：《面对精神抉择的心灵之河——访历史学家王曾瑜先生》，《历史学家茶座》第1辑；

《切问——数典访谈系列之八：注重史识、追求真理》——中国社科院历史所王曾瑜研究员与国学数典网友访谈！（全文发布）http://bbs.gxsd.com.cn/forum.php?mod=viewthread&tid=418054&highlight=%E7%8E%8B%E6%9B%BE%E7%91%9C

李华瑞、姜锡东主编：《王曾瑜先生八秩祝寿文集》，科学出版社2018年版。

杨国桢

杨国桢，1940年3月出生于福建龙岩，1961年毕业于厦门大学历史系，留校任教至今。1985年晋升教授，1986年被国务院评为全国第三批博士生导师。1984—1986年任厦门大学历史研究所副所长，1987—2006年任所长；1988年起，为国家重点学科专门史（经济史）学术带头人之一；1985年至今任《中国社会经济史研究》杂志主编。全国政协第七、八、九、十届委员，国务院学位委员会第四、五届学科评议组成员。中国史学会理事、福建省历史学会会长、林则徐研究会会长和顾问、厦门市郑成功研究会会长等。现任厦门大学人文学院教授、博士生导师，兼中国海洋发展研究中心学术委员会主任、"985工程"海洋发展哲学社会科学创新基地首席专家、首都师范大学历史学院讲座教授。先后被评为中共十一届三中全会以来福建省有突出贡献的科技工作者（1987年）、福建省首批优秀专家（1992年）、国家有突出贡献的中青年专家（1994年），获国务院政府特殊津贴（1992年）。长期从事中国古代史、社会经济史和海洋历史文化研究，先后应邀赴京都大学、斯坦福大学、牛津大学等国际名校研究和讲学。主编《明清福建社会与乡村经济》《林则徐全集》，九五国家重点图书出版规划项目"海洋与中国丛书"、十五国家重点图书出版规划项目"海洋中国与世界丛书"。

主要著作

《林则徐传》，人民出版社1981年版；增订本，人民出版社1995年版；

《林则徐大传》，中国人民大学出版社2010年版；

《明清土地契约文书研究》，人民出版社1988年版，中国人民大学出版社2009年版；

《林则徐论考》，福建人民出版社1989年版；

《明清中国沿海社会与海外移民》，合著，高等教育出版社1997年版；

《闽在海中——追寻福建海洋发展史》,江西高校出版社1998年版,福建教育出版社2018年版;

《东溟水土——东南中国的海洋环境与经济开发》,江西高校出版社2003年版;

《瀛海方程——中国海洋发展理论和历史文化》,海洋出版社2008年版;

《海涛集》,海洋出版社2015年版;

《明史新编》,傅衣凌先生主编,合著,人民出版社1993年、2006年版;云龙出版社1995年版;

《中国海洋文明专题研究》,主编,10卷本,人民出版社2016年版。

杨国桢

传承中的开创
——杨国桢教授访谈录[①]

  杨国桢教授，1940年3月生，福建龙岩人。1957年考入厦门大学历史系，1961年毕业，留母校厦门大学工作至今，1985年晋升教授，1986年担任博士研究生导师，著作等身，桃李满天下，是国内外知名的一流历史学家，可谓厦门大学历史学系的资深教授。我们是"80后"的晚辈，负笈求学于厦门大学，聆听他的教诲多年，但多次请他谈谈治史的体会，都被他拒绝了。他说他是一个过渡性的人物，上一代是其恩师傅衣凌教授等史学前辈，下一代是他的学生辈，恢复高考后成长起来的博士。而他不老不少，是所谓"解放后十七年资产阶级教育路线"培养出来的，既无研究生学历，也无学士、硕士、博士学位，许多时光消耗在政治斗争的折腾中。只因青黄不接，受改革开放之赐，打破论资排辈，被推到教授、博士生导师的岗位。他与同一代许多学人的遭遇相比，是幸运的。但一生只做三件事：林则徐、土地契约、海洋史的研究，至今还没有最终完成，不好说。到了吕小琴毕业要离开母校的时候，再三恳求他作一次访谈，可能他感到离别后不知何时再相见，不便给学生留下遗憾，就答应了她的请求。在南国鹭岛凤凰花开的日子，我们来到杨老师在美丽环岛路旁的家中，进行了这次访谈。为了节省时间，一开始便直奔学术话题。

---

  ① 本篇由吕小琴、马婉完成。

切思：学术的真与美

杨老师，您在一篇回忆傅衣凌先生的文章中曾说，毕业留校后，傅先生对您提出了三个要求，其中之一就是写好林则徐的传记。他为什么这样说呢？

我1957年考上厦门大学历史系，那时候，傅先生是我们的系主任。第一次见面，是在开学式上听他讲话，他的普通话福州腔很重，当时说些什么，没有留下什么印象。1958年除"四害"运动，他和我们同学一起站在从芙蓉三到映雪楼后的那条田间小道上，戴个草帽，敲面盆驱赶麻雀，这样不知不觉地，师生的距离拉近了。"8·23"炮轰金门后，他又和我们一起到龙岩马坑同劳动，"大炼钢铁"，进驻东肖中学开展"教育革命"，一起到白土墟上的小吃店吃一角钱一碗的龙岩清汤米粉。在"大跃进"声中，傅先生代表厦大历史系提出"北上燕京，南下广州"的口号，即赶超北京大学、中山大学历史系，大家十分感奋。1959年3月，我们班被派到漳州调查实习，编写《闽南人民革命史》。当时同学少年，意气风发，用一个多月时间集体写出10万言的《闽南人民革命史》，我参加总纂，不畏艰苦，挑灯夜战。"成果"是我因劳累病倒住进龙溪专区医院；在《厦门日报》上发表《五四运动对闽南的影响》等文章。1960年6—7月，我们班又被派到泉州调查实习，编写《古代泉州海外交通史》。这次我仍参加总纂。那时，北京中华书局约厦门大学历史系编写《林则徐评传》，系领导决定由我们班同学承担，以集体编书代替毕业论文，要我来组织。后来听系领导说，是把我当助教来使用。所以，傅先生亲自带我到福州访查林则徐遗稿，同住一室，面授机宜，在他耳提面命下，我受到难得的治史基本功的训练。我们访问文史机构、耆老名宿、林氏后裔，搜得手札、日记、诗词、杂录多种。有的收藏者只许在家中阅看，当场抄录，傅先生就让我抄。第一次抄录古人手书手稿，由于没有学过书法，遇到不少字不认识，抄不下去，急得冒出一身冷汗。幸得傅先生和收藏者从旁辨析指点填补，才解了围。类似这样的实践不少，让我学到了许多课本上没有的知识。遵照傅先生的嘱咐，我把这次搜集到的林则徐道光十四年五月至七月、九月至年底，道光二十二年七月至年底的日记稿件抄本提供给中华书局，收录于《林则徐集·日记》出版。由于傅先生的推荐，由我执笔的《林则徐的早年》在《厦门大学学报》（哲学社会科学版）1961年第1期上发表。1961年6月，我提前毕业，分配在中国近现代史教研室当助教，因为中华书局对学生编写的《林则徐评传》不满意，建议重起炉灶，由一位老师独立研究另写。福建省文史馆组织一批老馆员审读，提了一百多条意见。系里遂决定由我重写，并免除一年的教学任务。这一年，是我的读书年和写作年。我补读了大学时代因政治运动未读之书，查了不少清代文集，征集了林则徐手札一百多件，我写的一部分《林则徐传》草稿，在中国近现代史教研室主任陈诗启先生主持的教研室会议上讨论，听取意见，然后继续修改。1962年3月，周恩来总理在广州会议上为知识分子脱掉"资产阶级分子"的帽子。学校贯彻会议精神，决定为著名专家配备助手，我于是被调到中国古代史教研室，兼当傅先生的学术助手。傅先生对我研究林则徐的来龙去脉一清二楚，他要我不要因当他的助手而放弃。他的宽容，表现了大家的气度，对我是最大的爱护和保护。我因此有机会做后续研究，写完全部书稿。

您当助手做些什么工作呢？

在调去当傅先生助手前，系领导找我谈话，说任务是协助傅先生整理文稿、讲义之类的学术事务，在工作中学习，特别交代要把他的"绝活儿"学到手。这个助手是组织任命的，但不是专职编制，不算工作量，没有岗位津贴，我还要完成自己的教学科研工作量。这样的安排，是为我"开小灶"，在工作中培养。赢得随时向名师当面请益的机会，不是谁想要就能够得到的，我当然很乐意地接受。在"文化大革命"爆发前的4年间，除下乡参加农村社会主义教育工作队离校一年外，我随堂听课，根据他交给我的大纲和听课笔记补充整理成《明清经济史》讲义，油印发给同学，当时因为政治运动的影响，印完明代部分就中止了。《明清封建土地所有制论纲》是1965年写的，1966年上半年油印发给中国经济史专门化学生作为讲义，我记得有一部分专题是以1956年以前的《中国经济史专题》（讲义）、《中国资本主义萌芽史》（讲义）为基础改编的。（1971年，傅先生从"牛棚"解放出来后，修改成书，由夫人及儿子抗声抄正。1973

年4月，我和柯友根先生陪他把这部抄正稿交给上海人民出版社。）他写的论文和主编的《明史参考资料》抄正本，让我作为第一读者学习，提意见，并协助修改。此外，傅先生受命筹备成立福建省历史学会，也派我对外联系。我留心观察、揣摩傅先生解读契约文书的方法，随时向傅先生请教，也注意搜集这方面的资料，德化土地契约文书、簿册，就是这个时期以福建省历史学会名义从德化县委宣传部那里抄录来的。"文化大革命"爆发，傅先生被打成福建的"三家村"，关进"牛棚"，这些工作就中断了。

《林则徐传》是您的成名作，以后又陆续写作《林则徐论考》，选编《林则徐书简》《林则徐选集》，主编《林则徐全集》《林则徐》大型画册等。学界公认您用力最勤，造诣最深。读研究生以前，我们一直以为您是专门研究中国近代史的，不是吗？

这样说，虽不对但也有一定的道理。从编制上看，我在中国近现代史教研室只呆了一年，以后是中国古代史教研室的人，但我和中国近代史还是蛮有缘分的。"文化大革命"开始，学校的教学瘫痪了，红卫兵武斗，我不甘愿把苦心搜集的林则徐资料和林则徐传稿当做"四旧"付之一炬，偷偷地把它转移到龙岩老家。等我重返学校时，我住的集体宿舍成了某战斗队的司令部，红卫兵随便进出，书架上的书物不翼而飞。我暗自庆幸出手及时，否则"一失足成千古恨"了。复课闹革命后，历史系和中文系合并为文史系，我没有被下放，1970年招收试点班工农兵学员，不设古代史课，我上"第二次国内战争时期党内两条路线斗争史"，带领学员到闽西调查，编写《毛主席七次到闽西》。1971年，恢复历史系，我和刚刚"解放"的傅衣凌、韩国磐先生三人组成中国古代史组，上古代史课，我任组长，还一起下乡到海沧公社石塘大队，编写石塘村村史，我写近现代部分。那时历史系厚今薄古，古代史课分量很少，所以1974—1978年，名分上属古代史组的我，还承担了鸦片战争史、太平天国史的近代史课程，指导这领域的毕业论文。曾带学员到广州、东莞等地搜集史料，调查三元里、虎门炮台等遗迹，编写《鸦片战争时期的林则徐》。带学员到福州调查林则徐遗迹，到闽西、粤东调查太平军余部活动的史迹。"文化大革命"前中华书局的约稿失效，粉碎"四人帮"后，人民出版社约我将《林则徐传》交给他们出版，我于是在1977年12月至1978年8月间重写了一遍。当我将书稿寄往人民出版社的时候，傅先生要我协助他筹办厦门大学历史研究所，才和近现代史"脱钩"。

一个人年青时代立下的学术志向，很难因职位的变动而改变。我的主业是中国古代史（明清史）、专门史（社会经济史），到历史所后，我的单位是中国社会经济史研究室。但这不妨碍我对林则徐研究的爱好。后者带给我成就感，带给我乐趣，但在实际生活中也曾给我带来麻烦。还好有贵人相助，帮我排忧解难。《林则徐传》从开始写到出版，花了二十年。但毕竟是早年之作，当时一些资料还未发现，有不少需要改进的地方。1994年增订过一次，自己还不满意。去年，我在旧作的基础上，改写成《林则徐大传》（插图本），字数比初版翻了一番，近75万字。现在由中国人民大学出版社出版了，希望能了结一个心愿，做到比较令人满意，留下一个漂亮的背影。

《明清土地契约文书研究》是您继《林则徐传》之后又一重大成果，也是您继承弘扬傅先生"绝活儿"的一份答卷。您的心得和体会是什么？

民间契约文书，在传统史学、传统文献学上没有地位，被不屑一顾。是傅先生"化腐朽为神奇"，让它进入史学的殿堂，改变了中国历史学特别是经济史学忽视民间文献的风气。这是最激动人心和吸引我的地方。

中国没有西方那种明确地规范所有权范畴的罗马法传统，不存在与西方法律制度相对应的私法体系。但不能说，中国人自古以来就没有分辨"权利"与"义务"的意识，只是表达的方式不一样。中国所有权制度的变动运作，自有一套"规则"，而且不同地域有不同的专门用语和习惯。民间契约文书依照一定的"样文"一年一年地反复订立，只言片语的更换隐藏着中国农村社会的秘密，许多话语只可意会不可言传。历史上社会生活中习空见惯的"潜规则"，古书上没记载，不等于不存在。研究契约文书遇到的第一个难题，是文书的分类与格式。分类后，才能分析文书的结构、进行具体的研究。买卖、典当、租佃等等门类，

切思：学术的真与美

各地有不同的称呼或异名，弄明白了才能进行全国性的比较研究和综合研究。现在的通行做法，是按发现的文书群来整理，这是懒惰的做法。按门类、时序、地点来重新排列，才方便学者的利用，也方便计算机处理。但要正确地分类，就要弄懂地方的俗名，解读它是个大学问，不能全照字面上、词典上的意思去理解。这就需要多看契约文书，结合契约之外的内容如乡例、俗例进行解读。这又使很多研究功夫在于契约文书之外。比如"送契"，字面上看是赠予契约，但有相当一部分是家族房头或成员之间、亲朋好友之间的买卖契约，在传统社会温情脉脉的面纱下用"送"来表达。只有仔细考察契文具体约定中隐含的限制，才可以看出来。学问是靠长时期悟出来的，不可能是两三年就能悟出来。没有捷径可走，只有一个笨办法，读透了足够多的契约文书，与档案和地方文献、风俗习惯的材料互证，同一话语前后相似的语境反复出现，不断重复，您自然可以慢慢悟出它的真实意思。傅先生对"赔""皮""骨"之类俗名的解说，就是用笨功夫悟出来的。我照他的办法读契约，做了许多笔记，终于有所斩获，并试用现代法学观念用语去梳理出一个"契约秩序"，提出自己的解释。土地产权是传统社会最重要的产权，完稿于1984年4月的《明清土地契约文书研究》，说到底是土地所有权史的考察，意在说明中国传统土地所有权的多重性，不仅土地所有权可以与使用权分离，所有权本身也是可以分割的。乡土的名词如"永佃""一田二主"等赋予法文化的意涵，要做到精细、准确，难度很高，但又不能不做，只好在试错中完善。你们看现在出版的《明清土地契约文书研究》（修订版），增补了一章，其实也是我在20世纪80年代写的。这是我当年阅读和思考的一部分。现在看来，虽然不是从法律的角度去研究明清时代的"习惯法"，但发凡起例，还是有一点价值的。那时我自不量力，想把学界和自己已经感悟到俗名真意归纳成衷，进一步做成"中国契约学"，为此穷搜海内外皮藏，1985—1986年，潜心一年，既拼脑力又拼体力，写了几十万字的笔记，因为资料多寡不均，有些门类缺证太多，甚至于空白，难于系统化、条理化而停了下来。

杨国桢

"中国契约学"的概念是您的原创。现在民间契约文书的价值得到学界的认同，文书的搜集也有了很大的发展。但研究成果似乎还没有出现重大的突破。您如何看待"中国契约学"的发展前景？

"中国契约学"的提法，我是始作俑者。我估计散藏在国内与海外、农村与城市、公共机关与私人的契约古文书不下一千万件，现代又不断地以"合同"等形式制造出来，其数量更多，是一种实用的经济文书、法律文书和私家档案，在古今社会现实生活中发挥着重要的作用。从学术发展上看，面对这样一大笔文化遗产，我们不能没有"中国契约学"。从学术的现实服务上看，建设现代中国特色社会主义的私法体系，需要借鉴和利用传统中有利于现代化的因素，从原本的语汇和意义世界中感悟出权利、义务的法文化要素，我们也不能没有"中国契约学"。我很高兴地看到一些年青学者朋友致力于契约文书研究。我对"中国契约学"的发展前景充满信心。问题在于许多人只是利用契约文书资料做社会史、法制史、经济史、生活史、地方史的文章，缺乏学理探讨与关注现实的问题意识。所谓难以突破，实际上与学术评价制度功利化有关。要求在短期内出成果，只好把新发现的材料套用现有的研究模式介绍一番。真正要形成新的理论概念，需要长期冷静地思考，所以我说这是"贵族的学问"，衣食住行不愁，不求名利地位，断了"孽根"，才能坐得住。这是大多数人做不到的。有人批评现代中国出不了大师，道理是一样的。但这种情况终究要改变的。"中国契约学"由附庸而成大国，是留给那些有准备的人的。

后人对傅先生学术思想的认识和理解，从某种程度上讲，得益于您的诠释。您写的《〈傅衣凌治史五十年文编〉序言》《傅衣凌先生的明史情缘》等文章，热情洋溢，气势磅礴，感人至深。许多人提起傅先生，都沿用您的评价。《吸收与互动：西方经济社会史学与中国社会经济史学派》一文对傅衣凌学说的演进作了权威性的解说，具有学术史的价值。您为什么选择傅先生的《明清农村社会经济》作为中国史学名著加以评介呢？

我推崇《明清农村社会经济》，出于我对傅先生学术思想的了解。从1962年到1988年，我在傅先生身旁工作了25年。1962—1984年罹病手术之前，是傅先生学术研究向理论提升的发展阶段，也是他学术生涯的高峰。1963年，他在《历史研究》上发表的论文，在反思明清社会经济史学术大讨论的基础上，对中国封建社会后期经济发展规律及其他有关问题作了进一步的综合阐述。1981年，他撰写《明清社会经济变迁论》，在反思"文化大革命"的大批判基础上，完善了他对明清社会经济变迁的总体理论。在我看来，他的理论发展的逻辑起点，就是这本《明清农村社会经济》。

我在为仓修良主编的《中国史学名著评介》第五卷写的文章里指出过，《明清农村社会经济》的前身和主干是傅先生的开山之作《福建佃农经济史丛考》。把社会经济构成和阶级构成、阶级斗争联系起来考察，是傅先生研究中国社会经济史的基本架构，而他利用民间契约文书资料，用中国的历史语境表述，具有浓郁的乡土特色，代表了中国学术界追求社会经济史学中国化的努力。这本书在傅先生学术生涯中具有里程碑的意义，学习傅先生的著作，研究傅先生史学思想的演变，不能不从这本书开始。

老一辈学者都很看中这本书。1981年，郑天挺先生参加厦门大学六十周年校庆时，送给傅先生的"礼物"，是一本原版的《福建佃农经济史丛考》，作者的名字被黑墨水抹去。郑先生解释说，这是当年教育部交给他评审教授的材料，因为是匿名评审，所以收到时作者名字就已被抹去了。"我觉得这本书运用契约研究经济史很有创意，就把它留下来了，现在原璧归赵。"这是我在现场听到的。1982年，我与傅先生到中山大学开会，人类学家梁钊韬教授特地请傅先生为他的研究生讲当年到永安黄历乡田野调查，发现一箱契约文书，进行研究的故事。我在旁帮助解释。这些是我亲身的见闻。后来我参加国际合作研究，人类学家如美国斯坦福大学武雅士教授、台湾"中研院"李亦园院士等，都多次推崇傅先生《明清农村社会经济》以民间文书证史、以遗俗、遗制证史的研究方法，说和人类学田野调查方法相通。所以我又说，这本书也是中国历史人类学的先驱著作。

《明清农村社会经济》的校样寄到厦门时，厦门大学历史系开展明清社会经济史学术大讨论（实际上是批判傅先生的学术观点）正在持续进行中。为让这本书能够出版，傅先生做了许多修改，因此拖了一年多的时间。在"阶级斗争要年年讲，月月讲，天天讲"的政治气氛下做的修改，局限性也是明显的。尽管如此，并不能动摇这本书在20世纪中叶中国史学界研究明清农村社会经济史上的开创性和学术领导地位，21世纪的学者仍须把它作为入门的指南。当然，对照《福建佃农经济史丛考》来读，更有意义。

我们知道自20世纪90年代初开始，您全力投入中国海洋史学理论的创建和海洋史学队伍的培养中，经过二十年的筚路蓝缕，继林则徐、明清土地契约文书之后，再攀学术生涯的第三个高峰。那么，是什么机缘促使您决定投身海洋历史文化的研究中呢？

我长于海边，学习工作于海边，与海洋历史文化的接触也早在大学时代。但亲近海洋，不一定有海洋的文化自觉。中国是一个大陆国家，也是一个海洋国家。但是，在漫长的历史岁月里，中华民族生存和发展的重心在黄河流域、长江流域，开拓生存空间的主要方向在欧亚大草原，我们讲灿烂辉煌的五千年文明史，主要讲农业文明和游牧文明，一直忽视在沿海、岛屿和海域中发源、发展的海洋文明，甚至认为中国海洋文明是不存在的。海洋因素在中国传统学术中的长期"缺席"，造成了新史学建构上的偏颇，虽有一些先见学者努力探索，振臂高呼，但应者寥寥，不成共识。

刺激我关注海洋的是《河殇》。这部电视片的本意是推动思想解放，进一步改革开放的，但它采用西方观点，把蓝色文明等同于资本主义文明，把中国传统文明视为黄土地文明，已经孕育不了新的文化，立论有些偏颇，而且容易使人产生移植资本主义、全盘西化的联想，因此招致社会上的批判。我当时是全国政协委员，听到了来自不同方面的声音，不能不从历史与现实的关联上去思考。我不同意中国没有海洋文明、海洋文化的说法，也不赞成把中国传统海洋文化说成是海洋农业文化，向海洋发展只是陆地农业文明的延伸而已。如何给海洋经济、海洋社会、海洋文化重新定位，是一个全新的课题。根据我的学科背景，同时也为了避开不必要的争论，有学术空间进行比较长时间的探讨，我把这个问题转换为"中国海洋社会经济史"，提出一个宏大的研究计划，指导博士生分别选择一个专题撰写博士学位论文，进行学术积累。就这样，我的学术方向从陆地走向海洋。

我指导的1991级博士刘淼写的《明清沿海荡地开发研究》，是第一本出版的中国海洋社会经济史博士学位论文。我在《序》中说明了我那时的思考："纵观世界历史，十五、十六世纪是西方兴起，欧洲由中世纪向近代资本主义社会转型的关键时期。西方兴起的强大动力是大力发展海洋经济。荷兰被誉为'海上马车夫'，和后来英国被称为'世界工场'，都是通过夺取海洋霸权，扩展海洋经济取得的。在某种意义上，西方资本主义发展史，也就是一部海洋社会经济发展史。马克思指出：资本主义这一运动的'历史必然性'明确地限于西欧各国。在这个意义上，我们又不可以把海洋社会经济完全等同于资本主义。同样是海洋国家，面对不同的环境和时代条件，走着不同的海洋发展道路，有自己的海洋社会经济发展史。只是到了资本主义成为一种世界体系，一种强势文化，才使其他海洋社会经济模式的发展成为不可能，或被改造为资本主义的附庸。到了二十世纪，资本主义世界体系在薄弱环节上被打破，社会主义国家的出现和全球性的非殖民地化，东方'四小龙'的崛起，海洋社会经济更不是资本主义的专属品了。面向二十一世纪，人们把目光注视在东方，注视亚洲太平洋地区，中国面对发展海洋社会经济的历史机遇和重大的挑战。中国如何向海洋发展，走向世界，是摆在我们面前的重要课题。"我认准了这个道理，就一直坚持下去，直到今天。

不满足于解释历史现象，而是预见中国海洋未来发展的需求，您是先鞭独着，现在越来越多的人认同您的预见了。《海洋与中国丛书》与《海洋中国与世界丛书》20本是一次集中的成果展示，领中国海洋史学风气之先。您为什么选择在"国际海洋年"推出来？

1996年，是中国海洋事业发展具有划时代意义的一年。《联合国海洋法公约》从这年起在中国生效，标志着中国现代海洋国家地位的确立。在新一轮"圈海运动"中，根据《联合国海洋法公约》，有300万平方千米的海洋划归中国的管辖海域，即俗称的"海洋国土"，中国在领海、毗邻区、大陆架、专属经济区内，行使海洋主权或不同层次的主权，由此大大拓展了中华民族生存发展的空间。这是中国重大的国家利益所在，但当时没有引起社会上的强烈反应和学术界的重视。我认为这是"中国现代化这一传统与变革连续性的进程与现代社会意识的脱位，不能不令人感到一场新的'意识危机'"。所以，相继发表了《中国需要自己的海洋社会经济史》和《关于中国海洋社会经济史的思考》，公开提出这样的问题："二十一世纪中国的振兴，将以西太平洋沿岸海洋大国的身份在亚太经济区域占有重要的位置，历史学尤其是社会经济史学已经做出和应该做出什么样的回应？"当时，江西高校出版社独具慧眼，支持我挑选一些博士学位论文加以修改，编成海洋与中国丛书，申请列入"九五"国家重点图书出版规划。选择在"国际海洋年"出版，是希望在这种氛围下能够引起人文社会科学界和海洋界的较多关注。

在这以后，海洋历史文化的图书逐渐多起来了，您对海洋史学的发展有什么样的建议？

进入21世纪，海洋与中国的关系愈加密切，中国的主权利益、安全利害、发展利益在海洋方向上日趋重合。海洋的重要性与社会关注度提高了，海洋历史文化的图书受到欢迎。但是要清醒地看到，从社会精英到广大民众，重陆轻海的社会心理还没有得到根本性的扭转。来自传统思维的阻力还是很大的，前些年就有人公开宣称"中国从来就不是海洋国家"，"尽管濒海地区生活着众多的人口，但这仍应视为大陆的边缘地区而不是海洋的组成部分"。提倡发展陆权，限制海权发展。在国际上，世界史教材的海洋历史事件，基本上不涉及中国，近年来有的教科书才有了郑和下西洋等项内容。改变几千年来占据主流的传统社会心理和思维定势，需要长期的努力，实施海洋强国战略，发展海洋国力，尤其需要观念的更新、理论的创新。但时下的某些海洋历史文化的图书，或复制前人和时贤涉海研究的知识成果，用先导的概念加以综合和拔高解释，就得出"颠覆"传统观念的结论，诸如有人说："中华民族的海洋文明从史前的开拓到近代西方的崛起前一直引领世界，可以说，近代以前的人类海洋史，基本上说就是中华海洋史。"又如有人说："近千年来，人类在亚洲的太平洋洋面上演绎了两次波澜壮阔的'全球化',一次发生在7—14世纪,欧亚大陆上的两个国家是其主体:阿拉伯与中国。""在第一次全球化过程中,中国主流社会是积极呼应且与阿拉伯等其他民族共同创造了中古时代的辉煌。"等等。如果确是这样,中国海洋史"一片光明",其实,一些局部的现象被夸大了,古代王朝统治者并没有把海洋看得那么重要,沿海民众也没有这样的历史使命感。所以,这些看法并没有被学术界主流所接受。在海洋文化的理论研究上,对于海洋文化的定义、内涵、外延、本质、特征、研究对象和运作规律的分析,大多数是广义文化的一般泛论,作为文化学的一个分支学科来思考的很少,作为中国独有的特色来分析的更少。比如文化学下的中国海洋文化史,本应有本学科的规范和架构,一些研究者却把其他学科的海洋学史、海洋科技史、海洋经济史、海外交通史的叠加等同于海洋文化史,或直接当作自己的分支。理论与史证的先天不足,是中国海洋史学起步阶段必然产生的现象,是不足责的。允许试错,是学术发展的动力,是我国史学界长期忽视海洋历史文化应该付出的代价。

我说过:自己的研究从陆地走向海洋,"脱离原有的学科主流,漂泊在多学科的边缘,付出了惨重的代价,有过何处是岸的迷惘"。这是因为,学术界没有提供足够的理论准备,海洋史学在史学理论和学科分类上都没有地位。其次,前期的研究硕果累累,但大多是涉海的研究,而不是以海洋为本位的研究,归属于不同的分支学科,服务于不同的研究目标,不能简单地统合在一起。第三,在传统历史文本中,虽有海洋环境、生态的事象和先人海洋活动的记载,却是零散的、不成系统的,而且都是从陆地的视野观察记录下来的,海洋活动群体本身缺乏记录,有之也大多散佚,或遗存民间和海外,既需要对现有史料重新诠释,更要另辟史料资源。由此可见,中国海洋史学的发展需要理论体系的重新建构,也需要史料的新发现与实证研究的夯实。我的建议是:无论理论建构或实证研究还是从专题做起为好。有几家出版社约我组织编写《中国海洋通史》之类的著作,我自知还没有把中国海洋史的疑难问题研究通彻,证实或证伪的工作十分繁重,匆促动手是不适宜的,所以婉言谢绝了。现在我主持教育部哲学社会科学重大课题攻关项目《中国海洋文明史研究》,把研究的方向主要转到理论体系建构的创新上，希望经过几年的努力，有个比较完善的论述。能不能做到，还很难说。

　　海洋与中国的主题跨越历史与现实，涉及所有的人文社会科学与海洋科学，立于历史学，又要走出历史学，吸纳其他人文社会科学与海洋科学的知识和理论方法来研究。在探讨"科际整合"的方法中，我的理论思考又从海洋史学走向海洋人文社会科学。这是我近年投入最多，直到现在和今后仍要继续做的事情。至于未来的计划，"天机不可泄漏"，我们暂且不谈这个话题。现在时间不早了，就此打住吧！

　　访谈结束了，我们感谢杨老师告诉我们这么多，让我们体会到老师的用心，和做三件事的内在联系。我们衷心祝愿老师身体健康，再攀海洋人文社会科学研究的新高峰，并一如既往地继续为年青学子提供更多的指导。

延伸阅读：

　　陈思：《从历史学到海洋人文社会科学——杨国桢先生的学术轨迹》，《社会科学战线》2012年第2期；

　　朱勤滨：《海洋史学与"一带一路"——访杨国桢教授》，《中国史研究动态》2017年第3期；

　　陈春声、陈东有主编：《杨国桢教授治史五十年纪念文集》，江西教育出版社2009年版。

龚延明

龚延明，原名贤明，1940年生于浙江义乌。1960年毕业于杭州大学历史学系，留校任助教。1962年参军，1974年复员。现为浙江大学古籍研究所教授、博士生导师。曾任杭州大学和浙江大学古籍研究所所长、中国宋史研究会副会长；现兼任全国高校古籍整理委员会委员、中华炎黄文化研究会科举专业委员会主席团主席、点校本《二十四史》及《清史稿》修订工程审定委员会审定委员、北京大学历史文化研究所兼职研究员、浙江省社科规划办历史学科组组长、杭州师范大学特聘教授、中国岳飞研究会会长、《中国社会科学》外审专家等。享受国务院特殊津贴。长期致力于中国古代职官科举制度史与宋学研究，已在《中国社会科学》《历史研究》《中国史研究》等期刊发表论文百余篇。主编《绘画本中国通史》六册、《岳飞研究》等。曾获第六届中国图书奖一等奖、教育部第三届中国高校人文社会科学研究成果三等奖、浙江省人民政府一等奖等。

主要著作

《宋史职官志补正》，浙江古籍出版社1991年版；增订本，中华书局2009年版；

《宋代官制辞典》，中华书局1997年、2007年版；增补本，2017年版；

《岳飞评传》，南京大学出版社2001年版；

《中国历代职官别名大辞典》，上海辞书出版社2006年版；

《中国历代职官科举研究》，中华书局2006年版；

《宋登科记考》，与祖慧合著，江苏教育出版社2009年版；

《鄞县进士录》，与祖慧合著，浙江古籍出版社2010年版；

《诗说先秦史》《诗说两宋史》，浙江古籍出版社2012年版；

《诗说三国史》，浙江古籍出版社2013年版；

《诗说两晋南北朝史》，浙江古籍出版社2015年版；

《中国古代制度史研究》,浙江大学出版社2013年版;

《宋代登科总录》,与祖慧合著,800万字,广西师范大学出版社2014年版;

《义乌历代登科录》,浙江古籍出版社2014年版;

《会试录》,合作,宁波出版社2016年版;

《简明中国历代职官别名辞典》,上海辞书出版社2016年版;

《天一阁藏明代科举录选刊·乡试录》,主编,宁波出版社2016年版。

龚延明

著名历史学家、中国官制史专家
龚延明先生访谈录

  龚先生，您好！您是我仰慕已久学界前辈，也是我多年来极为钦敬的著名学者。对于您的学术成就、以及您孜孜以求、勤奋治学的精神，更有一种高山仰止般的敬重。今天能够有机会向您请教，感到十分荣幸。那么，下面我们先从您的治学经历谈起吧？您能不能就您大学毕业之后，到20世纪80年代初期这一阶段的人生和学术经历，给我们谈一谈？

  1960年我从杭州大学历史系毕业，留校任教。我读书比较早，五岁就跟哥哥去上小学，读初中又跳了一级，故大学毕业时刚刚二十岁。1962年，因东南沿海军事形势紧张，祖国号召适龄青年应征参军，并规定北京、上海和华东三省高校大学生，亦属应征范围。我二十二岁，符合应征年龄，什么家庭、个人利益都没有考虑，就毅然报名了。还记得，当时同村一位大学同学，他知道我家很困难，特地好心地跑来劝我："你是大学教师，可以不报名。"我心里想，祖国的需要是神圣的，既然我属于适龄青年，就不能计较个人得失，理应报名参军。我感谢这位同学的好意和真诚，但仍坚持自己的决定，投笔从戎。入伍后，根据上级关于知识分子要到最基层、最艰苦的环境中去锻炼的指示，我被分配到某军军直工兵营当工兵，每个月领6元津贴。在校每月工资是53元，顿时减少了47元！在那个年代，47元，可以维持一家的生计了。经济上依赖于我的父母亲和幼少的弟妹，一下子断绝了主要经济来源。我的父母是农民，很纯朴，他们含辛茹苦地抚养了我，原指望我大学毕业后，能为家庭出力，让弟妹也能继续上学，想不到到头来，会是一场空。但他们听我解释是响应祖国号召，也就不阻拦了，默默地挑起重担。我的三个弟妹，因经济上的原因，都未能升高中。"紧急战备"，后来变成一场虚惊；我拿起枪，并没有战场。现在这一切都已成为历史。但我从未对当时的决定有过后悔。我总觉得，爱国主义精神不是抽象的，祖国需要你挺身而出的时候，是无条件的。

在连队当工兵，一当就是三年。当工兵可真叫艰苦。风里来、雨里去，摸爬滚打、擒拿格斗，冰天雪地挖雷坑，烈日炎炎架桥梁。对比在西子湖畔杭州大学读书教书的那份舒适，简直是两个世界。开始，我跟不上工农子弟出身的战友。一次野外训练，送爆破筒上山炸"碉堡"，天气十分炎热，我连续送了三次，都给"敌人"发现，未完成任务。班长命令我再上，可是，我身上的水分几乎已蒸发光了，上衣的汗水被晒成了盐渍，脸色苍白，由于体力不支，倒在地上，爬不起来了。战友们对我都很爱护，马上把我抬到树荫下，叫来卫生员。等体力恢复过来，我要求再上，班长却不同意，但我执意要坚持完成训练任务，咬着牙，冲上山顶，快接近碉堡时，立即卧倒，匍匐前进，瞬间，将2公尺长的爆破筒塞进碉堡眼，然后，一翻身滚下来，手上、脸上给树刺划出了血，这时只听得真家伙爆破筒爆炸，轰隆一声巨响，"碉堡"炸上了天。我很开心，没有当孬种。就这样，在连队，我终于挺了过来。参军第一年，就立了三等功。在"大比武"年代，我还曾作为"尖子班"副班长，到过邯郸、南京、镇江等地，参加总参、南京军区组织的大比武，叶剑英元帅等国家高级将帅都曾亲临观看。我的军事技术，达到一手握冲锋枪、一手拿五公尺多长的撑杆、肩背20公斤的炸药包，越过五公尺阔、深三公尺的濠沟。在大比武中，曾被军报记者称之为"小老虎"。1964年5月4日，这一天，是我永远难以忘却的日子。在一次军训中，因为一个新兵未学会电气操作，在我检查线路时，无意间用手触通了线路，引起埋在地下的炸药爆炸。我的头部被炸得鲜血直流，眼前顿时一片漆黑。我的第一个反应是："完了。"以后就不知道了。幸运的是，雷管碎片没进入脑部，只是眼睛被炸坏，经过98医院全力抢救，左眼保下，右眼却从此失明。左眼保住，是我不幸中的大幸，否则，我的命运不堪设想。受伤后，我曾要求回归母校，部队不放，有关领导说："一个大学助教，满腔热血从军，没有上战场，却带伤回去，怎样向学校、向他的父母交代？"后来调到军机关，做过军事报道工作；又被派到军政大学（今国防大学）培训，回部队，担任团以上干部的《反杜林论》讲解、辅导。1974年，我已担任军党委学习秘书工作，军长邬兰亭对我这个知识兵很信任，有时开玩笑，喊我"教授"。如果我愿意在部队发展，机会还是有的。但我还是十分怀念学校工作，我天性爱好读书，看到地方上的学校开始复课闹革命，我决定复员回校。邬军长对我的想法表示理解，并向政治部打了招呼，意思是放我走。说来也巧，政治部党委讨论同意我复员的当天晚上，南京军区政治部来电，指名要我到北京《解放军文艺》去报到。我在部队期间，先后在《人民日报》《解放军报》《解放军文艺》《曲艺》等报刊发表过头版头条新闻、副刊散文、文艺评论、诗歌、曲艺小品等，也许是有关方面看中了我能摇笔杆，要我去做这方面工作。然而，一步之差，命运之神，已安排我仍回到教育工作岗位。1974年7月30日，部队欢送我回到原杭州大学历史系。在回顾这一段军旅生活时，我感到收获还是不少的。那时部队官兵关系融洽，战友之间亲如兄弟，互相关心、助人为乐，感情十分纯真。回想起来，是很留恋的。对我个人来说，部队培养了我不怕任何艰难困苦的精神，锻造了一副健康的体魄，右眼虽失明，左眼仍很好，至今不戴眼镜。这就为我此后做学问提供了精神和物质上的准备，打下了重担压不垮的基础。

重返学校，我的人生道路又翻开了新的一页。然而回校，又意味着我长途跋涉的学术人生的开始。

上个世纪70年代后期、80年代以来，您是在怎样的一种求学若渴的情况下，展开对宋代职官制度的研究的？您将职官制度作为您攻克学术堡垒的主要阵地，那么，这一研究方向的确定，究竟是怎样一个过程，我们想请您简单讲一讲。

刚回到学校，虽然已复课闹革命，因为还有一个"闹"字，学校并没有走上正轨。我也没有明确的学术方向，仍彷徨在科学殿堂门外。出版社约我写我就写什么，我就写什么。《杭州与西湖史话》《岳飞》，就是在80年代末、80年代初，分别应上海人民出版社和浙江人民出版社的约稿写出来的。1979年，我所在的历史系宋史研究室，在商议同仁的研究方向时，研究室主任徐规先生，建议我研究朱熹。我当时考虑到研究朱熹的人已不少，加之我希望科研能够与教学相结合，所以未接受。徐先生尊重我的意见，经考虑后，提出让我在系里开一门选修课《中国古代官制史》，科研方面则侧重宋代官制研究。这样，教学与科研能相辅相成，我欣然同意。不久，以徐规教授为学科带头人申报的《宋史补正》课题，列入浙江省哲学社会科学"七五"规划重点课题。根据研究室学术分工，我理应承担《宋史职官志补正》工作。这可让我犯难了。因为，已有邓广铭先生《宋史职官志考正》这一得到陈寅恪先生高度评价的里程碑式作品在前，我这个刚刚涉足宋史领域的无名之辈，去续《宋史职官志考正》之作，能免"狗尾续貂"之讥吗？正处于进退两难之际，我请教了通过学术批评刚刚认识的、当时任中华书局中国古代史编辑室主任的傅璇琮先生。傅先生虽身为出版社编辑，但他又是通观文史全局的专家。趁傅先生来杭州的机会，我们在杭州城站红楼饭店，进行了一次长谈。针对我的顾虑，傅先生坦陈了他的看法："邓先生是宋史权威，为学术界所公认。他的《宋史职官志考正》是开山之作，是名作，但这不等于《宋史职官志》研究工作已经终结。邓先生自己也不这样看。限于抗战时期资料之不足，还有不少遗漏。在50年代，他就提出过对《宋史职官志考正》和《宋史刑法志考正》需要重新进行增补。现在你去挑起这副担子，应该说是学术发展的需要。你年轻，精力充沛，研究条件又好，只要能刻苦钻研，在邓先生《考正》的基础上，必有新创获。我与邓先生有学术上的交往，深知邓先生的学术品格。他胸怀豁达，视学术如生命，十分关心宋史研究队伍的壮大。你的研究工作，只要脚踏实地，做好了，会得到他的肯定的。"他又说："一个人的时间、精力终究有限……有得必有失，从事中国古代官制史教学可以，专门研究则以断代为佳。结合科研你可以选择《宋史职官志补正》作为苦练基本功的阵地，逐步把握宋代现存的所有官制史料，在此基础上，继续深入，在'深'的方面，把根子扎得更深，争取站到学科前沿。"傅先生这番推心置腹、语重心长的谈话，于我，犹如置身旷野难以辨别前进方向的时候，突然看到前方亮起一盏指路灯。傅先生不但从学术发展角度和邓广铭先生的为人两个方面，肯定了我可以做《宋史职官志补正》，而且还在研究的方法上帮助我怎么做，即首先要充分占有材料，"把握宋代现存的所有官制史料"。这样，一下子驱散了我心头的迷雾和疑虑，使我鼓起勇气前行。我终于接受了《宋史职官志补正》的科研任务。

在傅先生鼓励和点拨下，我于80年代上半叶，开始了《宋史职官志补正》的研究工作。头三年，我把精力集中在搜集、阅读、摘抄《宋会要辑稿》《续资治通鉴长编》《职官分纪》《古今合璧事类备要》《吏部条法》《庆元条法事类》《宋朝诸臣奏议》《宋史》等史籍、类书以及宋人文集、笔记、方志等。按《宋史·职官志》十二卷内容顺序，做了15册500多万字的宋代官制史料的分类笔记。继而，用两年时间，参考邓先生《宋史职官志考正》，缜密地考订《宋史·职官志》，前后共花了五年时间，完成了近三千条补正条目、50多万字的《宋史职官补正》书稿，1991年由浙江古籍出版社出版。此书出版时间，离邓先生《宋史职官志考正》1941年出版之期，恰好半个世纪。

《宋史职官志补正》出版后，邓广铭先生给予了很高的评价。他以《宋史职官志补正》成果鉴定组组长的身份，写下了这样的评语："《宋史职官志补正》这一巨著，对该志的遍体鳞伤，细致周详地加以核查、比证，每一条各都有理有据，说理都是极精当，证据都极确凿，所以都具有极强的说服力。"邓先生的评价，正好证明傅璇琮先生的学术眼光是何等深邃！他一方面，站在出版家兼学者的高度，指出《宋史·职官志》补正仍是一个有很大空间的学术阵地，而且可以作为深入研究宋代官制的基础，循此走向学术前沿；另一方面，傅先生在学术界交往甚深，他对学术大师邓广铭先生广阔的胸襟十分了解，所以能在我犹豫、彷徨之际，鼓励我走近学术大师，去做《宋史职官志考正》的研究工作。假如没有傅先生的这番点拨和鼓励，我根本不敢去做《宋史职官志补正》。记得当时我曾经对一位同事讲过，要不我还是去做一些《宋史列传》补正工作算了。要是真的去做《宋史列传》补正，就不可能有500余万字的宋代官制资料积累，也就不可能有《宋史职官补正》的出版，更谈不上继续深入中国古代官制特别是宋代官制研究，当然也就不会有《宋代官制辞典》《中国历代职官别名大辞典》《宋登科记考》（合作）等成果了。

我深切地体会到，做学问，确定正确的学术方向是很重要的。学术方向的选择，除了要实事求是地考虑自身条件之外，只要有可能，还要尽量争取得到名家的指点。真正有大学问的名家，站得高看得远，学术视野广阔，治学经验丰富；如能得到他们的指点和提掖，特别是能得到具有高尚人品、以提携后进为己任的胸怀广阔的名家的指点，在学术道路上可以避免走许多弯路，较快地做出具有创新价值的学术成果来。

《宋史职官志补正》一书出版后，著名历史学家邓广铭先生等前辈名家评价极高，也使得诸多中青年学者更加敬重您的成就。您能够讲一讲邓先生的评价吗？您又是如何对待邓先生的评价的？

《宋史职官志补正》出版后，我最担心的是邓先生如何看。诚如傅璇琮先生所预料的，邓广铭先生"胸怀豁达，视学术如生命"。他衡量学术成果，不论资格，不计较对自己的研究的批评，完全以学术上有无建树作为心中的一杆秤。1992年9月，浙江省社科规划办聘请邓广铭先生担任浙江省哲学社会科学重点课题《宋史职官志补正》鉴定组组长，同时聘请了中国社科院历史所研究员王曾瑜、陈智超，上海师大古籍所研究员朱瑞熙及中华书局编审汪圣铎，成立成果鉴定小组。邓先生郑重其事，先把鉴定组四位成员意见归纳为二点："第一，龚延明同志对于《宋史职官志》所作的补正，既极周全详备，也极精审谛当；第二，这一新著的丰富内容，反映出龚延明同志对于宋代职官制度既具备通贯的理解，也具有深厚的基础根底。求之于当今之治宋史者，他的功力之雄厚应是居首选的。"然后，自己又专门写了鉴定意见：

"半世纪以前（《仰止集》第357页作'来'，下同），我曾撰写《宋史职官志考正》一文，重点在于抉发该《志》所有材料的来源，及纂修者们因不熟悉两宋官制沿革而造成的诸多谬误。……然因写作时限短促，思考多有不周，故在刊出之后，自行检校，亦惊诧于其中颇多极不应有之疏失，其后日本学者宫崎市定在为佐伯富的《宋史职官志索引》所写序言中，对拙文的失误之处亦间有指述。这说明，我的那篇文章只能算作开'大辂'之先的'椎轮'。然而'大辂'却一直迟迟没有出现。直到八十年代末，国内学者中，才有杭大历史系龚延明同志出而专心致志于宋代职官制度的研究，他除已先后对此课题发表了多篇具有较高质量的论文外，更以五个春秋的时间和精力，写成《宋史职官志补正》这一巨著，对该志的遍体鳞伤，细致周详地加核查、比证，每一条各都有理有据，说理都是极精当，证据都极确凿，所以都具有极强的说服力。此后之研究宋代职官制度者，若能以此书作为案头必备之参考书，不唯可以不致为《宋史·职官志》中那些歧互杂乱的记载而浪费其时间和精力；而且，在诵习此书的过程当中，还可以领会到：龚延明同志的这一著作，真正做到了'去粗取精、去伪存真、由此及彼、由表及里'的境地，这是只有很深厚的根柢、很广博的知识才能做到的。在这种强力的感染下，又必将使读此书者，愿以龚延明同志为榜样，扎扎实实地从事一些进行学术研究的基本训练，例如对史料的鉴别、比勘、考证、分析的技能才行。这本书是一本极具功力的书，是一本必会在许多方面都能起积极作用的书。"

1992年10月底，成果鉴定意见书寄回杭城。省规划办同志立即告诉我："鉴定组对《宋史职官志补正》予以充分肯定，评价很高。"对《宋史职官志补正》的评价，谁最具权威的发言权，自然是非邓先生莫属，也就是说，只有经得起邓先生的严格审查，才能证明我的研究工作没有失败。邓先生的评语，使我心中悬着的一块石头掉下了地；与此同时，又使我十分不安，我感到邓先生对我是鼓励多了，实际上我所做的，不过是站在邓先生的肩膀上摘到的果实，我的成果岂能视为"大辂"呢？这是前辈大师对我的奖掖，我自应把邓先生的鼓励当作继续努力的目标。邓先生对我这一成果的充分肯定，使我深受鼓舞，坚定了我在官制史研究这块园地继续耕耘的决心。

2001年第9期《读书》，刊登了北京大学哲学系陈来教授《醉心北大精神的史家》，文章即以邓广铭先生高度评价龚延明的《宋史职官志补正》为例，赞扬邓先生继承北大前辈大师陈寅恪先生等奖掖后进的传统。邓先生对我的研究成果《宋史职官志补正》的鉴定意见，已传为学界佳话。

在《宋史职官志补正》出版后，您随后就开始了《宋代官制辞典》的研究和写作了吗？

《宋史职官志补正》出版之后，我对宋代官制资料已有了较充分的积累。下一步该怎么走？这时我想起了傅璇琮先生的话："从事中国古代官制史教学可以，专门研究则以断代为佳。你可以选择《〈宋史·职官志〉补正》作为苦练基本功的阵地，逐步把握宋代现存的所有官制史料，在此基础上，继续深入，在'深'的方面把根扎得更深，争取站到学科前沿。不要满足于做一个一般有些成就的学者，要做一个有较高成就的学者。"那么，在完成《宋史职官志补正》后，如何继续深入？联想到在做《宋史职官志补正》过程中，我碰到过职官简称别名与职官术语这两个"拦路虎"。为了扫清这两个障碍，与做《补正》同步，我已注意搜集宋代职官别名与职官术语的例证与释例。宋史界有一个共识，认为宋史研究有两大难题：一是宋代官制，一是宋代儒学（参见肖黎等主编、王曾瑜撰著《中国古代史导读·辽宋金史部分》，文汇出版社1991年版）。我就想，如果撰编一部《宋代官制辞典》，在解释宋代正式官称之外，加上宋代职官别名与职官术语的解释，这也许对解决治宋史的难题——宋代官制会有帮助。我把这个想法写信告诉了已任中华书局副主编的傅璇琮先生。傅先生很快回信，谈了他的看法："宋代官制的确很复杂，出一部《宋代官制辞典》，对治宋代史与宋代文学史，都很有必要。问题是，出版断代官制辞典还没有先例。出版可能有些困难。但是，如果您能做出特色，具有较高学术价值，即使是断代官制辞典，也可以去争取出版。您不必犹豫，先做起来。"

傅璇琮先生是唐宋文学史大家，他深知历史制度之于文学史研究的重要性。他在名著《唐代诗人丛考·后记》中，对唐朝诗人姚合的仕履所作的考证，就是运用了职官制度史的学识：

钱起考：姚合《极玄集》卷上载钱起仕履，说是"终尚书郎、太清宫使"。后人因以太清宫使称他，如宋人诗话《诗史》谓"唐太清宫使、翰林学士钱起多作佳篇"云云。而按之于唐代官制，钱起是否曾为太清宫使，是颇可疑的，唐太清宫使之称一般是宰相兼的。如《新唐书》卷四十六《职官志》一，谓："宰相事无不统，故不以一职名官，自开元以后，常以领他职：……至于国史、太清宫之类，其名颇多，皆不足取法，故不著其详。"这里说得很清楚……修国史及太清宫使也是宰相所带的名号。北宋时宋敏求的《春明退朝录》曾说："唐制，宰相四人，首相为太清宫使。"而我们知道，钱起的官位最高不过是考功郎中，就是说，只是尚书省的一个郎官，是不可能为太清宫使的，《极玄集》所载当误。

这个例证，已能说明傅先生《唐代诗人丛考》为什么具有很高的学术价值，为学术界所推崇，就因为他治文学史、不离治史，文史紧密结合。唯其如此，他对我做断代《官制辞典》，不仅仅从出版家出版市场的立场评判，同时能从专家学者的高度予以审视，所以他在权衡了出版市场需求与学术价值两者之间的利害关系后，决定支持我去做《宋代官制辞典》。

我心定了。我做完了《宋代职官别名汇释》《宋代职官术语汇释》两个项目，同时加快做宋代正式官名辞条的搜集与释义。1987年，我感到编撰一部有特色的《宋代官制辞典》，已有较大把握，遂向中华书局编辑部提出了选题申请。那时，傅先生已升任中华书局总编，需统筹全局，工作上不便与我直接联系。选题一事，就委托综合室编辑处理。具体审稿任务又落实到徐敏霞先生身上，由她与我直接联系。徐敏霞先生也是北大高才生，有深厚的文献根底，保持了中华书局严谨的编审作风，工作极细致、认真。她看了我送审的样稿后，第一次写的书稿审读意见长达十二页，字写得密密麻麻，样稿中凡需修改处，一一贴上写有批注的书签。此后，在审读样稿、确定撰写体例方面，通信十余次，给予我悉心提示。经过两年多作者与编辑的反复讨论、修改，最后，《宋代官制辞典》从编写体例、条目释文的写作要求、引用书目的学术规范，都达成了一致意见。1989年，中华书局编辑部经过讨论，傅先生拍板接受了《宋代官制辞典》的出版，签下了出版合同。接着，我又用了近三年时间，完成全部书稿，在学术专著出版十分困难的大气候下，傅先生出于对有特色的学术著作的重视，不顾阻力，予以全力推动。1997年，中华书局终于出版了近180万字的《宋代官制辞典》。《宋代官制辞典》出版后，受到了学术界特别是宋史界的欢迎，被誉为"继邓广铭先生《宋史职官志考正》之后，宋史研究又一里程碑式之作"（王曾瑜《宋史研究的回顾与展望》，刊《历史研究》1997年第4期），获得浙江省第九届哲学社会科学优秀成果著作一等奖，第三届中国高校人文社科研究优秀成果历史类三等奖。《宋代官制辞典》能够做成并在中华书局出版，是与傅璇琮学生学者型出版家的支持和帮助分不开的。

《宋代官制辞典》的出版，标志着我在官制研究方面深入了一步。

其实，我们这些学习宋史的晚辈，都很清楚，您的这部皇皇巨著——《宋代官制辞典》，给我们带来了多大的学习便利，给了我们多少知识！您能简单回顾一下，在过去的那些岁月里，您是怎样一个词条一个词条、一个字一个字地将这部泽被史林、功德无量的力作完成的吗？

我做《宋代官制辞典》，是在80年代至90年代初。实际上，与做《宋史职官志补正》同步；当然，一开始，侧重点在《补正》。那时看一本书，同时收集宋代正式职官名、别名、术语与典故，并着眼整个中国古代官制、上下贯通，一张张做卡片，分类保存。卡片越积越多，还要考虑检索。因为一张卡片，也许只能列一个词条，没有答案；等看到另一条资料，能够阐释该词条时，再做一张卡片；之后，看另一本书，发现更有说服力的资料，于是做第三张卡片。同一词条，好几张卡片要放在一起，在成千上万至十几万张卡片中，如何能迅速地查到？我设计了两种索引，一是分类（如别名、术语），按词头的笔划做一本综合索引，二是按所做条目卡片先后顺序编一本顺序索引。凡做一张卡片，都要编上166或8873或者55692等编号，然后将每一个编号登记在综合索引的词条之下，如果同一词条有10张卡片，10张卡片的号码都登记在这一词条索引之下。这样，一个词条已做了多少卡片，每张卡片的编号是多少？放在什么位置？都能很快查出。

我每看一本书，目标明确，要收集的资料，一条不放过，全部做成卡片或札记，一网打尽。除非校对，不准备再看第二遍。因为现在要看的书实在太多，而人的精力毕竟有限，看一本，了一本，这样，通过日积月累，《宋史职官志补正》完成了，在做《宋史职官志补正》过程中积累起来的资料，已为做《宋代职官别名汇释》《宋代职官术语汇释》《宋代官制辞典》打下基础。下一步做《宋代官制辞职典》时，资料积累如滚雪球，越滚越大，目光已瞄向《中国历代职官别名大辞典》《中国历代官语汇释》《中国历代官制大辞典》……

显然，我在支配时间上，有两个特点，一是看书，看一本是一本，如同"海绵"吸水般，尽量把现在和下一步要用的资料全部吸取；二是今天做的课题，与今后要做的课题链接起来，决不单打一。这就需要我们从一开始，就得设计好自己的学术人生，规划好近期、中期、长期的研究目标。

《宋代官制辞典》问世后，铺天盖地的好评，如潮水一样涌来。对于您这样卓有成就的学者来说，一生治学达到如此境地，似乎已经足够了。但是，在此前后，您仍然日夜兼程地展开了227万字的《中国历代职官别名大辞典》研究和写作。那么，究竟是什么力量促使您这样全身心投入这一工作之中的？

实际上，上一问题，已涉及到这个问题。我撰写《中国历代职官别名大辞典》，并非重起炉灶，而是在做《宋代官制辞典》等著作时，已注意历代资料的收集；待资料积累到相当程度，再集中一段时间，把它搞出来。从某种意义上说，也是水到渠成。《中国历代职官别名大辞典》的出版，使我感触很深。因为它是我在治学过程中问难的产物。当我刚开始做《宋史职官志补正》的时候，常常碰到职官别名，却读不懂，《辞典》中也查不到，怎么办？我想，我是研究官制的人，遇到难题，绕过去，不能解释，那要更待何人何时才能解决？于是，我下决心，要攻下职官别名这个难题。学问、学问，就是遇到问题，给予解答。也可以说，做学问，就是抓问题，解决问题，有所创新。

您对《中国历代登科总录》《宋登科记考》的研究，从职官制度开始了向科举制度史研究的转变。您能够讲讲您这些工作展开的过程和您的研究心得吗？

1991年夏天，我在完成了《宋代官制辞典》后，正在考虑下一步做什么？傅璇琮先生仿佛了解我心思，于是年6月10日给我来了一封信："你今后几年，我想，或者仍就官制史的路子走，深入一步，写《宋代官制史》。邓先生的评价，我认为是合乎实际的。我对你有厚望，我认为你已具有底子与功力，完全能有进一步的成就。或者即以我们在北京讨论的意见，搞《宋登科记考》。"

其时，傅璇琮先生在出版了名作《唐代科举与文学》后，正想进一步考察宋代科举。

论及宋代科举制之研究，应该说，海内外学人已取得不少成果，而且还在继续全面开展。遗憾的是，与科举制兴起阶段唐代相比，就会凸显一个很大的缺陷：唐代已有清朝学者徐松编撰的《登科记考》，提供了内容丰富的唐、五代科举编年史，以及历届登科人及其生平履历，给研究唐代历史、文学和社会文化，提供了切实的基础资料。而宋代则没有，换言之，宋代科举制研究最基础性的工作，尚付阙如。

傅先生是唐宋文学研究专家，但他兼有史家的史识与史学功底，他的智慧之深邃，正是基于能将文史研究紧密结合。他站在文学家与历史学家高度，十分重视基础性资料整理与研究。他觉得，宋代科举于宋代文学、历史与社会文化影响十分深远。而迄今研究宋代文学史与社会文化，还没有如研究唐代条件好，有《登科记考》提供的唐代科举基础资料支撑，而宋代则没有《宋登科记考》，这是一个严重缺陷。于是，下决心要仿徐松编撰《登科记考》体例，撰编一部《宋登科记考》。怎么着手做？因为宋代科举史料繁多，傅先生感到此"绝非一人之力所能胜任"，他很自然地联想到了我。此时我正好完成了《宋代官制辞典》，还未确定下一步研究计划。在北京一次聚会上，他遂即向我提出了合作做《登科记考》课题的意向。我的第一个反应是，我研究宋代官制与做《宋登科记考》并不矛盾，科举属官制铨选范畴。其次，要研究宋代科举制度，必须掌握最基础的登科资料，迄今，海内外关于宋代科举研究成果虽然很多，但一直缺乏《宋登科记考》基础资料之支持，这已成为宋代科举研究后天之严重缺陷。为此，我欣然接受傅先生的提议。于是，两人一起商定，合作从事《宋登科记考》的编纂。工作放在杭大（现改为浙大），傅先生任主编。

龚延明

从1992年下半年起，在傅先生主持下，我就开始把主要精力投入《宋登科记考》课题的研究工作。我的主要合作者是祖慧博士（现为浙江大学古籍所教授），此外，聘请了历史系魏得良教授、图书馆线装书部主任尤钟麟等专家参与，并组织历史专业本科生、研究生帮助做些方志书中载的进士题名录的抄写等等。

1993年11月，因工作需要，原杭州大学领导，将我从历史系调至古籍所，接替88岁高龄的姜亮夫先生所长的班，担任杭大古籍研究所第二任所长。由于双肩挑，《宋登科记考》课题进展就慢了下来。加上《宋登科记考》之工作量实在太大，要涉及两宋浩繁的史料，所以，前前后后做了近十年之久！光校对打印稿就达七次，每校一次就得花上半年左右时间。在这前后近十年的编撰工作过程中，傅先生通过审读书稿，不断对书稿提出修改意见，其间来往书信，经年累月不断，我每次寄去部分样稿，他总是在百忙中，尽量安排时间先披阅，有问题则做出眉批，为保证书稿的质量，付出了大量心血。

《宋登科记考》书稿通过一次次修改、一遍又一遍校对，不断提高质量，直到2004年全部定稿。2005年，已由江苏教育出版社出版。

目前，我正和祖慧教授等合作者一起，全力以赴做国家社科基金项目、高校古委会重点课题，2000万字的《中国历代登科总录》。

从官制研究转向科举制研究，实际上并没有脱离中国古代职官研究的轨道。本质上讲，科举制也属于职官范畴。通过这十几年对科举制研究，我体会到，中国科举的制度文化内涵太丰富了！它对唐宋以后中国社会之影响，是全方位而特别深刻的，中国科举研究的空间是十分广阔的。《中国历代登科总录》这一项成果，为什么引人注目，因为它将为科举史研究提供最基础性的资料，即进士科及它科登科人的名录与小传，包括相关的书证。我总觉得，科举研究不能没有《中国历代登科总录》这个根。至于从制度层面上说，职官制度研究缺了科举制研究这一块，也是不完整的，有缺陷的。我是将科举研究作为职官研究的一部分看待，等《中国历代登科总录》全部竣工，我仍将去做中国古代职官研究。

切思：学术的真与美

您对科举制度的研究，目前已经取得了丰厚的成果，比如您对宋代殿试、进士以及清代科举八股文的研究等等，尤其是您完成的这部五百多万字的《宋登科记考》，我们想请您简单讲讲您的主要创获。

《宋登科记考》，在仿徐松《登科记考》体例基础上，有新的改进。

这部书包括科举大事记编年（100万字）与历榜登科名录（400万字）两大部分。总体设计，以编年大事记为纲，登科名录即置于大事记相应年、月、日之下，互相融会而贯通。大事记选取宋代科举方面的诏令、历届科举考试之知贡举官与考试官，及各种规定等，资料力求齐全，以帮助读者了解宋代科举制度的全貌与内涵。大事记依据多种宋代典籍搜罗排比、抉择，有较高的学术价值。如传世之《宋大诏令集》，有关科举的诏令全部亡佚，比之《唐大诏令集》，此其为逊色之处。大事记则可补《宋大诏令集》之阙漏。历榜登科人，按统一体例收录与说明。即每一登科人，依其所登科目，或进士，或诸科，或制科，或武举，或童子，或博学鸿词科，或赐第，以名次先后为序（倘不明登第名次，则以姓氏笔划排列），一目了然。

《宋登科记考》特点有二：其一，是书为两宋登科名录之集大成者。两宋共举行过118榜科举试，各种科目登第人共约有十万人。而完整保留下来仅两榜，一榜是《绍兴十八年登科录》，计353人；一榜是《宝祐四年登科录》，计601名，两榜合计才954人，不到总数的百分之一。其余九万多人，或已湮没，或散落在茫茫史籍之中，须从现存宋代典籍及后世相关史料中去寻寻觅觅。经过多年努力，我们已收录了四万五千人左右。迄今，没有一种著述或传记资料索引，能达到这个数字。比如前些年出版的以收罗宋代人物最多著称的《宋人传记资料索引》，共收二万二千多人，而其中登科人仅为六千多人，只占两宋登科人数之十六分之一。以此言之，《宋登科记考》所完成的工作，虽称不上"竭泽而渔，网罗无遗"，其收获亦堪称最巨的了。

其二，凡收录者，都撰有一小传，包括姓名、字号、籍贯、何种科目及第、及第之年、初授何官、最高官或终任官等。小传之下，附有书证。书证通常列二条以上；如有疑窦处，则予以考证，力求作到无证不信，言必有据。

如前所述，唐五代登科人，由于有清徐松所撰《登科记考》一书（28卷，约60万字），为研究唐五代文学史、政治史提供了极大方便。而明清两代，有《进士题名碑录》保存下来，提供了一张明清进士基本上完整的名单（虽无小传，但仍有较大参考价值）。独科举取人最多（达十万余人），人才辈出的宋代，无《登科记考》，为近世以来学术界一件憾事。不少学者想做这一弥补空白的工作，皆因工程浩大，"欲举还休"。今日终于完成此项目并出版，从而弥补了宋代科举研究的一大空白，于研究中国科举制度史、文化史、政治史，具有重要意义，特别是对研究宋代文化高度繁荣的原因，宋代科举与文学的关系，宋代区域文化的特点等等，都有直接的参考价值。

1999年夏天，我也曾亲自听您讲过，那时您的眼睛视力已不是太好，可是，此后以至于今，您不但独自完成了专著《岳飞评传》、二百二十多万字的《中国历代职官别名大辞典》，还和别的学者合作，完成了五百万字的《宋登科记考》以及正在完成二千万字的《中国历代登科总录》等大部头著作的研究和撰写工作。我们一直很惊叹您的勤奋与执着！几十年如一日的这样一个追求过程，本身就已经让我们这些后学高山仰止了，可是，您的著作，厚重、扎实、含金量之高，更是我们至为钦佩的。这究竟要用怎样孜孜以求的刻苦精神，才能够取得的？我们也想请教一下，您是怎样支配时间的？

我治学的座右铭是："不厌其烦见精神，日积月累奏奇功。"

科研成果是闪闪发光的，但任何成果的背后，都是枯燥、艰苦的劳动。人的志趣不同，然而有幸从事科学研究的人，就要有不怕苦、不怕烦、不怕寂寞，愿为人类进步文化的建设而献身的精神。富有创造性的成果，不可能一蹴而就，必须通过不断的学术积累。长路漫漫，遇到困难不能灰心、累了乏了不能停顿，最忌一曝十寒。有句名言："不怕慢，只怕站。"凡是决定要做的事，我必坚持每天都要做一点。只有坚韧不拔，一步一步往前走，一个台阶一个台阶往上登，总有达到目的和登上峰顶的一天。

切思：学术的真与美

支配时间，最重要的是讲究工作效率。我搞科研，从不单打一，即不东打一枪、西打一枪。要做到这一条，一是不为近利所动、受人所驱；二是在依据既定的学术方向，规划好近期、中期、长期的研究目标。以我的中国古代职官研究为例：第一步，先做《宋史职官志补正》，打基础，积累宋代官制资料；第二步，做《宋代官制辞典》（包括《宋代职官别名汇释》《宋代官制术语与典故》），同时，在看书过程中，已注意收集历代官制资料；第三步，做《中国官制大辞典》（包括《中国历代职官别名大辞典》《中国历代职官术语大辞典》《中国历代登科总录》）。可以看出，前一步为后一步做准备，第二步又为第三步做准备，一环扣一环，研究工作时间集约化程度较高，高效率就出来了。

您未来几年的研究计划，也想请您简单谈谈。

2010年以前，完成《中国历代登科总录》（2000万字），其中600万字的《两宋登科录》，已于去年发往出版社。2010年以前，还有一部书稿《中国历代职官术语词典》（与博士后沈小仙合作），将要定稿。2011年以后，准备撰编一部与众不同、独具特色的《中国历代官制大辞典》。

如果天假以年，我还有一个心愿，就是写一部《宋代官制史》和一部《中国科举》。

您开始从事研究的时代，和我们现在年轻人开始学习历史的时代，已经发生了很大的变化。最近三十多年来，您认为在学术界，对您影响最大的变化有哪些？

电脑的使用，给学术界带来了不可估量的变化。我以前做学问，全靠手工抄写卡片，既辛苦又费时；查阅资料，更麻烦，许多书要跑图书馆，有时为了校对一条资料，要翻很多书，那就够你一趟趟跑了。至于手稿誊抄，也要花费很多时间。如我那本180万字的《宋代官制辞典》，我女儿黎坪誊抄一遍，整整花了一年时间！现在，电脑输录文字，借《四库全书》《四部丛刊》等光盘检索资料，或上网查资料，真是方便多了。不过，电子数字化，不是万能的，它不可能代替汲取知识、消化资料、独立思考、分析综合。只要是富于创新的成果，而不是东拼西凑的论著，还是离不开人类进步的阶梯，要认真地一本本读书、一本本消化吸收，不断提高学养，提高专门知识，才能发现问题、解决问题，为学术的进步做出贡献。电脑毕竟是工具，我们可以借助它提高工作效率、扩大学习视野和信息交流的范围和速度，在有限的生命中，做更多的事。但不要忘记，电脑是人脑的奴隶，千万不要让奴隶取代主人，荒芜人脑。专靠电脑在东拼西凑上炒作，自以为得计，君不知，那实际上无异于在埋没自己的创造力，从而毁灭自己的智慧。

最后，想请您讲一讲您对我们年轻一代求学者的要求和期望。

做学问，就是"问难、求实、创新"。怎么做学问？首先要确定好可以向纵深发展的、有价值的学术方向，珍惜生命，设计好学术人生的目标，做出近期、中期、长期的研究规划，用"不怕慢、只慢站"的坚忍不拔的精神，一步一步向上攀登。在登顶的路上，体验生命创造的奇迹，享受科学生命的喜悦。

现在史学新观念很多，应当向国外进步的研究方法和有价值的学术成果学习。中西文化交流，是人类构建富有生命力的多元化文化的需要，也是民族文化自立于世界文化之林的需要。不过，不必跟着"洋风"走。如果，外国学者搞区域研究、士族研究，就将区域研究、士族研究视为世界第一，放下自己的东西，马上紧跟；外国学者搞社会转型研究、新儒学研究，到处是某某社会转型、新儒学与现代化的国际学术研讨会，那算新史学吗？新在那里？说不定，等你上了路，人家新的"方法"又出来了，跟不胜跟。不分国界，互相学习，本无可厚非。问题是，何谓文化交流？我们自己的研究方法、研究的方向，难道都不如国外的好？那么，拿什么同人家交流？我们有没有自己的史学研究的特色？我们自己能不能创新？如果只能跟着外国学者的研究跑，久而久之，我想，他们也会没有兴趣参加中国召开的国际学术研讨会了。所以，我希望青年学者，在借他山之石的同时，必须坚持以我为主，打造自己特色的史学研究方法，不断创造中国历史学的新成果，辉耀于世界！

张邦炜

张邦炜，1940年4月出生，四川省江安县人。1957年入兰州大学历史系，1964年西北师范大学历史系研究生毕业。曾任西藏人民广播电台编辑，现任四川师范大学历史系教授、四川省政协常委，曾任中国宋史研究会副会长。1990年四川省政府授予优秀教师称号，1992年获国务院颁发的政府特殊津贴。在《历史研究》《社会科学研究》《光明日报》、台北《新史学》《大陆杂志》《思与言》等报刊发表历史论文100余篇。

主要著作

《婚姻与社会·宋代》，四川人民出版社1989年版；

《宋代皇亲与政治》，四川人民出版社1993年版；

《中国封建王朝兴亡史·两宋卷》，广西人民出版社1996年版；

《辽宋西夏金社会生活史》，合著，中国社会科学出版社1998年版；

《宋代婚姻家族史论》，人民出版社2003年版；

《宋代政治文化史论》，人民出版社2005年版；

《恍惚斋两宋史随笔》，社会科学文献出版社2018年版；

《恍惚斋两宋史论集》，河北大学出版社待梓中。

切思：学术的真与美

两宋历史的多角度探讨
——访张邦炜教授[①]

张先生，您好！您长期从事宋史研究，对两宋历史作了多角度的探讨，成就引人注目，受到学界赞誉。今天想就您的治学经历、研究心得体会以及治学经验等方面作一访谈。首先请您谈一谈您的治学经历。

我们这代读书人因政治运动而耽误太多。我又是个地道的西部人，生长在四川，读书在甘肃，还有在西藏从事新闻工作达15年之久的经历。1980年回乡到四川师大历史系任教，20多年来始终站在本科教学第一线。如今年近古稀，每周仍得上若干节课，研治宋史只能在教学之余。史可法的对联："斗酒纵观廿一史，炉香静对十三经"，是我青年时代的座右铭。然而，我这辈子能坐下来认真读书的时间并不多，不敢说有什么学问和成就。顾炎武说："人之为学，不可自小，又不可自大。"前辈学者李埏先生特别推崇这句名言，并以"不自小"名其斋。想到这里，我才鼓起勇气，接受您的访谈。

其实，历史也给了我某些机遇。如读研究生，虽然正逢灾荒年，但因政治运动暂停，反倒读了些书。"知今宜鉴古，无古不成今"，古今总归是相通的。马克思曾说："人体解剖对于猴体解剖是一把钥匙。"历史是过去的现实，历史工作者应当对社会现实多少有所体验。从这个角度看，我由旧闻

[①] 本篇访谈完成者署名为何玉红、刁培俊。

到新闻、由新闻到旧闻的经历，也并不完全是负面的。这些，我在《宋代政治文化史论》一书的《后记》里已经讲过，这里不再多说。

张先生，您读研究生时的导师金宝祥先生是著名的唐史专家，您为何选择宋史为治学方向？金先生对您治学有哪些影响？

老一辈治史，往往强调贯通，反对支离破碎，主张高瞻远瞩。他们认为，通史姓"通"，通史贵在一个"通"字，不能局限于一朝一代，任何断代史都只是历史工作者的研究重点或突破口。金宝祥师50年代末所作《关于中国封建社会内部的分期问题》一文在今天看来或许有运用马恩理论较刻板、分析问题较笼统的缺陷，但体现了他"通古今之变"的学术追求，可惜因故未收入他的论文集。祥师（师母称老师，一个字而已："祥"。我们加了一个字，称"祥师"）还强调，做学问切忌死守师说。他认为，如果我跟着他学唐史，很可能师云生亦云。他治唐史，我学宋史，则可互相启发，教学相长。祥师"文化大革命"前，仅指导了两名研究生，还有一位安徽籍同学学明史，恰恰没有学唐史的。但效果不错，学明史那位同学敢于公开发表文章就明代里甲制度问题与梁方仲先生辩论，受到吴晗先生夸奖。他的毕业论文，郑天挺先生的评语是"足以成一家之言"，王毓铨先生的评语是"研究生而有如此成就，是罕见的"。令人惋惜的是，这位同学在"文化大革命"中失踪，可能早已"跳进黄河洗不清"了。

先师当年有理论派之称，在方法上给我很多启示。他认为，历史是一部一切皆生、皆灭、皆动、皆变的动画片，历史工作者应当具有强烈的历史感、时代感，善于将历史现象放在历史发展演变的总进程中去作动态考察。同时，他又强调历史工作者应当具有总体意识、全局观念，不仅要瞻前顾后，上挂下联，而且要左顾右盼，东张西望。同不少前辈学者一样，祥师主张"读书贵得间"，他要我把研究宋史的基本史料反复读，读出自己的体会、读出独到的见解，甚至读出哲学的意境。他说，余嘉锡先生学问不小，但仍自称"读常见书斋"，可见熟读基本史籍很重要。他的许多谆谆告诫，诸如"学贵自成体系，钻研应有重点"，"勤于读书，慎于提笔；勤于写作，慎于发表；宁肯少些，但要好些"等等，我始终牢记。

祥师早年虽有《南宋马政考》等论文发表，但中年以后即主治唐史。这或许是个重要缘故，我尤其注意向其他老师请教以及与同学切磋。如曾因所谓"右倾"受到批判的系党总支书记陈守忠先生，他主治宋史，一度指导我。又如赵俪生先生当年虽是所谓"右派"，曾被发配到农场劳动并挨打，被取消上课资格多年，但我有时也暗中拜访，并深受教益。让我感叹的是，30多年之后，再访已是86岁高龄的俪生先生，他仍清楚地记得我这个他没有上过课的学生，并亲切地以"老棣""老友"相称。再如利用假期返乡之机，就教于蒙文通先生，他叫我读《宋文鉴》。而张荫麟、邓广铭、陈乐素、全汉昇、聂崇岐、何竹淇、张家驹、李埏、华山、程溯洛、漆侠、徐规等先生，可以说是我当时未尝见面的老师。他们的代表作，我大多拜读。

至于同学之间的相互切磋，本系的几位研究生同学乃至青年助教，晚饭后常常集体散步，往往不是闲聊，而是谈论学术，有时发生争执，甚至争得面红耳赤，但是关系很融洽。讨论的问题很广泛，从土地制度、赋役制度到古巴革命、《李自成自述》、《平凡的真理》等当年的热门话题。在切磋者中，有位刚从北大毕业分配来的助教李树德先生，1962年冬突然因所谓"现反"而被捕。后来他的同班同学童超先生告诉我，树德先生坐牢十余年，已"改造"成为一名技艺精良的木匠，平反后回家乡哈尔滨去了。我读研究生时与四川大学研究生朱瑞熙先生的学术交流，以及瑞熙先生当年在学术上对我的帮助，宋史学界不少同人知道。

上个世纪初，日本学者内藤湖南提出"唐宋社会变革"之说，在史学界产生了重要影响。时至今日，这一论题依然经久不衰。您曾说过您是"一个较为固执的唐宋社会变革论者"。请问，您是如何理解唐宋社会变革这个问题的？

历史不是杂乱无章的流水账，研究历史不必也不可能凡事必录必究，只能抓关键，即发展趋势和时代潮流。我对阐释历史发展大趋势的论著素来情有独钟，如蒙文通先生那篇洋洋十万言的长文《中国历代农产量的扩大和赋役制度及学术思想的演变》。60年代初，我是从刚翻译出版的《宫崎市定论文选集》中，了解到他和他的老师内藤湖南的唐宋社会变革论的。其实，此论也很难说是他们的全新发现。早在宋代，沈括、郑樵、王明清等人就有察觉。明清时代，胡应麟、顾炎武、严复等人又有阐述。当然，内藤、宫崎讲得要系统些。我青年时代接受了唐宋社会变革论，或许是由于先入为主的缘故吧，后来始终坚信，并曾试图从不同角度将它细化、深化、具体化。虽然我既不赞成宫崎将唐宋社会变革定位为从中世到近世的转化，也不赞同宫崎将宋代艳称为"东方的文艺复兴时代"，并认为东方的文艺复兴早于西方的文艺复兴几百年，并引发了西方的文艺复兴。

在内藤、宫崎之说的影响下，我逐渐对唐宋社会变革形成了一些自己的认识。简要说来，大致有下面四点。第一，唐宋之际确实发生了一场较为深刻的社会变革，宋代是与魏晋南北朝乃至唐代不尽相同的历史发展新阶段。如果说魏晋"尚姓"，唐代既"尚姓"又"尚官"，那么宋代则"尚官"。换言之，社会从以门阀为中心转化为以品官为本位。唐代士人将"门地、人物、文学皆当世第一"，称为"三绝"；将"始不以进士擢第，不娶五姓女，不得修国史"，称为"平生有三恨"。而宋代士人则把"入翰林，加金紫，知贡举"，叫做"平生美事三者并集"；把"不得于黄纸尾押字"即"不历中书"、未拜相，叫做"平生不足"。唐、宋两代不同的说法反映了社会心理的变化，并折射出社会的制度性、结构性变迁。第二，唐宋社会变革不是一种社会制度取代另一种社会制度，并非严格意义上的社会革命，它不是以突变的形式出现，而是一个"剪不断，理还乱"的渐进过程。难怪学界出现了这场社会变革发生在唐代中叶、唐末五代、唐宋之际、庆历前后、两宋之交等多种说法。第三，唐宋社会变革前后经历了两三百年之久，开始于中唐前后，基本完成于北宋前期，可简要地表述为唐宋之际。第四，这场社会变革不是下降型转化，而是上升型运动，它并不意味着停滞，而意味着发展，宋代进入了继续发展、进一步发展的历史新阶段。总之，唐宋社会变革的深度、广度乃至影响，虽然不能同春秋、战国之际的社会变革相提并论，但不能因此而被忽视。

关于唐宋社会变革，您最初是从土地制度角度进行考察，在这方面，您的主要见解是什么？

这已是40多年前，读研究生时的事情了。当时，金宝祥师要我考察宋代的土地制度，并且认为问题的要害在于人身依附关系。他主张用《资本论》的方法、从抽象到具体的方法研究中国古代历史，一再强调马克思解剖资本主义社会从商品入手，我们剖析中国传统社会应当以人身依附关系为重点，人身依附是传统社会最普遍的关系、"最内部的秘密""隐蔽着的基础"。通过学习与探索，我提出了一些自己的看法。人身依附与自然经济的确是传统社会的基本特征，传统时代的土地所有权具有品级性、凝固性即非运动性。然而传统社会自有其自身发展的阶段性，漫长的传统时代并非一成不变，商品这一"革命要素"的前后变化特别值得注意。

稍许具体些说，我的主要论点有四：第一，针对当时较为流行的宋代是个"无处无庄园的庄园世界"的说法，我认为宋代土地经营的主要形式不是设置庄园，而是招人租佃；宋代的庄园大多以租佃方式经营，其实质往往不是农奴制，而是租佃制。而由魏晋乃至隋唐庄园制到宋代租佃制的演变，正是唐宋社会变革的最重要的内容之一。第二，宋代租佃制的发展不是单纯的量的增长，关键在于质的变化即人身依附关系的弱化，而佃农退佃自由的争得、私家佃家而负担国家赋役、超经济特权的削弱则是宋代人身依附关系弱化的具体表现。第三，我不赞成宋代农村完全自给自足，是个与外界无经济交往的绝缘体的说法，认为从魏晋乃至隋唐商品经济的冷落到宋代商品经济的活跃是唐宋社会变革的又一重要内容。而其要害在于土地作为商品较多地进入市场，即传统社会土地所有权的非运动性到宋代出现了松动的迹象。第四，变徭役为赋税是唐宋时代社会变革的重要趋势之一，这一趋势的发展使得宋代赋税重而徭役轻，而兵役的大体消逝、厢军的分担夫役以及夫役雇法的推行则是宋代赋重役轻的明证。

这些看法见于《论宋代的官田》《关于宋代客户的身份问题》《北宋租佃关系的发展及其影响》《北宋赋重役轻论》等文，朱瑞熙先生在其最近所著《宋史研究》（二十世纪学术史丛书）一书中有扼要介绍。需要说明的是，这些文章有的发表在"文化大革命"后，但都写成于"文化大革命"前。当时思考问题的角度和论述问题的方法，与现在差别很大。自己再读这些旧稿，真有恍如隔世之感。如今再翻这些陈年老账，不知青年学子是否感到话题太陈旧。

婚姻家族史是您研究的一个重要领域，《婚姻与社会·宋代》《宋代婚姻家族史论》是您在这一领域的代表作。我们注意到，宋代婚姻、家族等研究其实是您探讨唐宋社会变革这一问题的进一步深化。请您谈谈这方面的研究情况。

我涉足婚姻、家族史，始于80年代初。郦家驹先生要我为《中国大百科全书·法学卷》写些法制史方面的条目，其中有《封建家庭制度》。此后，我一度将这一领域作为自己的研究重点，写了几篇文章，主要目的确实都在于从这个角度论证唐宋社会变革。

在古代历史上，唐代士人以"好求山东婚姻"闻名。而苏东坡诗则曰："闻道一村惟两姓，不将门户嫁崔卢。"陆放翁诗亦云："寒士邀同学，单门与议婚。"可见，宋代某些士人竟以不婚名族，议婚单门为荣。唐、宋两代在婚姻观念和择偶标准方面的变化相当明显，宋人郑樵已有精当的概括："自五季以来，取士不问家世，婚姻不问阀阅。"我的《试论宋代"婚姻不问阀阅"》一文无非是从士庶通婚浸成风俗、后妃并非全出名门、宗室联姻不限门阀三个方面对郑樵之说作了一些印证而已。人们难免会问：不问阀阅又问什么？宋人已有回答："议亲贵人物相当。"所谓"人物"，就男性来说，指进士。当时中上流社会"求婚必欲得高第者"。王安石的诗句："却忆金明池上路，红裙争看绿衣郎。"便是对这一风气的形象描述。所谓"绿衣郎"，指皇上赐予绿袍的新科进士。我的《宋代的"榜下择婿"之风》一文只不过是鸠集有关史料，对榜下择婿的表现、方式、渊源、实质及其对社会的影响作了一些初步的说明。上述两文试图说明魏晋乃至隋唐是极端讲究门当户对的时期，而"议亲贵人物相当"即择婿并不特别注重其家庭的现实状况，尤其看重其本人的未来前程，意味着两宋是相当标准的"郎才女貌"时代。"婚姻不问阀阅"既是宋代社会流动的表现，又是其结果。我在《两宋时期的社会流动》一文中认为，从前"贵者始富"的格局到宋代已被打破，代之而起的是"贫富贵贱，离而为四"。并指出当时的社会流动主要包括三个方面，即政治上"贱不必不贵"、经济上"贫不必不富"、职业上"士多出于商"。

唐宋社会变革的确广泛地涉及到社会生活的各个方面，但也并非无处不在，不能捕风捉影。从前有一种较为流行的说法：唐代礼教束缚不严，妇女再嫁者甚多；宋代提倡死守贞节，妇女改嫁者极少。并以此证明宋代妇女的社会地位直转急下。其实，宋代"膏粱士俗之家，夫始属纩，即括奁结橐求他耦而适者多矣"。就这个方面来说，唐、宋两代并无明显差异。我在《宋代妇女再嫁问题探讨》一文中指出，当时法律原则上允许妇女再嫁，舆论并不笼统谴责妇女改嫁，理学兴起于两宋而流弊主要在明清，宋代仅仅处于妇女地位下降的过程之中，并不是这一过程直转急下的转折点。与上述论点有关，在当前流传的某些性文化、性历史书籍中，往往将唐代渲染为性自由奔放期，把宋代指斥为实行严厉的性禁锢。我在《两宋时期的性问题》一文中认为，唐代前期放纵的宫廷性生活并非当时社会现实的缩影，相当开放的敦煌性文化难以代表唐代全国各地的整体状况。如果仅以某一特定地域而论，宋代岭南某些地方盛行"卷伴""听气""飞驼""多妻"等习俗，其性生活的开放程度与唐代敦煌地区差别不会太大。从总体状态上说，唐、宋两代均处于性压抑期，并无实质性的不同，只有程度上的差异。

近年来，有关宋代女性、家族等方面的研究依然得到不少学者尤其是青年学子们的关注，您能否就如何进一步开展这方面的研究作一介绍？

我确实写过一些与宋代妇女有关的文章，如《两宋妇女的历史贡献》《宋代的公主》《宋真宗刘皇后其人其事》等。但我不止一次说过，我的专业是宋史，不是家族史，更不是女性史。从事女性史研究，应当具有女性的意识和视角，这个基本条件我不具备。让我谈这方面的问题，难免不专业，甚至很外行。

兴起于上个世纪早期的妇女史研究具有为政治服务、从概念出发的特点，充满"五四"情结，不免涉及面较窄，观点较片面。当时出版的代表性论著以反对男尊女卑、提倡尊重女权为目的，将中国古代妇女史定性为"一部妇女被摧残的历史"，或许可以说是抓住了要害，同时说古代妇女"无知识、无职业、无意志、无人格"，其准确性就相当有限了。更有甚者，说什么古代妇女的全部生活不过是围着锅台转，他们的历史作用无非是生儿育女。儒家的某些说教诸如"三从四德""从一而终""女无外事""女子居内""饿死事小，失节事大"等等，又较为有力地支撑了上述论点。于是全部妇女史研究便聚焦于妇女如何被摧残，以致一提起传统时代的中国妇女，人们立即想到的便是祥林嫂和白毛女。直到80年代，就宋代妇女研究来说，仍以妇女的社会地位问题为中心，围绕"寡妇再嫁"与"女子财产继承"两大论题。

90年代以后，中国女性史研究取得了长足的进展和很大的突破。研究者们不再将概念当历史、把说教当事实。如所谓"三从"，其实古代妇女不一定都"从夫"，"妻管严"由来已久。在妻权虽然较弱、但母权极强的中国传统时代，母亲尤其不可能"从子"。不仅研究领域拓展，而且观念、方法很新。我注意到了过去的妇女史只是"添加史""补偿史"的提法，如今的女性史是以女性的观点和立场书写的通史，对传统史学具有颠覆意义。何谓"颠覆"，也就是"破"吧。从前有句老话："破字当头，立在其中。"破什么，立什么，如何做到破、立结合，究竟应当如何对待传统史学，只怕是新式的中国女性史所面临的一大问题。另外，当前方兴未艾的中国女性史在很大程度上是欧风美雨席卷下的成果，如何将从西方引进的观点和方法与中国古代的历史实际相结合，也是亟待解决的又一大问题。好在已有较为成功的例子，可供借鉴。

关于家族史研究，从前似乎存在着选题往往较笼统，大而无当、大题小做的弊病。在未做深入的具体研究之前，就急于对带趋势性的大问题下判断、作概括。这些判断和概括难免简单化、不准确。我80年代初所写短文《中国封建时代的家庭制度》虽事出有因，这一弊病毕竟比较明显。后来也事出有因，曾转而对宋代一些具体家族作个案研究，如盐泉苏舜钦家族、仁寿虞允文家族。通过这些探索，确实有所发现。如宋代家族研究一度以累世聚居于一地、财产为家族所共有的"义门"为重点，其实宋代家族的主要形态不是共财同炊，而是别籍异财。又如人们通常较为笼统地认为宋代士大夫家族力图保持其名门地位，其实其具体目标各不相同，大致可分为政治型名门、经济型名门和学术型名门。然而当前这一领域的研究似乎又走向另一端，选题一般较具体，出现了小而无当、小题大做的倾向。研究问题恐怕应当从抽象到具体、从具体到抽象，如此循环往复，最终对问题做出新的、抽象的、较准确的概括。如何将具体与抽象、微观与宏观很好地结合起来，或许是宋代家族史研究所应当面对的问题。

《宋代皇亲与政治》是您关于宋代皇室与政治方面的一部力作，请您谈谈其中的主要学术见解。

这本小书写于80年代后期，书名也可改为《两宋内朝研究》。宋代政治制度研究或许可以分为两大块：外朝即官僚体系，可谓热门话题，研究者们云集于此；内朝即皇亲系统，长期以来则"门前冷落鞍马稀"。内朝具有两大基本特征，一是由皇帝的亲属或亲信组成；二是凌驾于以宰相为首的外朝之上。它更能体现传统政治的"家天下"统治属性，不应当受到忽视。

宋人注重总结历史经验，他们认为："权重处便有弊。宗室权重则宗室作乱，汉初及晋是也。外戚权重则外戚作乱，两汉是也。"这本小书认为，宋代皇亲国戚的权势受到较为严格的限制，并分别论述了宋代宗室任职受限、后妃较少插手朝政、外戚不预政、两宋无阉祸等历史现象，从而得出了宋代大体无内朝的结论。同时认为，宋代皇亲国戚之间的权力之争不曾激化到兵戎相见的程度，皇位转移总的来说比较平稳，宋代大体无内朝意味着基本无内乱。宋人曾炫耀："本朝超越古今"，"百年无内乱"。而内部较为安定的社会环境作为一个重要因素，促成了宋代社会经济的腾飞和文化的高涨。这些看法是否确当，有待学界指教。

紧接上一个问题，在宋代政治制度方面，您对诸如"宋代的皇权与相权""北宋前期的都部署"等问题提出了自己的独到见解，请问您是如何思考这些问题的？

关于宋代的皇权与相权，大家都知道，目前大致有三种不同的看法。最初，我也是钱穆先生"宋代皇权加强、相权削弱论"的传播者。80年代前期，在杭州国际宋史研讨会上，听王瑞来先生讲他的"宋代相权加强、皇权削弱"说，真可谓振聋发聩。我既有赞同之处，也有困惑之点，特别是对其宋代已处于君主立宪的前夜之说，感到很不理解。我想，皇权与相权并不是两种平行的权力，皇权是最高统治权，而相权只是最高行政权。为什么只能此强彼弱？难道就不可能此强彼亦强或此弱彼亦弱吗？

经过一段时间的思考之后，我提出了宋代皇权和相权都有所加强的看法，指出：宋代皇权加强、相权削弱论与相权加强、皇权削弱说，论点虽然截然相反，其出发点却惊人地一致，都立足于皇权与相权绝对对立，只怕是在绝对不相容的对立中思维。我认为：宋代皇权有所加强表现在皇帝的地位相当稳固，没有谁能够同他分庭抗礼，因而被称为"看不见篡夺的时代"；相权有所加强则表现在以宰相为首的外朝能够比较有效地防止皇帝滥用权力，作为皇帝分割外朝权力工具的内朝大体上不存在。何以会如此，则应从宋代当权的士大夫阶层的特质中去寻求。"满朝朱紫贵，尽是读书人。"与从前的门阀士族相比，由科举出身的读书人所组成的宋代士大夫个体力量虽小，群体力量却大，在改治生活的各个方面都发挥了举足轻重的作用。瑞来先生90年代即远走日本，后来没有机会就这个问题同他进一步交换意见，相信他仍有不同看法。

对于北宋前期的都部署，我主要有两点浅见。一是不宜将都部署一概视为地方统兵官。宋人说："今之都部署，昔之大总管。"北宋初期的都部署往往出于战争需要而临时设置，负责执行重大军事使命，系中央统兵大员或前敌总指挥，其地位、权力和作用均不在三衙长官之下。将北宋初期的统兵体制概括为"枢密院—三衙体制"，不免有意无意地轻视了都部署的作用。如果说两枢密院长拥有调兵权、三衙长官拥有握兵权，那么都部署这时则拥有统兵权。北宋初期的统兵体制可否概括为"枢密院—三衙—都部署体制"。二是都部署制度的变化反映了宋朝国策的转变。如都部署一职由武将担任到由文臣任正职、武将任副职的变化，体现了朝廷从重武轻文到重文轻武的演变。又如五代宋初都部署尚无行营、驻泊之分，一般均为进攻性的行营都部署，而非防御性的驻泊都部署。驻泊都部署出现于宋太宗时，特别是雍熙北伐失败以后，意味着宋太宗对契丹的战略方针已由进攻为主转变为防御为主。可见，对历史现象作动态考察很重要。

北宋晚期的历史，由于资料缺乏、分散等原因，难度较大，学界探讨较少。您对北宋晚期的政治进行了一系列深入的考察，也发表了不少新的见解。那接下来就请您谈谈这方面的研究。

与以教书为职业有关，我研究宋史无规划、无重点，甚至不知课题为何物。选题主要出自个人兴之所致，对什么问题有兴趣就用心去探索，有心得就动笔去写，很自在，无压力，乐在其中。80年代，我从事所谓"科研"活动，大致奉行三条原则。一是一般不与人合作，避免因署名等问题扯皮，出了问题，相互推诿，自己能做多少就做多少。二是一般不申请课题，当时还不知道，所谓"项目"即"圈钱"，只认为那是"枷锁"，要造计划，又有进度，不自在。三是一般不接受出版社约稿，原因在于不仅其题目往往自己并不感兴趣，而且到时催起稿子来，逼得你去粗制滥造。不如自己书写好后，再想法去申请一点出版补贴。这些或许是我这个自由职业者的"小手工"意识的反映。后来随着形势的发展以及遇到某些具体情况，这三条"戒律"多少有所改变。如我之所以研究北宋晚期，便是由于10多年前在经过劝说之后，接受了人民出版社张秀平编审的约请，写一本有关宋徽宗及其大臣们的书。出版社约稿，我最怕限期交卷，好在这次无期限。然而迄今，我对徽、钦两朝，只有点滴体会，并无系统新见，于是惭愧地向秀平编审交了白卷。

对于北宋晚期的政治，我的点滴体会集中在两个方面。一个是宋徽宗初政为什么受到好评？徽宗即位之初，当时人寄予厚望。黄山谷诗云："从此滂沱遍枯槁，爱民天子似仁宗。"后来博得赞誉，王夫之说："徽宗之初政粲然可观。"关键在于徽宗初年"内外皆有异意之人"，他行事较谨慎，不敢胆大妄为。可是同他对立的蔡王集团很快被翦除，他从此既无反对者，又无制约者，生活在一片颂扬声中，为所欲为，最终被历史定位为亡国昏君。另一个是北宋为什么亡国？原因固然是多方面的，如北宋晚期士大夫阶层的集体堕落，等等。当时官员大多无理念、无荣耻，一切以维护个人既得利益为指归，"反覆不常，唯利是附"，是些有"三变"乃至"万变"之称的"变色龙"。他们的"格言"是："东也是吃饭，西也是吃饭。""姓张底来管着，是张司空；姓李底来管着，是李司空。"应当特别强调的是，北宋亡国的原因并不像人们通常所说，唱老调而亡国，因落后而挨打。恰好相反，北宋唱着"新"调子亡国，因极度腐败而亡国。北宋晚期之所以腐败，是由于北宋开国以来所形成的权力制约体系全面崩溃，御笔行事，宦官典机密，三公领三省，皇权以及内朝、外朝的权力一概恶性膨胀。从总体上说，北宋亡国不是因为死守祖宗家法，反倒是放弃作为祖宗家法重要组成部分的权力制约体系所致。

  研究北宋晚期历史，难点在"蔡京变法"。这个词汇并非我所生造，既见于《宋名臣言行录》，又出自陈傅良之口。不同的是，"变法"在今天通常是褒义，而在古代则大致是贬义。其实又何尝不可将它作为中性词，可褒可贬？蔡京变法涉及政治、经济、军事、社会生活等各个方面，其牵面之广、影响之大恐怕不亚于王安石变法。"什么藤结什么瓜"，奸臣只能做坏事，对它简单予以否定容易，具体分析则难。日后如有机会，将参考已有成果，再挖掘些材料，作进一步思考。经过一百多年的稳定发展，到宋徽宗时，北宋王朝可谓登峰造极。然而这座金碧辉煌的大厦一触即溃，其基层政权之腐败、松散，可想而知。当时民怨鼎沸，民变连绵，与此关系极大。《靖康要录》等书中有些资料，也可再作探讨。

  另外利用这个机会，对《靖康内讧解析》一文作一点说明。"靖康内讧"一词源于南宋人周必大，他说："靖康岌岌，外狲内讧。"此文我写了三万多字，自我感觉还好。2000年春天完稿后，正因事到北京，顺便带上向王曾瑜先生请教。曾瑜先生说，他也有一篇文章，叫《宋徽宗和钦宗父子参商》，不久前刊登在一本庆祝性论文集上。他说，我的文章比他写得长，材料也充实些。鉴于两篇文章内容详略有异，看法也不尽相同，所以仍投请本校学报刊载。

  众所周知，宋史研究重北宋轻南宋。您曾对南宋的几个重要政治人物做过研究，并对一些争议较大的人物与事件做出新的论述，是这样吗？

切思：学术的真与美

宋史研究重北宋而轻南宋，从前的确如此，若干年前已有改变，出了一些以治南宋史为主的著名学者，如黄宽重、梁庚尧等先生。至于我个人，一向重制度而轻人物，重趋势而轻事件。其实，历史以人为本位、由事件所组成，不应厚此薄彼。然而，我转而研究人物与事件，并不完全出于自觉，而是由于80、90年代之交，应友人赵葆寓先生之邀，参加一家出版社组织撰写的八卷本《中国封建王朝兴亡史》，因而不得不对宋代的重要人物和主要事件作较为系统的梳理。

讲到这里，不禁想起死于30年代初的成都大学教授刘咸炘先生。他思想极深刻，且研究面很广，36岁去世时，已著作等身，有天才学者之称。咸炘先生采纳蒙文通先生的建议，曾打算重修《宋史》。他的办法是先作专题研究，写成数十篇论文，就像已经写成的《北宋政变考》《南宋学风考》那样，然后再着手编写《宋史》（见其《史学述林五·重修〈宋史〉述意》，载刘咸炘《推十书》第2册第1535—1358页，成都古籍书店1996年影印本）。可惜咸炘先生英年早逝，此事未果。我当时也知道，只有像咸炘先生这样，心无旁骛，不存功利之想，全神贯注，慢工出细活，才有可能出精品。但合作者进度快，出版社催得紧，而且还等着拿书去评奖，我也不敢太慢。最后这套书果真获得中国图书奖，但是否每本书都是精品，只得交由历史去检验、后人去评判了。

当时，我边读史料、边思考、边写书。在梳理人物与事件的过程中，发现从前在宋史研究中，有一种固定的思维模式，即将主战与主和绝对对立，一味肯定主战，全盘否定主和。这不免离开了具体问题具体分析的原则。以韩侂胄与开禧北伐为例，韩侂胄虽然以建立盖世功名为目的，以轻举妄动为手段，一旦受挫即无意用兵、遣使求和，但因其对金主战便受到某些研究者的高度评价，甚至将他与岳飞相提并论。如此类比，未免欠妥。南宋学问家王应麟认为："绍兴、隆兴，主和者皆小人；开禧，主战者皆小人。"此说不无一定道理。

某些事件为什么会发生，也值得推敲。如号称出身"八十年忠孝之门"的吴曦何以背叛南宋、投降金朝？经过思考后，我作了这样的概括：吴曦叛宋降金以地方与朝廷的矛盾、武将与文臣的对立为背景，以四川易守难攻、经济自给自足的地理环境为凭借，以引诱其投降的金朝为依托，以韩侂胄既急于北伐又昏聩无能为条件。一言以蔽之，吴曦之叛是四川地方势力与南宋中央政府、吴氏武将集团同南宋文官政权长期矛盾和对立的产物。这一概括是否妥当，不敢自以为是。

我们知道，宋代的社会风俗也是您关注较多的领域，您能否介绍一下您在这方面的研究情况？

宋代的社会风俗林林总总，我所涉及的仅限于婚俗、葬俗、慈幼与敬老之俗以及与妇女相关的习俗。之所以涉及这些领域，是由于90年代与朱瑞熙、刘复生、蔡崇榜、王曾瑜先生合著《辽宋西夏金社会生活史》。按照曾瑜先生的安排，我承担妇女、婚姻、生育与养老、丧葬等章节。书中不得不讲到的不少习俗，如相媳妇、坐花轿、交杯酒等等，前人早有研究。除榜下择婿、进士卖婚、宗室卖婚、访婚卜者、婚嫁失时而外，对于婚俗，甚至包括族际婚、中表婚、异辈婚、收继婚在内，我并无特别专门的研究。

至于辽宋西夏金时期的丧葬习俗，种类同样很多，诸如避回煞、烧纸钱、看风水、做道场之类，其中以火葬的盛行最引人注目。有学者估计，宋代两浙路、河东路的火葬率高达30%，与我国各地现在的平均火葬率接近。不仅宋朝所辖汉族居住区如此，契丹、党项、女真、吐蕃、乌蛮、末些蛮等也如此。不少研究者将宋辖汉族居住区火葬的盛行视为佛教传入中国的结果。人们不免会问：佛教从汉代传入，到唐代后期已达900年之久，为什么火葬者屈指可数？在我看来，火葬习俗形成于五代十国时期，关键在于"五季礼废乐坏大乱"，包括死者以"入土为安"在内的不少传统观念动摇。加之适逢战乱，生者尚且苟延残喘，死者后事只能从简，火葬正是在变乱中悄然成为风俗。火葬是契丹、党项、乌蛮、末些蛮的原始葬俗，而吐蕃受党项影响，女真受契丹、汉族的共同影响，转而实行火葬。由于各民族之间丧葬习俗的相互交流，无论汉族还是少数民族，火葬者越来越多。于是，辽宋西夏金时期成为我国历史上火葬最为盛行的时期。

宋代的文化教育也是您的研究领域。您发表过一篇长文，探讨两宋文

化的普及性。请问您是怎样看待宋代文化普及的？这一历史现象出现的社会背景以及它对此后社会文化的发展有哪些影响？

《论宋代国子学向太学的演变》是我在这个领域里所发表的第一篇文章，也是我"文化大革命"后所写的第一篇宋史论文。此文写于80年代初，我刚从西藏归来，学业荒疏，心里没底，草稿写成后，送请当时远在北京的朱瑞熙先生修改。经瑞熙先生增补后，提交宋史研究会郑州年会讨论，后来有幸被邓广铭先生收录他所主编的《宋史研究论文集》。此事增强了我重操旧业、研治宋史的信心。

此文以及大致同时写成的《论北宋"取士不问家世"》一文仍然是在为唐宋社会变革论张目。所谓国子学向太学的演变，换言之，即贵胄子弟专门学校转化而为士庶子弟混合学校的过程。它意味着朝廷"广开来学之路"，中央官办学校招生范围扩大、入学资格降低，实际上已向"孤寒之士"敞开大门。学校教育制度的这一变革被官僚政治所决定，又为官僚政治服务，并且从一个侧面宣告了门阀政治的终结。而"取士不问家世"则是宋代在选举取士制度方面的重大变革。与唐代相比，宋代科举考试有两个明显的不同之处。一是录取范围扩大，"工商不得预于士"的旧制在北宋时已被突破；二是制度比较严密，唐朝的科举制度在很大程度上只不过是新瓶装旧酒，科举其名，荐举其实。随着糊名、誊录、锁院、别试等措施的实行，宋代科举考试较为公正。如果说唐朝士人曾牢骚满腹："空有篇章传海内，更无亲族在朝中"，那么宋代举子则踌躇满志："惟有糊名公道在，孤寒宜向此中求。"包括所谓"孤寒"在内的各阶层子弟通过读书应举、入仕为官的道路，宋代比唐朝要宽广些。

至于所谓"长文"《宋代文化的相对普及》，写于90年代初，认为文化的相对普及既是宋代文化最为明显的特征，又是宋代文化繁荣的象征。其主要表现是文化从先进地区推广到落后地区、从通都大邑推广到穷乡僻壤，特别是从士阶层推广到农工商各阶层，极少数世家大族再也不能完全垄断文化，整个社会文化水平提高。这显然是钱穆先生将宋代以前称为"贵族社会"、宋代社会称为"平民社会"的一个重要依据。文化普及出现的社会背景方面的因素太多，如物质条件的变化，随着社会生产的发展，各阶层的生活改善，随着印刷技术的进步，书籍比较普遍。又如政治环境的变迁，宋朝由读书人、士大夫掌权，政府属于文官政府，号称"以文治天下"。再如社会流动的趋势，面对"今日万钟，明日弃之；今日富贵，明日饥饿"的社会环境，各阶层都特别重视教育后代，宣称："人生至要，无如教子。"宋代的文化普及对此后社会文化发展的影响，也是多方面的。比如它推动着各种文化形态在不同程度上趋向于通俗化，都出现了从"雅"到"俗"的变化，甚至包括理学的传播在内，也力求做到通俗易懂，喜闻乐见。

在这篇文章的结语里，我曾经指出，文化的相对普及绝不是宋代文化的唯一特征，此外如邓广铭先生所说"思想的相对解放"之类，或许也是宋代文化的重要特征。文章写成后，我注意到有一种相当流行的说法：唐型文化相对开放、外倾、色调热烈，宋型文化相对封闭、内倾、色调淡雅。关于唐、宋两代文化类型的变迁，从雅到俗论与转向内在说是否绝对对立，两说可否兼容并包，我尚未做深入研究，目前不敢妄加臆测。

学者治学的外部社会环境，20世纪五六十年代和90年代以来变化很大。学术环境的变化在很大程度上影响到学者内在的学术追求和外在的论著表现形式。您说过，由静而动，从坐得住到舍得跑，是文史学界的一大变迁。目前青年学者如果有志于治学，需要注意哪些因素，方能不随波逐流，专心向学而有所建树？

我虽不敢说是"小车不倒只管推"，但平时毕竟是"只顾拉车不看路"，并不适合回答这类问题。

与五六十年代相比，眼下的治学环境的确有很大变化。有学者将这一"变化"直接贬称为"恶化"，未免太笼统，有偏颇之嫌。学术自有其自身发展的规律，只怕很难"大跃进"，很难突然"放卫星"。谚语说："香饵之下，必有悬鱼；重赏之下，必有勇夫。"这一信条适用于古代战争，今天用来繁荣学术，未必管用。宋人曾感叹："士大夫多为富贵诱坏"，"贪利禄而不贪道义，要做贵人而不要做好人"。或许与方今的现实风马牛不相及。然而目前的激励机制很可能造成学界心浮意乱，可是当年的乱打棍子则肯定叫学者胆战心惊,当年绝不比目前好。老一辈"不花国家一分钱,照样搞科研",如今财政有些投入,总比从前一分钱也无要好些。特别是古籍的大量影印和电子版古籍的研制,使文史学界的治学条件有了很大改善。至于所谓"由静而动",我的意思是清楚的,并不赞赏"舍得跑"。对于学者来说,坚持精力的专注毕竟比争取财力的投入更重要。

我个人认为,在当前的学术环境下,青年学者应当首先做到两个务必:一是务必耐得住寂寞。欧阳修所说:"至哉天下乐,终日在书案。"或可置之座右。二是务必精读基本史籍。董遇所说:"读书百遍,其义自见。"或可奉为圭臬。至于前辈学者所说考索之功与独断之学、功夫要死和心眼要活之类,虽然都是具有指导意义的经验之谈,但在今天也许还在其次。浅见如此,不一定对,仅供参考。

目前学术期刊大多将每篇论文的字数限制在一万字以内,甚至要求不超过六七千字。青年学者的论文往往被编辑先生随意删减。台湾学者批评我们的大多数论文缺乏论证过程。对此,您有什么想法?

论文当长则长,该短则短,并无一定之规,不可一概而论,这是人尽皆知的常识。然而如今学术期刊容量有限,供不应求,只得忍痛割爱,对稿件痛加删削,实属无可奈何。如此这般,天长日久,学者习惯成自然,浅尝辄止,封皮当信,史料不深挖细找,论点不多方求证,确实会对学风造成不良影响。我的应对办法是按照期刊要求,交压缩稿。到出论文集时,再刊登原稿。现在有网络,事情更好办。压缩稿发表后,再将全文挂到网上。这个办法行吗?

您说过:"遇事洒脱些,做事认真些,待人坦诚些,性情开朗些,生活潇洒些。"这是您多年来治学与做人的真实写照。您从事学术研究多年,一定积累了许多治学经验,请谈谈好吗?

这25个字确实是我的真情实感,但有两点需要说明。第一,就整个学界来说,不具有普遍性。那些功成名就者应接不暇,很难洒脱;心满意足,自然开朗;项目太多,岂能潇洒?所谓"洒脱""开朗""潇洒"云云,只不过是我这个不成功人士的自我解嘲而已。第二，对青年学子来讲，不应造成误导。在我所接触的学生中，大致有两种值得注意的倾向。一种是太贪玩，潇洒过分，甚至终日无所事学业。对于他们，理应告诫：做事应当认真些！另一种是太拼命，把身体当儿戏，甚至为学业而晕倒，好在尚无英年早逝者。对于他们，则应强调：生活何妨潇洒些？

  我的体会是，做学问乃兴趣之所在，有张有弛，提得起，放得下。几天杂务缠身便郁闷，一旦坐进书堆就踏实。人各有好，如果拿起书本便头疼，可选择经商或从政。知我者都知道，我是个夜猫子，读书到凌晨，兴致正浓。如若有所发现，更是情不自禁。这种读书人独有的喜悦与欢乐，旁人很难理解。但白天也能睡大觉，每天睡眠一般不会少于8小时。学者不是苦行僧，也应当有适度的休闲与娱乐。我不喜欢看电视，但看英超、看欧冠、看世界杯，而且熬夜看。只要有空，还喜欢带孙子。"战士死于沙场，学者死于讲座。"当年的这句豪言壮语在特别珍惜生命的今天，不一定很可取。青年学者进取心强，开拓精神强，值得肯定与鼓励。但做学问也大可不必拼死拼活，一定要去图个啥。老老实实地去做自己想做、自己觉得应该做的事。"只问耕耘，莫问收获。"相信工夫不负有心人。古人说："不汲汲于富贵，不戚戚于贫贱。"我那25个字，意思与此相近。

徐泓

徐泓，1943年12月25日生于福建省建阳县，台湾大学历史系文学士、文学硕士及文学博士。现任南开大学历史学院讲座教授、暨南国际大学荣誉教授、厦门大学终身讲座教授、中国明代研究会常务监事与及福建龙人书院名誉院长。曾任台湾大学历史系教授兼系主任、艺术史研究所创所所长，香港科技大学历史学讲座教授兼人文学部创设学部部长及人文社会科学学院署理院长，暨南国际大学历史学系创系主任、教务长及代理校长、东吴大学历史系教授、明代研究会理事长、"中央研究院"历史语言研究所学术委员、厦门大学历史系教授、闽南师大闽南文化研究院讲座教授、中国社会科学院历史研究所明史研究室客座研究员及中华奉元学会创会理事长。已发表明清盐业、明清社会风气、明代婚姻与家庭及国内大移民、明代城市、清代台湾自然灾害及明清史学等九十余种、学术评论三十余篇及历史普及读物三十余篇，近著《何炳棣著〈明清社会史论〉译注》（2013）、《论何炳棣先生的〈清代在中国史上的重要性〉》（2014）、《明代河东盐销区的争执》（2015）、《二十世纪中国的明史研究》（2016）、《"新清史"论争：从何炳棣、罗友枝论战说起》（2016）、《明代向上社会流动再探》（2017）、《"中国资本主义萌芽"研究范式与明清经济史研究》（2018）、《从"军七民三"到"军三民七"和"官三民七"：明代广东的筑城运动》（2018）、《〈明史纪事本末·仁宣致治〉校注》（2018）等。主持和参与编撰《闽南区域发展史》（福州：福建人民出版社，2007）、《闽南文化百科全书》（福州：福建人民出版社，2009）等。

主要著作

《清代两淮盐场的研究》，嘉新文化基金会1972年版；

《清代台湾天然灾害史料汇编》，1983年版；

《清代台湾自然灾害史料新编》，福建人民出版社2007年版；

《二十世纪中国的明史研究》，台湾大学出版中心2011年版；

《明代的盐法》，台湾大学历史学研究所，博士学位论文，1973年版；

《明清社会史论》，何炳棣原著，徐泓译著，联经出版事业股份有限公司2013年版，中华书局2019年版。

切思：学术的真与美

三苍八索亟探求
——专访徐泓教授[①]

徐泓教授，台湾大学历史学系博士，学术专长为明清社会经济史，研究领域包括盐政史、城市史、社会风气史及家庭人口等；教学授课之外，徐教授亦十分关注高等教育的改良，多次投身办学事业。教授于1973年以《明代的盐法》一文取得台湾大学历史学系博士学位；1985年接任台湾大学历史系主任兼研究所所长；1989年创设艺术史研究所，兼任所长。1991年，徐教授为香港科技大学延揽，参与科大创校工作，担任历史讲座教授，兼人文学部创部的设学部长及人文社会科学学院署理院长，筹设华南研究中心等。回台后两年，徐教授于1996年投入位于埔里的"国立"暨南国际大学历史学系（所）创所工作，为创所所长，并曾任教务长及代理校长。现任私立东吴大学历史学系教授。

徐教授热衷于推动台湾明清史研究，曾任两届"中国明代研究学会"理事长，发起明代典籍研读会活动，并且创办《明代研究》学术期刊（原名《明代研究通讯》，1998年7月创刊，2004年改为今名，于2012年被列入THCI核心期刊）。教授著有《二十世纪中国的明史研究》等专书，以及《明代的私盐》《明北京行部考》《明代社会风气的变迁》《明代的婚姻制度》（上、下）、《〈明史纪事本末〉的史源、作者及其编纂水平》等论文八十余种，并编著有《清代台湾自然灾害史料汇编》《清代台湾自然

[①] 本篇访谈乃曾美芳女史完成。当今台湾明清史中青年学者之一流学者，多出于徐泓先生门下。

灾害史料新编》《明史论文提要》等。此篇访谈录主要以问答形式呈现，冀能彰显徐教授的学术关怀及教授之学思历程。

过去明代史研究在社会经济史方面的关注不多，是什么契机让教授投入以盐法为主的研究？

投入盐业的研究，其实受到一些现实因素影响。我读书的时候常听诸如出租车司机等人讲到：裕隆汽车是国民党培植的产业，垄断台湾的汽车工业，车子质量不佳且贵，我颇有同感，对这种垄断有些痛恨。[①]读硕士班时，在夏德仪老师带领下做了许多明史论文摘要，当时看到何维凝讲明代的盐户与何炳棣分析扬州盐商的论文，感觉明代盐业垄断的情况和现代如出一辙。

何维凝毕业于中央大学经济学系，从事盐政工作，一生收集盐政史料。光复后，担任台南盐厂厂长，将这批资料带到台湾，并出版《中国盐书目录》。何维凝去世后，他太太何龙澧芬女士将何先生毕生的文章集结为《中国盐政史》，我后来读到这本书，才对盐政史料的情况有初步的认识。从该书《序言》中得知，何维凝的何斯美堂藏书全数捐给了"中央"图书馆（简称央图，今"国家"国书馆），便立刻冲到央图去确认数据的情况。当时这批资料尚未编目，幸好央图的馆员们同意让我先睹为快，我才能利用其中关于两淮的一百二十种资料撰写研究论文。后来知道主持道光年间淮盐改革的陶澍的文集在傅斯年图书馆，可惜有目无书，幸好不久这部文集就由文海出版社影印出版。掌握了这些宝贵的关键史料，我的硕士论文《清代两淮盐场的研究》[②]才得以顺利写成。

当时台湾不少学者受到韦伯学说影响，很多人认同中国经济发展没有现代资本主义理性的这项说法，我也以为这可以用来解释明清盐业发展无法"近代化"的问题。中国盐商可能是当时全世界最有钱的人，但中国盐商资本却没有向资本主义转化，这应是盐业资本的垄断性格，使商人不须改良产销就可以获取暴利。过去有段时期，台湾学界研究氛围不容许

---

① 1964—1971年，"交通部"公布"汽车运输业管理规则"，规定营业用车限用"国产"汽车。
② 徐泓：《清代两淮盐场的研究》，嘉新文化基金会1972年版。

谈资本主义萌芽，但我已注意到这个问题的存在。商人生活奢侈，送红包、模拟士人生活借以提高社会地位等非经济因素，阻碍了中国资本主义发展，造成道光以后，盐商消乏，盐业中落。第一个讨论这个问题的华人学者是何炳棣，他的论文The Salt Merchants of Yang-chou: A Study of Commercial Capitalism in Eighteenth-Century China（*Harvard Journal of Asiatic Studies*，17，1954），已成为盐业史研究的经典，我的论证也是受到这篇文章的影响，但我把重点摆在盐业生产上面，讨论盐场的生产组织、生产形态与盐场社会的阶级分化。

盐业史研究的困难在于盐务制度极为复杂。因为官盐与私盐的价差太大，盐业的利益丰硕，所有相关的机构与人员都想要分一杯羹，政府只能一再想办法防弊。但为防弊而设的各种办法，渐渐造成法令滋彰而盗贼多有的情况；太多法令条例混在一起，造成"盐"的研究者很难一开始就清楚分明，所以被戏称为"盐胡涂"。这个问题的复杂程度可想而知。然而，唯有将盐务程序弄明白，才能真正厘清相关问题。于是我从三条线展开对盐业与盐务的研究，先从全国最重要且史料最丰富的清代两淮盐区入手，再研究明代全国的盐业与盐务。

近年来，随着国内外经济发展趋势，我们看到许多资本家与政治权势结合，巧取豪夺，生活奢华，完全不符韦伯所谓的资本主义精神与伦理，但这些资本家不但未因此衰落，其事业反而越益兴盛，这使我不得不重新思考清代盐商衰落的原因。过去认为的奢靡说、捐输宗族说、为善说、窖藏说等，似乎不能解释其衰落的关键。因为这些盐商衰落的因素，在盐商兴盛时就存在，不是衰落后的现象。于是我写了《清代两淮盐商没落原因的探讨》一文，[①]修正自己过去的说法。我认为导致盐商衰落的关键原因是银钱比价，而不是过去所谈的奢靡说等。盐商卖盐得的是铜钱，支付盐价、盐税和捐输用的是白银，清初银钱比价在一两银比铜钱八百文左右，光此一项就赚得两成利润，乾隆末期以后，银钱比价大为变动，涨到一两

---

① 徐泓：《清代两淮盐商没落原因的探讨》，《徽学》第7卷，安徽大学出版社2012年版，第10—32页。

白银比铜钱一千三百文至一千四百五十文，遂使盐商在银钱比价上要亏损三成至四成五。尤其是到了道光年间，银钱比价的趋势达一两银子比一千五六百文钱，甚至高达两千文以上，盐商光是银钱比价上的亏损就高达五六成以上，甚至达到百分之百，运销官盐已经毫无利润可言。正如魏源所说："本高价重盐不销，减价敌私商失算。曩时银贱尚支持，银价日高销折半。"[①] 银钱比价的亏损过大，不是其他营运利润或政府恤商政策所能弥补，这一点，从比较乾隆中期与末期两淮盐商营运的成本及利润，其盛衰关键就很明显了。

但历史研究的开展往往受限于现存史料，如私盐的营运与发展就是一个重要却难以处理的问题。由于官盐的生产场地成本仅市场价格的七十分之一，落差巨大，营运私盐只要躲过官方的缉拿，便可获暴利。私盐营运需要资金外，还要冒缉私的风险。黑社会是最好的管道。可惜能看到的只有关于私盐被抓的法令与案例，缺乏私盐营运的具体史料。因此，难以深入处理这个问题。私盐贩运有极大风险，虽然可以买通官道上的机构，但作弊有一定的限度，不可能全部夹带在官盐中。因此，不可能只靠官道，大部分是另辟蹊径。我曾在日本天理大学见过一张图，其中就有私盐贩路。《天下郡国利病书》中亦提到，有一个小镇因是私盐必经之地而繁荣起来。由于材料的限制，我的研究在写完两本学位论文之后便暂时停下来。当时虽已知道中国内地收藏盐务的档案甚多，但尚未开放，戒严时代也不容许我们去对岸搜集史料，难有进一步的研究成果出来。现在数据开放了，可以找到许多研究的好数据，盐业史的研究可以继续作较深入而仔细的研究，但我已年及古稀，恐难有成，这就有待年轻的朋友们继续努力了。

近三十年来，明代社会风气问题极受研究者重视，教授可说是开此研究风气之先的前辈学者，能否谈谈当年何以关注此一课题？

当年台大博士班入学考试只考口试，通过后必须在一年之内完成资格考的笔试，才算正式入学。在和夏老师讨论考试范围的过程中，谈到明代后期政

---

① （清）魏源：《新乐府·江南吟》，《魏源集》，中华书局1987年版，下册，第675页。

治黑暗，经济却很繁荣的奇特现象。那时已经可以在"中研院"看到部分资本主义萌芽相关论著，于是老师就出了这一道题目，要我讨论明代后期政治和社会经济发展的关系。1974年，我在台大教书后第一次申请国科会专题计划补助，便以这个题目提出申请。抗战时，寄存美国国会图书馆的北平图书馆藏书在1960年代中期送还央图，而当时的馆长蒋复璁先生奉命接掌故宫博物院后，将这批书籍带至故宫。我一星期要教五班中国通史，只有一天空下来可以去故宫看数据，当时交通极为不便，去一趟故宫，来回得花四个小时，足足花了一年的时间才看完他们收藏的明代方志。当时调书很费时间，每本书填完申请表后，要下周才能观看。一部方志只看风俗志，太可惜了，便把其他部分也认真地浏览一遍，也抄了风俗志以外的社会经济史料，足足有五本笔记本之多，最后写成研究报告，但没有写成文章。1986年，韩国东洋史学会召开"明末社会变化与文化新倾向研讨会"，邀我和中文系吴宏一教授一起去开会。我们两个不约而同选择关于明代后期时代变迁的议题，他讲的是明代后期文体渐渐朝向通俗化、世俗化的变迁，我则谈在社会经济高度发展冲击下的社会风气变迁。我本来想将整理的材料完整写出来，后来发现光是江南的部分篇幅已颇长，于是先发表了《明末社会风气变迁》一文。在"第二次中国近代经济史研讨会"时，我再把华北部分写出来，与江南作一个对照。这篇论文后来得到"国科会"的优等研究奖。虽然我觉得应该再做其他地方以相互对照，无奈正忙于行政工作，没有足够时间做研究，只好暂时放下。这方面后来有林丽月、邱仲麟、巫仁恕、王鸿泰、吴奇浩等接着做下去，已有很好的研究成果。

2002年，我从暨大退休，转到东吴大学历史系教书，摆脱一切学术行政事务的羁绊，有比较多的时间专注在研究与教学。在社会风气变迁方面，先后发表两篇关于明清福建社会风气变迁的论文，完成明清广东社会经济与社会风气变迁的国科会专题计划的研究报告。①我发现华南的福建与

---

① 徐泓：《明代福建社会风气的变迁》，《东吴历史学报》第15期（2006年版），第145—171页；徐泓：《风华再现：清代福建社会风气的变迁》，《历史人类学学刊》第4卷第2期（2006年版），第37—70页；"The Transformation of Social Customs in Ming Dynasty Fujian," Frontiers of History in China 3.4(2008): 551—577.；徐泓：《〈明清广东社会经济发展与社会风气的变迁〉研究计划成果报告》，"国科会"专题研究计划编号NSC-96-2411-H-031-001-MY2，2009年10月。

广东的社会风气变迁趋势虽大体与江南和华北相似，却又各有特色。明清之际的动乱与海禁、迁海等事件，严重地打击福建社会与经济，以致风气大为改变，"由奢入俭，由华返朴"，"风华不再"。康熙二十二年（1683）之后，明郑投降，台湾纳入清朝版图，沿海展界、复界与开海禁，农工商贸易复苏与发展，无论沿海或内地，均随商品经济、海外贸易的发展转变，从衣食往行的物质文化开始，竞相华侈僭越，"风华再现"，然后及于人伦道德关系之精神文化，重演明代从前期的俭约变为奢靡的社会风气变迁历史。令人吃惊的是广东方志的作者，对广东风俗的书写注重在少数民族地区的开发及其与汉民族文化的差异；因此，方志中呈现的社会风气变迁，与同属华南的福建有相当的差异，这是值得进一步研究的。

教授过去曾多方面进行关于明代家庭、人口及婚姻等相关主题之研究，让我们对于明代人在家庭、地域、国家之间的位置与限制，以及国家对于人口移动的相关作为有更多的认识。能否请教授谈谈您是如何注意到这些课题，以及如何进行研讨的？

读研究所时，我曾选修当时农业推广系杨懋春教授的"中国社会史专题"，当时我正在读何炳棣的《明清社会史论》（*The Ladder of Success in Imperial China*），对社会阶层流动很感兴趣，便选择社会阶层流动巨大的先秦时代，探讨儒道墨法的社会思想作为课堂报告。为此，我看了一些社会史相关研究论著，尤其佩服瞿同祖和仁井田陞的研究取径，他们以法律条例、判例来讨论其中反映的中国社会，对我很有启发。从他们的论著中，我知道除判例外，小说的事例也可以当作史料用，于是开始读《三言二拍》《金瓶梅》等明代小说。我本来就爱看小说，但过去只把它们当故事书躺在床上读，那时不同了，是坐在书桌前，严肃地把小说当史料读，抄写与论文相关的文字。后来写了一个关于家庭的研究计划，申请到东亚研究计划奖助。80年代后期，我把这篇旧稿找出来，改写为《明代的婚姻制度》，发表在《大陆杂志》上。文章中运用《古今图书集成·闺范典》内大量的《列女传》女性婚姻资料，做了一个统计，把明代女性的初婚年龄、地区与时间分类表列出来，后来常被讨论明代妇女与婚姻史的朋友所引用。这篇文章也得到"国科会"优等奖。后来主编《辅大历史学报》的朋友希望我给他们一篇文章,我就用法律条文和小说材料,写成《明代家庭的权力结构及其成员间的关系》,后来被大陆出版的多卷本《中国家庭史》引用。

人口研究的部分,1980年代受台大城乡所之邀在城市史课堂上讲述南京,我找了一些南京的资料,其中涉及明太祖革命初期南京人口的构成。以往论者多认为明太祖讨厌南京人,因此打下南京后将南京人迁到云南,而从江浙迁移大量人口填补。这个说法主要见于民国时期编的《首都志》。《首都志》是地理学家王焕镳所编,过去大家都认为这是一部很好的书。牟复礼教授(Frederick W. Mote, 1922-2005)在The Transformation of Nanking, 1350—1400[①]一文中很是称赞《首都志》,所以我也跟着这样讲,但后来发现此一说法有不妥之处。最明显的问题是,明太祖当时正在创建革命根据地,怎么可能打下南京之后把自己的老同志搬走呢?而且《首都志》说明太祖打下南京后将南京人口迁至云南,但云南迟至洪武十五年(1382)才归属大明帝国。再看文中引用的《天下郡国利病书》,回查史源后发现版本有问题,再往前追,文中提及此事发生在洪武十三(1380)等年,这也不对,更确定资料有些讹误。

于是我从《明太祖实录》着手,找到洪武二十四年(1391)的一条数据,提到曾有人建议明太祖学习汉高祖的办法,把全国各地有钱有势的人搬来繁荣京师,太祖原来并不赞成,后来想想才觉得应该如此,遂下令移民一万四千三百多户,这就间接证明了在此之前南京并无大量的人口移入移出。后来我又比对洪武初期与洪武二十四年户口普查得到的黄册人口数字,由《明实录》中找到南京洪武初年的户数数据,进一步估算不同户别一户应有多少丁口,推估出洪武初年的南京人口总数,再与洪武二十四年的数字加以比对。一个地方若未出现大规模移动,人口应呈自然增长,而

---

① F. W. Mote, "The Transformation of Nanking,1350—1400," in G. W.Skinner, ed., *The City in Late Imperial China* (Stanford:Stanford University Press, 1977), pp.101-153.中译:牟复礼:《元末明初时期南京的变迁》,收录于施坚雅主编,叶光庭等译,陈桥驿校《中华帝国晚期的城市》,中华书局2000年版。

当时南京人口确有自然增长现象，显然这个问题值得再深入讨论。

《明初南京的都市规划与人口变迁》①一文受到牟复礼教授文章的启发。他的题目很好，谈明太祖如何将南京从革命根据地改变成首都，当时大家都认为这是一篇城市史经典之作。但我细读之后，发现还有许多可深入研究之处，如都市计划中土地分区利用的问题等。此外，牟先生引用的资料并不多，特别是《明太祖实录》中有很多材料都没有用上，于是我写了这篇较长的文章，比对《明太祖实录》的相关材料，辑成一个明太祖时代南京都城营建年表，将明太祖的政治大事与都城的营建作历史分期，具体说明每一个阶段的营建工作与明初几个大事件之间的关系，接着讨论南京都城规划时的基本理念及其实践。我以此文为代表作，通过"教育部"的教授升级等。

1981年，"中研院"召开"第一届历史与中国社会变迁（中国社会史）研讨会"，会中我提出一篇文章讨论明代初年的户口移徙，这个问题在《明史·食货志》中虽有一些数字，但规模多大并不清楚。后来看到谭其骧教授以湖南人来源为例讨论中国的内地移民（Internal Migration），②他认为研究人口必须谈人口迁徙，并检讨几种人口史资料，如族谱的优缺点，对我启发甚大，遂以此着手，从大槐树故事谈起。当时大家开始注重数字，1978—1979年，我在哈佛进修时，曾上Robert W. Fogel与David S. Landes合开的课"Quantitative Method for Historians"，也想利用数字进行分析，但必须找到数据。从美国回来后，我曾申请哈燕社研究计划补助，做《明实录》分类目录。当时从明太祖做到武宗，仔细读了《明实录》，我记得《明实录》中有许多户口迁徙数字，遂将卡片找出来，作数量统计分析，依移出、移入与时间、空间分类，推算出明太祖初年迁徙人口的最低数字，有一百五十至一百六十万。后来又接着做永乐年间的移徙。

明初大移徙的原因很多，有的是社会经济方面的问题，如战乱造成荒

---

① 徐泓：《明初南京的都市规划与人口变迁》，《食货月刊》复刊第10卷第3期，第12—46页。

② 谭其骧：《中国内地移民史·湖南篇》，《史学年报》第1卷第4期（1932年版），第47—104页。

田复垦问题；有的是全国人口空间分布的调整问题，如将人口过剩的狭乡移到人口稀少的宽乡。当时就将山西过多的人口迁往人口密度低的华北大平原，移去的人都依人丁数分给田地，并给农具、牛、种子，同时优免税粮。我发现移民后农村经济恢复很快，如一位验收屯垦成果的官员回京向明太祖报告，明太祖了解情形后说："如此则吾民之贫者少矣！"另一个原因则和军事活动有关。明代将元末群雄投降的部队和北方掳获及投降的少数民族军兵全分散至各地居住，但其领袖则留置京师，以消弭反辙。对于西南的民族，中书省本来建议迁至中原，但由于种族太复杂而放弃，改在险要地方设堡。每堡之间约六十里距离，修整道路，强化卫所体制，以加强少数民族控制。

还有一种移民是首都移民。我发现"靖难之变"后，由于战事惨烈，人口大量流失，方志上多说这是"燕王扫北"的结果。许多地方空了出来，于是明廷又由山西移了一大批人到华北平原，特别是北京所在的北平布政使司。很早以前我读《禹贡半月刊》，看过一篇文章，谈到河南汲县找到一个关帝庙的碑，上载泽州建兴乡大阳都里长郭全带领全里里民搬到河南汲县西城南双兰屯居住的故事。[①]我以此出发，谈永乐年间的移民。永乐移民的一个特点是首都迁至北京后，将大量南京官民移居北京，但北京附近因战乱被破坏的经济和社会秩序应如何恢复？后来在《明太宗实录》看到永乐初年的报告说：经过四年战乱，北京（今河北省）人口大量减少，土地荒芜，作为首都不应如此，因此首要之务便是处理北京的人口与社会经济恢复问题。明朝自洪武十一年（1378）以来，首都在南京；永乐元年（1403），改为南北两京制；永乐七年（1409）以后，永乐帝长年驻北京，除南京的六部外，另在北京设行在六部，且将北平布政司的层级提高到中央部级，特设北京行部；永乐十九年（1421）首都北迁，中枢移至北京，行在六部改为正式的六部，北京直属六部管辖，北京行部遂废；仁宗将首都移回南京时，北京行部一度复设。宣宗即位，京师北迁后再废，遂定制。自明英宗朝以后，一般史书记载已经混淆，多误以为北京行部是

---

① 郭豫才：《洪洞移民传说之考实》，《禹贡半月刊》第7卷第10期，第10页。

中央部会之一，近代学者更多有误解；这是因为行部的编制有两位尚书、四位侍郎，我后来发现它其实是直隶中央的省政府。明末清初，潘柽章在《国史考异·文皇帝上·十一》中已注意到这个问题，我以此出发，收集更多史料，把整个问题讲清楚。这篇稿子1994年在普林斯顿大学的葛斯德图书馆写成，写完后给牟复礼先生和刘子健先生看，刘先生很高兴，还帮我写了一个跋，后来发表在《汉学研究》。[①]

官方移民与自发移民不同，自发移民是自愿的，出自地区间的吸力与推力，时间长，效果慢。明太祖和成祖想要迅速达成效果，透过规划，强力推行，但必然有人反对，只能用强迫手段。宣德以后，虽然曾有人提议仿照洪武永乐移民例，对汉中地区进行移民，但朝廷认为时局已经稳定，不应再由官方发动移民。我没有做自发移民，因为当时成文出版社虽出版了一些明代的乡土志，刊载某地某村始建时，户口从哪里移来，是很好的史料，但台湾这类现存的乡土志不多，自忖必须看过很多家谱才能进行研究，遂就此停下。2003年，曹树基在加州大学洛杉矶分校黄宗智教授那边访问研究，回大陆时经过香港，住在我家。那时他正在写鼠疫与人口变迁的文章，对人口史的研究很在行，我就建议他利用地利之便做田野调查，到当地广搜家谱资料和访谈耆老。他还告诉我大陆各地新编的地名志有大量移民史料可供运用，后来他利用这些史料估算出明初的大移民有一千多万，占全国人口六分之一。《中国移民史》[②]第五卷《卷后记》就谈到这段往事。

教授近年来一个重要的研究课题是关于福建、广东筑城问题的探究，我们也知道教授多年来投入城市史教学，中国城市史的课程大受欢迎，对于历史地理研究的推广亦不遗余力，但这个学术领域与教授过去研究领域有一定的距离，请教您何以会注意到这些方面的研究？

我研究城市史是从历史地理方面入手的，后来与都市计划相结合，主

---

① 徐泓：《明北京行部考》，《汉学研究》第2卷第2期，第569—598页。
② 葛剑雄主编，曹树基著：《中国移民史》明清时期，福建人民出版社1997年版。

要是做城市的形制和景观研究。我中学时就对地理产生兴趣。当时高中的地理课本是师大地理系王益厓教授《中国地理》（正中书局1957年版）的节本，高中时我买了这本书对着地图看，将书中讲的每一个地名在地图上点出来，对中国地理区划、河流、山川的基本知识便是由此而来。我原本想考师大史地系，但老师说师大限制太多，且要服务三年，于是我改以台大为第一志愿。但台大地理系属甲组，我只能以历史系为第一志愿，第二志愿则是师大史地系。当年联考的数学题目很难，很多人得零分，我也只考得十分。因此，录取总分大为降低，历史系三百三十分左右就可以进去了。我以第一名三百八十二分考进台大历史系，第二名是三百六十二分，我的分数在当时可以读台大乙组任何一个科系，自我感觉良好，与那些念理工科的建中同学相处，没有低人一等的感觉。

大学时代，跟着夏德仪老师读《中国通史》《史部要籍解题》及《明清史》，大四时在夏老师指导下写学士论文。那时台湾的中国历史地理教学研究仍停留在地理沿革及政区变迁的研究，不像大陆历史地理学界大力开展以地理学的角度研究历史上的自然地理和人文地理；所以我的历史地理研究也是从地理沿革入手，当时读《清史·地理志》，发现不仅记载错误不少，且标点错误颇多；于是选定《清代地理沿革考》为学士论文题目，另起炉灶，从《清实录》中将省、府、州、厅、县等地方行政单位的置废沿革数据抄出，重编《清史稿·地理志》的地理沿革部分。那时两岸的清代档案还没有公开，不能使用，也不知道台北故宫博物院典藏图书中有清国史馆编写的《国史地理志》，只能参考刚出版的《清实录》。现在如果要做这个题目，能运用的史料就更原始，可以做得更好，相信内地新编的大清史就是这样做的。我将这本论文与《清史稿·地理志》相核对，写了一篇《〈清史·地理志〉初校》一文，1977年在《台大文史哲学报》第26期发表，后来"国史馆"校注《清史稿》和内地编写大清史都参考这篇论文。清代地理沿革研究还有一些值得注意的地方，例如，清初不断新置州县，惹火了雍正皇帝，认为有过分扩张和滥设之嫌，下令限制。但如永宁等新县的设置，其实有特殊目的，并非如皇帝所说的单纯扩充员额。后来我将这些发现写在《清代地理沿革考》的"绪言"中，本来硕士论文也打算以此为题再深入研究，后来因为被盐业史的研究吸引而放弃。

念研究所时我选修了一门夏德仪老师开设的历史地理相关课程。夏老师与顾颉刚先生是好朋友，受顾先生的影响，也关注历史地理，在1972年退休前开了一门多年想开一直没开成的课："中国历代地理"。这门课结合讲授与实作，教我们研读研究地理沿革必读的《汉书·地理志》，参考清人王先谦的《汉书补注》，辅以地方志地理志古迹项下汉某城遗址在某县某乡某村的记载，将汉代郡国及县的地点于民国地图上的相应地点考证出来。最后参考杨守敬画的《历代舆地沿革图》，这本历史地图以清朝地图为底，黑色，上面套印红色的汉代至明代的地图。选课的同学，我记得有孙铁刚（政大历史系教授）和黄沛荣（台大中文系教授），我们每个人分别做几个郡，不但要写文字考证，也要画图。最后我把所有数据重新整理，并补足没人选做的郡国资料，用玻璃纸画出西汉各郡分图，再拼起来，画成西汉郡国全图。我们未受过绘制地图的专业训练，完全是土法炼钢，但夏老师很高兴，还请台静农题字。这幅地图如今已经很破旧，前几年送到裱背店裱装起来珍藏。多年后，在美国看到内地出版谭其骧主编的《中国历史地图集》（中国地图出版社1982年版），两相比对之下，相差不太多，好是高兴。

真正开始关注城市史，是因为我的初中同班同学茅声焘在台大土木系主任任内推动"建筑与城乡研究所"的成立，他当时找了从哥伦比亚大学回来的王鸿楷教授和哈佛大学回来的夏铸九教授筹备。夏铸九和其它建筑学学者不同，他关怀弱势，极富社会批判精神，主张建筑与规划不能脱离人与历史，要求研究生必修建筑史和城市史课程，以培养研究生的社会正义感、人文关怀和历史深度。王鸿楷也是我初中同班同学，夏铸九则是初次见面，但气味相投，一见如故，便与内人王芝芝教授一起承接城市史的课，她教西方城市史，我教中国城市史。讲中国古代城市及建筑历史的研究，离不开创始的中国营造学社，但这批学者都没有来台湾。为使学生接上传统，当年夏铸九在哈佛留学时便影印了《中国营造学社汇刊》这部禁书，偷偷夹带回来。此后我们两个人常常在出国时看到相关资料，如《文物》《考古》上的古代城址考古调查和发掘报告，就把它印回来，将一些有忌讳的文词删去，改编为讲义，1984年由明文书局以《中国建筑史论文选辑》为名出版，学生才有参考资料可读。城乡所规划的城市史课程一开始找我去讲述南京，此后我也一直延续这门课程。此期间我曾写了两篇讨论明代南京的人口迁移和城市形制与城市规划及其象征意义的论文。

1991年，我接受香港科技大学的邀请筹设人文学部，我注意到人文学部员额少，要有所发展必须要有特色，于是决定以香港所在的华南地区之发展历史作为教学研究重点之一，从澳门东亚大学找来蔡志祥博士负责，联络牛津大学科戴维教授（David Faure）、耶鲁大学萧凤霞教授、中山大学陈春声教授、刘志伟教授和匹兹堡大学廖迪生博士、华盛顿大学张兆和博士等人发展华南研究，筹设成立了华南研究中心。他们做得很好，主张结合历史学与人类学，并提出文献与田野调查并重的研究理念，除个人研究成果外，还创办了《田野与文献：华南研究数据中心通讯》和《历史人类学学刊》，后来被称为"华南学派"。我回到台湾以后，也一直提倡华南研究，主张把台湾史放在华南的脉络中讨论。在筹设暨南国际大学历史系所时，就如此设计，并将台湾史领域与华南为主要原乡的海外华人史领域结合起来。由于台湾这方面的师资不足，就请厦门大学陈支平教授、庄国土教授、郑振满教授、中山大学陈春声教授、刘志伟教授来作一年或一个学期的客座教席，现在台湾一些作华南历史研究的青年学者，多从此培养出来的。

自己提倡华南研究，总也应该做些贡献，于是之后投入福建筑城和经济发展及社会风气变迁等相关议题的研究。研究福建筑城运动，主要是读了陈正祥的《中国文化地理》，他在书中提到中国南方没有城，我觉得很有意思，便开始关注福建筑城问题，果然发现福建早期大部分州县并没有城，明代才陆续有几波筑城运动，所有地方行政中心与军事中心都兴筑城墙。民国时期拆墙运动兴起之前，几乎所有福建的城墙都是明代兴建的。初步成果写成《明代福建的筑城运动》，[1]其中讨论地方官员及地方士绅在

---

[1] 徐泓：《明代福建的筑城运动》，《暨大学报》第3卷第1期（1999年版），第25—76页。

筑城经费筹措及营造工程统筹，启发了费丝言《谈判城市空间：都市化与晚明南京》一书对南京地区县城营建的讨论。[①]清代的城承袭明朝，在这个基础上修建，这个部分我也收集了不少史料，但只完成初步研究报告，还未改成论文出版。在研究福建筑城的基础上，我又研究广东的筑城，明代部分初稿已经写就，清代部分的研究则正在进行。华南的城市、城墙及其作为公共工程的营建，地方势力与地方政府之间如何合作，也值得深究。我发现同是华南的广东，筑城的主导力量，与福建就有很大的不同。福建由地方官和士绅主导，广东除地方官和士绅外，卫所官军在城池营造的作用比福建大得多，其中原因还有待进一步讨论，可与杨联陞开拓性的论文《从经济角度看帝制中国的公共工程》[②]对话。

教授曾跨校推动明代典籍研读会校读《明史纪事本末》，并在校读过程中得到若干创获，请问您为什么会想要进行这样的集体校读活动？

史源学的训练是历史学入门的基本功夫。从前我们上明史课时，《明史纪事本末》是一本主要读物，当时一路读下来，没有特别的想法，总觉得这本书把明代政治史事的本末交待得很清楚，是本好的参考书。90年代中期，我自己教明史时，就想带着学生读《明史纪事本末》，模仿杜维运老师校注《廿二史札记》的方法，叫学生去找史源。这本是陈援庵创的方法，称为史源学。夏老师也是这样教我们的，老师曾教一位学长念《史记》和《汉书》，比对《汉书》承袭《史记》之处。后来我读《明史·食货志》，参考和田清的《明史食货志译注》，他们也是比对《明史·食货志》引用的材料后，注出《明史》记载与原始史料的差异，订正其错误。

过去大家一直认为《明史纪事本末》是一部好书，尤其史论部分写得很好，见解高超，文字典雅。但是大家也都怀疑谷应泰这本书稿是偷来的或买来的，张心澂的《伪书通考》甚至将之列为极少数的明清伪书之一。

---

① Siyen Fei, *Negotiating Urban Space: Urbanization and Late Ming Nanjing*, Cambridge, Mass: Harvard University Asia Center, 2009.

② 杨联陞：《从经济角度看帝制中国的公共工程》，《国史探微》，联经出版事业有限公司1983年版，第189—266页。

切思：学术的真与美

我为了让学生做史源学练习，就先做一个示范，当时选了《开国规模》，这一篇是过去普遍认为写得较好的一篇。我根据《明太祖实录》等原始史料与《开国规模》的文字一一比对后，发现差异不少，有的甚至明显是《明史纪事本末》转引原始史料不慎的错误。于是写了《〈明史纪事本末·开国规模〉校读：兼论其史源运用及其选材标准》，[①] 除校对文字外，并讨论其作者及其史书编撰的水平问题，后来又陆续做了几篇校读。我到东吴大学历史系任教后，吴怀祺教授趁来演讲的机会代《史学史研究》向我邀稿，我于是把谈《明史纪事本末》作者这篇文章写出来。[②] 后来我向"教育部"顾问室申请了一个读《明史纪事本末》的读书会，希望集众人之力对这本书做彻底的校注工作，将各章各卷做出来，但到目前还没有完成，不过已经有部分成果陆续发表，如林丽月教授发现《江陵柄政》内容与后面的评论立场完全相反；[③] 议论的部分，邱炫煜教授发现谷应泰《明史纪事本末》中的"谷应泰曰"和蒋棻的《明史纪事》（"国家"图书馆藏抄本）一模一样，同时《明史纪事》大部分章节名称和《明史纪事本末》也完全相同，确定是谷应泰抄来或买来的。[④] 当时谷应泰找了一批人来写，每个人依据史料不同，属于急就章，有些内容和史论是硬拼凑起来的，就编辑来说不是一部好书。张岱写《石匮书》时在谷应泰那里看崇祯朝的邸钞，一方面写自己的书，一方

[①] 徐泓：《〈明史纪事本末·开国规模〉校读：兼论其史源运用及其选材标准》，《台大历史学报·傅故校长孟真先生百龄纪念论文集》第20期（1996年版），第537—615页。《〈明史纪事本末·严嵩用事〉校读：兼论其史源运用及其选材标准》，《暨大学报》第1卷第1期（1997年版），第17—60页。《〈明史纪事本末·南宫复辟〉校读：兼论其史源、编纂水平及其作者问题》，《明史研究论丛·中国社会科学院历史研究所暨明史研究室成立五十周年纪念专辑》第6辑（2004年版），第167—193页。

[②] 徐泓：《〈明史纪事本末〉的史源、作者及其编纂水平》，《史学史研究》2004年第1期，第62—71页。

[③] 林丽月：《读〈明史纪事本末·江陵柄政〉：兼论明末清初几种张居正传中的史论》，《台湾师大历史学报》第24期（1996年版），第41—76页。

[④] 邱炫煜：《谷应泰〈明史纪事本末〉的史源新诠》，《简牍学报》第15期（1993年版），第235—257页。谷应泰《明史纪事本末》的篇名与史论应该是沿袭蒋棻《明史纪事》，但"国家"图书馆珍藏的蒋棻《明史纪事》抄本缺《故元遗兵》一篇，而谷应泰《明史纪事本末》却有《故元遗兵》；由于"国图"藏的抄本未编页码，无法断定是否原本就缺《故元遗兵》，还是后人装订时遗失。此一问题攸关蒋棻《明史纪事》与谷应泰《明史纪事本末》关系之讨论，此中缘由尚待研究。

面也帮谷应泰写《明史纪事本末》。胡一民研究张岱就发现《石匮书后集》中一些篇章与《明史纪事本末》内容完全相同，如李自成、张献忠等部分，有"一稿两投"的可能。未来希望能有时间，多找几位朋友一起完成校注工作，出版一个新的《明史纪事本末》校注本。

教授最近有一个意义非凡的学术成果，是出版了《二十世纪中国的明史研究》，全面介绍20世纪台湾明清史研究成果，是一部重要的工具书。此外，过去您也曾投入大量心力整理《明史论文提要》及《清代台湾自然灾害史料新编》，请您谈谈投入这些资料整理工作的动机及过程。

1960年代中期，哈佛燕京社资助台湾大学历史系编写《中国史论文提要》。在此之前，由于政治局势的缘故，1949年以前在内地出版的文史论著，多因作者未来台而被深锁于图书馆特藏室，学生能阅读的书刊不多，历史系学生的学习只能依赖课堂讲义及教科书。随着台湾政治的逐渐松绑，这些1949年以前出版的书刊，也逐渐开放，但这些书刊多藏于南港"中央"研究院，阅读不甚方便。当时的系主任许倬云老师就向哈佛燕京社申请资助编写《中国史论文提要》计划，动员历史系师生，选择重要的学术期刊论文，编写提要。当时负责明史部分的是夏德仪老师，蒋孝瑀学长和我担任研究生助理。后来孝瑀学长赴牛津深造，改由尹章义接替。《明史论文提要》[①]的编写，对我全面掌握台湾明史研究的方向与内容大有帮助，但不知何故书稿并未出版。到东吴任教以后，深感这本《明史论文提要》是研读明史的入门好书，就在李圣光主任的大力支持下，把夏老师交给我的定稿整理出版。

1960年代末期，正中书局为庆祝"中华民国建国"六十周年，打算编辑出版一套《六十年来之国学》（1974年版），我负责明史和台湾史。当时我误会了正中书局主编这套丛书的意思，他们想要做的是关于史书《明史》的研究回顾，而我却做了民国以来六十年间学界研究明史的成果之总

---

① 当时整理之摘要内容因故未能出版，相关文稿四十多年后由徐泓教授整理，2010年以《明史论文提要》为名，夏德仪主编之名义，由东吴大学出版。

结,主编程发轫教授宽容大度,就依我缴交的文稿排版印行。近年来,由于数据开放,相关著述信息完整,发现旧文遗漏和错误不少,于是将原只有四万多字的文章增补为九万多字的《民国六十年间的明史研究:以政治、社会、经济史研究为主》,刊登在《明代研究》。① 2011年底,承时任台大出版中心主任的暨大老同事项洁教授邀约,将这篇新写的研究回顾文章连同其它评介明史研究学者及其作品的文章集结起来,以《二十世纪中国的明史研究》为题出版。

我编灾害史料也和茅声焘教授有关。当时他们主持"国科会"台湾"大型防灾研究计划"(1982年起,五年一期,共三期),研究台湾地震、风灾、水灾、旱灾,有仪器的数据从日据时期开始,但没有仪器的年代只能靠史料补充,遂计划做地震、风灾、水灾、旱灾和冰雹雨雪等灾害史料的编纂。由于计划人员都是理工背景,对史料的搜集考证不熟悉,于是茅声焘找我来编一本日据时代以前的台湾天灾史料集,我就找了吴密察教授、赖惠敏教授、李今芸教授、牛道慧教授等几位朋友,在方豪老师和曹永和院士研究成果的基础上进行增补。② 我们从故宫博物院藏的清朝档案和台湾公藏方志中抄出相关档案数据,最后由我来逐一整理、考证和注释,并请赖惠敏画了一系列的清代台湾地理沿革图,这本书稿《清代台湾天然灾害史料汇编》1983年由"国科会"出版,成为许多研究台湾震灾、风灾学者的主要资料。

1999年"九·二一"大地震后,灾害问题愈来愈受到重视,在厦门大学陈支平教授的建议下,我在既有的基础上进行增补工作,把过去未发现的史料,特别是大陆档案开放后陆续发现的大量新史料纳入,在暨大博士生张继莹君的协助下,编成《清代台湾自然灾害史料新编》。③ 新编的史料

---

① 徐泓:《民国六十年间的明史研究:以政治、社会、经济史研究为主》(上、中、下),《明代研究》第12、13、14期,第129—170页;第187—232页;第141—162页。

② 方豪:《二十世纪以前台湾地震记录汇考》,《现代学苑》第1卷第1、2、3期(1964年版);曹永和:《台湾水灾史》,收录于《台湾经济史九集》,台湾银行经济研究室,1963年,第16—25页;曹永和:《台湾早期历史研究》,联经出版事业有限公司1979年版。

③ 徐泓:《清代台湾自然灾害史料新编》,福建人民出版社2007年版。

集篇幅，比原来增加了约三分之一，不但丰富了灾害实况的记载内容，而且改正了一些旧编的错误。

台湾明清史研究生态在近二十年来出现了极大的变化，特别是档案、图书资源的开放及大量数据库的利用，改变了明清研究的方法与视野，许多国内外年轻学者投入明清史研究领域，在访谈结束之前，能否请教授给这些年轻学者一些建议？

对于正在学习明清史及未来可能投入明清史研究的年轻朋友，我期许他们能够从"通""博""专"三个方面努力。"通"与"博"是对历史基本知识的掌握，"专"是对自己关注的研究领域下的功夫。但这还不够，应该注意到史学的经世致用，及其对个人为人处世的作用。

"通""博"是做研究的基本功，要研究明清史，中国通史尤其是明清通史知识要丰富，基础要稳固，选择几部重要的明清通史书籍认真地读，基本史实要记忆，人地时事应有基本概念，不能时候到了再查。"专"的部分是指自己的研究领域重要的问题及其相关论著要熟读。在"通""博"的基础上了解自己的研究与整体大历史之间的关系，虽然为了研究所需，下笔之时不免有所取舍，但有大历史的基础，小历史才不会被切开、孤立起来。做研究要从前人研究成果出发，以前人研究为基础，并能与其他相关论著对话。因此，必须确实掌握前人和近人研究的成果。为熟悉研究行情，应读一些研究回顾和研究入门的书，并应摆在手边，随时查找，如：山根幸夫的《中国史研究入门》、岸本美绪等编的《中国历史研究入门》、日本史学会编的《史学杂志》每年的五月号《回顾と展望》、中国社科院历史所编的《中国史研究动态》（双月刊）和《中国历史学年鉴》（年刊）等，都是合适的参考。①要注意新书、新文章，经常逛图书馆或上 Google 搜寻，跟上研究行情。特别是几个重要学报，如：我们的《明代研究》《新史学》，大陆的《明史研究》《中国史研究》《历史研究》

---

① 山根幸夫：《中国史研究入门》，山川出版社1983年版。（中译本）山根幸夫：《中国史研究入门》，社会科学文献出版社1994年版。砺波护、岸本美绪、杉山正明：《中国历史研究入门》，名古屋大学出版社2006年版。

《中国社会经济史研究》，日本的《东洋史研究》，美国的 *Ming Studies*、*Journal of Asian Studies*，要常常去阅读，对自己的研究领域各方面行情才能有所掌握。

年轻朋友们对于研究领域，一定要有所抉择，应选择自己真正关注且有能力去处理的领域。选择的方法是在"通""博"的基础下，了解前人尚未解决的问题，并能兼顾自己的兴趣。选领域尽量不要只顾追风、追流行，研究最忌讳是不问自己的兴趣，不管自己的能力，盲目跟从流行的趋势，大家在做什么就去做什么；每个人条件不同，如果不是自己深有兴趣的课题，一味追求流行，做没有兴趣的东西就会很勉强。研究所需工具的掌握也很重要，所谓的工具包括研究所需的语文与辅助学科的能力，要注意自己有没有这些能力，如果没有就要去补强，例如做清史可能就要花时间去学点满文。否则，就要避免做力有未逮的题目。

研究历史最重要的是资料。以前学者要花很多时间上图书馆，耗费大量时间和精力去搜集资料。现在数据搜集越益方便，许多大部头的书都有电子版，甚至可以检索下载电子数据库，省却许多来回图书馆和抄写数据的时间。尤其大容量的外接硬盘，越做越小，价格越来越便宜，整个图书馆藏的明清史料往往可以放入一个2TB的随身硬盘，带在身边。许多研究期刊的数据库如"中国期刊网"都可以在家里与图书馆联机，随时下载阅读。但切记不要过分依赖数据库，特别是可检索的数据库。应注意以关键词检索数据库所搜获的数据往往零碎而不完整，而且不看全书往往难以真正了解该书作者的写作用意与目的，实际上是一种断章取义的搜集资料方法，从研究角度而言十分危险，而且许多数据库本身并不完整；因此，一些重要史料如《明实录》《清实录》这一类基本典籍应尽量自己读过，在此基础上进一步进行研究就容易得多。像黄仁宇就是在通读《明实录》的基础下写就他许多著名作品。另外，建议年轻学子应利用省下跑图书馆抄数据的时间，加强一般研究者较缺乏的问题意识、切入点、分析方法、解释理论等能力，好好精读相关领域的经典之作，研究前人研究的经典论著是如何建构问题意识，"因问求法"，选择切入分析的方法与解释的理论，也要注意如何组织论文的结构，如何建立论述的逻辑。唯有如此，才能从温故出发，启发知新，自然而然培养出自己研究的本领。

最后，就是关于"继承传统"的问题。今日历史研究与中国传统史学最大不同在于注重事而不注重人，往往忽略历史中人物、人群的作用。须知唯有知道人在历史事件中扮演的角色，从中总结经验及教训，才对"个人"有利。今日历史研究朝向注重食衣住行日常生活的社会文化史研究，对个人在职场上、在社会上待人接物相关的史事，对国家民族及世人命运相关的重大事件，漠不关心，尤其不论褒贬，不论是非善恶，造成历史研究零碎化，与现实脱节，写出来的学报论文没什么人爱看，甚至成为王夫之批评的"玩物丧志"之学，那么，历史研究就会变成只是个人在职场上混口饭吃的职业，而不是志业。我们读历史，为职场所需而研究、撰著自无可厚非，但还是应该要有所用。如果历史研究能回归中国传统史学精神，强调历史教训及学习为人处事方法之初衷，以之为"为己之学"而非"为人之学"，作为志业而非职业，历史学才不会被时代所遗弃，读书才不会白读。

我们从事史学工作的人都应该好好地读王夫之《读通鉴论·叙论》，学习传统史学增长人类智慧及应世能力的方法。把历史人物当作自己，讨论他们的抉择、抉择的依据，评论其成败得失。例如，读完明朝开国史之后，我们来讨论如果我们是朱元璋，面对元末动乱之后的烂摊子，这个大局有哪些当务之急？找出明初国家社会面对难题的关键词，一件一件讨论朱元璋对问题的了解及其解决之道，评论其成败得失。如果我们来做会不会也采取和朱元璋一样的政策？如果不是，可能会带来什么样的结果？把历史情境当作我们训练自己能力和增长智慧的场所，历史研究就能活络起来。虽然这不合现代学院内的规矩，可能会被讥为"野狐禅"，写成的文章难以被 SSCI 或 THCI 期刊接纳，但对自己的处事能力与心胸之拓展大有帮助，不是只会写学报论文的小儒，而是能应世的大儒。现代的中国学者应该有两套本领，一方面要能写学报论文，了解国际学术界的行情，与他们并驾齐驱；一方面要继承传统，学习古人从历史中学习历史人物的经世致用经验、出处抉择之道、成败得失的教训，并能将心得用于实务上，用于日常生活的为人处世上，如此，历史学才是有用之学，才不致沦于"玩物丧志"。愿与我们有志于史学的朋友共勉之！

后记

徐泓教授除了在学术上卓有成就外，其藏书之丰亦广为人知。林皎宏（笔名：傅月庵）曾撰《我的老师和他的书》[①]，娓娓道出徐教授对买书的痴狂与聚而不藏的慷慨风范。该文撰于徐教授自香港科大返台之后不久，时过境迁，徐教授早已退休，搬离台大宿舍，在大台北华城自置书斋一间，而日常居住的景美二闲居，早已书满为患。徐教授甚至学以致用，模仿起明代筑城工法，在走道旁堆栈起一道又一道的书墙。或许正是由于徐教授广泛的阅读兴趣与对知识的尊重，为其学术研究奠定扎实的基础，成就其在台湾明史研究的地位。[②]

延伸阅读：

纪欣、陈淑英：《徐泓：活学历史增长应世能力》，《观察》第43期，2017年3月，第36—40页；

何孝荣：《明清史研究的学与思——访徐泓教授》，《中国史研究动态》2018年第3期。

[①] 傅月庵：《我的老师和他的书》，《生涯一蠹鱼》，远流出版社2002年版，第115—123页。

[②] 曾美芳：《专访徐泓教授》，《明清研究通讯》第36期，2013年7月。http://mingching.sinica.edu.tw/Academic_Detail/143

黄宽重

黄宽重，1949年生于台湾宜兰，中兴大学文学学士、台湾大学历史研究所硕士、博士，美国普林斯顿大学、哈佛大学燕京学社、韩国汉城大学访问学人，曾任北京大学、清华大学（北京）、河北大学等校兼职教授。专研宋史，在台北《历史语言研究所集刊》《汉学研究》《大陆杂志》《新史学》，北京《历史研究》《中国史研究》《文献》，韩国《宋辽金元史研究》《百济研究》《韩国学报》，日本《中国史学》《中国社会文化》等中外期刊发表论文100余篇，与邢义田、邓小南共同主编十三卷本《台湾学者中国史研究论丛》（中国大百科全书出版社2005年版）。长期编辑《食货月刊》复刊和《新史学》。曾任台北"中研院"史语所傅斯年图书馆主任，史语所历史组主任、副所长、所长，清华大学（新竹）历史研究所教授兼所长、中兴大学副校长、台北"国家图书馆"馆长等职，现为台北长庚大学讲座教授暨"中研院"史语所兼任研究员等。主编《中韩关系中文论著目录》及增订本（汉学研究资料及服务中心1987年版；"中研院"东北亚区域研究2000年版，增订本）等。

主要著作

《晚宋朝臣对国是的争议——理宗时代的和战、边防与流民》，台湾大学文史丛刊1978年版；

《南宋史研究论集》，新文丰出版公司1985年版；

《南宋时代的抗金义军》，联经出版事业公司1988年版；

《南宋军政与文献探索》，新文丰出版公司1990年版；

《宋史论丛》，新文丰出版公司1993年版；

《南宋地方武力》，东大图书公司2002年版，国家图书馆出版社2009年版；

《宋代的家族与社会》，东大图书股份有限公司2006年版，国家图书馆出版社2009年版；

《史事、文献与人物——宋史研究论文集》,东大图书公司2003年版;

《政策·对策:宋代政治史探索》,联经出版事业公司2012年版;

《孙应时的学宦生涯:道学追随者对南宋中期政局变动的因应》,台湾大学出版中心2018年版;

《艺文中的政治:南宁士大夫的文化活动与人际关系》,台湾商务印书馆2019年版。

学科整合、国际化趋势与数位化时代的史学研究与教学
——著名学者黄宽重先生访问记

关注世纪之交历史学的发展和演变,似乎不能不更为留心国际、港台的史学发展动向。无论是沉潜求实,或是在科际整合的"内化"过程中追求创新,大陆以外的中国史学研究和教学的发展,均给我们以启迪和省思。黄宽重先生是一位视野广阔,识见卓越的博雅史家,专精于两宋史,尤其是对南宋史研究精深,建树超远。多年来,他游历欧美东洋等地,多次往返于海峡两岸,不单对港台、内地的史学发展状况有深入了解,对于国际学界的发展趋势,同样见解独到。借黄宽重先生在北京大学、清华大学任教之便,2004年6月10日,我们与他相约于河北大学,并于9月中旬,往返于北大、清华之间,特别是在北大朗润园旁的中国古代史研究中心,黄先生不厌其烦,利用五天多的时间,和我们进行了长时间的交谈。

黄先生,您好,您是我钦佩的前辈学者,在宋史研究、电子文献的数位化以及推动宋史研究的国际化进程中,都做出了极大的努力,取得了世人瞩目的成就,为学界,尤其是我们这些青年学者所崇敬。这次能有机会访问您,并再次聆听您的教益,我感到十分幸运。那么,先请您从生长和求学经历谈起,可以吗?

我出生在台湾宜兰的乡下。从小家境非常艰苦,要做许多劳力的工

作，也想了很多自谋生活的方式。上高中后，对社会很关心，想要改造社会，所以参加台湾的一个学生社团组织——中国青年自觉运动推行会。从高一到高二，我花了很多时间做一些社会服务的工作，从宜兰中学的总干事，一直当到宜兰分会的会长。因此忽略了课业。到高三，才又认真读书，后来考上中兴大学。

我是中兴大学历史系第一届的学生，曾担任历史学会的总干事，经常要协调同学之间的关系，也成立了一个社团。现在回想起来，这些经验是很可贵的。

我之所以对历史感兴趣，主要是在求学过程中，很多老师对我有不同程度的启发与影响。大学时期是我学术的启蒙期，当时受到孙克宽、李毓澍这两位老师的影响很大。我的家庭环境不好，为了赚钱，寒暑假就去打工，做盖房子、挑沙子、砖石等苦力的工作。李毓澍老师为使我专心读书，让我在暑假去"中研院"当他的助理，不仅获得经济支持，也有机会看了许多学术专著。

我学宋史则是受孙克宽老师的影响。他是一个典型的老学者，善于利用典籍文献处理历史问题，提出看法。他批改学生的报告很认真，会从大问题到小问题，一字字地琢磨。我记得当时我曾写了一篇关于宋元襄樊战争的报告，他觉得不错，叫我修改后，帮我寄到《大陆杂志》。这篇文章的刊登，对于一个大学生而言，是极大的鼓舞。因为《大陆杂志》是大学教授晋职、升等和申请各项奖励的一份重要期刊。后来我报考台大的研究所，这篇文章也有很大的助益。

我在研究所时，读书算是用功的。当时的台大继承了一些北大的传统，视野和信息比较开阔，对我整个学术生涯影响比较大。在这样的学风下，学生较有自信，讨论的问题较深刻。当年台大史研所定期举办讨论会，形成集体讨论问题的风气。我觉得我的学术成长，固然从师长那里获得许多帮助，然而自同学之间的互相接触、切磋中获益更多。

到台大后，选指导教授这件事，也影响我日后的学术方向。中兴的老师认为，找年轻的老师，对我未来的帮助更大，可以找王德毅老师。王老师很高兴，答应了。但是，那时他还是副教授，王老师自谦恐怕自己资历不够，要我再去找陶晋生老师。这两位老师的个性差异很大。王老师娴熟于史料，对学生的报告，文献的标点都会加以订正，相当认真。陶老师则受过西方的训练，会提出文章思考逻辑、结构概念等大的意见。我觉得我很幸运遇到这两位老师，他们始终没有给我任何压力。这是很难得的。

我的求学阶段，还有一个重要的学术经历，就是参与《食货》讨论会。1976年"食货讨论会"开始推动，这个讨论会对我们这个年龄层的朋友是很难得的经验。刚开始不到十个人，后来渐渐增加到二三十个人。当时我是联系人，会议三十五天举行一次，每个人都要把报告的稿子写好，由一个在出版社的朋友义务协助，我们交钱，他替我们刊印。在这一过程中，我体会到学术交流的益处，老师和学生的互动只是成功的因素之一。老师有时无法真正了解学生，甚至仅能了解一小部分。一来可能老师很忙；二来也可能是学生会特意把最好的一面拿给老师看，拿出来的文章，都是刻意挑选过最好的文章。然而同学之间就不一样，好坏都看得见，所以我常常觉得从同学这边得到的砥砺更多。老师有时顾及到学生的自尊，甚至自信，话往往不能说得太重。同学间是平辈，想到问题就讲，比较直接深刻，而且研究的断代、主题各不相同，一起讨论可以彼此激发一些问题。因此，我觉得我们这一代的学术成长，很多是同学之间互相激荡而来的。感觉上，大陆在相互讨论，或是不同断代主题间的交流这方面似乎比较缺乏。所以我最庆幸的，就是在博士班六年半时间里，参加《食货》讨论会的经验。当时我们都很年轻，大家一起成长，弥补了各自的不足，是我学术生涯中最愉快的时间，大概也是最用功的一个阶段。

我的这个经验，也许对内地年轻一代文史工作者的研究发展会有助益。我的日本友人宫泽知之，是著名的宋史学者。我与他聊天时，曾谈到他在京都大学，从大学、研究所开始就有五六个好朋友。他们彼此讨论未来的研究方向，约定以后每年都要一起讨论学问上共同的问题。虽然他们分散在各地，或教书，或做研究。但每年也许三四天、也许二三天相聚，轻松谈论一年来的研究心得，交换意见，数十年不辍。这对他们自己学问的发展有很大的帮助。那种经验在台湾是没有的，像这样几十年的时间里，大家约定时间、一边讨论一边玩，这种密切的感情接触，互相共处，真诚地交换意见，相互砥砺学术的经验，相信对于一个学者一生的学术成长是富有意义的，值得学习。

我在1979年进入史语所。后来先是担任本所傅斯年图书馆主任，1992年11月担任历史组主任。1993年9月，借聘担任新竹清华大学历史研究所所长两年后，我回到史语所，接着又担任行政工作，副所长、所长。那时候开始，一直到去年（2003年10月）才正式结束行政的工作。行政工作是相当不同的体验，对我而言，十三年中牺牲了很多读书的时间，直到现在都有一种很矛盾的心理：一个人到底要做研究，还是做行政。从今天的角度来讲，也许只选择其中一条路会做得更好，但是也不尽然，这还是取决于人的个性，而我两样都做，就非常辛苦。在研究上，我每年写的东西不少于一般单纯从事研究的人，透支了很多时间，白天、晚上，甚至连周末假期都没有，付出了许多健康方面的代价，但研究成果仍与自己的期待有距离，我到现在都不确定是否值得。然而外界却不会因此以较为宽容的态度来审视这一切。其实，我对此一直感到焦虑和不安，究竟学术研究与行政之间该如何选择。

因研究之故，我和外国学界的交流比较多。读硕士时，有机会跟外国朋友交流，这让我了解到外国学术状况。当时台湾大学有许多外国留学生，包括美国、韩国等地的年轻学者。年轻人比较容易建立友谊，彼此互相了解，关系比较长久。

1982年夏天，我服完兵役回来，开始参加国际性的学术活动，出国访问。当年我所发表南宋与高丽关系的论文，受到学界的重视，张存武先生推荐我去韩国的儒林大学作短期访问，我于1984年9月到10月之间赴韩，这是我人生中第一次出国。回台湾之前，我在东京停留十天，除了研究之外，也接触一些日本学者，从中对东京大学等校的学风有更深的认识。当年12月，香港举办第一届国际宋史研讨会，台湾五个代表跟内地六位前辈在香港见面，这是两岸或国际的宋史学界重要的里程碑。

会后，刘子健教授鼓励我赴美从事研究。在他的推荐下，我得到傅尔布莱特的奖学金，1985年夏天，我到普林斯顿大学的东亚系进修一年。当时有许多香港、台湾的留学生，如黄清连、朱鸿林、柳立言等人在那里攻读博士。刘先生每周四邀我们去他的研究室聚会谈话，名为"烟民同乐"。他也特别安排我参加亚洲学会，并请他的朋友安排我访问威士康辛大学密瓦基分部。我从刘子健先生那里感受到学界交流的重要。如果前辈学者能够鼓励、安排交流，对后辈会有许多好处。

返台后，我在1987年升为研究员，那时是史语所最年轻的研究员之一，以后每年都有机会参与筹备或出席各种会议，如第二届汉学国际会议等。我也曾协助张存武教授，担任韩国研究学会的总干事。这段期间，我大概每一两年就到韩国研究或参加会议。1992—1993年，我到美国哈佛燕京学社做一年的访问学者。1993年春天到德国慕尼黑大学做了两个礼拜的访问。当时，一方面自己在学术上比较成熟了，一方面与其他学者的交流也较多。那一年，我们全家人一起到波士顿，有很多机会跟哈佛大学的教授和访问学人来往，内地的访问学人都是单身，经常在我家聚会，我楼上住的则是日本学者，彼此成为很好的朋友。这一年的访问学人经历，使我和大陆不同学科的学者有多方面的交流。

谈到与内地学者的往来，1984年10月，在东京见到姜伯勤教授，是我第一次跟内地学者见面。那年12月，我在香港跟邓广铭先生等六位宋史前辈见面。从1989年起，大概平均每年总会到内地一次，但我所接触的大都是宋史研究者，拜访的人较为固定。

1996年，我参加了宋史年会，对大陆宋史学界的整体状况已有大致的了解。透过宋史年会，我也观察到一些新议题、新的年轻研究者的出现。到了2004年，我又在清华大学和北京大学任教，因此，对于这里的老师和学生，大致有比较深的了解。

我们知道，您和陶希圣、陶晋生父子关系深厚，而且长期负责《食货》复刊后的编辑工作；在陶晋生先生和您的推动下，《新史学》杂志如今已成为国际汉学界普遍认同的期刊。请你谈谈您与《食货》和《新史学》两种杂志的前前后后。

我去编《食货》，跟我的指导老师陶晋生有关。当时，我只负责《食货》的编务，从来不去管钱的部分。陶希圣那时虽然淡出政治，但在台湾还是很有影响力。我在《食货》十四年的时间里，陶晋生老师去美国教书，陶希圣先生是唯一的老板，经常需要向他请示关于《食货》编辑的事务，因此与他维持不错的关系。

复刊后的《食货》其实完全是靠陶希圣先生独立支持的。我亲见陶先生卖了两栋房子，以支援《食货》和它后来的开销。关于这些，我曾写过纪念性的文章。

陶希圣先生辞世后，因种种原因，《食货》关门了，我们就着手筹划成立新的历史学期刊。我们那时抱着简单的想法，认为现在台湾年轻的一辈史学者起来了，应该大家合作，自力更生，而非靠某个人或单位来支持。所以，当时参与者决定由自己捐钱，同时也向学术界募款，由杜正胜和我们几个发起。至于行政事务工作比如办理登记、印刷，差不多是由我来做。我觉得《新史学》的经验对我而言是很可贵的。由于《新史学》完全由我们学界自己来做，因此，得以维持《食货》的一些传统。比如从拉稿、审稿、校对、出版等所有的工作都是我们自己做。第二个就是建立了严格的审查制度，不管任何人都没有私人关系。我虽然挂名社长，但我的朋友寄过来的稿子，我一律交给当年的主编处理，从来不过问，也自认为不应该去过问。这是从《食货》以来维持的一个传统。

但我们跟《食货》也不完全相同，我们采取轮流编辑制，由五个人负责当年编务，并从社员大会选出当年及次年的主编，当年主编选三个人，与次年的主编共同执行编辑业务，这样可以有传承，因为有些工作有延续性，需要传承经验。编辑群可以规划新议题、出刊专辑等，这些都是很可贵的经验。当时除了自筹款项外，还有一个出版社认同我们的做法，每年赞助一笔经费，前后达五年，但不愿意挂名。不过第四年以后，因为《新史学》办得不错，几乎年年得奖，获得当局奖助经费，到现在不但不虞匮乏，原来规定会员每年要交6000块新台币，也不再需要了。我们共同的想法就是把一份学术刊物办好。我想，能秉持学术原则，建立较为健全的体制，相对严谨的审查制度，是《新史学》所以能办好的关键。

接下来请您简要介绍自己治学的大致范畴和特点？

一个人做研究、写作和他的个性、学习方向有绝对的关系。我到现在发表过100篇左右的文章，如果要说我的写作有没有什么风格，我想应该说是务实，我自认没有能力去谈那些大的思想史或理论；但我也不是那么单纯要求精细的史料整理。有些地方虽然看起来是史料整理，但并非纯以考证性论文为主。所以我想我的文章大致上是属于中等类型，而这正反映我的个性和治学方式。

我的学术研究，现在总结起来，比较关注以下几个方面：第一，是学术史回顾，比如两岸宋史或宋代资料出土整理的情况，然后对自己下个研究的现况进行检讨，看看别人的现有成果，自己下一步能提出什么新的想法，算是基础工作。第二，我比较注意版本的问题。透过研究一个个实际案例，除了发现文字缺漏，也可能发现版面衔接错乱的问题。这些有助于提醒人家，使用这些资料应特别注意的问题。第三，我比较注意政体变动下的人物，尤其是政治社会的边缘人，像归正人、武人，他们的处境和心态的问题。第四，讨论地方武力、地方势力的出现和发展，以及中央和地方互动关系。这是要响应从前"宋代是中央集权社会"的说法。我觉得，中央集权是宋代为了结束五代以来一些实际政策的对策，这对策在整个宋朝是不断变化的。好比南宋为了政权的存续与发展，一方面有和战的政策，一方面则承认甚至认同了地方势力，中央和地方便出现了新的互动关系。第五，是中韩关系。主要是关注10—13世纪之间，当中国的分裂使东亚社会出现二元政治主体时，周边政权如何看待中国的政体变动，采用什么应对策略，而中国的宋或金又和这些周边政权处于怎样相对应的关系。第六，讨论家庭、家族和社会。之所以会研究中层士人家族，一部分是想响应国外汉学界对社会流动、婚姻关系、家族的发展策略等问题。我刚开始进行中层地方武力、中层的士大夫家族的研究，而最近我的注意力就放在基层社会方面。家族合作推动了一些地区性的社会文化工作，同时也带动社会的变化，而这很可能正是明清社会发展的重要基础。因此，我想观察政治的转变对基层社会有什么影响，也希望进一步了解宋代以后，中央力量逐渐渗透到地方基层的过程中，为何又反引发出基层势力的兴起？这中间的转折变化在哪里？在我看来，宋徽宗时代是宋代的政治力和社会力变动的关键时期。

纵观我的研究的几个面相，几乎和学术主流没什么关系，既非跟随，也非特意回应。除了家族研究以外，其他都是自己兴趣所在，是我观察的东西，带有比较强烈的个人色彩，也因此在其中大概有一点寂寞的感觉。我想真正看我东西的人不多，或者是看了理解我想法的人也不多。但最大的好处就是，我写过的东西不会让人觉得是抄袭。同时，我只讨论我自己的东西，从资料出发比较安全，不会出大问题。当然，我也希望有一些议题，自己做过之后，别人就不需要再重做了。

我的硕士论文《晚宋朝臣对国是的争议》，讨论中心是和战、边防和流民。做了这个问题之后，就发现那时南宋研究得很少。我觉得以往的宋史研究，都是探讨北宋的历史，南宋大都很简单地跳过去。直到现在，大陆的宋史学界对南宋的关注还是不够，我自己觉得南宋的研究还应该加强，从多方面深入研究。我想我的工作是希望能够补一些宋史研究的缺失，无论是重北宋忽略南宋，还是过于重视政治主流人物，或经济性的资料，将这些材料孤立使用，漠视了他们特殊的时间条件。

请问，您所研究的领域涉及南宋军事政治史、基层社会史以及中韩关系史、版本文献考订等，您学术研究的课题是怎样生成的？

我讨论问题的方式和别人有一点不一样，我的文章很难界定为什么史。地方武力不是军事史，实际上是介乎政治史和社会史之间，是社会力量和政治力量之间的关系，只不过用军事组织的方式或军事问题的方式表现出来。我想，很多历史现象不是单一的某个领域，社会史或政治史的，而是一个综合性的问题。历史就是比较多方面的、综合性的。

研究的过程中，除了看到研究时代本身的一面，往往也从现实看到历史，这种状况反映在我写南宋归正人的时候。从归正人看到，和战双方关系紧张的时候，需要一种人来强化己方政权得人心的形象。北方的金人到南方，被视为中原人人心归向的表征。因为政治需要，让这些人得到很高的待遇，但同时也对他们有种种限制。中韩关系、归正人这样的例子说明，很多得自现实世界的观察、体验，回到历史里，看得更准。我研究地方武力，也有它的背景。我常在闲暇时看些闲书，看了民国初的一些传记，有一本《袁世凯窃国记》，讲袁世凯时代河南地区有一个地方性的组织，也看到台湾有人写明末清初很多地方性武装，最后看到内地出版的沈醉回忆录，谈到抗战时期，湖南常德那一带还有许多不是国民党政府控制的地方武力。我就想，已经到了20世纪，都有这些大的地方势力存在，难道宋朝没有吗？有这个好奇，觉得不可能没有，便回到历史中，观察诸如此类的经验，或许解释了我看宋代社会切入点和他人不同，而却又自有发展性在其中的原因。

那么，接下来就请您详细讲讲您自己在各个领域的研究心得吧。最初您为什么选择南宋史作为研究的方向，又是选择的是军政史，其中原因何在？

我对南宋史的研究，从《宋元襄樊之战》开始。当初发现，南宋晚期的问题很少有人探讨，所以我在硕士班的时候，就决定以南宋晚期为研究中心。开始从年谱做起，积累了对南宋晚期政局变动的了解。我对南宋的关注点第一个阶段是政局变动，与随之而来的若干重要问题、人物、措施。第二个阶段，是南宋变动的环境里，变动人物所呈现出群体势力之间的变化。后来，就发展向其中的地方性议题，牵涉到地方武力、地方势力等。

我觉得军政是一个朝代研究的重点，影响一个朝代或影响历史变化。从现在观点来看，军事、政治上的作用，对政策的决定与政局导向影响很大。然而以往有一段时期却被视为是缺乏学术意义的，宁愿讨论典章制度的这一面，而不把军政纳入影响历史发展的变动中看待。这是我和别人不一样的地方，而且就南宋而言，其生存发展最重要的就是政策和军事力量。因为南宋不像太平盛世，必须要维持固定的国防力量、边防措施，并维持一定的经济实力。外交政策上，也常常为了国家的发展，在和战之间需要做不同程度的调整。南宋的特殊的时空因素，使得军政变得更为重要，但这个议题却长期被忽略，所以我希望能特别强调它。

当初，您是怎样开始思考南宋时期抗金的义军，怎样思考并展开对南宋时期地方武力、民间武装势力的研究的？

义军和一些地方武力的出现，是南宋的时代特色。两个政权对峙时期，才会出现义军这样一个地方武力；宋廷为了国防的需要，在不同地区也出现了民间的地方武力，或武装力量。南宋的地方武力在宋金交界的两淮、四川一带形成以山城与水寨为主的防御，以及为对付走私贸易而成立的地方性军队。这些势力的出现都与南宋的立国条件和当时的环境密不可分。南宋为了安全和国防保障，取得财政上充分的资源，从而打击背离财政政策的走私贸易，因此，催生出这批地方武力。这样的状况跟立国条件的关系很密切，因此地方武力、义军，跟南宋的政局，跟南宋对金的和战关系紧密交织。再者，宋金关系紧张时，地方武力、义军被宋政府视为抗敌的资源。但当双方缔结着和约，和解时代来临之后，政策又随即转向，所以让北方的老百姓和义军感到政策的摇摆不定。从金、蒙古、宋的对峙可以看到，地方势力、地方利益的考量其实是一个整体。从历史发展中可以看出一个朝代从中央到地方的状况，可以说历史上并无真正所谓中央集权，或至少不容易有长期性的中央集权。到了某个阶段，地方势力就会逐步发展、壮大，政府会采取利用、控制或承认等种种应对策略，这些方式又时常因外在因素的转变而发生质的变化。

这样的观察，纯粹是从武力结构、军事变化、政局变化上讨论。如果从地方的社会文化来看，其实基层社会中，地方文人的角色，在促进中央和地方的沟通上还是有一定的作用。南宋读书人有两种性格，既有个人追求仕进、经世致用的精神，又和地方密切结合，有强烈的地方关怀。正因为知识分子的双重性，其双重考虑反而能形成社会长期稳定的力量，即便面对朝代嬗递的冲击，当地人组织地方武力，以对付外来的侵略者，熟悉环境的优势，在相当程度上可以维护地方的安全，但是这种武力装备不足，没有强大的武力，只能防御性的守御，或是孤立地据守在某处，像四川合州的钓鱼城，不容易形成大的抗敌力量，只能补充正规军的不足。

我觉得两军作战真正的主力还是正规军，非正规军仅能弥补缺漏。地方武力有明显的个人色彩、地方色彩，有孤立性，某种程度上还有排他性，不容易形成集体力量，因此它的历史作用是局部的。之所以做这些研究，是因为以前的研究大概都忽略了宋代这一类的角色，我想宋代跟历史上任何一个朝代都一样，其至和现在的状况都一样。这种力量，这种现象都曾在历史出现并扮演过相当重要的角色。

前一段时期，台湾学者关于区域社会、地方势力、士人家族及其与基层的社会关系，多注重南方地区的一些个案研究，可是又受到各式各样的限制。关于这些个案研究和通论性研究的优劣得失，也想请您谈谈。

家族个案研究，有它的好处，也有缺点。我也是个案研究的推动者，我做家族与社会研究的时候，两岸许多家族研究，都和我们当时推动的计划有关。个案研究的好处是提供基础的掌握。一开始做家族或社会史的研究，就要想得到通盘全面的了解，就宋代来讲不太可能。透过积累个案，也许可以得出较整体的看法，提供比较坚实的基础，不会流于空泛式的讨论。然而，个案研究由于一开始焦点太集中在响应西方学界，或其他的若干问题，比如科举、社会流动、婚姻等，久而久之反而有些模式化。当然个案的研究有其限制。因为宋代没有真正丰富的家族资料，族谱都是后来的，缺乏可信度，地方志也有问题，所以目前研究宋代家族是以个人生平资料为主，结合其它史料所形成的。这种以个人为主轴衍生出来的家族的讨论，很难看到一个家族发展的全貌的，容易以偏盖全当作全貌。尤其做久了，会发展出几个公式，几个样板式，那样的个案就会有许多问题。我想个案研究的论文已经够多了，以后除非有新资料出现，个案研究恐怕不容易有大的发展，此时应该是做总结的时候。所以如果有人愿意对一百个左右的个案研究做一个深入的了解，当能够提出一些大的或一致性的看法，同时由此为基础，进一步探索家族与社会的关系，追溯人际关系网络的发展，检视家族发展和地区的结合，才可以看更深层的互动。从家族延伸到社会，可以观察社会文化发展的一面，以及地方社会一些共同性或特殊性的问题。这一方面，我觉得邓小南教授的相关文章是很具有启发性的。

我研究历史，有几个面相需要考虑，第一个要考虑通同的部分，做大的、具有时代、地域共通性的研究，有利于掌握历史大的方面的发展。但是，历史也有异的一面，殊异性、地区差异、变化等等，都需要去理解、去深究。我个性比较保守，很多东西都是从个案开始，虽也试图了解这些个案能否建立大的、通则性的看法，但是我不敢提出像历史解释、历史发展通则、理论的观点。这一方面是个人的信念，一方面是个人的能力。研究历史跟个性息息相关，有些人才气大，想做大的东西，有些人从基础的、务实的东西做，比较安心，都不相违背。毋彼此相轻，不论做大做小，只要做得好就是好东西，要互相学习。宋史没有出现过大的解释系统，正因为还有许多空缺有待补白。

中型的士人家族是我研究的切入点，不是终极的关怀。我觉得我研究士人家族，会解决、响应一些问题，但是不是把它作为一个终点，而是作为未来要处理大议题的基础。

您在研究中，一再强调版本对于史学研究的重要性，在版本与校勘方面，也做了许多工作。能否请您具体谈谈？也请您顺便讲讲年谱的写作及其对史学研究的贡献？

年谱，其实我是从王德毅老师那里学来的。年谱不是学问，是工具，但是通过重建年谱可以了解到很多问题和时代背景。年谱有一个特性，跟这个人有关系的人、事件的背景、人跟社会、政治变化之间、政局变动与学问之间的关系，都要交代。通过这个机械性的工作，可以掌握时代变化脉络。我通过对孟珙、程珌两个做年谱，对从宁宗到理宗两个朝代内外政体的变化，有了较充分的把握。南宋理宗以后的历史比较模糊，正史中得不到完备的材料，透过阅读年谱、文集，就能较清楚掌握到理宗以后整个南宋内政、社会经济和对外关系的变化。在看文集的同时，我也开始注意到文集的版本。以前一般人评价《四库全书》，不管是正面的或负面的，其实都停留在概念讨论层次，没有人从实际的比对原始资料和从修纂的过程中去分析。我从四库底本开始，一条一条、一个字一个字地对勘，比对了好几部，才知道从多种版本归纳、比较，才能找到其中的差异与可深究之处。

我跟一般读宋史的人差异之一，就是我注意版本的问题。版本问题可以提醒我们要特别留意材料性质，好比讨论宋人的民族大义、对辽金元的看法、国家意识、敌我意识等议题，若不注意版本，就会出大问题。《四库全书》底本有不同朝代的版本，有时出入不多，有时大相径庭，连记载都有差异，探究问题要尽量搜集、比对不同的版本。这个课题一般学历史的人比较容易忽略，却可能会产生一些问题。我就是无意陷入其中，总觉得特别欣喜。

有一件事最值得回忆，1982年后，有一整年的时间我是看《建炎以来系年要录》。我做了非常仔细的整理，本来想一边看，一边做人名索引。刚看完要做的时候，日本梅原郁教授的《人名索引》便出版了。我发现他的索引问题非常多，就写了一篇书评，是我早期读《建炎以来系年要录》的成果性作品。《要录》我看得非常仔细，发现了许多问题，比如版本问题，像四库全书本的缺失，但也有四库本不错的一面。这是我比较早开始讨论这样的问题。看了《要录》之后，我就从南宋最晚期，跳到南宋初期，因此对高宗时代的政治及社会、外交等变化有比较深刻的了解，都是那一年读《要录》的收获。

我研究宋史是从南宋最末往前推的。研究过程中就发现，《宋史》对南宋晚期的记载非常少，必须看正史以外的许多文集。然而，文集有一个特点，每个人的记载都从个人的角度出发，所以必须比对，透过许多许多人的文集，才能把一个问题的中心理出来，这对我也是新的启发。

1993年在哈佛燕京学社的时候，我特别注意内地1949年以来整理中国古文献的成果。知道内地学界对宋代的文献研究整理相当丰富，也探讨校勘古文献中出现的许多新问题。这些整理的成果，历史学界应该多加利用，多去了解，借此找出更好的版本。尤其研究南宋历史，懂得利用不同的文献资料十分要紧。推而广之，除了文集资料以外，诸如新出土的石刻史料，都蕴含着新的研究素材。比如有一年，我曾经专门搜集大陆新出土的墓志，从出土墓志和文献墓志对比以后，发现若干问题，考订若干重要的事迹，这对历史研究都有很大的助益。尤其某一个地区墓志资料的集体刊刻，有助于提供当地家族史研究的资料证据。除了个人传记外，尚有许多多样性的资料。我们在台湾成立的宋代史料研读会，这几年来就是在读拓片中的墓志铭，效果不错。总而言之，我认为版本对于宋史研究相当重要，尤其对某些特定议题，如果不能掌握版本，会得到相反的结果。做历史研究需要多方观察照顾，利用各种资料比对了解，给予适度的评价，进行合理的利用。好比《名公书判清明集》，它本身有很实际的一面，就是法律制度的制定跟法律制度落实裁判依准等比较现实面的部分。如果不看《清明集》，仅仅着眼宋代现有材料的记载，记事往往偏重美好的一面，可能会觉得宋代是一个理想的家族环境，理想的社会。但是《清明集》透过法律判决的过程，把家庭、社会的诉讼争端活生生地记录下来，这样的资料有助于更为真实地了解当时的状况。比如以前常觉得宋代的家族长幼尊卑，非常合乎伦理，非常重视孝道、家庭和睦等等，这当然是强调描述理想的一面。然而从《清明集》里面看到许多诉讼、兄弟争财产、继承等等问题，则可以提供我们现实面的对照。宋代其实具有两面性，一面是宋人很有理想色彩，从高远的地方只能看见他们对皇帝、对自己的决心与期许，期望能经世致用、追求善治的国家、追求安定有秩序的社会，追求理想的政治环境。相对而言，宋人也有现实的一面，以宋辽、宋金关系而言，从讨论到实际进行，宋人从很理想的、很高远的层次，落到很现实的层面上去。这种现象也表现在各个方面，包括地方势力的发展、国家的认同。因为仅是透过宋代士大夫笔下的描述，所以我们以前对宋代的了解过于理想化。其实每一个时代都有各自的理想性，可能宋代士大夫特殊的社会使命感，造成他们较强的经世致用心理，对理想的一面也就描述得特别多。

那么，接下来请您谈谈您有关中外关系史，主要是中韩关系史方面的研究。

我早年学生时期，有很多和外国朋友交流的机会，这一方面让我了解到外国学术状况，另一方面则是对一些新的议题产生兴趣，包括中外关系。我本来没有想做宋代和韩国的关系，但是因为韩国朋友对这个问题有兴趣，常常讨论，也就对高丽史累积了一些看法，写了一些中外关系的文章。和大陆学者相较，算是较早进入中外关系的议题。

中外关系的研究，从前的学者大概有两种认识上的限制，一是认为中国文化单方面影响其他国家。然而民族和民族间的交流，绝对不是单向的，不管强弱关系如何，一定会互相影响。这从心态上或从资料上都太过主观。第二个，中国学者也罢，韩国学者也罢，利用资料来讨论历史问题时都只用正史或史籍，以致有所缺漏或不足。其实文集及笔记小说里存有非常丰富的资料，说明文化和交流是互动的，尤其是文物方面。我透过这些以前学者不太注意的资料，认识到无论什么都不是单一的，而是双方面互相交流。政治之间是互动的，外交亦然。宋代的高丽，跟辽金有外交关系，跟北宋、南宋，则不论有无正式外交关系，双方交流都很密切，或者通过商人，或者通过其他方式。于是，我提出宋朝和高丽之间的实质外交关系，不一定是正式的，但确实存在，国际交流有时透过正式体制，有时则隐身在体制之外，但在任何环境下都是确实存在着。就像宋辽金之间有正式的榷场贸易，但却也不该忽视同时存在的走私贸易，两者间有互补性。当正式贸易断掉时，走私贸易自然就会猖獗。国与国之间的关系是非常复杂的，就像我跟你做朋友，我还必须有其他朋友一样。追求本身的利益是最重要的。

1984年9月到10月间，我应韩国翰林大学之邀，到汉城做一个半月的研究，收集了不少高丽史、中国史中没有的墓志资料，这是后来写宋、金、高丽三角关系很重要的基础。那篇论文的几个关键点都是利用墓志铭，来陈述宋、金、高丽三角关系的变化，是我自己认为讨论中韩关系史上比较完备的文章。

宋金、宋蒙关系中，除了政权对立外，再加上复杂的民族关系，和以前的汉人政权有很大的不同。华北的人民面对先后不同的政权，新的统治政策使被统治者感受到压力，导致他们在新政权建立之初，一方面要反对新政权，投靠宋政权，或心理上认同宋政权而感到挣扎。新政权建立之初，都会经历人民由抗拒到顺服的过程。严格说来，非汉族建立政权之后，基层社会或传统文化，比如信仰、乡里的文化活动等，被改变的不是那么多，而是在上层制度结构方面做一些改变，民族关系也没有到尖锐对立的程度。宋朝士人官僚忠君爱国观念较为强烈，对民族意识表述或记载更多。更明显，但是与事实有一段距离，这一方面还需要更深入的探讨。第二个，这时的中国是两个政权对峙状态，周边的国家就比以前有更多、更大的弹性和变化，因此所产生的东亚社会互动更复杂。一则表现在中国的周边国家，对中国两个政权的关系不断调整，随中国内部的变化而改变自己的政策，这种顺势应变的心态比从前更重，目的是争取对自己更有利的空间；一则是中国两个对峙的政权，对周边国家的关系也变得有弹性，与以往统一王朝与外部周边政权的关系，有明显的差别。

中国和韩国等周边国家的交流关系是双向的。当然中国影响韩国的一面，或影响日本的一面较为明显，文化制度的影响也比较深。但是，从文物交流状况来看，在中国自己的资料记载里同样能看到沿海地区中韩两国物品相互流通的状况。另外，北宋曾派官员到韩国去征集以前的古籍。很多中国古籍通过隋唐以来的关系流传到韩国去，一直到现在，还有不少中国古籍保留在韩国和日本，其实这种现象也是受长期文化交流所带动。再者，从文献中我们也可以看到，韩国在众多中国周边国家中，是一个有强烈自尊，又有很强烈现实感的国家，对中国政局变化的反映非常敏锐，我觉得从现有世界回观历史，比较能够体会一个大国周边的小国，因为自己的生存与发展的需要，出现顺势而变的政策，以致让后人觉得决策摇摆不定的原因。

在古典文献的电子数位化方面，您是怎样思考的？在您的推动下，"中研院"史语所展开了哪些工作？将大多数古籍数位化之后，您预计这一工程将在中国古代史研究领域会产生怎样的影响？

台湾在1984年就开始有汉籍资料库的工作。这个工作跟内地是同时做的，但是台湾较成功，原因是人文跟电子信息的差异太大，在内地当时缺乏一个可以沟通两者的人，而台湾刚好有个这样的人，他叫谢清俊，是从事电子信息的第一代。他熟读《说文解字》，对人文认识很深，也有一份尊重。他一直认为计算机是技术，人文的方面才是重要的。数位化的发展对"中研院"有重要的贡献，目前在汉籍数位化技术方面是处于世界领先的地位。

起初我做联系、召集的工作，渐渐就变成推动整个"中研院"这个工作的人。说来也很奇妙，我大概算是台湾很早开始参与这个工作的人，但到现在我对计算机还是十分陌生，为此我一直想辞去所有数位典藏的工作。但是朋友们却认为我只需要为这项工作思考方向、作决策，代表人文提供意见就够了。电子信息这方面我是门外汉，但也许对负责沟通、协调和组织尚能胜任，所以也就继续扮演这个角色，推都推不掉。

现在台湾的数位化和以前改变很大。从前只是文史资料的数位化，但是后来进行数位化的范围非常广，大概把台湾重要的文物，包括铜器、铜器的铭文或是善本书、档案、书画、考古资料、地图、动植物等等，全部进行了数位化。数位化不是把这些东西扫描进去就好了，还要建立各种栏位、人名等后设资料及联合目录，以利彼此连结，改变是全面性的，绝非只是历史、文学资料的改变。这里面有很多难以界定的部分，需专精者深入参与，才能做出好的成果，未来贡献也就更大。目前，人文学者大部分不愿意付出，只是想享受这个成果，这是不对的。为了保证品质，还是要请专家多参与这样的工作。若专家都不参与，只找一些外行或让助理含混地完成工作，将来品质上就会有很多问题。

数位化的发展是大者恒大，小者恒小，优胜劣败。资料量越丰富，品质优秀者越能占有市场。这个工作要做得好，就应该由政府去做，对大众开放。像《四库全书》，很多企业家投资，但一则价钱高，品质尚待改进。而且，一旦被盗版了，连生存都有问题，更遑论继续改善。目前著作权或法律的规范与执行明显不足，盗版很严重，形成恶性循环。这个问题在内地，不论从政府到民间都要检讨。另外，数位化的特色是随时可以更新，跟文字出版情况不同。纸本出版品要更动文字，必须等待再版。而数位化的资料，只要知道哪儿错了，立刻能改，下次再看时，错误就不存在了。

其实，未来更重要的是如何创造共同的平台。必须先存异求同，建立标准，有共同格式，跟国际接轨。另外，就是避免重复，要建立什么资料，就要先看看是否已经有人进行了，已经有的不要做重复劳动，浪费人力。大家都想利用数位化创造一点商机，其实带有商机的想法是错误的。因为这是不可能有商机的，一个学术机构、一个单位投入的人力、物力跟报酬其实根本不成比例。况且，商业性机制那一套是把数位化当作工程来做，七亿多字的《四库全书》，在十五个月内全部要弄出来，刚开始根本不在乎错误率，先完成后才逐步改正。"中研院"不把数位化当作工程，讲究质量，慢工出细活；但在商场上要是这样，公司就垮掉了，所以商人把数位化视为工程有他的道理，只可惜我觉得内地现在的环境，不利于商机成长，同时也影响到以后的学术文化发展。学术文化事业要做得好，并不容易，这类工作应该由政府来推动。

1996年，我看邓广铭先生自选集的序言，其中有一句话，说自己学术领域的形成，除主观上的原因外，在客观上，"则是我所居处的人文环境、时代大潮和我国家我民族的现实境遇和我从之受业的几位硕学大师所规定了的"。当时理解不深，后来觉得每一个学者的治学和他所处的大环境，和国内、国际间的大变化，确实都有很大的关系。您不但对台湾而且对大陆的情况都比较了解，更对欧美、日本、韩国等地的学界状况了解较多，我想请您谈谈您个人治学与社会发展变化的大环境的互动的关系，您个人的体会有哪些？是否可以对两岸或国际间的情况做一个比较？

就邓先生说的话而言，我的整个成长过程跟他的感觉是一样的。个人的兴趣、不同程度的师长影响、个人所处的环境都和研究取向密切相关，特别表现在论文选题的关怀之上。像邓先生选题，选择陈亮、辛弃疾这些爱国的人为研究对象，就和他所处的环境有关。我会关注中韩关系、归正人，一方面是历史的事实，另外一方面也因为我所处的环境，除了身处的环境，学术领域的形成也和自身经历有关。从这方面看来，我除了研究以外，承担了许多行政和事务的工作，好像牺牲了不少研究的时间，但是有时也觉得参与了不同的事务，接触了不同的人，对历史有不同的感觉。从实际的接触，或者人际关系发展里，对历史有更深层的体会，这与学生时期、或单纯作为学者，有不同的看法。第二，我觉得人的角色随着他看问题的方式而改变。诚如前言，我其实是非常封闭的专题研究者，始终围绕着南宋做研究，但是后来因为担任"教育部"的顾问，要处理很多大学人文学科的问题，要看资料，要提出许多计划，所以我关注的，不仅仅是宋代，不仅仅是历史，还有人文社会学科的发展。另外就是参与数位化过程中，要和许多人研商，跟电子信息方面的人讨论，从他们那里得知整个发展的趋势，让我感觉到新时代来临，可能对人文学者造成什么样的影响。

再者是参与一些国际会议和国际访问，从中了解其他人思考问题的方式。我是一直都抱着学习、扩展视野的态度，而且很庆幸可以超脱一个断代学者的眼界看问题。一个人在成长过程中看到或遇到的事物，与接触环境的改变，会让人关怀的面相和视野更为开阔。我建议年轻的朋友应该跟不同断代、不同领域、不同国家的学者接触，可以增广自己的眼界跟学识。

我感觉台湾学者也罢，中国内地学者也罢，历史都跟自己的土地有关，跟自己成长的环境有关，也因此把历史或中国文化放在自己的肩上，使命感较强。国外的学者则专业性比较强，他们没有也不需要所谓使命感，讨论问题纯粹从个人的学术兴趣出发。他们对中国的了解，也不见得像我们关怀得那么多，从古代一直到现代，期望掌握整个大的历史发展，这是环境造成的差异。但我想由于社会环境改变，或是其他因素，将来也会让中国学者逐步减轻自己兼顾的文化使命感。这一倾向是环境造成的，而未来最大改变的因素也是环境改变所致。现在要找传统不容易，我们这一辈还生长在传统里，内地年轻一代要找传统，除了地下出土的考古文物，历史记载的文字之外，环境都变了：家族不存在了，社会的面相改了，西方的影响多了，观察问题的方式变了，还有价值观念、对历史的体会都不再相同，所以年轻一代看待中国历史，和我们会有很大的差异。我想，内地的简体字也是另一种跟传统隔阂的因素。台湾的社会跟内地的社会不一样，我们小时候有多种庙会活动，会看到人情的、组织的一面。在内地，有一个时期想看到民间基层的东西，只有从文献上理解，会有隔阂的感觉。家族有的面相，表现在或同姓或异姓、复杂而多样的人际关系之中，这样的互动关系在我小时的乡村仍然存在。内地施行一胎化，台湾现在也不太重生育，家庭人口减少，以前那种大家族间各种复杂的关系，都不再能透过繁复的称谓体现。这些不必从好坏去论断，只是一个走向。但过了一段时间之后，年轻一辈的人想理解中国，某种程度上跟美国人了解中国差别不大。

就学术的发展来看，近几年我一直在谈应该创造"局部的优势"。其实，台湾不能对中国史甚至是宋史做无所不包的研究。台湾研究者这么少，应该选择一些特定领域发展，除了自己的兴趣之外，若是能创造新领域突现台湾的成绩，那就够了。透过读书会及组织中型研究群，进行群体讨论学习。每一个阶段进行检讨，开拓一些新的、可能发展的空间，这是我们所想做的。好比史语所推出的生命医疗史研究，是这几年能凸显台湾的成果的，其实参与的人只有五六个，但是大家齐心协力地研究并推动，这样确实可以创造一种所谓局部的优势。在大陆我也做过这样的建议，包括唐宋变革的研究。我们跟大陆、美国、日本学者合作，主张在一个领域上大家齐心协力，比较容易共同创造一些成绩。这群人集合在一起，创造一个局部优势，那群人创造一个局部优势，可以凸显各种不同的成绩，建立各种不同的学术特色，大家既交流合作，又彼此竞争砥砺，是我的理想中良好的互动模式。

就学术队伍而言，台湾一般在训练程度上比较整齐，大陆的训练比较不讲究训练的方法，所以学生的层次不一。感觉上，大陆的宋史学界对外面的研究议题敏感度不够。现在看来，邓小南和包伟民的学生，比较具有问题意识，并能够建立严谨的论证。我来北京讲学，比较深的体会是大陆学生整体的学习过程中，跟自己的老师互动较多，而跟同学的互动不足，跟不同领域的老师的互动也少。在我们的成长过程中不是这样的，在台湾，刚考进研究所没有老师，过了一两年再选，再跟老师谈你要选什么朝代或题目，同学间的互动比较频繁，互相学习的机会多，学习能力也比较强。其次，老师要求程度和宽严，也会对学生产生影响。现在回想起来，我的成长过程值得回忆的地方，就是除了老师的影响之外，同辈之间的互动、切磋、讨论，其实是成长更重要的部分。大陆在这方面较单薄；同学之间的切磋，可以弥补从师受教之外的不足，年轻人互相学习是很好的经验。

您对欧美、日本的史学研究了解之后，他们研究问题的方式、成果出现的形式对您个人有没有影响？

其实前面也提过，我长期以来研究的主议题和所谓主流虽有互动，却没有直接的关系，因为我舍不得抛弃自己的研究主题去跟随别人，所以还是维持着自己的东西。跟欧美学者讨论多了之后，他们的研究固然有许多新奇的东西，有时在我们看来有些太离奇了。不过，这些人研究的过程还是很扎实的，还是一字一字走着传统汉学的路子，只不过因为他们看的书较少，又强调理论、解释，有时虽然很深入，但若要就有限的材料提出新的创见，有时不免会引起争论。对他们而言写的书被评为好书固然重要，但被批评讨论本身就有意义，一本能引起讨论的书比完全没人讨论的书更好。引发讨论和争议，对他们来讲不是什么坏事情，也正是在这样相互批判之中，建立了一套学术准则。这样的观念在中国人里很少见，大家太顾及颜面问题，总是客气地点到为止。我参加内地一些硕士论文、博士论文答辩，觉得内地有一套很深的机制，外人很难理解，在书面表述和实际观感并不一样，书面的表述都总是非常正面、客套、格式化。然而无论优点、缺点，只要客观，这些评价都有存在的必要。若不是客观的指出文章的优缺点，只是一味、笼统地说好话，无助于确立学术评审的标准。

60—70年代尤其是80年代以来，那时候台湾的学者是不是就意识到历史学要和其他的社会科学结合起来？这个时期的变化大概是怎样的？

台湾的历史系，早期像姚从吾、钱穆、沈刚伯等人，基本上延续了1949年之前在内地的学习风气与治学传统，强调严谨、重视史料、重视考证。他们所培养的学生，不乏由台湾出国深造者，包括许倬云、陶晋生、萧启庆、林毓生、张春树等等，学成之后，或时而返台作短期停留，或留下来任教，都为台湾史学界引入了一些西方历史学者的方法、理论。60—70年代，那时两份主要刊物，一是《思与言》，一是《食货》，负责介绍和翻译西方较新的社会科学或方法论。这些介绍、评述等信息，为台湾史学界年轻一辈启发了新的思考。这方面，许倬云的贡献不可忽略，因为他长期往返于美国和台湾之间，不时带回新的观念与信息，给我们新的刺激与体验。然而也会发现，所谓的西方新理论总是流行一段时间就过去了，接着又有新的东西冒出来。所以不能盲目跟随每一个新理论的浪潮，必须有所选择，当时有各种选择，比如说年鉴学派，还有现代、后现代的理论。

您所说到台湾历史学科和其他人文社会科学学科有互相学习的情况，也就是科际整合，大概始于何时？目前的情况怎样？

在台湾，发现学科的问题，势必要提出一些弥补的方式。其实科际整合很久以前就有了，只是当时称为人文／社会科学对谈。各种论坛纷纷出现，想借此弥合人文和社会科学的鸿沟。在我看来，这一类的工作基本上没有成功。大概几年前，历史学者做医疗社会史，研究医学社会文化的变迁过程，中医学者也感到需要互相了解，便组织了各跨学科的研究群。这一两年，柳立言先生等法制史研究者也开始建立法律和历史两学问间的交流。然而，台湾历史学界真正的刺激，应该是科学社会学（SIS）的成长。约20年前，当时新竹清华大学有几位新进的老师，本科是自然科学，到美国去念科学哲学或西洋科学史。他们的观念与做法跟传统历史学有很大的不同。他们有新的学术训练方式，对传统历史的研究方式提出挑战。他们的人虽少，但是合作和凝聚力很强。他们所提出的问题和处理的方式，就主流科系而言，都是边缘性的，无论是理工科或人文、历史学科也都这样认为。然而他们的活动力特别强，也一直从事着边缘战斗，到现在，他们已经成了台湾某种学术主流，因为他们创造出了新议题、新观点、新的观察和研究方式。这些学者非常活跃，常常邀请国外学者来台交流。这类学术议题在世界各地都有，很容易达成国际性的互动合作，很多新的议题正是他们带动出来的。当然，比较传统、严谨的历史学专题研究者可能会觉得学问被浅薄化、庸俗化。不过这是免不了的历程，到下一个阶段的时候，就会发现第一代人只是提出一些想法，做一些比较粗浅的工作，第二代人要求精进，自然研究就会愈见精致。

我在台湾或其他地方的公开讲座，曾谈到单一学科的出现，是19世纪到20世纪学术发展的主流。现在因过度专业化，而趋于割裂、琐碎的现象，使人文学面临极大挑战。人文本是思想性，或者是结构性结合的东西，但现在典型的自然科学模式下，却造成了知识割裂的现象。当前的历史研究与教学应该打破断代的鸿沟，同时还应该学习其他学科，进行跨领域的对话。好比历史学去学习社会学，或社会学学习历史学。社会科学常以理论为中心，把历史学者当作资料搜集的工具，以为有了材料，就能套入理论解释。这不正确，也不是真正的互相学习。交叉学习应该可以创造出新的东西，把以前不清楚的灰色地带搞清楚。我认为未来会走向这种学科整合的趋势，我建议年轻学者真正修一门社会科学的课，了解他们怎么看待问题、处理问题，这门学问对我们有什么帮助；其他学科也同样来学习历史。一则学问是触类旁通的，另则历史系出身的人也不会过于狭隘。这是我所谓的整合。

为了避免历史学庸俗或浅薄化，必须坚守对史料解读的能力，在诠释深度上展现学科特色。历史学科得加强这方面的训练，才能维持历史学的主体性。

就我所了解，台湾的学者大部分还秉持傅斯年先生早期提出的"史学就是史料学""有几分史料说几分话"，很看重这个研究理念，同时，对于一些其他人文社会科学好的一些理论也应用，但是在这个应用过程中，一些学者出现像您说的浅薄化。在您的经验和台湾您了解的学者的经验里面，他们是怎么慢慢深入进去的？请您对这一过程谈一下。

我觉得学术像潮流一样，一波起一波落。因此我认为赶时髦是件好事。赶时髦的人要有能力抓到核心问题，解决问题，那么他可能因此崛起，站在浪头上，但是对在后面追赶的人，不见得是好事。在最追赶时髦的年头里，如果能够稳稳地抓住值得研究的议题去下功夫，只要能坚持，优秀的还是能留在学术圈子里，只要能坚持，往后仍旧有前景。总之学术这东西，年轻人尤其应观察了解不同的学科优点，吸收不同学科的内涵，或者就个人兴趣选择某门学科为重要辅助来观察历史。不过，也不一定要完全这样，要是能把自己有兴趣的东西，一点一点联结成为一个面的话，也非常好。像内地的几个学者，如阎步克、荣新江、邓小南、茅海建等等就是这一类的做法。听说茅海建一直看档案，功夫非常扎实，能修正许多前人想法，建证自己的观点。未必要用什么新的理论，但就是有它的位置。身为历史学者应该量材适性，但不要去比什么高下优劣。如果你是倾向实证的人，不要因此就认为从事理论研究没有价值，相同地，理论研究也不要看不起实证功夫。因为只要做得好就是好，即使在西方学界也是如此。

我还是比较关心宋史研究的过去和未来发展，还是想请您对两岸的宋史研究做一个比较，包括未来的一些研究趋势。

1997年我曾写过一篇回顾与展望性的文章，以此为基础再增修，在今年（2004年）的日本《中国社会文化》上，以日文发表，题目相近，但较为严谨，可能比较能代表我最近的看法，其中也提到了一些我所见到的新问题。大陆的宋史研究、历史学的发展，有很多的进步，可以看出年轻一辈学者面临国际化下，确实努力求新求进。大陆的年轻学者数量增加不少，议题也增广不少，研究的论述结构也比过去更为严谨。但是，宋史在整体方面，相对于其他朝代还不够，对外国学者议题的回应，也还不够。另外，学者最初接受训练时不特别严谨，无论是学术的严谨，或论述过程的严谨，而特别重视功力、资料强调所谓的硬伤。但是学术论文的基础，还是如同结合资料和意见之间的论证过程，这相当重要。邓小南教授、包伟民教授对学生的训练比较强调这点，其他的可能都太看重文字，虽然写了很多，内容很充分，资料搜集很完备，却缺乏严谨的论述和论证的过程。或许跟大陆刊物发表有关系，因为篇幅限制，常常要压缩，只能把资料抽出来，本来的三条资料，可能只剩一条。仅剩的史料要是不能完备陈述的话，就可能把次要的史料当成首要来看了。此外，很多地方该讨论的时候，跳过了论证，直接切入了结论。然而每个结论其实都有它的论证过程，我想这可能是训练过程中出现的问题。日前我遇到葛兆光教授，葛先生曾到台湾讲学，他觉得台湾学生的普遍程度比较整齐，大陆学生则差异性很大，好的很好，差的很差，这是规范不够所致。所以，他也强调，在大陆现阶段应立下一些规范，才不致流于同样的题目、同样的材料，重复炒冷饭的现象，或者不断地抄袭，或者出现新议题却没有实际论证，天马行空，不着边际。台湾这方面的训练，相对而言比较严谨，虽然人少，也没有出现极好的，却也不会出现极差的。我们对西方的东西没有充分地掌握，毕竟要完全理解西方学界要花很多时间，但起码要能交流沟通、起码要知道现在讨论问题是什么，观点大致上都能清楚。这一方面大陆年轻一代需要加强，尤其信息、资料、期刊都不够，当然这也是环境造成的。不过我觉得必须要有较大的自觉，以前有个毛病，总觉得对国外研究的成绩不太认同，这种态度得改。外国人研究中国史一定有局限，这不可避免。说不好听的，中国人没有几个人有能力去研究外国史。到现在，中国大陆和台湾的学者能够写出一流文章谈英国或美国史，在国际一流刊物上发表的没有几个人。外国人对汉学研究的方式其实很真诚，也很努力，应该给他们适当的评价。他们做汉学研究，不像我们一出生就使用中文，他们从有限的材料做很深入的研究，企图推衍出很多问题，当然可能有所不足。可是他们的问题，不在于帮助中国人解决历史问题，而是响应西方或日本社会本身的问题。他们着重问题意识，或诠释能力，着重从他们的社会中所推衍出的观点。而且，西方的学术发展很早，有很长的汉学学术传统，富有互相批判、自我检讨的能力。再者，外国的研究单位经费充裕，可以搜罗到最好的人才，最好的文章，最好的材料，做研究的条件比较优越。况且，外国的汉学研究者是真的有兴趣才去做的，学中国史对他们也没什么用，拿到学位，只能去大学教书，而且待遇不是很高，在那个社会他们也是边缘的。在中国社会不一样，作为中国人，中国历史不会抛弃掉，是谋生的重要手段，不做研究，去教书，初中、高中、大学都有这个课程。西方汉学研究的传统很深厚，他们以现在的状况，不仅能看懂你的东西，也可以建构新的讨论议题，而且仍旧很努力。因此，任何一个问题，在做研究时多看看外国人在做什么，研究什么。内地在这一方面因为条件不够，当然还有很多缺漏，和国外研究重复的状况也一再出现。有时真的是环境的限制，有时也可能是有人故意取巧。对待学术心境要开阔一点，人家好的就是好，不好的就是不好，不要觉得外国人做好中国史，中国人便不光彩或如何。如果真的做不好，需要检讨我们为什么做不好，而不是觉得外国人怎么样。当然，外国人做中国史确实有很多不足，因为他们的时空观念、历史感根本就不一样。历史感要透过实地勘查周围历史环境和时空背景资料，有了完整的了解才能呈现出来，这样的历史作品才比较有生命力。这方面在外国当然会有很多不足，但是，中国人手里有这些条件，现在却还没有把这个变成自己优越的部分。

我想了解您未来的一个研究计划，不知您能否大致谈一谈？

我目前的研究和未来的计划比较有关系的，有前面提到地方武力、地方精英、家族。以后的研究可能会走向两个方面：一是比较整体的观察，一是从中间领域，好比从士人或路府州为出发，观察基层社会。所谓基层社会，我的空间观察点以县为主的，就是士人、一般地方胥吏和官员，在县这个层级上，所参与的各种活动、组织的各种事物、活动中，透过人际互动所产生政治力和社会力的交织变化，这是我比较关心的主题。我觉得很庆幸，以前好像都没看到多少文章谈基层社会的问题，但是这一两年来，似乎有很多年轻学者关注的焦点都朝向梳理或解答基层社会的某一些面相。这很巧，当我对基层社会产生兴趣，想提出一些看法的时候，许多学界的年轻朋友也都对这样的问题产生了兴趣。我所侧重的，是透过特定的活动或者事物来观察人际关系的发展，或者透过组织架构建立的过程，观察地方社会力量如何凝结，如何形成地方文化，士人、胥吏、地方势力或豪强，由这类人物个别的角色出发，扩及到他们所反映的整体地方势力，深究其中的意义。如果作为地方势力的代表，这种地方势力在同代表政治力的官府互动时，在各种不同的场合，各种不同的事物上，会扮演什么样不同的角色。我也希望了解，知识分子作为群体，在南宋以后的基层社会中，究竟发挥了什么样的力量。这是我自己有兴趣的部分，但是像基层社会这样一个议题，其实范围非常广，有非常琐碎的东西需要掌握，比我以前研究过的问题要复杂许多，可能每一件大小事都得研究。有两种可行的方式，一是我从我自己的理解结合一些别人的和我的研究成果，综合出一些看法，提供一些观察。或者，我会选择自己有兴趣的问题，做较深入的讨论。另外一个方式，就是结合一些人共同研究。这大概是我下一步的想法。我还是期待能和有共同兴趣的人一起实践这些想法，创造一个局部优势。

我一直期望能有个写南宋史的机会，但这毕竟不是那么容易。内地的一些通史学者，很少考虑如何组织一个好的大架构。此外，我对1234年这个年代也很感兴趣，这一年发生了许多值得探索的事。

"唐宋社会变革"问题，从日本学者内藤湖南上个世纪初提出来之后，经历了几代学人的努力，现在研究的越来越多，您也在讨论。我想问您是如何思考的，从哪些方面可以反映唐宋时期的变革？另外一个，唐宋时期的变革，和战国之际、魏晋南北朝之际的社会变动和19世纪末20世纪初的社会变革相比，哪一个更显得突出？

这是一个很大的问题，我还是回到唐宋变革的问题上。我觉得由唐到宋确实是变化很大的时代，包括政治、社会、经济等方面。严复、钱穆等中国学者其实都曾论及，并强调唐宋变化的意义。然而日本学者不但是提出，而且实际讨论了一些变革内容，使唐宋变革成为国际汉学界关注的一个重点。我觉得这种现象是好的，是中外汉学问题研究上的创新，突破过去以断代为主的方式，可以对历史做较长时期的观察，这对了解中国的变化很有帮助。然而，从前讨论这样的问题时，始终有个限制，研究者还是以个人专长的朝代为主，跳跃式地研究另一个朝代，针对特定主题作对应比较，接着便提出唐宋如何演变的结论。包括中国、日本或其他国家，研究所谓"唐宋变革"只是在唐宋之间找几个比较点与差异，就当作是变革，这样很难不失之于粗糙。当然，现在的唐宋变革研究还停留在"破"的阶段，但除了"破"以外，我想我们也必须逐步地"立"。该如何立？我现在所想做的，是从比较务实的角度出发，研究宋朝的回到唐朝，从根源上找，然后和研究唐朝的人对话。相对研究唐朝的人延伸到宋朝，和研究宋朝的人对话，一个一个问题更细致地去谈。谈到底有没有变化。不要为变化预设立场，甚至要深思"变化"本身的意义或内涵是什么。变化不是研究中国历史唯一的着眼之处。其实中国历史，沿袭的一面可能更不可忽略。如果有沿袭，将沿袭的部分呈现出来，凸显历史既有沿袭，又有变化的一面。这是一点。第二，变化是不是有规律性，是不是唐代本身就有变化，或者某些问题从唐的某个时期就开始变化，而整个变化趋势走到了宋代，又有什么样的面貌。某些问题，是唐宋之间的变化；某些问题可能到宋才开始形成一个大的变化。都应该按个别不同的专题，检验过资料之后，再提出结论。不要什么问题都切得一刀两断，看到唐如何、宋又如何，就认为是唐宋变革。其实唐末到五代，是研究上的空白。也许唐到五代之间有很多延续性的部分，如果其中都弄清楚了，会发现某些东西为宋代所沿袭，甚至为宋代政策所遵循，可能到了宋代某个时期，才又有一些新的变化。如此，研究者才能比较放心地说，唐宋变化是什么样的情况，而不是泛泛地谈唐宋有什么变革。我一直想和内地的学者共同推动这样的研究。毕竟若不是从实际材料着手,而是按以前日本汉学的路子,抓几点来谈,或是预设唐宋之际就是一个变革,对学术研究而言不是一件好事。我希望能试着在日本学界提出的唐宋变革外,更深入、更细致地了解由唐到宋的历史发展图像,而不是先假设变革必然存在。内地现在很多研究都提出唐宋变革,却很少进行实质研究,这不是一件好事。共同推动不是要大家一窝蜂地做,只是希望有能来自不同群体的研究者,或社会史、或经济史,各自有不同的关注,都能做得更精更细,谈出由唐到宋的变化与不变。要有变,变的是什么,又各在什么时候有什么样的变化;承袭的部分,又是怎么一回事。细腻的讨论才是真正了解中国历史的方式。最忌将唐宋变革视为框架,只是去填补它的空缺,这样不但难以改变学界的偏颇看法,还可能做得比以往研究更糟糕,毕竟日本学者研究是很扎实的。如果不能修正以往的看法,反而落入了窠臼,变成历史学研究的笑话。

您在河北大学讲您在北京大学的见闻:北大历史系的学生,外人一问,自己以是北大的学生扬眉吐气,一说是学历史的声调就下来了。其实现在无论内地哪个高校,历史学科都处于萎缩趋势。考虑到就业,好多家长不愿让孩子上,现在大学历史系招生很难。您去过的地方多,又当顾问,对内地学界的情况有较多的了解。历史学的教育在整个社会、国家和民族发展中究竟起什么作用?台湾的民众、学者是以怎样的态度对待历史学的?

内地有些状况我不太清楚,但台湾历史学教育的确出了问题,首先,有很长一段时间大学历史教育受到保障,是国家思想教育的一部分。我大学的时候,所有的学生都得学中国通史,后来还加了中国现代史。在这种情况下,很多学历史的将来有工作上的保障,可以在大学教书。在我念大学时,非历史系的学生须修满148学分才能毕业,其中就有6个学分是中国通史。这种保障将历史教学完全置之于自由竞争之外。学生知道,这是思想教育、爱国教育的一部分,即使不想上,为了学分却不得不上;老师也明白这是营养学分,所以把资历最浅的,或者在研究教学成效不好的老师派到外系去讲课。教学的方式永远一样。

在台湾，历史系的老先生长期以来上课都是抄笔记，非常枯燥呆板，但至少这些老先生准备很充分，给学生一些重要的分析、观点，大家还能接受。然而时代在变，现在的历史学必修学分减少了，历史系可以开课，但是要不要修，由学生自己决定。教学方式跟不上时代的改变，老师教也教不好，学生只把历史当作营养学分，自然会讨厌历史，历史也就逐渐不受重视。外在环境的保障，加上大家安逸不图进取，在缺乏竞争的环境下，是我们学历史的人自己把历史搞坏了。从前历史系学生少，但从中学到大学都需要历史教职，大部分念历史的人毕业出来都可以教书，极少人做别的。

现在，大学设历史系的渐渐多了，研究所也多了，反倒中学的历史课程少了，学生也少了，就业越来越难，历史系所的教育方式却仍旧以训练教师和学者为目标，而不是训练历史系学生的能力，让他们学着去应用在不同的工作上。中学到大学的历史课程都减少了，师资需求也减少了，学者当然也跟着减少。一般而言，现在要是有20%以上的人能找到教职，就已经不错了，其他80%都要另谋他就。既然如此，历史就不能再只是像过去一样一个断代教过一个断代，这个朝代背完背那个朝代，而应该强调历史学能力、分析方法的训练，强调综合能力的训练。否则一成不变的教学，既耽误了学生，也耽误了老师。昨天谈到我几个学生的出路，他们都转行了，但他们告诉我当初决定学历史并没有选错。他们刚刚进入其他行业的时候，人家听到是历史系出身都担心得摇头，刚开始确实适应较慢，但后来表现都很好。他们觉得历史学毕竟是综合性的学科，考虑分析问题能从各层面入手，而非经济学或社会学等单一角度去思考。只要认真，在学校所受思考训练方法，到社会上就能展现竞争力。重点是老师的教学能不能提供这些训练，学生有没有用心学习。我不太赞成老师上课只是一味地讲，好像只是要把所知都输入学生大脑中，这个时代已经不需要如此了。

我以前在台湾上课，我的学生都知道，我给本科生选了100篇宋史论文，让学生做摘要，每一个星期交一次，每篇摘要都要改。摘要必须能抓到一篇文章最重要的论点，把一万五千字浓缩成一千字、五百字。这种方式需要把吸收的信息重新组织，不单是看，也不只是抓重点，还要用大脑把看见的想清楚，用自己的方式表达出来。只可惜后来没有时间再上下去。我后来有个学生保送清华大学，他们那班有20多个学生，我还是用这种方式上课，毕业的时候，他们送给我的卡片里提到，他们觉得对他们作用最大的就是写论文摘要，不只是重要的宋史文章都看了，更重要的是学会如何写东西，能够抓住重点。这很简单，可是老师要肯花很多时间。如果没花时间看，学生随便东抄几句、西抄几句，拼成一份报告，老师也不知道，所以一定要看，要看出问题在哪里，告诉他什么是重点，有没有抓住，这样才有效果。

此外，还有教师是否投入的问题，也就是教师的责任心问题。这里不妨提一段我在新竹清华大学的经历。当年新竹清华大学招聘所长，我就到清华去当了两年的历史研究所所长。清华的老师、学生都很少，学生和老师从创办以来，在许多路线上的意见都不一致。清华环境非常好，学校也很支持，本来可以和台大并驾齐驱，但后来清华没办法跟台大相比。台湾的学术中心终究在台北，新竹的清华很难超越这项局限。一到周末，学生走光了，老师也不在了，不能形成自主性的学术社群，使清华历史所的成长受到了影响。

在清华的两年，我很少跟外界应酬，多数时间跟学生在一起，组织学生间的讨论会，读楼钥的《攻媿集》。我对学生要求较高。后来也就有些失望，所以就不太想再收学生了。在清华的经历，让我觉得一个学校的成长，其实教师的努力很重要，所以我也很认真地扮演这个角色，做到学生的要求。清华在新竹，本身教授不多，虽然很多史语所的同仁都在清华兼课，但因为觉得往返新竹既辛苦又费时，就要求学生到台北史语所来上课。我认为清华之所以没有成为有影响力的学校，正是因为学生都离开了新竹，所以那时我要所有兼课老师都要到新竹去教书。我一直认为，既然愿意担任这样一个角色，就要亲自到那儿去，不要让人家学生跑。自己的时间虽然宝贵，但是学生好几个，甚至十几个，加在一起耗费时间更宝贵。

您讲到历史教育的转变方式，您认为是不是因为历史学创造不出生产力，才会被大家不重视？目前历史的教学，您认为存在哪些问题？

我想这可以从两部分来看，一部分如此，但是一部分也不尽然。以前的历史教育太过政策化，置身自由竞争之外，因此大家都因循旧习，使教学缺乏创造性。再加上联考制度下，考试引导教学，创造力就更弱了。其实学历史，除了学素养、开视野之外，还有思维、思辨能力。有了这些能力，掌握了这些方法，我想你进入社会其它不同的领域，一样可以展现出才华。我以前在辅仁大学教宋史，有些新闻系的学生来上课，我也要他们写摘要，然后改。新闻系最擅长的就是写作、叙述，以后当新闻记者才能写能改。这些新闻系的学生说，我这一作法比他们的老师实际，而且训练比较严谨。因为新闻系成了热门科系，学生又多，老师不会很认真地对待每一篇文章。我规定我的一班学生不能超过15个，所以每个学生都可以好好地改。我想，第一，历史学是一种能力的训练；第二，能力训练是相对的，老师也要付出。台湾和内地的老师付出的都不够多，都觉得自己当大学教授，没有得到社会的重视，想过安逸的生活，专心写自己的文章，不在乎学生教得如何。我想这不对，也不负责任。你看，美国一个大学教授不管负担多重，他们和学生的讨论还是一样认真负责。又想安逸，又想出名，天底下没有这么好的事。

我想历史学的功用，您说哪一个国家，无论发展得快慢，历史都不会断绝，被铲除到社会之外，可是，在您看来，历史系在社会发展中究竟有哪些作用？

其实历史学不只是一种学科，也是一种通识教育，是大学生、中学生应有的素养。透过历史，他们会认识自己的生存环境，认识从家乡到国家是如何而来，今天的环境又是如何造成，能够对他自我认知有更多熏陶。

我知道美国、日本也有不少问题。最明显的，像日本东洋文库，它拥有非常丰富的古籍，以及一部分的东亚资料。以前东洋文库受到日本政府大力支持，中国古代社会是他们最强的一环。现在由于感到对回教国家的了解不足，反而大力支持中亚研究，重视中亚资料的整理。可见每一个国家都有自己的关照点，当需要了解不同国家的时候，就会把历史作为重点。

美国的汉学研究，在美国社会属于边缘的学科，美国学者对汉学纯粹因为兴趣而学，学了之后，再到一个学校去教书或转行，没有什么使命或责任。就算是别的学科,也都会面临同样茫然的困境,学经济的人都知道自己是经济学博士,却不知道自己未来是什么,这本就正常。历史教育应该好好培育、引导内地年轻一代。在韩国,研究中国史的人很多,从内地、台湾拿到博士学位,现在找不到工作的太多,有的边兼课边等待职缺,要等八九年。我的朋友金渭显,是韩国明知大学教授,他说他的位置就有哈佛大学、东京大学、汉城大学、北京大学四个名校的学生在排队等。日本也一样,等待职缺的人多得不得了。佐竹靖彦有一个学生,拿了博士学位,打算当兼职讲师,因为不可能当上正式的大学教员。日本很多人到私立学校拿了博士,知道自己没有机会当大学教授,只是因为兴趣,日子过得很艰苦,仍旧一路写。如果发表了论文,年龄也比较大了,还是有机会得到聘任。我觉得不是拿到博士就等于找到事。对你们这一辈而言,写了很好的论文,找个学校寻求发展,还算容易。更年轻的,就必须让他们知道,兴趣是最重要的,将来不是拿到博士就能谋到大学教职的,如果没有兴趣,读完硕士就别读了,另求发展,不要再读博士蹉跎人生。

史学的功用问题,现在依然受到这样或者那样的质疑,对现实社会的作用也并不明显。内地申报国家研究性课题,要看你研究了以后,对我们的现实社会的或未来的发展有无助益,而且还强调在很短的三两年内完成。

我想这是不正常的。在台湾,研究一个历史的课题,不会有这样的要求,这样设计,是不了解这一学科的特性。我想这一方面要编织一些远景,一方面就是要看学校的有力人士或学者,是否有办法去抗拒此一不合理的规定。北大的一位年轻副校长到中国古代史中心讲话,说:"北大不必跟教育部或其他单位的要求看齐,不必追求文章的数量、级别等。要就要做最好的最好,北大的研究者要做的就只是尽量做到最好。"

北大等个别一流高校有此魄力,别的院校大概都不大可行!

这种魄力要传染给其他的学校,要敢直言文科就是如此。在台湾、在日本,一个研究计划,要做一两年或如何,不会问对现实有什么贡献。像我以前负责汉籍资料库的工作,每年有五千多万字的产出,我也不会强调,这样做有什么贡献,做就是做,知名学者应该出来为学术发声。

历史学要培养思辨能力,不是培养如何找工作。如果单为谋职,那哲学系就不必存在,物理系、数学系也都有危险。除了做研究以外,大学也是一个培养人格的神圣环境。对实际的知识有兴趣之后,能自甘于淡泊的生活,也是一种生命的体认。价值不完全是用创造多少生产力来评断,整个社会如果全部都投入创造生产力,没有人思索物质之外的问题,还是会走上歧途的。社会有能力,也有责任供养一些虽然没有物质创造力,但有智慧的人,负起传承文化、研究学术的使命,好比社科院、大学教授、研究员等等。我觉得生产力是很难用某种单一标准去评断。有创造性、有现实意义的学术论文、作品,影响的人多深多广,假设像胡适、陈寅恪这样的人如果都不要了,是不行的。

第二,学历史的人不要那么悲观,虽环境不好,但好坏都是相对的,台湾这两年尤其明显。本来人文学科在没落之中,农学院也不很好,但这两年农学院就更糟糕,因为现在有生物科技、遗传基因等研究出现,如农学院不挂上生物科技的招牌,就跟另外一个文学院一样,甚至比文学院更惨。文学院可以当老师,农学院不行。他们所收集的那些动物、植物标本,和历史文物一样,在日新月异的环境里,根本不受重视。所以用相对的角度来看,其他学科没落的幅度比文科更大。历史其实从来就没有兴盛过,不是从今天才如此。

严耕望先生曾说,他们那时候的环境(二三十年代),如果要救国最好还是学理工科,只不过我想是因为当时的整个社会、政治环境,从中国内地到台湾都因为百年来的发展,民族意识抬头,历史和民族意识结合在一起时,好像成了能估量效用的学科。很难说这是对是错,但是如果能够抛弃狭隘的民族意识,从多元、健康的途径看待,历史没落不见得是坏事,只是让历史回归和其他学科自由竞争的环境中。台湾当初要删减历史学分,所有的学历史的人都反对,我那时也反对,但是回过头来想,这二十年来内地、台湾的社会变化有多大,高中的老师、学生要面对多少问题。现在整个社会的教育环境,要减少钟点,可是问题加多,法律知识、社会安全、科技信息等,很多东西要通过教育系统去建构,也得通过教育系统告诉年轻一代他们可能面临的危机，如果不减少原有学科的课量，如何能容纳这么庞大的信息。历史教育没有我们这么多争论。美国的状况我不清楚，我没有去考察中学教育。我想大学教育与高中教育有关系。像日本他们现在是西方的力量很大。东亚社会有一个共同的现象，就是考试制度。现在觉得考试制度对国民的能力养成有些问题，所以就尽力想创造一些综合课程，让学生和老师自由地安排有创造力的课程。我们去访问的结果，各中学的同学、家长想没关系，你的综合课程，挪了几个小时，晚上学生就到补习班再去补习。家长还是关心学生要升入哪个学校，这是一个非常矛盾的现象。

在我看来，中国史研究仍在国际间占有位置，是因为中国问题被认为需要严肃地看待，需要了解这个国家，了解这个民族转变的过程。对于其他国家而言，中国是生面孔，所以会投入很大的心力，试图去了解它。但是中国发展到一个阶段以后，大家了解都差不多了，除了经商、政治、交流或其他因素，纯粹学术部分，他们不会投入更多的人力，因此历史教学与研究的提高，仍是学者要从自身着手，在训练、方法上认真改进，自助而后人助，才能被重视。

李治安

李治安，1949年10月出生，河北邢台人。1982年南开大学历史系毕业，1985年南开大学历史系研究生毕业，获历史学硕士，留校任教。1988年，获历史学博士学位，师从杨志玖先生。1993年破格晋升为教授。曾任南开大学图书馆馆长、历史学院院长等，现任职中国古代史教研室，南开大学讲席教授、博士生导师。曾获国家教学名师等称号，研究方向是元史与中国古代政治制度史。现为中国蒙古史学会第三届理事会理事、中国元史研究会前会长。1991—1992年曾赴日本爱知大学访问，并在东京外国语大学亚非研究所作学术演讲。在《历史研究》等国内外刊物上发表学术论文100余篇。

主要著作

《元史学概说》，合著，天津教育出版社1989年版；

《元代分封制度研究》，天津古籍出版社1992年版；增订本，中华书局2007年版；

《中国古代官僚政治》，与杜家骥合著，书目文献出版社1993年版，中华书局2015年版；

《唐宋元明清中央与地方研究》，主编并合著，南开大学出版社1996年版；

《社会阶层制度志》，合著，上海人民出版社1998年版；

《元代政治制度研究》，人民出版社2003年版；

《忽必烈传》，人民出版社2004年版；第二版，人民出版社2015年版；台湾商务印书馆2017年版；

《元代华北地区研究：兼论汉人的华夷观念》，主编并合著，南开大学出版社2008年版；

《中国行政区划通史·元代卷》，合著，复旦大学出版社2009年版；第二版，复旦大学出版社2017年版；

《中国五千年中央与地方关系》，主编并合著，人民出版社2010年版；

《元代行省制度》，中华书局2011年版；

《元史暨中古史论稿》，人民出版社2013年版；

《元史十八讲》，中华书局2014年版；

《元、明前期的江南政策与社会发展脉络》，主编并主著，中国社会科学出版社2019年版；

《元代北方石刻资料辑录》，主编，22卷本，首批10卷本，中华书局待梓中。

李治安

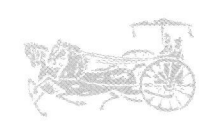

专通结合　厚积薄发
——李治安教授访谈录

李治安,精力充沛非常人能比。曾任南开大学图书馆馆长,现任南开大学历史学院院长,兼任中国元史学会会长等职。院长,行政事务繁杂;元史,古史中较难搞的一段,仅仅识读一大堆蒙、藏、维吾尔文名词就足以让人望而却步了。李治安行政职务已连任多年,有口皆碑;著述三百五十余万字,笔耕不辍。有道是:"书山有路勤为径,学海无涯苦作舟"。他的导师杨志玖先生在天之灵,也一定会为这个弟子勤奋好思绍承师传而感到欣慰。

李老师,您好。我受《历史教学》编辑部的委托,和您进行这次访谈,希望就您的求学、学术研究成就、特色和研究心得,以及您对目前中学历史教学的思考等,一一展开。先从您的求学经历谈起吧。听说您的老师杨志玖先生是国际知名的唐史和元史专家。请问您为什么没有跟随杨先生学习唐史,而去选择了元史这一国际性较强,却又相对偏冷的研究领域呢?

我是1978年考入南开大学历史系的,当时已29岁,十分珍惜来之不易的学习机会,一心想把耽误的学业赶快补回来。用"惜时如金"来形容我和身旁部分同学的勤奋,是再恰当不过了。我没有满足于死啃课本和追求高分,而是花了大量的时间浏览较多的史学名著和哲学、经济学、政治学等书籍。于是,图书馆成了我每天必去的第二课堂。诸如《史记》《汉书》《资治通鉴》《旧唐书》《资本论》第三卷等，都是在大学阶段阅读的。较广泛的读书，用去很多时间和精力，当时也没有立刻见到多少实际成效，但他从理论方法到史料知识，奠定了广博而厚实的基础，为我日后从事比较专精的研究做了必要的准备。1982年开始，我师从杨志玖先生攻读元史，原杨先生招收两个方向的研究生：隋唐史和元史。不巧，那年杨先生决定停止招收隋唐史，只招元史。我曾经有几分疑惑，后听南炳文老师说，杨先生是史学名家，他更擅长元史。于是，我觉得随先生学元史，或许是另一种较好的选择。当然，现在看来，学习元史益处颇多：第一，相对而言，元史领域可供开拓的地方比唐史稍多，在国内虽显冷僻，但在国际范围内却是"显学"；第二，读过一些隋唐史书籍之后转学元史，眼界视野无形中会宽阔许多。

学界传闻：杨志玖先生带学生自有家法，请问您对此有何亲身体会？

杨先生指导学元史，第一步是精读《元史》。强调阅读原始资料的重要性，认为：做学问不能做转手商贩，要开工厂，亲自发掘原料，制成商品，供人使用。即所谓"如入宝山不空归"。按先生的教导，我认真读《元史》，发现不懂的问题，或者查阅工具书解决，或者记录下来，及时向先生请教。借此逐个"攻克"《元史》中人名、地名、部族名之类的疑难和障碍。还参照《元史·本纪》编写了大事记。这两项"笨功夫"耗费了将近半年时间，当时也觉得比较枯燥，成效不太显著。但它毕竟让我较快地熟悉了元史，打下了较好的专业基础。有了这样的基础，后来读《元典章》和元人文集等其他史书，就比较顺利了。其次，杨先生要求我们尽可能多地学习掌握外语和少数民族语言文字。由于我读硕士研究生时已过了"而立之年"，学语言困难较大，总记不住。先生鼓励我："学习语言文字，比学历史容易，无非是大量记忆，背课文，功夫下到，肯定会见成效。"先生以身教带言教，虽年届70岁，还利用授课休息时间，向十七八岁的维族女同学请教突厥语词汇。又随青年教师进修德语，和我们一起听蒙语老师的讲课。先生孜孜不倦的学习精神，深深感动了我，激发了我克服困难的勇气和毅力。攻读硕士期间，坚持学习了一年蒙古语。博士毕业后，又到北京随中国社科院民族所黄颢先生学习过一段藏语。这曾得到当时系主任刘泽华先生的全力支持。回首这段学习语言的经历，酸甜苦辣，感触良多。从效果看，自己学的并不太好，只能算粗知而已。然而，在日后研究元代"投下"和成吉思汗生年等问题时，所学的蒙古语和藏语都派上了用场，成了解决疑难的得力工具。所以，我特别感谢杨志玖先生、刘泽华先生和黄颢先生。杨先生给予我的第三个教益，是学会写高质量的史学论文。我学习撰写小论文，是从大学一年级下学期开始的。当时，胆子很大，空泛议论较多。不久，学会了从阅读史料入手写文章，第一篇文章是《略论唐太宗的政治思想》。自己认为下了较大的功夫，颇自信。拿去请杨先生看，得到的答复是：此类文章已经不少，勿需在这方面花费精力。先生的话，对我刺激较深，当时尚不完全理解，有些扫兴。不久，杨先生在《文史哲》发表《我怎样学元史》，谈到在北大读研究生时姚从吾等先生"心得"和"论点"至关重要的指教。此时我才基本想通，试着从事具有新意和比较实在的写作。真正规范的研究性论文，实际是我的硕士毕业论文。受周良霄先生的启发，我决定以分封制度的特殊形态"宗王出镇"为题。论文作得很艰苦，苦思冥想了好久，最终从镇戍区属性、权力构成、任用原则等三方面予以剖析。这篇论文在继承周良霄先生特殊分封说的基础上，进一步探明其镇戍区归朝廷所有，由行省等官僚机构具体治理，部分出镇宗王不世袭等特殊性之所在。也算是着眼新角度，提出了新观点。因此，受到国内元史前辈的赞扬。我也初次摸索到了进行创新性研究和撰写高质量的史学论文的门径。因杨先生考证文章作得最好，我又留心学着写若干考证文章。比较有代表性的是，读博士期间写的《元代投下考述》和《元代中原投下封地泽州发微》两篇。而后，又写过《成吉思汗生年问题补正》《修端"辩辽宋金正统"的撰写年代及正统观考述》等篇，可以算作进一步的学习与尝试。

李老师，您的成名之作《元代分封制度研究》作得相当成功，请您略作介绍。

首先申明，我的博士论文《元代分封制度研究》距离名作尚远，只能算比较成功。完成这篇博士论文有如下三点体会：一是精心选题。元史时间跨度有限，又是国际上的显学，前人研究已经比较多，博士论文题目不太好选。选题时主要考虑的是，第一，做元史研究，要优先选择在元代举足轻重的课题，尤其要优先选择蒙古主体或主流的部分。第二，在蒙古千户、怯薛、分封三大支柱性制度中，唯有分封制度庞大复杂，史料丰富，疑窦较多，尚有继续钻研的较大空间和机会。实践证明，这样的选择是明智和有益的。它既可以让我做一番以分封为中心的集团性研究，又能够较迅速、较准确地认识理解元朝历史的真谛。二是有因有革，重在创新。针对国内外学者研究元代分封较多的情况，我在总结以往成果的基础上，抓住"投下"的意义及其与分封制的关系，"中原投下"和"草原投下"的联系与差别，诸色投下户的身份地位，诸王、贵戚功臣分封的异同，各种分封实体的内部结构和权力机制等悬而未决的问题，进行重点突破。例如，"投下"一词与元分封关系密切，一般论者甚至把二者等同起来，把分封制称为"投下制"或"投下分封制"。我则从"投下"对音、本义和引申义的考释起步，廓清迷雾，正本清源。指出"元投下"是蒙古语"爱马"的汉译，其本义为部落或部，又谓部落首领、贵族或贵族首领所属的军民集团。引申义为蒙古千户军事游牧集团和王公贵族封地封民。狭义的投下，主要指分封投下；广义的投下，则应将军队投下、分封投下都包括在内。贵族"头目"与投下民的领属，是投下的内在联系；部、集团，是投下的外在形式。又把分封投下析为诸王兀鲁思投下、五户丝投下、私属投下三种类型，专章予以详尽的探讨，进而将元投下和分封问题的研究推进了一大步。三是披沙拣金，论从史出。遵循"竭泽而渔"和务必运用第一手资料的原则，我曾经走遍北京图书馆、科学院图书馆、北大图书馆、清华图书馆、民族学院图书馆等，像大海捞针般地广泛搜集资料。还在研读史料的过程中，发现歧异，钩沉索隐，以小见大，解决某些前人未曾注意的问题。例如，在研读史书时，我注意到《元史》《太宗本纪》和《食货志三》有关窝阔台汗丙申分封受封者人名、封地大体相同，又颇有差异的记载，抓住不放，随即在诸多元人文集和地方志中爬罗剔抉，追根寻源，逐一考订诸封君所在路州，探讨元世祖朝中原封邑行政建置的变动情况。认为，世祖初借平定李璮之乱后的有利时机，一举罢黜汉世侯，结束了蒙古分封与汉世侯割据二体制嫁接嵌合的局面。进而调整和变动投下封地的行政建置，其做法大致是：在原汉世侯辖区内以较重要的诸王勋贵分地为单位，采取分设、新立、改置及维持原状等方式，众建路州，划一食邑，尽可能使拥有较多封户的诸王贵族独占一路一州，或在该路州占主导地位，尽可能减少同一路州数投下封君领民纷杂交织的现象。1988年底，我的博士论文通过答辩。该文稍作修改，以专著《元代分封制度研究》出版，获得韩志远在《历史研究》发表书评和日本著名学者杉山正明的赞誉。白寿彝主编的《中国通史》称誉这部书"对草原兀鲁思分封和中原食邑分封、投下私属人口、宗王出镇等问题作了全面的详尽论析，有不少独到见解"。

《行省制度研究》是您的另一部代表作。您能否说说这部著作的主要学术见解？

80年代我探讨蒙元诸王、功臣分封及宗王总兵出镇时，就接触过不少有关元代行省的资料，觉得行省问题的内容和价值不亚于分封制度。于是，萌生了继续研究行省制度，以成《分封制度》姊妹篇的念头。完成博士论文不久，开始阅读和搜集有关行省的史料。然而，90年代前五六年，因撰写《中国古代官僚政治》《唐宋元明清中央与地方关系研究》和《社会阶层制度志》，花费了大量的精力，行省制度研究不得不暂时搁置。好在《中国古代官僚政治》《唐宋元明清中央与地方关系研究》二书与行省制度联系比较密切，对我从官僚政治、中央与地方关系的视角理解行省制度，颇多启迪。1996年初，我感到不能再拖下去，于是集中精力研究行省制度。先后花了四年时间，直到1999年12月才写完近五十万字的《行省制度研究》。我个人的体会，该书的主要建树是：第一，首次从制度、个案和下属官署三层面对行省问题进行了系统深入的考察，在行省财政、军事、司法、屯田、漕运、乡试诸事权，河南、湖广、江西三省个案，分治机构宣慰司、管民官路、府、州、县等论述上，或开拓新境，或较前人多有进步。第二，率先对行省制的特点和历史作用作了比较客观的评说，认为，元行省制有三个特点，具有两重性质又代表中央分驭各地，主要为中央收权兼替地方分留部分权力，所握权力大而不专。行省制的历史价值在于，它开创了高层政区分寄式中央集权的新模式，行省分寄为朝廷集权服务，朝廷集权又始终主宰着行省分权。第三，重视制度和权力的运作，注意其文化社会背景的剖析。从90年代初撰写《中国古代官僚政治》开始，我觉得就制度论制度，难以望前贤项背，也无法适应新时代的需要。于是，着手政治权力运作探讨的初步尝试。这次研究行省制度，无论行省抑或分治机构宣慰司、管民官路、府、州、县，我都把制度的考释描述与运作实施紧密结合起来，又探讨二者的同异出入。蒙元政治制度与草原游牧文化密不可分的联系，曾经给我以深刻的印象。于是，我特别注意结合文化社会背景探讨行省问题，以求接近真谛，使制度的描述有血有肉，栩栩如生。《行省制度研究》出版后，北京大学张帆先生、日本京都大学樱井智美在《中国史研究》发表书评，称誉说"将元朝行省的研究推进到了新的高度""为近年来相关领域的力作"。

在几千年的历史过程中，中国中央朝廷和地方的关系，是一个备受关注的问题。您早在1996年就主编并出版了《唐宋元明清中央与地方关系研究》，比较清晰地勾画出历代王朝中央与地方的关系，似乎是国内第一部专著。请问您是怎样思考这一问题的？

我思考并研究这个问题，始于90年代初承担原国家教委"七五"社科青年基金项目。在这以前，王超、李怀孔、王云度等已发表过若干篇文章。以唐宋元明清五个主要朝代为对象，比较系统地讨论中央与地方关系，拙著则是第一部。由于没有前人更多的专门研究和可供参考的体例，由于五个主要朝代均有一批断代史专家，我们的研究既有拓荒性质，又随时可能撞到断代史专家"枪口"上。我和其他四位撰搞人，当时比较紧张。用"如履薄冰""战战兢兢"八个字形容我们五人的心情，大体是符实的。我们采取了突出地方分权、极端中央集权、分寄式中央集权三种模式，从行政统属、财政、军事、司法、监察诸领域分别考察中央与地方权力配置，自上而下与由下而上相结合等方法，尽可能勾勒各王朝中央与地方关系的基本面目和发展线索。还特别注意论从史出，尽可能立足于第一手资料的论述阐发。最后，我还就中国古代中央与地方关系的螺旋式曲折发展，地方分权、极端中央集权、分寄式中央集权三模式评骘，影响制约古代中央与地方关系的诸因素等，谈了自己的看法。着重指出，就中国的历史环境和具体条件而言，中央集权与地方分权相比，进步性和合理性较多。宋元明清时期，中央集权几乎完全取代地方分权，也表明了这种优胜劣汰的历史选择。而从特定性质、目标及消极后果看，极端中央集权并不是处理古代中央与地方关系的最佳方式。最理想的中央与地方关系，应该是平衡与协调的关系。在权力分配上，既保证中央政府有足够的力量统治好全国，又保障地方有适度的权力从事区域发展建设。一般认为，两汉郡县负责制是中央集权与地方分权主辅结合的楷模。两汉以后，时而内重，时而外重，长期没有真正处理好中央集权与地方分权主辅结合的问题。元、明、清三王朝的行省督抚等省级官员在主要为中央集权服务的同时，又以封疆大吏的角色掌管了相当大的诸色地方事权。在他们身上似乎看到"分寄式中央集权"的影子。从整体来看，一切治权皆属中央政府，行省督抚等只是中央的代理而已。同时，中央政府以命令授权方式，将部分权力交与行省督抚行使。此类较特殊的中央集权与地方分权主辅结合，明显优于单纯的中央集权或地方分权。不论统治者的主观意志如何，面对疆域广袤、民族众多的国情，也会在中央集权的体系或框架内逐步地、有选择地吸收一些地方分权的合理因素。拙著面世后，不少重点大学历史系列之为博士和硕士研究生的重要参考书。

您最近对元明之际社会变革的研究，对我们启发很大。您欲打破断代为史的框框，从更长时段思考比较宏观的历史问题，可以说是高屋建瓴，富有创见。也请您大致谈谈您的见解吧。

近年，唐宋社会变迁一直是隋唐史、宋史和经济史同人们讨论的热门话题。然而，关于元代及明前期的社会变动，几乎无人问津。三个月前，承蒙陈春声教授告知：著名明清史专家傅衣凌生前曾经说，他不喜欢明朝，不喜欢朱元璋。傅先生的两"不喜欢"披露出：元明之际似乎存在某些与汉唐两宋中原王朝异质的东西。这更增加了我探讨元代及明前期社会变动的兴趣。在充分吸收前人有关成果的基础上，我提出元代及明前期社会发生过五方面的变动：南北经济政治反差与中央地方关系的新格局；推行纸钞，官营工商业复兴和海外贸易等扩张；全民服役与君臣关系主奴化；突破羁縻传统，改行直接治理边疆的政策；社会层级、文化的多元复合建构与儒学边缘化。由于上述五方面的变动，中国社会在沿袭唐宋社会基本形态的同时没有直线前进，而是发生了类似魏晋南北朝的局部曲折。尤其是劳役，直到明嘉靖一条鞭法后，才逐步弱化，才恢复至唐宋轨道。钱穆先生曾经说："元代的中国社会实在走上一变型"，我赞同此说。不同的是，我进而认为此"变型"一直延续到明前期。"内蒙外汉"二元体制下蒙、汉两种文明的互动作用，是元代及明前期社会发生五大变动且"走上一变型"的根源所在。

人民出版社刚刚出版了您的专著《忽必烈传》，请您谈谈这部学术传记有何特色和学术观点。

20年前研读《元史》《史集》等史书，有两点直观感受，油然而生：一是成吉思汗征服亚欧的功业，令人惊叹不已，其取得成功的原因，也令人疑问丛生，兴致盎然；二是忽必烈在少数民族中第一个统一和治理中国南北，同样令人拍案赞叹，其动机、背景及利弊得失，也充满了困惑狐疑。这两点感受，几乎陪伴着我近二十年学治元史的全过程。在撰写《元代分封制度研究》和《行省制度研究》两本著作之后，上述感受更为强烈，其中的一些疑问开始有了答案，对这两个人物的思考也比较深入和理性了。1999年，应人民出版社之邀，我承担了《忽必烈传》的约稿。承担约稿之初，蔡美彪先生曾语重心长地鼓励我说，撰写《忽必烈传》实际上相当于写半部元史。四年来，我大致遵循蔡氏鼓励来撰写，即以传主忽必烈人生历程为纵向主线，又横向涉及他在位35年间政治、军事、经济、文化诸领域中以传主为主导的重要史事。纵与横结合，人与事兼顾，写成的实际上是"忽必烈及其时代"。书稿试图全面系统地描述和诠释元王朝的缔造者忽必烈，让这位曾经对十三四世纪的中国和亚洲产生很大影响的人物，进一步为世人所了解认识；试图以忽必烈其人为切入点，深化对元代历史的探索和认知；试图认真揭示忽必烈在少数民族中首次统一和治理中国南北的来龙去脉和曲折经历，以及动因、背景和利弊得失。总之，在系统深入描绘"忽必烈及其时代"而成"半部元史"方面，书稿比已往的著作做了较多的努力而有所前进。在书稿中我还提出一个新观点：忽必烈的政治文化蒙汉二元政策，多数情况下表现为"内蒙外汉"。反映草原旧俗的蒙古制度，多占据其政治文化政策的内核部分，汉法制度则往往居于外围或从属位置。这与清统治者的"内汉外满"政策迥然不同，二者对我们多民族统一国家的发展又有异曲同工之效。对忽必烈"内蒙外汉"二元政策的评价，不能囿于"汉地文明本位"，视野应更广阔些，角度应更客观些。"内蒙外汉"二元政策，客观上适应了大漠南北草原游牧与汉地农耕的并存格局，有利于多元文明的共存和繁荣发展。由于实施"内蒙外汉"二元政策，忽必烈为首的蒙古贵族和部众，有选择地吸收汉地先进文明，并不完全改变原有的语言文化及习俗。当元帝国在汉地的统治崩溃之际，六万北逃的蒙古军士及漠北部众遂借此继续保持蒙古民族的风貌和特征，蒙古民族共同体赖以得到长期延续和发展。14世纪至今的大漠南北，仍然是蒙古人的世界。请不要忘记，这些蒙古人恰恰是大元帝国曾经统治汉地全境的主人。这段近百年的光荣经历，非常重要，既有征服和反抗的腥风血雨，又有各民族之间的水乳交融。它给蒙古族留下的心理印记难以磨灭。它让蒙古人视汉地为停云落月的第二故乡，一直和汉地保持着向心和内聚联系。清代以后，特别是20世纪以来，蒙古族一直被公认为中华民族的基本成员之一。应该承认，蒙古族融入中华民族大家庭的进程，是从元王朝统治中国和"内蒙外汉"二元政策发轫的。

据韩国《朝鲜日报》报道，2004年7月28日在汉城举办的一次国际学术会议上。蒙古国立历史博物馆馆长奥琪勒说"蒙古人建立的元国仅仅是蒙古历史的一部分"。您如何评价奥琪勒的说法？

元帝国或元王朝历史的归属问题，其实比较简单。认识这一问题，必须以尊重三个不容动摇的常识性史实和法理原则为前提：第一，元帝国或元王朝虽然是蒙古人所建立，但其国号、年号等都是汉地的，国都也南迁至大都和上都，连忽必烈等元王朝统治者也以中国正统王朝的继承者和当然成员自讳。第二，按照国际法，在1945年"波茨坦会议"以前，外蒙古一直是中国领土一部分；直到现在内蒙古依然在中国的版图之内。第三，所在国疆域上发生的历史，属于所在国历史，符合国际惯例。基于上述史实和法理原则，13世纪到20世纪中叶蒙古与汉地同属华夏，元帝国或元王朝的历史属于中国历史的一部分，应该是不存在任何争议的。历史学家的本能与天职，是应该尊重历史事实及法理原则。如果连历史事实和法理原则都弃而不顾，犯常识性错误，那将是十分可悲的，也算不上真正的历史学家。

我们现在的研究，似乎还是"阳春白雪"式的，总有一种曲高和寡的感觉。我们辛辛苦苦研究的成果，应该怎样走出象牙塔，进而和中学的历史教学密切联系起来呢？

从事基础性、"阳春白雪"式研究的学者们，必须有一种责任感和使命感，那就是我们的研究不是为研究而研究。每一位历史学者应该清楚地记得，自己所从事的研究，现在和将来都需要发挥教育世人、教育青少年的功用。由于分工的不同，未必需要所有的历史学者都去撰写直接发生教育功能的教材和通俗读物。但是，我们从事基础研究时要注意成果的社会教育功用，要尽可能使自己的成果既有科学性，又有可读性。科学性是为着准确真实，避免错误和缺憾。可读性是为着你所提供的成果容易被世人接受和传播。在这方面，司马迁《史记》可谓最好的榜样。不注意科学性和可读性，把基础研究与教育功能截然割裂开来，甚至对立起来，你们的研究也很难算是精美和上乘之作。至于中学历史教材的编写，我有两点粗浅的意见，仅供参考。第一，力求做到前沿性、准确性、趣味性和循序渐进四者的完美统一。前沿性、准确性、趣味性，别人谈了很多，也比较容易理解，兹不赘述。需要强调的是，循序渐进及四者的完美统一。20世纪60年代初，郑天挺先生主张历史教学"点""线""面"三阶段有机连接，是很有道理的。现在，面向初中低年级的某些知识深度与高中乃至大学区别甚微，这不符合教育循序渐进的法则，效果未必好，亟待改进。第二，处理好吸收最新研究成果与保证知识科学性的关系。近年，教材的前沿性和创新性，备受重视。随着研究工作的深入，及时把最新的成果吸收到中学历史教材中来，无疑是非常必要的。但是，千万要注意"一家之言"与科学知识的差异与鉴别。由于历史学认识无法通过实验或实践进行检验，相当多的最新成果需要暂时停留在"一家之言"阶段，稍加"冷处理"。凡是经得起时间考验，获得多数学者认同的，可以过渡为科学知识；凡是经不起时间考验和未获得多数学者认同的，就会被继续搁置或确定为谬误抛弃。这番"冷处理"，是十分必要的。不如此，我们就可能把某些时髦的谬误当作科学知识，写入中学教材，误人子弟。这里，我想起杨志玖先生一件往事。关于马可·波罗离开中国的时间的研究，1941年杨志玖先生已专文做了精彩的考证，纠正1292年旧说，提出1291年新说。当时，向达、顾颉刚、汤用彤、傅斯年曾予以高度赞扬，此文即成为杨志玖先生的成名之作。但是，80年代初编写《中国古代史》教材时，杨志玖先生仍以自己的考证为"一家之言"，仍暂时把马可·波罗离开中国的时间记作1292年。直到英国学者波义耳、美国哈佛大学柯立夫教授和日本学者渡边宏相继肯定1291年说之后，杨志玖师才在《中国古代史》教材修订版中改为1291年。老一辈史学家为我们树立了楷模，吸收最新研究成果与保证知识科学性的关系，的确需要积极慎重地处理好。这里主要讲的是具体问题的研究成果，不应包括已经被国际史学界较多采用的新理论、新方法和新观念。这些新理论、新方法和新观念的引入，越快越好，不必"冷处理"，只要与历史过程描述有机结合起来就可以。

延伸阅读：

杨印民：《探寻专精与博通相结合的治史路径——李治安教授访谈》，《学术月刊》2007年4期。

陈支平

陈支平，1952年生于福建省惠安县。1977年入读厦门大学历史系，1987年获历史学博士学位。1991年被国务院学位委员会授予"有突出贡献的中国博士"称号。1997年入选国家教委首批全国52位"人文社会科学跨世纪优秀人才"。厦门大学教授、博士生导师，曾任历史系主任、人文学院院长，现任厦门大学人文与艺术学部主任委员、国学研究院院长，兼任国务院学位委员会第六、七届学科评议组成员，中国明史学会会长、中国经济史学会副会长、中国民族学与人类学研究会副会长、中国西南民族研究会副会长、中国商业史学会副会长、闽南师范大学闽南文化研究院学术委员会主任等，曾在日本国立大阪大学文学部、台湾暨南大学、香港城市大学等任客座教授。曾荣获1995年国家教委第一届社会科学二等奖、全国高校第二届人文社科研究成果三等奖等等，发表论文100余篇；主编大型丛书《台湾文献汇刊》100册及《闽台民间族谱汇编》《福建民间文书》《闽台族谱汇刊》《客家珍稀谱牒文献丛刊》《台湾文献汇刊》《民间遗存台湾文献选编》等多卷本历史文献。目前正从事明清社会经济史、福建社会文化史的研究。

主要著作

《清代赋役制度演变新探》，厦门大学出版社1988年版；

《近500年来福建的家族社会与文化》，上海三联书店1991年版，扬智文化事业股份有限公司2004年版，中国人民大学出版社2011年版；

《基督教与福建民间社会》，合著，厦门大学出版社1992年版；

《明清时代福建的土堡》，合著，联合报文化基金会国学文献馆1993年版；

《明史新编》，傅衣凌先生主编，合著，人民出版社1993年、2006年版；云龙出版社1995年版；

《福建宗教史》，主编并主著，福建教育出版社1996年版；

《福建族谱》,福建人民出版社1996年、2009年版;
《客家源流新论》,广西教育出版社1997年版;台原出版社1998年版;
《客家民系的形成及其源流》,广东人民出版社2018年版;
《福建六大民系》,福建人民出版社2000年版;
《民间文书与明清赋以史研究》,黄山书社2004年版;
《民间文书与台湾社会经济史》,岳麓书社2004年版;
《历史学的困惑》,中华书局2004年版;
《随风摇曳校园间》,海洋出版社2009年版;
《民间文书与明清东南族商研究》,中华书局2009年版;
《史学碎想录》,福建人民出版社2012年版;
《台湾文献与史实钩沉》,商务印书馆2015年版;
《史学水龙头集》,福建人民出版社2016年版;
《虚室止止集》,人民出版社2016年版;
《朱熹及其后学的历史学考察》,商务印书馆2016年版;
《陈支平台湾史研究名家论集》,兰台出版社2016年版。

陈支平

读史为文廿余载
——陈支平教授访谈录[①]

我们刚出版的《新生代历史学者访谈录》汇集了18位学者的高论，这些学者大都是天津、北京、南京、上海、武汉的大学教授。实际上，我们也一直广泛关注全国各地的中青年史学家，陈支平就是其中之一。厦门大学也是学术重镇，尤其在经济史研究上突出。后起之秀陈支平先生继承了前辈学人的治学传统，以史料为依据，注重社会调查，不仅校正了一些传统结论，而且开发了许多未知领域。他的关于闽台区域文化的研究，有着强烈的现实意义，从根源上具体地说明了台湾与祖国大陆的血脉渊源关系。了解他的学术成果，对教学十分有益。

您在明清赋役制度研究方面很有成就。您的第一本个人专著就是探讨清代赋役制度演变问题的，此后又陆续发表了一系列著述，您怎么想起选择赋役制度史这个一般人视为畏途的课题作为自己长期研究对象呢？

这里面有很多因素。我是1977年进入厦门大学历史系学习的，进学校读了两年历史后，恰好国家开始恢复研究生招生，报考的人很少，系里的老师就极力推荐我参加考试。经过一番准备后，我考上了厦门大学中国经济史专业研究生，导师是傅衣凌先生。傅先生是明清社会经济史研究领域的大家，在海内外享有盛誉。他一直很关注明清商人与商业资本方面的研

[①] 本篇访谈由张先清教授完成。

究，受他的影响，我的硕士论文选的也是明清时期商业史方面。

研究生毕业后，我留在厦大历史系任教，同时兼任傅先生的学术助手。后来，又考取了厦门大学的博士研究生，继续跟从傅先生。选什么样的题目做博士论文呢？我颇为踌躇。那时候社会科学界关于生产关系的讨论是一个非常热门的话题，史学界很多人参与讨论，偏偏我的个性属于不爱凑热闹那一类。而且，当时受传统史学的影响，认为只有制度史才是史学研究的正路，非其他方向可比。搞好了制度史，再从事其他方面的研究，自然可以游刃有余。所以，博士论文就选择了"清代初期赋役制度演变问题"作为题目。此外，还有一个很偶然的因素，就是恰好那个时候辽宁省社会科学院影印出版了一套清实录，而且可以拆开出售，我全套买不起，就买了顺治、康熙、雍正前三朝部分。有了这三朝实录在手，做清初赋役制度演变方面的研究，信心自然过半。因为实录中关于清政府实施赋役制度等各类经济史的资料很丰富，置备一套细读，就可以收到事半功倍的成效。

现在回想起来，我当时选定明清赋役制度作为自己的一个主要研究方面，还是深受傅先生的影响。傅先生在讨论中国经济史时，比较强调经济与社会的结合，主张从具体的基层社会情境考察国家经济制度的推行情况，顺着这个思路，我关注赋役制度史，比较侧重探讨赋役制度与民间社会之间的关系，注意分析制度表达与在社会具体实施之间存在的距离，而不是仅仅局限于讨论制度本身。我在研究中除了利用实录等档案文献外，还充分利用了方志、族谱等地方文献，这些地方文献对于今人认识清政府各项财政制度在地方上的推行情况是很有帮助的。正因为如此，我的博士论文《清初赋役制度演变新探》在吸收前人研究的基础上，提出了许多自己的见解。如所谓"清代赋税沿袭明制"的成说是不准确的，清代前期的赋税征收是融入了许多明末加派的税目后重新形成的"一条鞭"法；学界长期肯定的清初废除明末"辽饷"加派的说法，也只不过是清初政府的一种安抚宣传策略而已，"辽饷"的旧额摊入"一条鞭"之中；清初的蠲免赋税一直为学界津津乐道，认为是清政府鼓励农民恢复生产的重要措施，实际上清初的军费开支庞大，财政入不敷出，蠲免的赋税大多是旧年的积欠，宣抚的效果大于减负的作用；明代王府庄田入清后变成"更名田",学界认为是一项把明代王庄佃仆解放为自耕农的有利于清初农业发展的措施,事实上清代更名田的税率完全沿袭明代王府庄田的租率,农民的赋税负担有增无减等等。《清初赋役制度演变新探》正式出版后,国内外许多学术杂志发表了评论,《清史研究》称这本书"可谓是新人、新著、新说"。

中国家族制度文化史是您所关注的另一个重要课题,先后出版过《近500年福建家族社会与文化》《福建族谱》等很有分量的著作,引起了海内外历史学、民族学及文化人类学者的广泛关注,您是怎么跨入这个领域的呢?

我跨入家族研究纯属无心插柳的结果。在傅先生指导下,我曾经长时期在福建各地进行田野调查,收集各种民间文献资料。20世纪80年代中国史学界正处在一个转型阶段,经过"文化大革命"一段时间的沉寂后,大家都在寻求新的研究方向。北方一些学者得地利之便,注重开发明清档案,而我们身处南方相对偏僻的厦门,当然无此条件。但是,从傅先生以来,我们一直有一个比较好的传统,那就是重视通过社会调查,挖掘各类民间文献。有一天傅先生对我说:"你有时间就到乡下去,不管是什么资料,只要是能够拿的、能够抄的,都要尽可能地把它弄回来,这样你就有了其他学者所不具备的资料优势了。"那时候我从农村出来不久,身强力壮,善于吃苦,翻山越岭、走街串巷不在话下,一年多下来,资料堆积了半个房间。在这些民间文献中,族谱是一个大宗。我们知道,族谱是一种十分特殊的民间文献,内中蕴含着大量反映家族社会文化的重要信息,我很快就被这些族谱的丰富内容吸引住了。记得傅衣凌先生在授课时多次提到:中国传统社会里实际上存在着"公"和"私"的两个管理控制系统,所谓"公"的系统,就是国家政权的系统;所谓"私"的系统,就是民间的乡族组织及其所形成的乡族势力。在不同的场合里,这两个系统各自发挥着不同的作用,互为补充而又互为制约。

傅先生的这一思考,无疑给了我及我的同学们极大的学术启示。考虑到当时学术界系统研究家族社会文化方面的著作并不多见,而手头又正有这么多的民间族谱,于是就萌生了开展家族社会研究的想法,先后发表了不少这方面的论文,并且于1991年出版了《近500年福建家族社会与文化》一书。这本书的出版,从学术意义上说,它是中国第一部较为全面系统剖析区域家族社会与文化的专著,因而在一定程度上弥补了区域家族社会文化研究方面的薄弱状态。书中所提出的许多观点,也经常为后来的研究者所引用。如关于家族社会的审视,我认为福建家族是一个多种矛盾同时存在,并且相互结合的多元结构。在组织观念上,它既是精神道德的,又是实用功利的;在经济形态上,它既有家族的公共所有制,又有个体家庭的私人所有制,二者界线不清;在阶级关系上,它既奉行和宗睦族的家族平等权利,但又强调"以宗以爵、以年以德",造成族长的权威及其控制族人的合法化;在对官府的关系上,它既有割据、对抗的一面,又有互相利用、密切配合的一面;在家族的对外关系上,家族间、乡族间的和谐相处与以众暴寡、恃强凌弱交织在一起。这些相互依存又不可克服的内在矛盾,在其不断斗争和相互牵制中得以运转,从而使家族制度始终处于一种可塑能动的弹性状态,处在一种能够顺应外部社会变化的平衡状态。它对任何一种过激的社会革命都有着一种本能的抵制和消化功能,但它又能够适应各种不同形式的渐进式的社会变迁。随着家族组织规模的日益扩大,以及对基层社会控制的加强,家族的观念也呈现出无限扩大化的趋向,从而使家族制度对整个社会的政治、经济、文化生活各个方面产生了深刻的影响。

《近500年来福建的家族社会与文化》出版之后,得到学术界朋友们的充分肯定,1998年获得普通高等学校第二届人文社会科学研究成果奖,台湾地区也出版了增订本。学界的肯定理所当然很容易转化为推动我继续这方面研究的动力。此外,从社会意义上说,当时恰逢改革开放初期,社会上正兴起一股复兴家族的潮流,不断有海外同胞回来寻根问祖,农村中也开始盛行家族重建。一些出版社闻风而动,前来约稿。在此情况下,我又撰写了《福建族谱》等有关家族方面的书稿,出版后学术界和社会反响都不错。作为我国第一部专论区域民间族谱的著作,居然再版了三次。

现在看来,在家族研究方面最值得回忆的一点,是在一定程度上实践了跨学科的研究方法。在福建城乡做广泛而深入的田野调查,探求家族组织等中国传统基层社会结构问题，不仅需要扎实的史学功底，而且还必须具备一定程度的社会学、文化人类学方面的知识。可以说，这种多学科交叉的研究方法，一直影响着我后来的研究。

近年来您在闽台区域文化史研究方面亦很有建树，出版了《客家源流新论》《福建宗教史》《福建六大民系》等著作。前不久，您所主编的《透视中国东南：文化经济的整合研究》还获得了中国图书奖。能从总体上谈谈您对闽台区域文化史研究的看法吗？

我关注闽台区域文化史的研究，应该说有多方面的因素。首先，我在福建城乡进行了长时期的社会调查后，收集的相关资料比较多，自然就产生了研究区域文化史的想法。其次，90年代后期起，我的个人工作岗位发生了变化，担任了历史系和人文学院的学术主管。厦门大学有着深厚的人类学与民族学研究传统，一直是国内这方面的一个科研重镇，但近些年来研究上有些弱化。我深感有责任推动这方面的学科建设，振兴民族学研究。我个人觉得中国民族学研究存在一种认知上的误区，这就是相当长一段时期内认为"民族"指的就是少数民族，占国家人口绝大多数的汉族反而被排除在研究之外，而且民族学也被简单等同于民族问题；很清楚之所以有这样的认识，并非是学术角度的衡量，而是政策延续的一种结果。因此，作为一种学科建构，以往的民族学研究是存在很大缺陷的，汉族民系的研究理应得到应有的重视的。有鉴于此，我对客家及汉族民系问题进行了一番探索，发表了不少这方面的论著，其中《客家源流新论》一书，针对学界长期以来所谓客家是纯正的汉族血统以及经过历史上五次南迁之后形成的成说，提出了批评和重新的探索。从血缘和南迁的历史来寻找客家的源流，客家和南方其他民系的发展历程并无明显的差异；客家的形成更多的是文化的认同，而不是血缘的追寻。《福建六大民系》则是在客家研究的基础上，对于福建地区的不同民系的发展历程以及它们之间的社会文化差异进行了比较系统全面的探讨。我的这些研究，有一个重要的出发点，就是希望能够引起大家对占国家人口主体的汉族给予关注。值得高兴的是，目前学术界有关汉族及其民系的研究成果已经越来越多了，汉族历史文化的研究也逐渐被纳入我国的民族研究之中。

经过长时期的学术积累，当我被列入国家教委首批"人文社会科学跨世纪优秀人才"培养工程入选者后，闽台区域文化史研究就被当作该工程的一个主要资助项目，继续得以进行，而且研究视野也扩大到闽台区域宗教、民俗、民间文化等多个方面，希望通过研究对区域社会文化的内涵认识有一个总体的把握。在此之前我的区域研究，主要侧重于不同专题的探索，而近期出版的《透视中国东南——文化经济的整合研究》一书，可以看作是一种区域宏观研究的尝试。此书出版后，不但引起学界的关注，中国社科院《中国经济史研究》发表书评，称其为"区域文化经济研究领域的精品"，而且也得到地方政府的高度重视。2004年，此书获得"中国图书奖"。

研究区域文化，关键就是要突出其地域特性，避免雷同。闽台区域文化，既是中国传统文化的重要组成部分，又富有鲜明的区域文化特色，这种特殊性也就是它的生命力。历史上闽台共处一个文化圈，两地人民相依相望，共同营造出这种源远流长的文化体系。因此，深入研究闽台区域文化，不仅体现在学术价值上，而且也具有十分重要的现实意义。通过研究我们可以清楚地看到，闽台同一文化渊源和传统没有变，两岸共同的中华文化稳定性和民族精神的凝聚力没有变，这是海峡两岸从分离走向统一的坚实文化基础。

最近您所主编的大型丛书《台湾文献汇刊》首辑共一百册出版，在海峡两岸引起了极大反响，被称作是重击"文化台独"的百册重典，当初您是怎么想到要编辑这套意义重大的丛书呢？

实际上编辑这套资料丛刊，与我多年来关注闽台区域文化史方面的研究是息息相关的。近年来台湾问题成为大陆方面的一个研究热点，各种台湾研究机构如雨后春笋般冒出来。但是，在我看来，国内这种台湾研究热潮涌动之下一直存在一个很大的弱点，这就是，相当多的台湾研究只注重热点追踪，而不重视学术基础的建构。最突出的表现就是资料建设方面一直停滞不前。在相当长一段时期内，国内从事台湾问题研究的学者基本

陈支平

上依赖上个世纪台湾地方当局与台湾银行合作出版的《台湾文献丛刊》，这是很不利于台湾问题研究进展的。因为这套《丛刊》固然规模宏大，影响广泛，但是也有不少缺憾。最典型的就是由于当时正值海峡两岸社会文化交流完全隔绝时期，《丛刊》的编辑者只能尽力网罗台湾岛内的文献资料，而无法顾及台湾之外特别是祖国内地收藏的众多相关文献。实际上，内地许多图书、档案部门所收藏的关于台湾问题的文献资料，无论在量与质方面，均可超越《台湾文献丛刊》，亟待我们搜集、整理和出版。我在从事闽台区域文化史研究过程中，接触到相当多这方面的资料，深感有必要进行系统的资料整理，因此，从90年代初开始，我联络厦门、福州等地的学者，着手整理、编辑这套《台湾文献汇刊》，经过十年左右的努力，现在第一辑共100册终于出版面世。第二辑也在筹划中，预计总数也在100册左右，这套《台湾文献汇刊》的出版，其意义当然是很大的。从学术层面上说，它在一定程度上填补了海内外台湾历史文化研究在文献资料建设上长期存在的缺陷。我们在整理、编辑《台湾文献汇刊》时有一个基本原则，这就是，凡是《台湾文献丛刊》已经收录的文献，除了少量有明显差异的原稿本、传抄本之外，此次不再重复收录，而是尽量选择那些此前未被整理过的东西。具体来说，这些文献主要包括四个部分的内容，第一部分是古籍，涵盖了从明末清初到民国初年的私人著述及地方志书。台湾版《台湾文献丛刊》所整理出版的大部分文献就是这个时期的相关古籍，而我们这一次编辑的《台湾文献汇刊》，新整理出版的这方面古籍有一百余种，都是台版《丛刊》所未收进的。其中大部分是《丛刊》未能收进去的孤本、稿本甚至珍本，十分难得，如清初主持收复台湾的闽浙总督姚启圣的文集、文告等，因此大大增强了这套《汇刊》的史料价值。第二部分是有关台湾问题的各种档案资料。这些档案资料主要出自中国第一历史档案馆以及福建省档案馆和厦门市档案馆，是反映台湾与祖国大陆不可分割的渊源关系的重要历史文件。第三部分是反映闽台两地关系的族谱。第四部分则是除了上述几部分资料外的各种民间文件和契约文书、碑刻资料等。台湾版《丛刊》曾收进一定数量的此类资料，但是大部分都是在台湾发现的。这次我们编辑《汇刊》，收录的民间文件，既有在大陆发现的，也有一部分是属于台湾新近发现的。由于上面几个方面的特点，使得这套《汇刊》具备很高的学术研究价值。

另外一方面，这套《汇刊》的出版也有很强的现实意义。祖国统一是全中国人民的共同心愿，然而，从20世纪90年代以来，台湾问题发生了一些值得注意的变化，某些别有用心的台独分子极力在台湾推行"文化台独"活动，企图从文化上割断台湾与祖国内地的血脉渊源关系，台湾学术研究中也随之出现了偏颇的"去中国化"恶劣倾向。在这样的背景下，《台湾文献汇刊》的整理出版，不仅可以在学术研究上储备丰富的相关资料，更重要的是能够以扎实厚重的文化积累形式，增强包括台湾人民在内的所有中华儿女的向心力，有力地打击一小部分台独分子进行"文化台独"的阴谋，为祖国统一事业做出实实在在的成效。

史料是史学研究的根本。您的研究有一个显著特点，就是特别重视发掘正史官书之外的民间文书，并将其运用到明清社会经济史研究中，从而取得了令人瞩目的成就。您过去曾经整理过许多明清社会经济史料，近期又出版了《民间文书与明清赋役制度史研究》《民间文书与台湾社会经济史》等著作，这些都很有代表性，是否打算将研究重点重新转回到明清社会经济史？

确实，由于各方面的原因，一段时期内我曾经在闽台区域文化史方面投入了较多的精力，尽管这个研究领域同样很重要，但是说心里话，我个人一直想从当中脱身开来。过去中国社会科学院经济研究所和厦门大学历史系一直是国内从事经济史研究的南北两个重镇，然而，近年来经济史研究人员转向社会史研究的不在少数，由此导致社会经济史研究队伍有所削弱。一些师长曾经在不同场合的谈话中希望我能够重新归队，自己也感到有责任继承先师傅先生的研究方向。因此，从2000年开始，我又重新将主要精力放在社会经济史研究上，干起了老本行。当然，经过长时期的学术探索与积累，我在明清社会经济史方面的研究思路、问题意识，与80年代相比已经有很大不同。除了发表一些论文外，最近还出版了几本著作，其中两本是你上面所提到的《民间文书与明清赋役制度史研究》《民间文书与台湾社会经济史》,此外很快就要出第三本,书名是《民间文书与明清社会经济史》,内容主要是有关明清时代商人与商帮问题的研究。

这些著作的一个特点是比较注重运用民间文书来考察明清以来的社会经济历史。近二十年来,民间文书的搜集整理工作越来越受到学术界的重视。许多大型的民间文书汇编次第出版,为深入开展学术研究提供了第一手的珍贵资料,这是很值得高兴的事。我个人由于从事中国社会经济史的教学科研,也时时注意收集各类民间文书,日积月累,数量也有万件之多。然而,学术界对于民间文书的研究,似乎还跟不上搜集整理的步伐,一个明显的现象就是专注于此的著作寥寥可数。个中的原因,据我的看法,大概是因为民间文书雷同的很多,特别是民间契约,大部分是关于土地交易的文书,这些地契格式大多没有什么差别,全国各地基本相似。而土地关系史的研究,一度是20世纪后半叶的热门课题,这方面的成果已经很多,要想从中寻求创新很不容易,由此也造成了前面所说的搜集多、研究少的局面。实际上,相比于民间文书丰富的内涵,我们对民间文书的研究远不能说已经发挥极致、题无剩义了。可做的地方还很多,关键是如何更新我们的研究视角与方法。抱着这样的思路,我利用自己多年来收集的各类民间文书,在明清社会经济史方面做了一些探索,一方面希望能够通过自己的这些研究,呼吁大家重新认识民间文书的重要性与复杂性,如果能由此在一定程度上重新激发大家研究民间文书的兴趣,实在是一件很令人快慰的事。从另一个方面来说,我个人也希望能够通过民间文书的研究,在明清国家体制与基层民间社会关系问题上做一些有益的探索。我一直认为,明清时期的国家体制,在政治上固然是一个中央集权专制的制度,但是这种体制是无法有效地掌握民间基层社会及其经济体系等方面的运作的。而政府对于民间基层社会的无所作为,又使得民间基层社会处于一种近乎自生自灭的放任状态,从而反过来限制了基层社会经济的顺利发展。当我们深入阅读各类民间文书时,对这一问题的认识会深化很多。

在西方年鉴史家眼中,史料可分为"有意"和"无意"两大类,前者多为各种有意编成留示世人的官书,有点相当于我们所说的正史,后者则常指无意留下的各种公私记录，类似档案及各种民间文献，一般认为后者可靠性要超过前者，您怎么看待民间文献在国史研究中的地位？

实际上在我看来任何史料都是"有意"与"无意"的集合体，也就是说，任何史料既有有意的一面，同时也有无意的一面。造成这种现象的原因当然是多方面的，但其中很重要的一点是史料的编辑、生成本身已经成为一种文化，无论是官书还是民间文献，这些留存后世的史料的编辑者或者说生产者，当初在创作它们的时候，都不可避免要受到他所生活时代编写文化定式的影响。可能在一般人眼中，民间文献无意的成分大一点，因此更可靠一些，实际上这里存在着一个对民间文献认识上的较大误区。为什么这样说呢？这是因为民间文献的编成实际上已经受到了与生俱来的文化影响，编辑者大多无可摆脱这种文化影响，由此也使大多数的民间文献游离在有意与无意之间。族谱就是一个十分典型的例子。作为一种典型的民间文献，大多数族谱的编撰在于为家族提供一本相对于国史的家史，原不以示人为目的，从这一角度上说，族谱人为修饰的成分可能要少一些。然而，实际情况却非这么简单。尽管族谱为家族社会史、经济史、人口史、民族史、宗教史、移民史、妇女史等诸多方面的研究提供了许多不可替代的第一手资料，但是我们也很容易发现族谱中存在着不少虚构冒托、夸饰炫耀的虚假成分。因为族谱毕竟是私家所记，在一些内容上存在着很大的主观随意性。因此，我们在运用族谱资料时，就应当实事求是，有所鉴别，有所选择，而非轻易迷信。那种随意摘取族谱中的某些人物或历史事件的记载，不顾其余，动辄轻言有"新观点""新发现"的做法，是不可取的，也是很不严肃的，这是我们利用民间文献研究国史必须十分注意的一点。

当然，我们认为任何史料都是"有意"与"无意"的集合体，并不是轻言所有史料都值得怀疑，只是希望读史者在阅读史料时，无论是官书还是民间文献，都不要走极端路子，或者彻底怀疑，或者盲目迷信。关键的一点还是要注重各类史料的比勘、辨别，而不要主次颠倒，一下子就做了史料的奴仆。

陈支平

> 您在给学生开课时一直强调社会调查在史学研究中的重要性，而且您自己也一直躬行不倦。能谈谈您对社会调查与史学研究之间关系的心得吗？

社会调查在历史学中的应用，近年来越来越受到人们的重视，究其原因，我想大致有两个：一是社会调查是人类学、社会学、经济学等相邻学科的一种重要研究手段，而多学科的交叉渗透是现代人文社会科学发展的一个重要趋向；二是社会调查研究方法的运用，大大拓宽了历史学研究基础即史料搜集的深度和广度，从而使得历史学研究呈现出更为丰富多彩的新局面。

中国传统史学是以政治史作为研究主线的，所以，史学家们对于官修的所谓"正史"一度十分迷信。20世纪初以来，受到西方人文社会科学思潮的影响，一部分思想敏锐的史学家开始注意到从"正史"之外搜集史料的重要性。其中著名的有王国维先生的"二重证据法"，即在重视"正史"等文献资料的同时，应当重视运用地下考古发掘的新资料。然而，一直到20世纪三四十年代，学者们对于"正史"之外的各种私家笔记以及地方志书资料的运用，依然小心翼翼，甚至心怀疑虑。这种情况到20世纪三四十年代后发生了变化。从那时开始，一些年轻的学人，开始把史学研究的兴趣扩展到政治史之外的许多领域，特别是社会史、经济史领域。人们对历史资料的搜集范围，也突破了以往官方"正史"典籍的局限，开辟多方面的资料来源。私人笔记、小说野史、方志家谱，都逐渐进入史学研究的殿堂。与此同时，有些社会学家和历史学家已经开始进入城乡基层社会，进行社会调查，并且运用社会调查资料所得，开拓了全新的史学研究领域。其中如陈翰笙先生的中国农村社会研究、傅衣凌先生的中国社会经济史研究，都对中国当代的历史学研究产生了重大的影响。目前，学术界对社会调查与历史研究相结合的学术道路已经表现出很大的兴趣与热情，社会调查在史料拓展方面所起到的重大作用已经得到了学术界广泛的认可。

社会调查与史学研究的结合，所以能够引起人们日益重视，除了这种方法能够拓宽历史学资料来源的渠道外，更重要的一点还在于它能够"贴近社会下层看历史"。而从理论上说，贴近社会下层看历史的研究方法，是完全符合马克思主义唯物史观的。因为要理解马克思唯物史观所强调的

切思：学术的真与美

一些核心问题如人民群众在社会和政治动荡时期的作用等，仅仅依靠"为帝王将相作家谱"的官方"正史"资料是远远不够的，显然需要社会调查这种"贴近社会下层看历史"的研究方法来加以认真印证。

现代人文社会科学发展的一个重要趋势，是理论和方法论的不断翻新。作为"贴近社会下层看历史"的手段之一的社会调查，也完全与现代人文社会科学的新理论新方法相适应。以近年来较为流行的国家体制"大传统"与民间社会"小传统"的理论为例，国家体制"大传统"给我们留下的"文本"资料，远不能反映社会的全息和文化的全貌，其中最大的空缺就是社会下层民众的动向。历史学家需要通过社会调查等手段，从民间社会的点点碎影中补充这种历史的空缺，从社会下层发掘足以反映历史变动的轨迹，以最大限度地接近历史的真相。同时我们还应当看到，中国的政治文化道德伦理固然对民间行为、社会经济等方面有着居高临下的示范作用，但是民间社会经济、下层社会风气的变化，同样可以影响统治者、知识分子对社会、政治以及道德伦理等方面的思考和调适。这也是我们强调通过社会调查等手段来贴近社会下层看历史的重要性所在。

在我看来，社会调查作为史学研究贴近民间社会的重要途径，至少应当从这么四个方面进行这项工作，即广泛搜集民间私家文献资料、民间文化行为资料、民间神话传说与口碑资料，以及民间意识认知资料。

社会调查工作在学术研究上的运用，并不是历史学家的专利，相反在更早的时期内，人类学家、社会学家、民族学家、人口学家、经济学家等，就已经十分重视社会调查（田野工作）的运用，有些学科对社会调查工作的重视远远超出一般历史学家的重视程度。这种多学科对社会调查的关注，正体现了现代人文社会科学发展的另一个重要趋势，即各个学科之间的界限日益淡化，历史学的研究方法，正朝着多学科相互结合、相互渗透的方向迈进。传统的历史学过于迷恋典籍文献的资料作用，而人类学家、社会学家在社会调查（田野工作）上的成就，无疑给寻求学术创新的历史学家们带来有益的启示。以往对典籍文献资料往往抱怀疑态度的人类学家、社会学家们，近年来也对历史文献资料产生了相当的兴趣。学术研究众多学科的结合运用，显然已经对历史学科与其他学科之间的取长补短,产生了良好的效应,而社会调查这一研究方法的普遍应用,恰好能够在这种多学科的结合渗透方面起到一个良好的沟通作用。

当然,不同学科毕竟有着自己的学科特点,有着各自专注的研究理论和方法,体现在社会调查的具体操作上,也应当有许多各自不同的侧重点。因此,就社会调查的具体方法而言,应该根据不同的研究课题和调查对象,采用较为可行的相应措施,不能强求一致,或是过分仿效他人的研究方法,应该形成自己通过社会调查而积累史料的特点,形成自己运用这些材料解读历史的特点。傅衣凌先生对历史学的贡献,主要在于开创了中国社会经济史学派。这个学派,在研究方法上,以社会史和经济史相结合为特征,从考察社会结构的总前提出发,探求经济结构与阶级结构、经济基础与上层建筑之间的相互关系和相互影响。特别注意发掘传统史学所弃置不顾的史料,以民间文献诸如契约文书、谱牒、志书、文集、账籍、碑刻等证史;强调借助史学之外的人文科学和社会科学知识,进行比较研究,以社会调查所得资料诸如反映前代遗制的乡例、民俗、传说、地名、口碑等资料证史。特别注意地域性的细部研究和比较研究,从特殊的社会经济生活现象中寻求经济发展的共同规律。我认为,即使从今天来看,傅先生开创的这种社会调查与多种资料、多种学科相结合的研究方法,依然值得我们认真效法、大力发扬。当然,人文社会学科的相互交叉、相互渗透的趋势进一步促进了历史学理论与方法论的前进,社会调查工作的深度和广度也将得到进一步的扩展。如何在吸收傅衣凌等史学前辈探索成果的基础上更上一层楼,无疑是我们今后必须切实努力的一个重要方向。

最后,我想强调一点,社会调查固然应当在现代史学研究中占有一定的学术空间,但这并不意味着社会调查就是推进史学研究的不二法门。事实上,社会调查所征询的对象,由于文化教育程度、地域观念以及个人经历的差异,他们所能提供给研究者的信息,往往是芜杂混乱的,且带有某种程度的片面性。民间文献所留下的文字,也往往由于受到记载者文化修养的限制和私家认知观念的影响,带有不同程度的片面性。如此一来,就需要研究者对这些芜杂混乱的民俗材料、口碑访谈、民间歌谣、谱牒私册等资料,进行认真的梳理,从中分辨出带有普遍意义而又真实可信的资料来。也就是说，如果研究者不具备传统史学所谓史才、史学和史识，就很可能落入社会调查的误区。特别是应当注意避免那种主题先行、概念先行，孤立化、只见树木不见森林的社会调查。

学术研究要做到既专精又广博是很难达到的一个境界，您的研究领域相当广泛，在明清史、社会经济史、文化史等方面都有深入见解。您是如何处理治学的博与专问题的？

我想这和我在厦门大学历史系读研究生时代所接受的两个训练有关。一个训练就是当初选择明清赋役制度作为主要研究方向时，导师傅衣凌先生嘱咐我要认真地将明清主要史籍过一遍，因此我在做学生时有一段时期经常跑图书馆，阅读馆中所藏的明清主要史籍，由此打下了比较好的明清史基础；另一个训练是来自田野调查方面的。傅先生在指导学生从事田野调查时，反复强调收集资料要注意竭泽而渔，不要顾此失彼。因为有些资料可能目前暂时用不上，但如果及时搜集贮备，将来随着学术研究的进展，需要用的时候，自然就很容易用上。现在想起来当初读书时所受到的这两个训练真的是使我终身受益，做起研究来可以纵横捭阖，而不会缩手缩脚。现在我给博士生上课时，还是反复强调这两方面的训练。

我的研究兴趣虽说比较广泛，但实际上还是有所侧重的。从表面上看，我这些年研究领域涉及到明清财政赋役制度、商人与商业史、家族社会、族群民系乃至闽台区域社会文化、宗教、民俗等许多方面，但绝大多数的研究是围绕着国家制度与基层社会之间关系问题而展开的。如果说我的研究在相关问题上有一定深入的见解，也许正与这种比较开阔的研究视角以及比较多样的问题维度密切关联。

您曾经与杨国桢先生合著了《明史新编》，该书既是一部体现社会史与经济史相结合的断代历史专著，也是一部颇受欢迎的高校历史学科教材。近年来，您还致力推动人文学院的教学改革，主编了一套《人文教改创新丛书》，您所著的《历史学的困惑》作为该丛书的第一本，在2004年已由中华书局出版，能谈谈您对高校历史教学的看法吗？

陈支平

对于高校历史教学，我个人感觉最失败的地方在于本科教育与中学教育之间的雷同。我们知道，学生在中学里接受的历史教育，只是些条理化的历史学基本常识，这可能可以满足中学历史教育的要求，然而，当学生考入大学后，很多人发现，大学所教的历史知识，与他们此前在中学所接受的教育并没有根本上的差别，相当于将中学里的知识点再过一遍，只是在内容上有所扩充而已。这怎么能引起学生的兴趣呢？这种失败甚至直接影响到研究生的教学，因为在这种教学背景下教出来的学生，对史学的了解仍然是十分有限，甚至可以说，对什么是历史学仍然茫然不知，遑论在大学阶段打下扎实的基础了。

那么，高校历史教学应当怎样扭转上面所说的不合理局面呢？我觉得很重要的一点是必须引导学生培养一种历史基本认知，也就是说，什么是历史？什么是历史学？本科阶段的学生在经过系统的学习之后应当对上述问题有一种比较深入的理解，特别是能掌握一定的史学理论与方法论，形成一种历史感，从而为今后的研究工作打下一定基础，而不是简单重复中国历史与世界历史的基本知识点。

国内有一段时间曾经热衷于高校通史教材的编写，以《中国通史》为例，各种版本层出不穷，不下百部。但是，仔细一看我们很容易发现这些教材雷同之处很多。反观海峡对岸，台湾地区数十年来高校大多只用一种版本的《中国通史》。我觉得大学历史教育不在于花费大精力去编辑各种通史教材，而是应当注重专题知识的讲授，我们近年来开展了一些教改活动，推出了《人文教改创新丛书》，就是希望能在高校教学中探索一种适应学生需要的教学新模式。

延伸阅读：

佳宏伟：《追寻中国社会经济史研究的治史路径——陈支平教授访谈》，《学术月刊》2009年第4期。

郑振满

郑振满，1955年生，1980年毕业于厦门大学历史系，1984年获硕士学位，1989年获博士学位。曾任厦门大学人文学院副院长、历史系主任，现为厦门大学民间文献研究中心主任，历史研究所教授、博士生导师。曾主持教育部重大课题攻关项目"民间历史文献与文化传承研究"，国家社会科学基金项目：清代台湾与大陆家族组织比较研究、明清时代的乡族、乡绅与官僚政治，等等。曾参加国际合作研究项目：闽台社会文化比较研究；华南社会文化史研究；华南在乡商人研究计划；神像建筑与社会结构、仪式地方、地方文化与中国近代史；中国地方社会比较研究等。曾先后在加拿大麦吉尔大学、美国密苏里州立大学、英国牛津大学、荷兰阿姆斯特丹大学、日本东京大学、香港中文大学、香港科技大学、美国哈佛大学、台湾暨南大学、台湾大学、成功大学进行学术交流和科研合作。

主要著作

《明清福建家族组织与社会变迁》，湖南教育出版社1992年版，中国人民大学出版社2009年版；*Family Lineage Organization and Social Change in Ming and Qing Fujian*, translated by Michael Szoni, Honolulu, University of Hawaii Press, 2001；

《乡族与国家——多元视野中的闽台传统社会》，生活·读书·新知三联书店2009年版；

《培田》，与张侃等合作，生活·读书·新知三联书店2005年版；

《福建宗教碑铭汇编·兴化府分册》，与丁荷生（Kenneth Dean）合作，福建人民出版社1995年版；

《福建宗教碑铭汇编·泉州府分册》，与丁荷生合作，福建人民出版社2003年版；

Ritual Alliances of the Putian Plain，与丁荷生合作，Leiden；Boston：Brill，2009。

切思：学术的真与美

新史料与新史学
——郑振满教授访谈[①]

  郑老师，您的硕士论文《明清时期闽北乡族地主经济》与博士论文《明清福建家族组织与社会变迁》，都是在傅衣凌先生指导之下完成的。我们很想知道傅先生是怎样引导您的研究方向，而您又是如何研究上述课题的。

  傅先生在日本学过社会学，他的社会经济史研究是社会科学化的，也可以说是走向民间的新史学。早在1944年，傅先生在他的成名作《福建佃农经济史丛考》的序言中，就非常明确地提出了他的学术理念，就是社会经济史研究要有社会科学的概念，要找民间的资料，要做社会调查。我刚入学的时候，傅先生要我读鲁滨逊的《新史学》，那是美国20世纪初期的史学理论名著，主要讨论历史学和社会科学的关系。他还要我多读民国时期的经典著作，因为那时候的学者比较有社会科学的概念。

  真正对我有影响的，是傅先生要我们去做福建民间文献的普查。当时傅先生主持国家社科基金的重大课题，就是"明清福建社会经济史研究"，他说我们的学问不能只在图书馆做，你们要出去找民间的资料。我读研究生的那几年，我们几位同学和年轻老师跑遍了福建各地，主要是到各级公藏机构搜集资料，如档案馆、图书馆、博物馆、文化馆、县志办、地名办，等等。我们收集了很多民间文献，包括族谱、碑刻、分家文书、契约文书、账本、

[①] 本篇访谈者为郑莉、梁勇。

唱本、剧本，还有看风水的书、看病的书、算命的书、做仪式的书，等等。我们还在各地做了一些社会调查，写了一些调查报告。

我的硕士论文选题，是从一次读书报告来的。那时候，我们每个星期都轮流做读书报告，我报告在闽北收集的一些分家文书，傅先生听了很高兴，要我写成论文去发表。后来我就写成了《清至民国闽北六件"分关"的分析——关于地主的家族与经济关系》，发表在《中国社会经济史研究》1984年第3期。这是我发表的第一篇学术论文，也是我做硕士论文的起点。

我的硕士论文研究闽北地区的乡族地主经济，主要是利用族谱、契约文书、账本等民间文献，研究乡族组织与地主经济的关系。当时要解决的主要问题，是如何从民间文献中发现具有普遍意义的历史问题。傅先生在我的开题报告上写了十二个字："从全国看闽北，从闽北看全国"。他告诉我，我们是做区域研究的，不是做地方史研究；做区域研究要关注普遍性问题，否则就变成了地方史。

这一点很重要，请您多讲讲。现在有些学者在质疑区域研究，认为每个地方都研究了，也不一定能够真的了解中国历史。您是如何理解区域研究与通史研究的关系？如何从区域研究大历史？

我的理解是，区域研究是通史研究的一种方法，是为了对中国历史作出更深刻的解释。有人认为做区域研究是关注小历史，不关注大历史，这是很大的误解。傅先生的"十二字真言"，就是说区域研究要关注全国的历史，要有通史的知识背景。他还告诉我，做乡族研究要追根溯源，至少要追到宋代，最好要去读"三礼"（《礼记》《周礼》《仪礼》）。后来我真的去读了这些书，当然是似懂非懂。我当时觉得最有帮助的是《古今图书集成》的《明伦汇编》，让我明白了古人对"乡族"的各种看法和各种试验，比如宋代的"蓝田乡约""范氏义庄"和《朱子家礼》，等等。这样，我就明白了乡族问题的历史脉络。当时还有一个收获，就是通过读地方志，明白了明代的制度变革。比如明后期出现了大量的地方公产，包括桥田、渡田、学田、庙田之类。我想搞清楚这些地方公产是怎么来的，通读了很多地方志，后来发现这是明中叶的赋役改革造成的。在明初，地方的公共事务主要是通过派劳役解决的，比如每个桥、每个渡、每个水坝，甚至每个庙，都可以派几个人去看守、去维护。后来劳役改成收钱，这些公共事务又不能不管，就只好发动募捐，建立一个基金会，买一些房产、田产，或者是放高利贷，收入就用来办理地方公共事务，用政治学的话就是提供公共产品。所以，我当时的看法是"地方公产是赋役的转化形式"。后来我的看法有点改变，认为"地方公产是财政的转化形式"，因为老百姓已经交了代役钱，这些钱就是地方政府的财政收入。本来政府应该用这些钱提供公共产品，可是政府把这些钱挪用了，所以就只好发动当地民众募捐，建立"基金会"。这就是地方公产的来历，也就是"乡族地主经济"的起源。

我做乡族地主经济的另一个角度，是讨论族产的来源。我研究分家文书的时候发现，每个地主分家的时候都要留很多族产，最多的占家产三分之二，平均占家产三分之一多。如果每一次分家都这么留，当然就会有很多族产，就像滚雪球越滚越大。在闽北地区，土改的时候没收的"封建土地"，大部分都是族产。那么，为什么地主要把土地都变成族产？为什么不要私人土地？我当时的看法是，明以后土地的流动性太大，私人地主的经营很不稳定，迟早会破产。有很多例子，都是祖先曾经有上千亩的土地，几代人分家之后，每家只剩下几十亩，甚至都卖掉了，变成了佃农。

所以，地主把土地留作族产，对子孙是有好处的，可以保持地产的相对稳定。后来科大卫有一个说法，中国历史上唯一可以造成资本积累的办法，就是用家族控制财产，他把家族（宗族）当作"控产机构"。我在做硕士论文的时候，还在关注资本主义萌芽的问题，认为族产是封建的，乡族地主经济延缓了封建社会的解体。现在我的看法是，乡族地主经济也可能是中国的资本主义。比如在台湾，在海外华人中，都是用家族企业和合股经营做生意，那难道不是资本主义？当然，族产的意义不完全是经济的，有很多族产也是用来做公共事务的，也是为了提供"公共产品"。这方面的道理，和地方公产是一样的，我就不多说了。

您的硕士论文是研究"乡族",而博士论文是研究"家族",这两个概念有什么差别?又有什么内在联系?您后来的学术发展与此有什么关系?

什么是"乡族"?这是经常被追问的问题,但是很难说清楚。笼统地说,乡族就是血缘和地缘群体,这可以追溯到远古时代的氏族制和村社制,并不是新东西。在我们中国的传统文献中,原来就有"乡族"这个词,这是本土的概念,不是外来的概念。傅先生提出"乡族"这个概念,是试图把它作为分析中国传统社会的核心概念,也可以说是具有社会科学意义的概念。问题在于,我们现在对西方社会科学的概念耳熟能详,对中国本土的概念、本土的词汇反而很陌生。相对而言,"家族"是比较常见的概念,在社会科学中主要是指血缘群体和亲属制度。不过,我后来在研究的时候发现,中国的"家族"也很复杂,不一定真的是血缘群体,所以我把家族分成了六种不同的类型,包括大家庭、小家庭、不完整家庭、继承式宗族、依附式宗族、合同式宗族。我的博士论文翻译成英文的时候,找不到一个合适的单词翻译"家族",最后还是用了两个词,把家庭(Family)和宗族(Lineage)并列。其实,在社会科学中,尤其是在中西方之间,很多概念是不能通用的,只能在特定的语境和文脉中定义和理解。

傅先生很早就提出了"乡族"的概念,但一直没有做明确的定义,有时是"乡族势力",有时是"乡族集团",有时是"乡族经济",有时是"乡族组织"。在他那篇很著名的遗著《中国传统社会:多元的结构》中,明确指出,所有"非官方"的组织都是乡族组织。这就是说,乡族就是民间社会,或者说就是地方社会。我的硕士论文研究乡族地主经济,同时考虑族产与地方公产,实际上就是研究整个地方社会的问题。后来我觉得这个问题太复杂了,不容易说清楚,所以博士论文就缩小了范围,专门研究家族的问题。不过,作了博士论文之后,我又回头做地方社会的研究,做地方文化和地方政治的研究,可以说又回到了硕士论文的问题意识。

您的博士论文《明清福建家族组织与社会变迁》,提出了"三化"的理论,也就是"宗法伦理庶民化、基层社会自治化、财产关系共有化"。这可以说是理解明清社会变迁的三个重要关键词,引起了广泛关注,但也

有一些不同的看法。比如针对"基层社会自治化",有学者认为恰恰相反,明清时期国家加强了对地方的控制。您对此如何回应?

博士论文出版之后,学术界对"三化"有比较多的讨论,尤其是"自治化"的问题。我在博士论文中比较强调基层社会的自主性,尤其是在户籍管理和赋役摊派的方面。后来引起了一些误解,以为我认为国家对基层社会失去控制。其实,我认为宗族是一种结构性的社会组织,跟明清时期的政治体制是相吻合的。在正常情况下,宗族也可以执行政府的行政职能,实际上是一种基层政权组织。当然,这种情况主要发生在明中叶以后,可以说是明代政治体制的转型。我后来发表了一些文章,主要讨论明清时代的财政改革和政府职能的转变。我认为,明中叶实行"一条鞭"法改革之后,地方政府的财政规模日益萎缩,把许多公共职能转移给基层社会,这就是我所说的"自治化"。所以,自治化的关键是经历了一个自上而下的授权过程,政治权力和公共职能的转移过程。这不意味着国家控制力的削弱,也不等同于闹割据、搞对立。我现在对自治化的解释是"国家内在于社会",也就是国家通过乡族自治控制地方社会。同样,从地方社会的角度看,是"社会内在于国家",也就是乡族组织可以在政府授权之下,获得合法的政治权力,成为国家政治体制的有机组成部分。

我们现在还有一个看法,认为明清时代的国家主要是通过宗教和仪式系统控制地方社会,我称之为"地方行政体制的仪式化"。所以,要特别重视对地方宗教和仪式系统的研究。科大卫正在做一个很大的项目,就是通过比较中国各地的礼仪系统,研究国家与社会关系的时空特征。我们有很多朋友都在参加这个研究计划,应该会有重大研究成果。

您从20世纪90年代以来,发表了不少民间信仰的研究成果。您是从什么时候开始关注民间信仰的问题?为什么会转向研究民间信仰?

我在研究家族的时候,开始考虑仪式传统对社会组织的影响。在分家以后,为什么会形成宗族组织?这是我当时考虑的主要问题。我认为关键在于拜祖先,这是宗族区别于其他社会组织的基本特征。1987年,我发表了《宋以后福建的祭祖习俗与宗族组织》,提出祭祖仪式是宗族发展的主要标志，在博士论文中又提出了"宗法伦理的庶民化"。在宋代以前，祭祖是贵族和官僚的特权，宋以后才推广到民间，所以我认为这是一种"庶民化"的过程，这对民间宗族组织的发展具有决定性的影响。完成博士论文以后，我开始考虑用"庶民化"的观点，研究宋以后的地方文化和地方组织。这个阶段的研究，包括两方面的内容：一方面是道教史和地方神崇拜；另一方面是宗教仪式和地方组织的关系。

我做道教史的研究，是跟丁荷生（Kenneth Dean）学的。丁荷生是道教史的专家，主要研究闽台道教和民间信仰。1984年，丁荷生来厦门大学做博士论文，后来我就经常和他一起跑田野，到各地看仪式，收集文献资料。我刚开始对道教一窍不通，到庙里连一尊神都不认识，仪式也看不懂，但我对文献资料很敏感，只要看到有文字的东西就抄。几年以后，就积累了不少资料，开始和丁荷生合作写文章。我们合作的第一篇文章，是在台湾"中研院"《民族学研究所集刊》发表的《闽台道教与民间诸神崇拜》，主要是对《道藏》和福建道教文献的比较研究。我们发现正统《道藏》中有不少福建地方神的资料，但主要与福州地区的徐真君崇拜有关，其次是莆田地区的妈祖，在《道藏》中有《妈祖经》。其他地方神在《道藏》中找不到相关资料，可是有许多民间道士编写的道教文献，即使没有系统的道教科仪本，也会有一些类似道教文献的经文、咒语、唱词等。我们认为，这些不同形式的道教文献，反映了道教和地方神崇拜结合的历史过程和地域差别。后来，我和丁荷生还合作写了一些民间宗教仪式的调查报告，主要是用英文发表的。

我自己独立做的民间信仰研究，最初是关于闽南地方神"保生大帝"的研究。保生大帝是宋代的地方神，在《宋会要辑稿》中有他被赐封的资料，但他的封号是"真人"，根本就没有"保生大帝"的封号。我们后来在泉州郊区的一个庙里发现了两块碑文，其中一块是万历年间的，记载当地的乩童通过扶乩降神，得知保生大帝的来历；另一块是顺治年间的碑文，介绍了降乩的神明和保生大帝的关系。何乔远编《闽书》的时候，收录了保生大帝的故事，后人在编纂地方志和道教文献的时候，也都采用了这个故事。我通过疏理保生大帝的来龙去脉，讨论了国家、道士、士大夫、乩童如何共同建构民间信仰的历史过程。

我研究仪式传统和地方组织的关系，主要是为了说明"地方行政体制的仪式化"。我后来发表的一系列文章，如《神庙祭典与社区发展模式》《明清福建里社组织的演变》，都是试图说明：明代的里社制度和民间的神庙系统相结合，造就了各种不同类型的社会组织，使庙宇成为地方社会的权力中心。我还有一篇文章是《莆田平原的宗族与宗教》，比较系统地考察了宋以后宗教观念和仪式系统的变化，目的也是在于探讨国家制度和意识形态对地方社会的影响，揭示区域社会文化的转型过程。

您和丁荷生教授的合作，在国际汉学界传为佳话，被视为跨学科合作的成功范例。您们合作编著的《莆田平原的仪式联盟》，最近有不少重要的书评，有人认为这是"近十年来在中国宗教学和宗教社会学等领域最吸引人和最有意义的成果"。请简单介绍您和丁教授的合作经验和你们的最新研究成果。

我和丁荷生的合作，的确是很愉快的经验。我们刚认识的时候，都只有30来岁，精力很充沛。我们最喜欢做的事，就是一起骑摩托车跑田野。我们在一起的时间，几乎每年都有半年以上，可以很充分地交流思想，讨论问题。不过，我们很少一起写文章，基本上是各自做自己的研究。我们比较长期的合作项目，主要是编纂《福建宗教碑铭汇编》，还有就是最近出版的《莆田平原的仪式联盟》。这两个项目都是胡子工程，前后历时近20年，这就维持了我们长期的合作关系。

《莆田平原的仪式联盟》分为二卷，第一卷是历史背景和仪式理论，第二卷是莆田平原780个村庄、2800多个庙宇的调查报告。我们从1993年开始做这个项目，到2008年才完成初步研究成果。现在出版的调查报告是英文版的，有很多原始资料都不能放进去，实在很遗憾，以后还要再出中文版。

我们做这个项目的动机，是感觉以往的社区研究有很大的局限，因为每个社区都不是孤立存在的，都必须和其他社区相联系，因此社区研究有必要发展为区域研究。另一方面，以往的社区研究缺乏历史深度，需要在更大的历史背景中理解社区的发展。所以，我们除了做田野调查，也花了大量的精力分析和整理历史文献资料，包括历代的地方志、政书、文集、笔记、碑记、族谱等等。我们把这些资料也尽可能放进数据库，建立了综合性的历史地理信息系统。这样，我们就可以利用这个系统，考察历代的水利建设、聚落形态、行政系统、士绅分布、家族迁徙、社区关系等等。我们希望，可以在这个基础上研究长时段的整体史，也可以在这个基础上开展多学科的合作与交流。实际上，我们这本书只是做了一些很初步的专题研究，以后应该还可以开发出更多的研究课题。

您这几年主持教育部的重大课题攻关项目"民间历史文献与文化传承研究"，在中山大学主办了三届"民间历史文献学研讨班"，又在厦门大学主办了三次"民间历史文献学论坛"，已经培养了许多年轻学者。请谈谈您对民间历史文献研究的看法。

民间历史文献的研究方法，我认为关键是要掌握三个要点：首先是要建立文献的系统。民间文献是极为庞杂的系统，有族谱、碑刻、契约文书、宗教科仪书、唱本、剧本、日记、书信、账本、通书等等，每一类中还有许多不同的文本。我们必须找到各种文本的基本特征，做出科学的分类，还必须找到各种文本之间的内在联系，建立相对完整的文献系统。其次是要考察文献的源流。每一种民间文献都有形成和演变的过程，也有流传和使用的过程。我们必须回到文献的历史脉络，才有可能发现它的历史意义和时代特征。最后是要找到文献的主人。每一种民间文献都是在特定的历史环境中形成的，为特定的人群服务的。究竟是谁创造了这些文献？谁使用了这些文献？谁收藏了这些文献？如果这些不搞清楚，就很容易张冠李戴，误读资料。

我在论证教育部重大项目的时候，最初是想研究文化传承的问题。我认为，民间历史文献是中国传统文化的基本载体，我们可以从中了解普通老百姓的思维方式和行为方式。所以，我当时按不同的研究领域，把民间历史文献分为六大类，大致是：家族文献、经济文献、法律文献、宗教文献、表演文献、海外华人文献，希望通过多学科的合作，研究文化传承的问题。现在看来，这也是不切实际的想法，不可能在有限的时间中，毕其功于一役。不过，我们还是可以从文化传承的角度，理解民间历史文献的认识价值。我们可以通过研究民间历史文献，深入了解民间社会的家族文化、经济文化、法律文化、宗教文化、表演文化、海外华人文化等等。我们还可以通过考察民间历史文献的源流，深入思考区域社会文化的变迁。

更为重要的是，我们可以通过民间历史文献与其他历史文献的比较研究，探讨民间文化与精英文化的互动关系。比如，儒教、道教、佛教的思想观念究竟是如何进入民间社会？民间的宗教实践又是如何影响儒教、道教、佛教的发展？如果我们可以打通民间文化与精英文化，找到民间历史文献与其它历史文献的内在联系，就有可能深入、系统地解释中国传统文化的传承机制。当然，这就要求我们要有更广阔的学术视野，要有更深厚的学术功力。

您多次讲过，历史人类学的研究方法就是民间文献解读和田野调查方法的结合。您如何理解二者之间的关系？如何理解历史人类学与新史学的关系？

对历史人类学有各种不同的理解，有人认为是历史学的人类学化，有人认为是人类学的历史学化，还有人认为是跨学科整合，形成一种新的学科。我认为，这些发展趋势都是存在的，但目前还不是一种新的学科，而是一种新的研究取向，一种新的研究方法。因为每个宣称研究历史人类学的学者，都有自己原来的学科本位、原来的问题意识。历史学的学科本位，就是要解读历史文献，研究历史过程。我始终认为，历史学家的看家本领是解读历史文献，如果读不懂文献就一无是处。所以，我们的历史人类学研究必须立足于民间历史文献，必须致力于民间历史文献的收集与解读。有的朋友问我，历史人类学的研究对象是什么？应该如何确定选题？我的答复是，不必先确定选题，应该先去做文献普查，只要找到了丰富的民间文献，就不会没有研究课题。

田野调查是人类学的看家本领，也是历史人类学提倡的研究方法。研究历史为什么要做田野调查？做田野调查究竟有什么好处？我认为，历史学家的田野调查，不仅是为了拓宽史料来源，更重要的是为了转变史学观念。我们从历史文献中研究历史过程，有时难免会被误导，因为文献是主观的、片面的，有时甚至是虚假的。要对历史文献有正确的理解，需要回到具体历史环境中，思考文献如何反映历史事实。

在田野调查中，我们的首要任务是重建历史现场，尽可能了解文献所处的历史情境。其次，我们要学会以所在地的观点解读历史文献，理解文献对当地人的意义，而不是自以为是，望文生义。最后，我们要学会在现实生活中发现"活的历史"，找到历史发展的主要线索。在历史发展过程中，究竟哪些人、哪些事、那些思想观念、哪些社会制度是最重要的，哪些因素最终决定了历史进程？我认为，关键要看这些历史因素是否深入民间的日常生活，是否对今天的现实生活仍有深刻的影响。布洛赫曾经说，他到瑞典访问的时候，当地的朋友要带他去看博物馆，而他坚持要去看市政厅，因为博物馆展示的是历史文物，而市政厅展示的却是活的历史。对于历史学家来说，田野调查的认识论意义，就是在历史与现实之间架起桥梁，启迪了我们的学术思维。

从20世纪初以来，有很多人打着"新史学"的旗号，但在不同语境下有不同的含义。在我看来，新史学的主要特征是社会科学化，也就是走向民间的整体史。这种新史学要求我们研究全民的历史，研究社会生活的所有领域，因此必然和各种社会科学发生联系。20世纪的各种专门史，其实就是历史学与各种社会科学相结合的产物，如经济史、人口史、政治史、社会史、宗教史等等。法国年鉴学派的第三代掌门人勒高夫认为，在所有社会科学中，与历史学的关系最密切的是人类学，因为二者在本质上都是综合性学科。在勒高夫主编的《新史学》中，有一章专门讨论历史人类学，作者就是写《家庭史》的比尔吉埃尔。他认为，历史人类学的特色是从民俗研究历史，也就是通过研究各种"习惯"，探讨历史的基本结构。在这里，他主要是讨论历史人类学的研究取向，而不是历史人类学的研究方法。从方法论的角度看，历史人类学的主要特色是历史学与人类学相结合，也就是文献解读和田野调查相结合。那么，我们自然可以把历史人类学归入社会科学化的新史学，或者说新史学的一个主要流派。

切思：学术的真与美

您已经在史学领地耕耘了30年，在新史料与新史学的探索中积累了丰富的经验，做出了突出的贡献。在未来的研究中，您有什么具体的打算？

我现在最大的愿望是赶快清理旧账，赶快交班换代。如果今后还有余力，我希望可以研究台湾史，或者是研究东南亚华侨史。我们最近讨论了很多国家与社会的话题，可能会造成某些认识的误区，忽视了地方传统和民间社会的自主性。我现在想知道，在国家不在场的情况下，地方文化和民间社会发展的可能性。我还想知道，我们比较了解的熟人社会的规矩，在和陌生人打交道的时候会发生什么变化。

从2006年以来，我和丁荷生每年都去东南亚跑田野，主要是去找东南亚的兴化人。我们在莆田跑田野的时候，发现有很多公共设施和文物古迹是海外华人捐款修建的，后来又发现很多海外华人回来做仪式。有些在老家已经失传的仪式传统，在海外反而长盛不衰，最近又传回了老家。我们想知道，海外华人究竟如何传承原乡的文化传统？他们为什么对乡土文化情有独钟？我们在东南亚跑了几年，发现到处都是华人的庙宇，每一座庙宇实际上就是一个同乡会。海外华人通过建庙宇，做仪式，不仅维系了同乡群体，而且建立了商业网络，形成了同乡同业的传统。我们认为，这是一种非常有效的生存策略，就是把原乡的文化资源转化为社会资源和经济资源，这也许就是所谓的文化软实力。

海外华人大多是"大分散、小聚居"，他们周边都是"非我族类、其心必异"的陌生人。面对各种不同的政府、各种不同的族群环境和社会经济制度，他们当然必须适应当时当地的环境，必须学会当世界公民。那么，在东南亚历史上，华侨华人如何应对不同的社会历史环境？如何寻求新的发展策略和文化模式？这不仅是海外华侨华人研究的课题，也是全球化时代地方文化研究的课题。

这几年，我有比较多的机会去台湾，在台湾的几所大学住了比较长的时间，也跑了台湾的很多地方，对台湾的社会文化有比较深入的了解。我觉得，台湾的民间文化比较有活力，台湾的社会也比较多元。虽然台湾和内地分治长达100多年，但台湾的社会文化延续了闽粤地区的传统，在清代已经基本定型。问题在于，清代台湾是边疆社会，族群环境极为复杂，政府的治理能力相当有限，这就为民间社会文化的发展提供了更大的空间。台湾很多地区的开发史，都是在违反禁令的情况下展开的，很多地方的土地和人口是从来不纳税的。在政府不在场的情况下，民间的自主性得到了充分的发挥，创造了许多新的社会文化模式，包括造神、合伙、结拜兄弟、异姓联宗等等。我认为，清代台湾汉人社会文化的发展，与东南亚华侨华人有许多相似之处。如果可以把闽粤侨乡、台湾和东南亚华侨华人联系起来，考察民间文化的传承与变异，应该会有许多引人入胜的课题。

延伸阅读：

郑振满、黄向春：《文化、历史与国家——历史学与人类学的对话》，《中国社会历史评论》第五辑，商务印书馆2005年版；

代洪亮：《复兴与发展：学术史视野中的中国社会史研究（1980—2010）》，山东大学，2011年，博士学位论文；

王传：《华南学派探源》，华东师范大学，2012年，博士学位论文；

赵世瑜：《我与"华南学派"》，《文化学刊》2015年第10期；

代洪亮：《中国社会史研究的分化与整合：以学派为中心》，《清华大学学报》2015年第3期；

孙竞昊、赵卓：《江南史研究的"新"与"旧"：从华南学派的启示谈起》，《浙江社会科学》2018年第1期；

李仁渊：《在田野中找历史：三十年来中国华南社会史研究与人类学》，《考古人类学刊》第88期，2018年6月；

王传：《华南学派史学理论溯源》，《文史哲》2018年第5期。

刘志伟

刘志伟，1955年出生于广东省韶关市，毕业于中山大学历史学系。1983年起，一直在中山大学从事明清社会经济史教学与研究。1994年开始任中山大学历史学系教授，现任教育部人文社会科学重点研究基地中山大学历史人类学研究中心主任、香港中文大学—中山大学历史人类学研究中心副主任、中山大学亚太研究院常务副院长；兼任教育部历史学科教学指导委员会委员、中国社会史学会副会长、中国经济史学会理事、广东历只学会副会长。先后以客座教授、客座研究员或访问学者身份，多次到英国牛津大学、美国耶鲁大学、香港科技大学、香港中文大学、香港大学、台湾暨南大学等境外大学任教或从事研究。

刘志伟教授的研究涉猎明清社会经济史的多个领域，已发表论著包括明清时期的财政赋税、乡村社会结构、社会动乱、商业与市场、对外贸易、手工业、宗族与家庭、妇女、族群与民俗等课题，在探讨明清户籍赋税制度和传统乡村社会经济结构的变迁方面着力尤多。从80年代中期以后，他长期与海内外的人类学家与历史学家合作，深入乡村社会中，把田野调查和文献研究结合起来，探索社会经济史研究与人类学研究的对话的新方向，拓宽和深化了研究的领域。研究成果先后在《历史研究》、Academe、Chinese Studies in History中国、美国、加拿大以及香港、台湾等地区期刊发表，在海内外中国有相当的影响。在教学方面，先后为本科生、研究生开设了《中国古代社会经济史》《传统中国乡村社会研究》《明清史文献》《明清史专题》等课程。他主持的"历史教学网络服务系统"建设项目，获国家优秀教学成果二等奖。

主要著作

《在国家与社会之间——明清广东户籍赋役制度研究》，中山大学出版社1997年版；修订版，《在国家与社会之间：明清广东地区里甲赋役制度与乡村社会》，中国人民大学出版社2010年版；

《在历史中寻找中国：关于区域史研究认识论的对话》，与孙歌合著，大家良友书局有限公司2014年版，东方出版中心2016年版；

《番禺历史文化概论》，合作，中山大学出版社2017年版；

《叶名琛档案——清代两广总督衙门残牍》，合作，广东人民出版社2012年版；

《张声和家族文书》，华南研究出版社1999年版；

《梁方仲文集》，主编，中山大学出版社2004年版；

《经营文化：中国社会单元的管理与运作》，合作主编，香港教育出版公司1999年版；

《18—19世纪羊城风物——英国维多利亚阿伯特博物院藏广州外销画》，合作主编，上海古籍出版社2003年版；

《清代全史》第五卷，参与编撰，辽宁人民出版社1991年版；

《中国封建社会经济史（下卷）》，参与编撰，武汉大学出版社1993年版；

《贡赋体制与市场：明清社会经济史论稿》，中华书局2019年版；

《借题发挥》，社会科学文献出版社2019年版。

刘志伟

走进乡村的制度史研究
——刘志伟先生老师访谈[①]

当年您是如何走上历史研究道路的？

我们这一代人其实没有文科这个概念，基本上都只有科学的概念。我们的偶像就是科学家，就是科学的发现、发明、创造。一直以来，我念书的兴趣也是在数理化方面。我最希望做数学家，因为我们小时候华罗庚最出名。其次是物理学家，因为居里夫人。化学家没想过，因为化学家那时候好像还没有特别令人崇拜的偶像。但小学还没毕业，"文化大革命"开始，我连念书的资格都没有，所有这些梦变得没有了。后来能够上中学，可也没有真正读过书。不过，我对数理化的兴趣依然不减，买书、订杂志都是这方面的，特别是70年代初很多杂志复刊，像《科学画报》《无线电》我都订过。到了中学毕业（其实也没有念），上大学的希望几乎没有，尽管我很想上大学读理科，特别是数学。我快毕业的时候已经有工农兵上大学。工农兵上大学，中学毕业后还要两年以上的实践经验。我1972年中学毕业，就在机关里面做了两年，然后再来读的大学。那时候考大学也没有真正的考试，只有一个形式：大家坐在一起，问几个问题，举手回答，所以也没有专业可选。专业和大学都已经分配到各个地方了。当时我在单位上比较积极先进，上大学的资格也就有了。有了资格读什么呢？一看，好的专业没有，当时认为好的专业就是数理化一类的专业。我也不知

[①] 本篇访谈者为周鑫、罗艳春。

道从哪里来的概念，觉得好的大学比较重要，而中山大学是我看到的所有有可能进的大学里最好的。中山大学在我们县只招两个专业，一个是地质，一个是历史。我那个时候很瘦，觉得读历史比较合适。而且，当时"评法批儒"已经开始，我也读了一些历史书。一读历史书，马上就对一些事情好像也有点兴趣，就这样选择了历史。一进学校，我就想转系，后来也转不成。不过那个时候虽然说喜欢数理化、喜欢科学，但其实是什么都有兴趣。我记得只要书店有一本叫做"有知识性"的书，我们都会买。我们那个时候在大学读书跟现在不一样，强调工农兵"上、管、改"。所以我们一进来，刚上了一个学期中国古代史，就参与《中国古代史》教材的编写。参加编教材不重要，但是因为编教材，我们就可以跟我们的老师们有很多的接触。那个时候中国古代史教研室，党的组织是一个支部，每个星期政治学习、民主生活都在一起，我们那个班就跟古代史的老师在一起学习。开门办学更是如此。就是在第一个学期开门办学去广州铁路局的时候，我和后来成为我的导师的汤明檖老师住在一起。我们住上下通铺，我住上面，汤老师住下面。每天吃完晚饭，我和另一个好朋友就会跟汤老师一起，在广州铁路局附近散步聊天，言谈之中受这些老师的影响很大，慢慢地就接受了社会经济史的熏陶。

我们大学三年，1974年入校1977年毕业，有超过一半的时间没有上课。在校的时候，每周固定两个下午的政治学习，然后是劳动，很多的劳动。真正坐在书桌旁的时间，不到一半。还有半年基本上是到农村去。所以那个时候古代史、近代史、现代史、世界史的课，我们全部是跳跃式地学。我们当然不愿意就这样虚度，几个同学便在一起，组织了一个用今天的话叫读书会的，不过当时差不多有点像秘密团体。我们开始躲在课室，结果被其他同学发现，被拿到民主生活会上批评，后来只能秘密地做。我们那个时候什么题目都做、都写，不管是古代史、近代史还是现代史，从猿到人一直写到农业合作化，我还写过曹操，虽然写的东西全都不能发表。我也不知道那个时候哪来那么好的精力。尽管上课的时间不多，但读书学习的时间还是不少。只要不用政治学习和劳动，我基本上在资料室待着。现在想想，我们其实还是很幸福的，一方面跟教古代史的老师们每个星期都能见好几次面，另一方面管理系资料室的老师都很有学问。资料室的主任是曾任上海图书馆馆长的周连宽先生，管借还书的是陈寅恪先生的助手黄萱先生，管学生阅览室的就是谭彼岸，他写过一篇论《资本论》的长文。这些老师你随时可以请教，所以我说我们其实还是很幸福的。他们见到读书的学生有种兴奋感，知道你想读书，很愿意指导，没有任何保留。我进大学的时候，真的完全连文言文都看不懂。你想想，我刚进小学六年级"文化大革命"就开始了，怎么会懂文言文呢？都是在他们的指导下，我才完成这个基本的训练。那一段经历现在回想起来，还是非常难忘。可以说，我们有那个经历，就特别珍惜读书的时间，哪怕是只有一点点时间可以读书。但是大学毕业，我们还是得离开学校回到地方，我到了法院。记得临毕业时，我去蔡鸿生老师家里，从蔡老师那里知道，有可能要恢复高考和研究生制度。那是1977年夏天，这个消息已经传开了。蔡老师当时给了我四个字，我永生难忘，就是"笨鸟先飞"。接下来就是开始漫长的三年备考，差不多从零开始。因为正如我刚才说过的，我们读书期间基本上是跳跃式的教学，什么文章都敢写，什么题目都敢去琢磨，但就是缺乏系统的学习。要再考研究生，就不得不从头再来。最致命的就是英语。我们进大学以后才开始学英文，可学完字母还没学几句话，就被我的同学闹革命给革掉了。所以，我大学期间根本就没有正规地学过英语，再考研究生这个英文怎么考？虽然那时候考试题目很浅，但我们的竞争对手可都是"文化大革命"前毕业的大学生啊！第一年开卷可以带字典，我考了六十几分。第二年不开卷，我只考了十几分。幸运地进了复试，却又碰上跟邱捷、周兴樑、周建安一起竞争，四个人复试，最后我没入围。第三年再考。那一段很漫长，但就是这三年，差不多等于重新读了一次大学。为了考试，你必须系统地学习中国通史、世界通史、外语，你必须系统地读好多书。

我参加研究生考试，第一年考的是近代史。而我的研究兴趣始终在社会经济史上，我想主要跟自己的工作经历有关。中学毕业后，我在工商局工作，读了很多经济学方面的东西。大学毕业后，又到了法院工作，除了准备考试，我还读了不少法学方面的书。我心里最希望读社会经济史方面的研究生，所以一听到汤老师招收社会经济史的学生，便毫不犹豫地报考了。

为何会选择明清时期的赋役制度作为您的研究课题呢？

我一进来的时候，所有的老师都跟我讲，希望我能够接着梁方仲先生的研究继续做"一条鞭"法。所以你说是自觉也好，潜意识也好，反正我总觉得这是一个使命。大概也可以说是家法吧。你说我有意识一定要这么做，也不见得。不过，从你一进来老师收你，其他老师见到你都跟你谈这个，特别是李龙潜老师。当然，他们都是用鼓励的或赞扬的语气来谈，可你听起来压力非常大。压力源自三个方面：一是你要在梁先生提出的问题上继续做；二是用我自己的话讲，你也不能太背叛梁先生；三是你也不能在原地踏步，必须做出新东西来。每处理一个具体的学术问题，这几个方面都在起作用。不过，我很幸运地得到了周围许多人的关怀，另一方面又受益于整个大的学术环境，特别是中国社会科学院经济研究所80年代做的那些讨论。这些讨论，虽然现在看来可能已经没有多少理论意义，但当时对我们确实影响很大。因为在那个大的历史脉络下面，我们的整个理论思维还是受马克思主义的影响很大。经济所在当时展开的地主经济、商品经济方式等理论方面的讨论，其实是令我们能够重新去思考这个问题。像李文治先生的研究成果，可能今天有人会觉得是非常正统的马克思主义经济史的观点，但从我的角度来看，我是更多地去发现他力图说出一些不同。以后如果要我来讲中国经济史研究的话，我还是想讲讲自己的这点体会：如果讲马克思主义体系下面的中国经济史研究，经济史的这个体系的确是最马克思主义、最正统的。但是他们一直在理论上是很努力地去思考。他们在思考中碰到一个矛盾：用马克思主义的正统理论不能完全回答中国历史上实际发生的历史问题。在20世纪七八十年代，他们已经意识到这个矛盾，他们力图把它讲通。到了今天，我们当然不会说这个讲通还是必要。不过，要知道在80年代，他们力图讲通是有一个很实在的贡献，就是他们正视了历史事实与理论解释体系之间的矛盾。不管是吴承明先生、李文治先生还是他们的后辈，他们的研究让我们这代人，起码是让我个人会意识到，原有我们所熟悉的这套关于中国经济史的解释，跟中国历史事实是有矛盾的地方，需要我们去面对。特别是李文治先生有几点还是很重要，比如说宗族。宗族究竟是原始的残余，还是明清地主经济下发展出来的东西？现在再问这样的问题可能已不需要，但在当时这样问问题，对我们走出原有的思维框架可以说是一个刺激。如果说宗族只是一个旧的血缘关系的残余，而且那个逻辑就是商品经济越发展，人的自由度越大，地主经济越发展的话，血缘关系就会撕裂、就会解体，按这个逻辑，宗族是讲不通的。李文治先生试图讲通，他的本意可能是想维护这个逻辑，但是他客观上让我们明白：宗族其实是一个明清发展出来的东西，是在明清时期越来越强的。所以，学术一定要放到那个时候，它究竟提供了什么新的东西去理解。刚才讲地主经济和商品经济的讨论，我们现在大概也不会觉得有问题，但它确实就会让我去想：在明清时期或者宋代以后发达的商业究竟是一个什么机制。照原有的逻辑，地主经济就是封建的、自给自足的自然经济，地主经济就是让封建经济得以顽强地留下去（傅先生的观点），就是商业的不发达，而商业就是要破坏自给自足的自然经济，那么商业的繁荣怎么去解释？起码在那个时候刺激了我这样去想。后来读很多东西，特别是寺田隆信的《山西商人研究》，豁然开朗，原来整个商业就是这样。回头再看《明史·食货志》，整个就通了。我现在的体会是商业的繁荣跟白银、外贸大有关系，而要回答白银、外贸的问题，则要回到赋税即财政领域上。所以学术就是要有很多人，我们要从根源上找到各种刺激，找到各种启发，然后再融入自己的研究中。

您研究明清赋役制度时，一直都把它和户籍制度连在一起讲。请问其中有怎样的学术思想脉络呢？

其中肯定有梁先生的传统。梁先生是从黄册、鱼鳞图册、里甲等户籍制度入手讲赋役的，在他的体系里，户籍制度跟赋役制度就是连在一起的。而最直接的影响是我自己的导师汤明檖先生。1982年，在中山大学开过一个在中国史学拨乱反正、改革开放之后很重要的一次会议："中国封建社会经济结构、特点及其发展道路"学术讨论会。中国社会经济史所有当时还健在的大人物差不多都来了。汤老师在这个会议上发表了《从户籍看中国封建制下的小农》。这篇文章，以那个时代来说，没有更多的人会这样思考，大概类似的观点只有在王毓铨先生那里有，其实这还是梁先生的传统。中国社会的这些范畴，像小农、农民这一类的范畴，如果你离开中国本身这些比较制度化的环境，很难理解。不管他叫小农也好，叫地主也好，都是在户籍制度之下。离开这个户籍体制奢谈小农，奢谈小农是自由还是不自由的，是很难说清楚的。

当然，还有一个可能不是很自觉、但有一定影响的因素，就是我自己的生活经验：户籍制度太重要了。不只是城乡户籍，就是从一个地点到另一个地点也非常重要。比如说到广州来打工，打工不能入籍。不能入籍，接下来一切的问题就都出来了。你自己有这个生活经验，马上就会感到这个东西是如何的重要。80年代以前所有研究这方面的著作，之所以没有很多人意识到这个重要，只是因为大家都是从教条主义、从概念、从苏联的理论体系出发，至于个人经验，本来就应该有。

那后来又是如何跟宗族放在一起呢？

这就涉及《在国家与社会之间》那本书的最后一章。那一章本来是1987年的会议论文。因为是研究的广东，自然要面对广东的材料。面对广东的材料，就要面对"图甲""总户"这个问题。我们一般的教科书、很多的著作都会讲到，里甲制度到清代以后就被保甲制度所取代。可是一接触到广东的材料，尤其是《顺德县志》《南海县志》都有图甲表，图甲表里的一个总户一直到清末都还有，很直接地就碰到这个问题。碰到这个问题后，头脑里有了意识，就会留意很多东西。恰好我看到了片山刚的那几篇文章。其实我一点日文都不懂，片山刚的这些文章我那时候是用很笨的办法看的。先是连赌带猜，把这几篇文章中我认为可能中文是怎么样的点出来。他用的材料我都非常熟悉，他判断性和结论性的部分我认为错的地方，就去问懂日文的朋友看我有没有理解错。在确认我没有理解错之后，我就着手写了一篇很长的差不多是批驳片山刚研究的文章，现在你们看到的那本小书的第五章，就是在那篇文章的基础上写的。片山刚为什么会错呢？我后来也明白，他不是做明清史的，他是做近代史的，看到这个东西就由近代往上推。也就是说，他整个的理解逻辑是从后往前推，看到清末是怎样，就假定前面是怎么样发展出来的。他认为"总户"是由开始时的"户"后来不断扩大而形成的。因为户名不变，明初的一个户后来就长成了一个宗族，就是"总户"；因为宗族有分支，分支为各房各派，就是"子户"。他的这套说法从事实方面你说他全错，那也不公平，大量的事实可能就是这样。但为什么我说他错，错在哪里呢？错在他不明白他说的这个现象背后的制度原理。他的这套说法，只是在我所说的制度原理的基础上产生出来的一种结果、一种现象。但是，现象本身不是制度。我所说的制度原理其实很简单，就是"户"此时能够成为一个账户，一个纳税户，它能够容纳不同的人来共同使用。这个"户"跟明初黄册制度下的"户"是"家户"的那个"户"不一样。片山刚先生说因为户名不变，这个也是有关的，但是问题并不出在户名不变上。因为如果说问题出在户名不变上，那户名变了是不是就不是这样呢？其实不是。问题还是在"一条鞭"法上。我认为如果说在这方面我觉得自己比较自以为是的话，那就是我明白了"一条鞭"法就是片山刚先生所说的这个现象背后的制度。因为"一条鞭"法，整个税制的改变，使得这套户籍制度变成另一种模式，跟明代的里甲制截然不同。原来同一个祖先下面的子孙固然可以共用一个户，但是这些子孙也可以同时用其他户。因为这个制度允许有很多个户名，每一个户名下面涵盖的实际存在的社会群体也可以不一样，不一定是个支派。所以真正什么人用什么原则在一个户名下面交税，就不是一个简单的由老子生出儿子、儿子生孙子这样的原理去制造出来的。当时做出来的户可以有很多种的社会关系，可以是血缘的，可以是合约的，也可以是其他的利益群体。回到宗族的问题上，那为什么宗族后来会变成这么普遍的一个语言呢？因为可以在其他各种关系的上面用宗族的语言，用宗族的形式来组成，所以就造了片山刚说的那个宗族出来。如果把视线拉到清末，就很清楚。你会发现除了宗族以外，出了很多会，出了很多各种各样的名堂。在清末的广东，你可以看到，不单宗族共用一个户，会也共用一个户，其他关系结合的群体也共用一个户。所以单单从户名不变更这种血缘衍生出来的关系来解释图甲制，就是把因果倒过来。而且这样还会造成一个误解，好像血缘关系是清代以后很基本的一个社会关系。这样的话，我们讲宗族是一种语言，是一种文化的表达，就跟片山刚所说的发生矛盾。这就是为什么在这方面我比较坚持自己的解释。而且我觉得，如果不是"一条鞭"法，就不能够理解为什么这么多人可以共用一个户，这是关键的核心。我们不能把宗族理解为一个大家真的可以和睦相处的事情。按片山刚的说法，宗族兄弟之间可以和睦相处，可以处理这些利益关系，其实不是。一定有另一种机制来解决——我们虽然是兄弟，但还是会打得要死，不过我们还是可以在同一个户。那是为什么呢？我觉得只有在"一条鞭"法以后才有这个可能，就是因为不用去当差。不用去当差对现在社会的人来说好像没什么，可如果回到明代，当差和不当差就大不相同。不管是南方和北方，当差还是最重要的负担，最难处理的关系。整个明清时期，虽然在田赋方面也谈均粮问题、浮粮问题、逋负的问题，但是那些问题其实还是由当差这个负担衍生出来的，它背后真正一直没解决的是当差的问题。只有到了"一条鞭"法，逋负的问题才是尖锐的问题。但逋负的问题不用重新去组织，它只是个怎样把税收上来的问题。当差就不同，当差直接影响到重新要考虑怎么去组织这个乡村基层，就是里甲怎么重整。所以说，只有在"一条鞭"法改革之下，这个转变才可以去真正理解。

每年暑假的历史人类学高级研修班，有关如何解读族谱一般都是由您来讲授，您的一些观点和其他人好像也不太一样。是否可以说您读得更懂一些呢？

是有一些不太相同，当然也不能说我读得最懂。我的一些解释在郑振满那里可能没有，但是真正对族谱的熟悉可能还是郑振满。这个也跟福建的族谱材料比广东的族谱多有关系，加上我关注的跟他关注的不太一样。其实我从来不认为我是研究宗族的，我更多地关心明初的社会怎么转变成嘉靖、万历时期的社会。我自认为我真正关于族谱的东西最重要的还是我在上海《中华谱牒研究》上发表的两篇文章（《附会、传说与历史真实——珠江三角洲族谱中宗族历史的叙事结构及其意义》和《族谱与文化认同——广东族谱中的口述传统》）。文章虽然很短，但那真的是在读了好多好多族谱后,才觉得好像能讲出一些道理来。这两篇文章我一直写不出来。因为要读很多的族谱才会有这样的想法,可怎样写进文章我一直很苦恼。你不能把这些东西都引出来,引出来也会很啰嗦。我有一篇《附会、传说与历史真实》用了上海图书馆所藏的《(广东)顺德竹园冯氏族谱》。这篇文章在第一次上海开族谱会议的时候我就想写。到开第二次族谱会议,我开完会在上海停留了一天。我说我就在这里随便找一个族谱,如果还是符合我的论点,我下次就写这篇文章。结果提出来一打开,哇!很高兴,正符合。像那样去读族谱,可能郑振满没有吧。大概各个地方的差异很大,福建也比广东的历史复杂。我跟科大卫对明代珠江三角洲的那些材料,就我们知道的材料基本上都非常熟悉。当然这几年有些新的碑,新的东西出现,我们不是很熟悉。但就八九十年代来说,我们把能看的基本都看了,所以我们对明代珠江三角洲这个地方发生的历史,自认为能够搞清楚的都已经很清楚了。有了这个比较确切的远景,再把族谱放回到这样一个脉络里面,好像所有内容,哪个朝代的人编的,或者他讲哪个朝代的,你都可以放回到那样一个时空里面。当然,族谱有着不同方面的材料价值,我在历史人类学研修班上面一般只讲族谱为什么这样讲一个谱系,它跟历史的关系。所谓我读得最懂或什么,可能就指这方面,即把这个族谱放回到那个历史的时空当中去。族谱还有其他很多的材料,比如财产记录、家训、遗嘱、分家书等等,这些材料还是郑振满读得更懂。我毕竟不是做宗族的,我关注的还是明代的这个地方究竟发生了什么。

虽然您不自认为是做宗族研究的,但您和科老师关于宗族应该放在礼仪和意识形态里面去理解的观点,非常独特。这个观点是怎样形成的呢?

那个已经是我们已经有很定型的想法以后才写的。当然我的思考历程,跟科老师可能不太一样,但是差不多最后大家都比较一致。科老师面对的是西方的传统关怀:法律在社会里面很重要。他背后其实是马克斯·韦伯的那一套东西。因为早期我们听过他讲这个。其实一直到90年代初,科老师现在肯定忘掉了,我是跟他争论过的,就是中国没有他说的法律。但是后来真正让科老师转变这个观念的是他的学生沈艾娣,1995

年沈艾娣写论文的时候，当时我也在场。那时候我还是很强调在中国礼仪是很重要的，但是我这个强调不是由一个所谓马克斯·韦伯那里来的，是因为我们在中国做中国古代史的人们其实都懂。让我直接有这个意识是陈寅恪先生的《隋唐政治渊源略论稿》。1978年，我第一次考研究生，中国古代史的指定参考书就是《隋唐政治制度渊源略论稿》。这也是我提到的，中山大学陈寅恪他们这些人的"阴魂不散"。1978年，还没有真正改革开放，但中山大学"文化大革命"后第一次招考研究生的指定参考书竟然是《隋唐制度渊源略论稿》，这在其他学校是不可想象的。因为是指定参考书，我就去找，很幸运地竟然在韶关的书店买到。记不得是新版还是旧版，也是很偶然。翻开以后我傻眼了。因为那本书那么薄，大部分的篇幅就是第一章，上来就讲礼制。我完全没有这个概念，我也读不懂，但因为要考试，你读不懂也得读啊。这就给我一个非常强的观念：制度里面礼制最重要。因此，尽管我后来一直做社会经济史，但还是很强调关注礼制，虽然我知道我不可能懂。在中国，这个礼仪有多么重要，这个观念就是这样形成的，这也是我们两位出发点不一样的地方。90年代中期以后，科老师也接受了这个观念。当然，科老师基本上还是属于西方的传统，研究中国要理解礼仪，只有这样才能理解中国社会的法律。至于意识形态则是从另外一个传统，就是华德英那里来的。华德英的意识形态模型，对我们整个这些所谓华南研究的人来讲影响非常深，差不多可以说是我们整个华南研究里面的精髓。我们整个对社会的理解，对文化的理解，就是由意识形态而来。而且我重视意识形态还有一个就是因为我们是读马克思长大的，其实马克思是非常重视意识形态的。人们一般讲的马克思主义是斯大林式的马克思主义，常常以为意识形态是从属的。当然，马克思主义是一种政治哲学，作为一种世界观它强调唯物主义。但是作为一种历史观，一种历史解释方法，在马克思自己那里，意识形态就不是大家以为的那么边缘。我个人非常欣赏马克思的历史著作《路易·波拿巴的雾月十八日》和《1848—1850年的法兰西阶级斗争》。在这两部著作中，你不单可以看到思想、观念，甚至能看到人的心理怎样在这个历史进程里面发挥作用。我们这些人都是从十几岁开始读马克思的著作，因为读马克思的缘故还读了黑格尔。从黑格尔到马克思，他们都强调观念、意识形态怎么样在历史过程里制约、限定甚至引导着人们的活动。这不是后来的事，从一开始就是我们历史观的一部分。

您在沙湾做了相当一段时间的田野调查，你对沙田宗族与神明的研究也鲜明地体现着田野调查的色彩。请问您当初是如何选择沙湾作为田野点，又是如何从田野中获得对宗族、神明或其他论题的体验与灵感呢？

那是在1987年还是1988年我忘了，就是科大卫在香港中文大学的时候，他在中国文化研究所申请到一个珠江三角洲农村社会的项目，也是做调查。我就跟他一起去找三个点。我们当时想找三个乡村，便跑到越城门（？）里面坐船一直往这边走。第一个是三水芦苞，我们觉得可以做，后来罗一星做了这个点。第二个是沙湾，叶显恩老师给我们推荐的，我们去看也觉得可以做。第三个我们不知道怎么找了，走到后来发现，科大卫的母亲跟我的岳母有一个共同的家乡：南海沙头（？）。我们想，芦苞比较上游，沙湾比较靠近沙田，沙头又是它们的中间，从自然地理来说是不同的成陆时期，从社会形态来说也不一样。我们就决定了这三个点。应该是1989年，我们正式开始调查，罗一星负责芦苞，我、陈春声、戴和三个人一起去沙湾跟沙头。其实我们那个时候也不知怎么做、做什么，科大卫自己都没搞清楚我们究竟做什么。我们只是觉得我们要了解这个地方的历史和人，需要去跑到这几个点。我们下去的时候，什么乱七八糟都有兴趣去问，什么东西都看。从后面来看，沙湾跟芦苞可以做，沙头半途而废。为什么呢？不是地方不重要，而是我们找的所有访问对象都是抗战胜利以后从香港澳门回来的。再一问，这个地方所有的人在沦陷时期都跑到香港和澳门去了，在香港、澳门住了若干年之后才回来。讲抗战后还是讲早了，很多人其实是50年代甚至80年代在香港澳门退休以后才回到沙头。所以在他们的记忆里把本地的事情跟外面的事情混得很厉害，他们几乎没有办法讲出一个本地的东西。我们在那里待了一个多月，每个村子都走完了，加上没有找到文字资料，仅有几块碑，最后实在是没有办法做下去。沙湾东西倒是不少，我对珠江三角洲的理解很大程度上得益于沙湾的经验，尽管现在写出来的东西也没有多少。我觉得自己比较重要的是关于沙田与族群的研究，我讲的虽然是潮连，但是实际上我的认识是在沙湾形成的。因为在沙湾我跑的时间长，而且访问的人也比较多。

我第一篇写"神明"应该就是中山大学历史系史学集刊的那篇文章。神明这一类的问题，我们在80年代中期以后其实一直都有很多的讨论。我们下去跑的时候，一开始也不是很确定自己要做什么，看到乡村里面什么都会有兴趣。这篇文章和陈其南的项目有关。大约在1990年还是1991年，萧凤霞在香港募到一笔很大的捐款，她就找到陈其南出头做一个项目，陈其南到广州就来找我。那一次谈话，我印象很深刻。我认识陈其南是1986年，但真正很深入的交流是那次。我们在中国大酒店谈，谈到它关门，又跑去东方宾馆继续谈到下半夜，就是谈怎么做这个东西，后来我们就弄了一个华南研究。之前香港蔡志祥他们有个华南研究会也叫华南研究，但是我跟陈其南谈这个计划的时候，我们也不是很清楚他们那个华南研究，我们的就叫华南乡村社会研究。这个项目定了之后，由我负责在广州跟福建找人。我很自然地就找到厦门的陈支平、郑振满、王日根，广州就我跟陈春声，然后开始这个项目。那个项目的研究方式，当时我跟陈其南谈的是各人做各人的，但每两个月聚会一次，有一个seminar（研讨会）。这个计划的第一次会是在潮连，因为当时我跟科大卫、萧凤霞正在潮连。第二次是在佛山。其实第一次会我们还不知道干什么，第二次会我们说还是要讨论一个我们能够共同关心的问题。好像当时就谈到了我们应该以神明的崇拜作为一个中心话题，但是我们这个神明崇拜是广义的，祖先崇拜也可看成是神明的崇拜，总之是乡村里面各种各样有的。很可能就是那一次才有对神明的关怀。因为我这些年做的研究，一直是什么都关心，什么都看。而且看地方志，常常觉得最后杂录那一卷最好看。杨念群说我们是"进村找庙"，到了乡村不找庙你不知道从哪里着手，很自然就有那个关怀。当时蔡老师的中国文化研究所要搞一次报告，陈春声报告的是关于三山国王，而我因为对珠江三角洲了解最多的还是北帝，全是手头现成的材料，于是就写了那篇《神明的正统性与地方化——关于珠江三角洲北帝崇拜的一个解释》。那篇文章我自己当时还没有太当真，但没想到可能在网上有些流传，后来宋怡明在加拿大编《中国研究》的时候，在前几年的一期用英文再发了一次。讲沙湾北帝的文章《大族阴影下的民间神祭祀：沙湾的北帝崇拜》，是参加台湾"寺庙与民间社会"研讨会的会议论文。讲神明的还有一篇《大洲岛的神庙与社区关系》，收在郑振满编的《民间信仰与社会空间》里了。那其实只是个调查报告。那个调查本来不是我去做的，是陈春声。有一年我们的学生去那里，不知道是去实习还是什么，陈春声代表学校去看望这些学生，发现这个岛很有趣。后来我就找了这个学生跟着我，先坐船后坐车，很辛苦才到那个岛。到了岛上，我只在那里住了一个星期，但是确实很有趣，对我建立起对神明、寺庙跟乡村的关系，还是很重要。但是那谈不上研究，只能说是一个调查报告。还有一个讲"天后"的没发表，也是香港的一个项目。反正这些文章不是为了应付会议就是应付项目，没有太多发表。所以你说我研究神明，我也不太接受，我关心的还是珠江三角洲这个社会在明代以后怎么建构出来的，这些全都是我要关注的领域。其实我对宗教真的不懂。

您刚才讲到，您对珠江三角洲的理解很大程度上得益于沙湾的经验，比较重要的就是沙田与族群的研究。您怎么会关注到族群呢？对于"族群"这个概念的使用是如何看待的？

我们开始在做广东的时候，就已经对族群有很多的兴趣。在我和萧凤霞所有的讨论里面，肯定不会用到"族群"这个中文词汇，她肯定是用ethnic groups。虽然我的英文不好，但我知道我们所有的讨论里面的这些概念，基本上还是一个英文语境下的概念。它在英文里面的内涵和外延非常清楚，大家约定俗成赋予它的含义也非常清楚。那么，如果要问我族群是什么，我只能说，哦，它就是英文的哪个词。就是到现在，我的意识里面它还是个英文概念。所以中文用什么字，对我们来说，不是一个我们关心的问题。只是到我们用中文写"蛋民"那篇文章的时候，中国的学者早都用了，我们照用就是了。我不太看重这些东西，因为英文的学术界，尤其英文的人类学界已经对所有的概念都有清楚的界定，我们就用他们的。

这个不是什么地方中心的问题，事实上这个概念在人家的整套解释体系里面已经约定俗成，你接受就是了，反正知道讲什么意思就行了。对于我们历史学来说，我们还有一个很重要的传统，就是我们要强调中山大学原来的人类学传统，从杨成志先生、江应樑先生到梁钊韬先生的传统。还有罗香林，虽然他用"民系"，也用"民族"，讲到客家人就用"民系"，讲到其他的就用"民族"。我们从读书一直以来，都很熟悉中山大学原来的西南民族研究传统。族群问题很自然而然地一直在我们的视野里面，尤其像蛋民问题。我很早就关注蛋民，尽管不是研究性的关注。蛋民就生活在我的身边，并不生疏。中山大学北门对面的二沙岛，过去陈序经先生曾在那里做过沙南蛋民的调查。我们一出北校门，就有很多蛋民的中老年妇女撑一个小艇过来，我们可以坐她们的小艇到对岸去玩。读大学时候，我们每周星期六、星期天都要去附近的农村做社会调查。我们经常去的地方，一个是学校后面的新凤凰村，另一个就是新滘东侧那边的蛋民区。还有我以前骑自行车回家都要经过现在叫海印公园的一段，那一段是蛋民聚居的地方，一大片是他们在珠江岸用各种木头架出来的吊脚屋，一直到90年代。而且对广东人来说，蛋民是受歧视的，他们不能穿鞋，不能上岸，这个我们也非常清楚。可以说，这是我们很直接的生活经验。当我们到了下面，比如说小榄，他们用的那套话语，在我的文章里面讲了，是"里面/外面"。差不多只要跟他们谈到跟周围人的关系，"里面/外面"是一个不停地被重复提到的概念。每一群人你跟他谈，他都会把外面的人说成是蛋民。然后你到了被他说是蛋民的人那里，他会说"再外面的人是蛋民，我们不是"。一直到那些真的连自己的庙都没有的地方，他才会说"哦，我们是蛋家"。可以说，在我们的生活经验和田野经验里面都会很自然而然地涉足族群。我们写出那篇文章，其实是我们有了这些认识起码十几年以后的事情。它不是一个很刻意去做的东西。总的来说，对我而言不是因为要做什么就去调查什么，始终在我们里面影响很大的还是年鉴学派所谓"总体史"的这个意识。所以我们从来下去也好，看材料也好，我们没有限定说我是做什么的，所以我比较怕人问我你是做什么的，我什么都做，什么都没做好。

2006年,您在《历史研究》上发表了《从乡豪历史到士人记忆——由黄佐〈自叙先世行状〉看明代地方势力的转变》一文。这篇文章和您其他的文章风格上看起来不太一样。请问您这篇文章的写作背后是否有什么您认为不一样的地方?

这篇文章的写作风格其实是我自己最喜欢的,因为那是我读书的东西。我这些年写的那些乡村社会研究的文章,当然也是我读书、调查的成果,不过跟我读研究生时受到的最正规的训练不同。当年读《明史·食货志》就是看到每一句话都去找各种的东西,也就是笺证的方式。那篇文章其实我比较早就作出来了,当然里面有一些材料是这两年新补上去的,比如东莞陈琏的《琴轩集》。原来的那个版本太简单,直到东莞那边把它影印出版后,我才真正看到这个版本。但最基本的材料很早以前都搜集到了。做法其实也很简单,一看就知道怎么来的。《双槐岁抄》是我们做明史必读的笔记,其中讲到黄佐的一段也很容易记住。黄佐又是我很注意的一个人物。但是一读《庐江郡何氏家记》,里面并没有提到黄从简。这个大概是二十多年前的印象。有了这个印象,我脑袋里面就一直有个概念:黄佐制造出来的那套历史,就是明初的那套历史跟黄佐讲出来的历史。这跟我讲族谱的那几篇文章还有点关系。读族谱读多了就会发现,每个家族都在讲这个套路,我不是说用了一个结构吗?一个故事的结构,每个都是这个套路,背后一定有某些文章可以做。我这篇文章是很罕见地在办公室写的,如果不是这样一篇文章,在办公室是无法写出来的。我所有文章都在家里半夜写的,只有这个文章是在办公室,在准备经常敲门的情况下写的。可以说,这是我酝酿最久的一个东西,而且是当年真正还在很认真读书时的一个东西。

无论是从您前面的谈话,还是从您涉足的学术论题,我们都可以看到,明初到明中期社会转型始终是您关注的核心。您能谈谈明中期社会转型的问题吗?

这个问题是我关心的差不多最核心的问题,也是梁方仲先生关心的最核心的问题,就是明代社会,其实还不完全是社会,其实是国家的转型。

这个问题跟史学界长期关心的几个问题都有关。一个是明清社会是不是有变化的，明清社会的差别在哪里？"清承明制"究竟是不是真的清代跟明代是一样的？到了中华人民共和国成立以后，尤其是在社会发展"五阶段说"下面有一个叫做中国封建社会分期的问题，就是除了中国历史的分期问题，还有中国封建社会的分期问题。因为对我们影响很大的还是侯外庐先生的《中国思想通史》明清部分的序讲的这个变化，当然这个背后是跟资本主义萌芽直接相关的问题，就是明代中期整个资本主义萌芽使得社会发生了很大的变化，一般的明清史也会谈到，特别是侯外庐那里就是明末清初三大家，包括"天崩地裂"等等之类，其实一直以来做明、清史的都要面对，王朝历史的也要面对清跟明的关系，做资本主义萌芽的也要面对，或者就社会发展史的角度来说，社会分期从明代进入所谓中国封建社会后期，这些表现在哪里，有什么特征，为什么后期没有垮掉，等等。这所有的问题，我们剥掉了很多外壳以后，我们就看到背后都在思考的问题就是，近代中国我们面对的所谓传统中国，其实是怎么变成这个样子的。而大家完全凭直觉也可以弄明白，这个是或者叫明清之际，或者叫明中叶弄出来的，很自然地就引出明代社会转型、国家转型的问题。

梁先生是从"一条鞭"法切入这个问题，他的《一条鞭法》开始的那段话，对我影响很大，可以说，差不多确定了我们的整个思路，就是"一条鞭"法代表了一个新的制度、新的国家、新的社会、新的经济。你一做下去就会明白，一个国家或者我们说的政府和老百姓之间的关系，如果从过去叫当差应役的关系变到缴纳货币赋税的关系，是完全不一样的。一般来说，我们过去讲到"一条鞭"法主要强调两点：一个是货币税的问题，用货币缴纳；再一个就是取消人头税，人头税变成土地税。货币税强调的是商品经济的发展，人头税到土地税是跟人身依附关系联系起来的。我们现在可能都觉得，这些都还是用资本主义模式，或者是封建社会衰落的模式对社会发展做出的公式化理解。这套模式用的这些概念表达都是现代人赋予的东西，确实有问题。但另一方面，它还是有一个内在的东西，就是市场的重要和政府百姓关系的转变。我们讲社会的转变、国家的转变，很多时候其实是在讲不同人的交往方式和社会里面不同层次力量之间的关系。具体而言，就是国家怎样去控制这个社会，这个社会里面人们之间的关系怎样，国家权力跟基层社会之间怎样互动。从这个意义上来说，如果我们不去纠缠什么商品经济就是资本主义、人身依附的削弱就意味着封建生产关系瓦解的话，只是回到他所看到的事实层面，还是非常重要的。但是问题并不在于只指出这两点变化，而是要指出这两点变化的实质。"一条鞭"法在这里面，可能至少从梁先生到我的研究里面，我们认为是一个非常重要的契机或者关键点。如果"一条鞭"法只是意味着从实物税或者力役到货币税，人头税到土地税，那还不足以揭示出社会关系。所以我比较强调的是，这样的一个表面上看到的、用我们现在的财政赋税概念来解释的背后，还有更深刻的变化。而且这里面还涉及到对古代中国的财政体制如何理解的问题。

过去我们大家比较重视田赋、赋税，认为这就是财政关系。这是财政关系没错，但问题是各级政府实际的运作所需要的财政资源，大量的并不见得就是从田赋中来，尤其明代朱元璋建立的体制。朱元璋的本意就是要把各级地方政府变得比较简单，变得比较少扰民，但实际上又不可能。朱元璋的设计造成了明代国家运作的大量财政资源依靠差役。他建立的这个社会体制是政府直接对编户齐民实行非常严格的人身控制基础上的里甲制，结果引出了一系列的弊病。弊病出现的背后其实就是这个社会已经变了。"一条鞭"法经过了很漫长的发展过程才变过来，大概从宣德一直到万历，甚至到清初。它变过来有很多契机，其中一个很重要的契机是白银。而白银之所以能够逐渐变成社会上主要的流通支付手段，很大程度上又与历史的偶然性有关，其中一个当然就是美洲新大陆的发现。从社会需求来说，也许宋代其实已经有这种转变的需求，宋代已经发展出了非常有效且发达的金融制度。不管是铜钱的发行、控制的体系，还是后来的纸币和钱钞的体系，宋代到元代都比明代做得好。但因为纸币基本上是个信用货币，钱钞也不纯粹是一个称量的，也有一个币值的问题，不完全是取决于铜价，背后都是需要有国家金融调控的体制。但是明代白银不同，当时大量的美洲白银和相当部分的日本白银，在正在形成的世界贸易体系里面通过贸易整个地流入中国。这个贸易体系有很多偶然性，欧洲人刚好需要中国的东西，他们也刚好能够拿到美洲的白银，在这样一个三角或多边的贸易关系里面，整个白银才可能流入中国。白银跟纸币、钱钞最大的不同在于，它是称量货币，作为贵金属可以直接流通，也就不需要一个有效的国家金融控制体制。明朝在建立起金融机制上可以说非常失败，无论是正统还是成化，更不用说后来的万历了。在这种带有偶然性又含有某种必然性的变化之中，白银进入中国，很快成为政府运作的一个重要手段。这个手段为什么对政府这么重要呢？它跟明朝的财政供应有关。永乐皇帝将首都搬到北京后，一直面对北部异族的压力，京师和九边的供应成为明代财政的一个主题。白银是南方的财政来源地向北方的财政供应地转移的一个很好的手段，其作用自然冒升得非常快。当然这同时其实还有一点是北方社会经济的恢复。官员们拿到白银到北京也好，到河北、河南、山东也好，他们都可以买得到东西。反正明朝的这个情况，在我的头脑里面是一个非常美妙的结构，好像所有东西都刚好使得它都往这方面走，所以白银就可以超出市场或者商业发展的程度，很快成为政府运作的主要手段。这样，政府跟乡村基层社会、跟一般的编户齐民老百姓的关系就有了非常根本的改变。我的理解，这个改变影响非常深远，深远到我们的社会史这个层面上来了。因为老百姓用白银缴纳赋税、不用当差，政府已经不用去控制每一个具体的人或者家庭，也就意味着乡村里面各种中间势力变得越来越重要。一个国家或一个王朝，它不可能不控制人，但是它又控制不了，也不需要去控制，那只有靠中间这一层，就是我们这些人正在研究的。其实我始终认为我跟郑振满并没有什么分歧，不过好多人认为我们有分歧。我的观点是正因为国家有了这个转变，乡村就可以自治，就可以有自治化。这个自治化不是国家的削弱，而是国家的转型。如果没有这个自治化，国家就会失控。我们从明代中期到清初，看到国家好像有些失控。但实际上社会永远处在一个动态的过程里面，在失控的同时，它总有一些办法使得它的控制能够再度建立。问题是这个再建立不是政府再去抓里甲户应卯听差，而是这些中间层面，宗族或士绅什么的去控制地方，使得地方仍然能够保证国家的财政收入，也使得地方秩序按照国家所期待的那个样子去做。这里面当然会有无数冲突，也是一个不断变化的过程。不过，如果我们从一个比较长的时段来看，五百年这个时段来看，其实是几个不同的结构一直在慢慢地变，变成一个新的结构出来，变出一个我们看到的清代，起码雍正、乾隆以后的那样一个社会。嘉道以后的动乱，其实是在这个结构下面的动乱，它跟明代的动乱完全不一样。明代的动乱是用逃户的方式来表现，它针对的是政府对个人、对编户齐民的控制体制，一直到李自成都还是，李自成的口号就是"不纳粮，不当差"。清代嘉道以后的动乱真正只是一个政治上的反对势力，可能背后还有宗教等因素。无论是从国家形态、地方社会组织，还是动乱，你都可以看出社会的转型。这个社会转型，王铭铭喜欢把它叫做"民族国家"，有一定的道理。因为它那个时候确实有点像民族国家，这些人更多地像公民。问题是我们这些人一直在研究的东西，包括宗族、士绅、各种地方组织，要把它们放到一个欧洲历史传统发展出来的理论架构里面去，放不进去。也就是说，如果明代以后还叫民族国家的话，那么我们需要在我们自己的研究中对这个民族国家做重新的解释，而不是按照欧洲的历史模式来解释。怎么解释当然会有许多不同的角度，但是这样一个国家的转型、社会的转型，我认为基本上是毫无疑问的。可能我们需要进一步去揭示这个转型发生的动力何在，各种偶然的、必然的因素如何交织在一起形成一个合力来推动它。这个合力不仅推动转型的发生，而且还推动着转型的方向，影响着转型以后指导出来的社会样貌和结构。

无论是从您刚才的谈话，还是从您研究的经历、发表的文章，都可以看到您与萧凤霞、科大卫等海外学者有非常深入地合作。请问这个跨国际、跨学科的学术合作是如何建立的，对您又有什么影响呢？

萧凤霞1985年之前来过广东，不过直到1985年我们才认识。我第一次见到萧凤霞，应该是她在广东省社科院做施坚雅理论讲座的时候。因为她是施坚雅的学生，一来到广东我们就让她讲施坚雅的理论，没想到她一讲就在那里批判施坚雅，批判自己的老师怎么错了。她当时刚拿到一笔中美学术交流计划的经费，计划1986年来这里做一年研究。她是人类学家，一开始想在我们这边人类学系找合作对象，但在那边跟很多老师谈过觉得不对路。后来她就去找叶显恩老师，因为叶老师去美国的时候她接待过。叶老师跟她说小榄是珠江三角洲一个比较大的镇，可以去看看，还找了陈春声陪她去。她第一次去小榄，就是陈春声跟她去的。她当时去小榄没打算做历史，她打算做小城镇问题。因为当时费孝通先生出了《小城镇大问题》，她也想去看看小城镇。到了小榄之后，因为陈春声的关系，她才关注到历史。他们开始也只是看当时镇政府的文件、表格，用照相机拍。但当时照相机大概没有那么多胶卷，只好手抄，拼命地抄。当时广东缺电，费了很多蜡烛抄。1985年的小榄之行让萧凤霞决定在那里待一年，她就需要找一个助手，开始时候纯粹是打工身份。当时陈春声要去厦大读书，叶老师就找到我。既然是叶老师找的，又是陈春声不能去，我就答应跟她去小榄。我们在小榄的时候，才真正感觉到历史学家跟人类学家在一起有那么多的分歧和争论，虽然我那次还只是真正的打工。所谓真正的打工，就是我跟萧凤霞一起合作那么多次，只有那一次我有个人收入。之后所有的合作，都是别人有钱而我没有，因为我再也不是打工身份了。当然，我的心态不是打工的，我觉得我去了就是找历史资料，而她觉得她去那里就是要去观察。那个时候让我们真正感觉到这两个学科的分歧可以有多大，但也正因为这样，我们相互获得的也非常大。她终于明白，所有东西必须要讲历史才讲得通。我也才明白，所有的文本材料不是材料拿到就可以解通，还要看谁做的，谁讲的，谁怎么样，谁面对这些文本的时候什么人做什么反应。这就是从人类学家那里学到的东西。萧凤霞后来把这些过程讲得简单化，而且还有点戏剧化，她反复讲了很多次，老是把我跟陈春声"丑化"一通。那个是有简单化、戏剧化的问题，但是多少也有一点就是开始确实有分歧。我跟她去不是做历史，而是做当代。比如说，有一次我们去到镇里面的一个商业站，商业站的墙上贴了一张他们这几年各种税收的表。她明明看到了，却假装没看到，就是问。我跟她说："问了干什么，我帮你拍下来。"我马上就拍下来。拍下来后，她还是继续问，我就说："我已经拍下来啦，回去就可以看到了。"结果她发火。出来的时候，她才跟我解释："你拍下来的是你的，我问是要看他怎么讲。你拍下来的那个东西不解决问题，那个没用的，他怎么讲对我来说才是有用的。"我说："我拍下来的那个就是他们正式报上去的数字，他讲那个可能是记错了。"她说："不是，我就是要听他怎么讲。"这是很典型的例子。这种事情经常发生，后来也就成了很好的分工。我不管到哪里，到人家家里面，一有族谱，我好像书里面引的那个《小榄刘氏族谱》就是在那个场景下弄出来的，人家拿出刘氏族谱，我就在那里拼命抄，不敢拍，因为是人家家里面的。她就一点兴趣都没有，就在那里跟人家聊天。最后发现是大家各得其所，又互有帮助。

我见到科大卫肯定是1986年，甚至在此以前。1986年，因为跟萧凤霞去小榄，萧凤霞就请了我们几个第一次去香港。萧凤霞自己在香港没有职业，而当时去香港还需要很正规的邀请信，她就让科大卫发邀请信请我们去。那是第一个跟科大卫有些正式的关系，但他只是出邀请信、帮我们订房间的人。陈其南也是在那一次认识的。我们后来真正认识的场景我记得很清楚，是在中山图书馆。他在那里看书，我也在那里看书。我看他一个外国人看族谱看得津津有味，也好奇地找些族谱来看。可能先有一些简单的对话，某一天忽然之间就一起出去吃饭。我们真的都记不清楚大家是怎么熟悉起来的，这是个历史悬案。科老师也说他不知道什么时候认识我的，我也不知道什么时候认识他的。我们彼此真正比较熟悉，应该还比较靠后，就是1989年我们在沙湾。

您和萧凤霞、科大卫，还有陈春声、郑振满诸位老师一起合作了那么久，请问您如何处理研究中合作与重叠的关系？比如科大卫老师说过，最好的状态是有共同的兴趣，没有竞争的心态。

这里面有很多个人要处理好的东西，首先就是对学术的理解。如果我们对学术的理解只是说这个地方没人研究过，或者这个地方的这种现象人家不知道，我们讲出来。如果仅满足于此，这个问题就会比较尖锐、比较严重。但是我们，科老师也好，我也好，陈老师也好，郑老师也好，其实都相信历史学尤其是现代的历史学，如果要竞争的话，其实是一个智力的竞争，或者说是见识的竞争。而见识这个东西，第一，不会人人一样；第二，一个比较有深度的观察和比较有高度的认识，不是你一个人可以做出来的，一定要跟朋友们、同行们有很多的交流。很多时候，一个人能做自以为很伟大的东西，其实并不是。假如说我们这群人现在对我们做的地方的理解有一定深度的话，真的完全是我们这十几二十年来在大家许多的讨论、争论中激发出来的，不是靠一个人的智力就可以做到。如果是这样理解的话，你就会有一个很开放的心态，你会让所有人都来看你的研究，发现你弄错的地方，你会很积极地创造条件把你的资源让人家来看、来讨论，最后得益的是你自己。其次也要相信学术上的高低其实真的不那么重要，这一点很难。如果一定要去排谁第一、谁第二、谁第三，大家朋友都没得做，不要说一起做研究了。但是你知道在学者群中间，这非常难。我的个人经验是，处理起来其实也并不难，就是你时时都注意你身边的人，哪些地方比你厉害，你最后发现其实每个人好像都有比你厉害的东西，那你就很坦然接受所有的一切了。你刚才讲的问题，大概指是做同一个地方。同一个地方其实也不太要紧。要相信不单同一个地方，就是同一段材料，不同的人都可以有不同的见解。所以还是回到我们一直在围绕的问题，个人的治学之路千万不要太窄。你看到这个材料跟我看到的一样，如果我们都很窄的话，我们看到的很可能就只能是同一个东西；但是如果我们关注得很宽的话，那么我们一定会有不同的角度，一定会跟我们另外的知识、另外一些对历史和事件的理解有不同的连接。这不同之间肯定会打架，但这种打架其实只是大家不同，只会对我们有好处。当然，前提还是你千万不要去争我比你做得好。

那您如何看待有关您和郑振满老师之间存在不同争论的一些看法？

我们没有实质的争论。我们的这个争论都是为了把大家的兴奋给激发起来，还有就是把我们要想的问题推到一个极端，这个问题才会凸显出来。我们在最基本的理解上其实是没有分歧的。当然在一些具体的事情上面的表述方式和强调的角度上面，我们有不同。正因为我们抓住这点不同来争论，所以我们才能够把很多我们真正关怀的问题给凸显出来。比如说，我们最喜欢的那个带有某种开玩笑的争论，福建莆田跟我们珠江三角洲谁更有文化？我们常常说你们没有文化，我们这个才是士大夫的。郑振满说你们那个东西像什么东西，我们那个才比较像，你们那个庙那么小，你看我们的庙多漂亮，我们才有文化之类。讲出来的这些话的字面意义非常玩笑，但是我们其实一直想回答，正如科大卫老师在《告别华南研究》中所讲的，为什么我们到珠江三角洲，一进村最吸引我们注意的是祠堂，而在福建和台湾确实就是庙。这个差别不是最重要的，这个差别背后是一个什么样的历史过程制造出来的，才是我们一直期望去说的。我们心中都很清楚，福建吸引眼球的是庙，他们的庙是一个村社的根基。珠江三角洲的是祠堂，祠堂背后怎么怎么样，这是完全不需要争论的。至于哪里更有文化更加是开玩笑的话，我们不会蠢到连这点都不懂。但是只有在这样的争论里面，你才可以把很多东西刺激出来。至于我跟郑振满的分歧，我们其实解释过很多了，不知现在算不算已经少一点那种误会，就是厦大他那边强调的是基层社会，强调自治化，而中大这边我强调的是国家制度。确实有这两种不同的强调倾向，就是傅先生的传统更加强调自治，梁先生到我的这个传统更加强调要解释制度。但是如果留意郑振满跟我的东西，你会发现，其实郑振满包括陈支平在内是越来越强调制度，他们比傅先生强调制度要多得多。而我也更多地强调基层社会的问题、本地动力的问题。这里面固然有我们之间的互相吸收、互相妥协，但只是大家研究切入的路径不同。傅先生的切入点与他躲飞机找到那箱契约、他自己在乡村里面的生活经验，还有社会学的背景有关。梁先生出生和读书都在北京，他又是经济学出身，还是农业经济学，他入手的地方是明代的田赋。大家进入问题的入口不同，这个区别是肯定的。但是傅先生从没有怀疑过制度的重要，梁先生也没有怀疑过实际在乡村里面运作的重要，他们在原则上并没有根本的冲突。到了郑振满和我，我们之间有很多争论，但我们在制度和乡村的理解上面、在最基本的原则上面一定没有分歧。基本上，我跟郑振满可能是我们所有朋友里面分歧最小的，不过外面人看起来好像我们最大。不可否认，我们彼此确实有不同的强调。郑振满比较多的强调地方自治，而我要强调的是地方的动力更多地体现国家的存在。这是因为大家在讲自己的这个看法的时候，心中的假想敌不一样。郑振满的假想敌是只注重王朝典章制度的中国史研究传统。我的假想敌，因为我这些年一直跟萧凤霞、科大卫吵架，基本上是他们这些人类学家，就是以为文字、政府、国家不重要，强调地方如何自主的研究传统。我们设定的对话对象不同。

我觉得，乡村本身是有乡村自己的动力，乡村有自己的历史，这个不言而喻。在这个不言而喻下面，我们要看到漫长的王朝历史跟国家制度和国家的很多的这些活动，是要在乡村存在的，就是科大卫那个文章题目"皇帝在乡村"。当然，我们这么说的时候，不是说那个皇帝、国家制度或王朝历史，原样直接地在乡村里面表达，而是说乡村用自己的方式来表达。我们是把乡村自治看成不言而喻的，在此基础上讲国家怎么样建立它的秩序。这个可能也有我们研究地域的不同。我基本上认为，广东珠江三角洲尤其是比较核心的地域，东莞、增城不算，就南海、顺德、番禺这一块，一直到明初还是一个中国以外的地方。这个社会是一个中国以外的社会，然后来了一个中国加到里面，制造了后面的历史过程。所以，我要讲的整个历史是中国或者明朝怎么样加进这个社会里面。而郑振满看到的福建莆田是宋元时代一直下来的，明朝以前那里已经有一个很强有力的王朝政府在当地很有作用。他要讲的就是明清时期这个地方的地方活力怎样冒出来。这里面确实有除了我刚才讲的传统不同、入口不同、对话对象的不同，还有我们研究地域的不同。同样拿明朝来说，他面对的地方社会是一个已经有很强的国家，然后看地方的活力怎样冒出来；我面对的地方社会是一个没有国家，然后看国家怎样加进来。其实并没有分歧。因为如果你研究宋代的福建，同样会看到一个没有国家的福建，国家如何加进来。所以实际上说有分歧是这样的分歧，不是观点的分歧，不是对历史理解的分歧，而是有这样各种东西加在一起混成的，看上去好像有分歧。而且我们也都反对就是不是说强调了这个东西，你就会那个东西就不用看。不是这样的。

请问您如何看待历史人类学？

历史人类学在中山大学从来不是一个问题。我们从来都以为历史学跟人类学的对话、结合、交叉，是天经地义的事情。我们的前辈，无论是杨成志先生，还是梁钊韬、董家遵先生，他们从来都是把历史学跟人类学放在一起。我们跟人类学系原来就是一个系，在我读书时候一群人类学家就是我的老师，就是历史系的教师。当然不仅仅是人类学，应该还包括傅斯年在中山大学建立的语言历史研究所，后来在这里建立的"中研院"历史语言研究所。所以，在我们的概念里面这从来不是问题。只是现在倒成了个问题，到了现在我都要跟人类学划清界限。原因是有些人把这个历史人类学看成是，如果正面一点是历史学最新的东西，负面一点就是历史学的异类或背叛历史学。但是对我来说，我从来就没有这个意识，现在我有了，是因为大家有人这么看。我明白其中的道理。怎么说呢，可能是大家太不熟悉原来的学术传统，就是中国的人类学从来都是历史取向的学术传统。中国的人类学家从来都很重视文字，他们的著作都是大段大段地征引史料，跟我们做的没有太大的差别。不然的话，费孝通先生也就不可能跟吴晗先生合编那本《皇权与绅权》了。

我们现在把自己叫做历史人类学研究中心，出的刊物叫做《历史人类学学刊》，自己觉得确实不十分妥当。我们还是强调做的是历史学，但是从人类学那里得到很多的思维方式。而且我们基本上相信，所有学科其实都是历史学。在这样一个大的概念下，叫历史人类学、历史社会学、历史经济学什么都无所谓，反正它们都是历史学。它必须是一个把时间、空间加进来，把过程跟结构结合得好的研究。这个才是好的研究，它只有在历史学的方法下面才能做到最好。当然，历史学不管你愿意不愿意，不管哪一种，背后其实都有人类学的概念。我们整天讲马克思主义史学，"原始社会"这个概念不是从人类学那里来的吗？母系氏族社会不也是从人类学那里来的吗？何况，人类学作为学科本身它可以划清界限，而我们历史学从来就划不清楚我们跟别的学科之间的界限。这是从一般比较空的理念上来讲。那么具体而言，当然因为我们要有这个基地，我们有这个传统，事实上我们跟人类学家也一直在合作对话，所以在教育部评基地的时候，我们很顺理成章地在教育部的建议下用了"历史人类学"这块招牌。也不是说我们完全只是为了招牌而招牌，我们事实上有这个传统，我们跟人类学系的关系一直都很密切。不可否认，这个招牌毕竟还是因为这个基地拿下来的。我们为什么要在我们学刊的英刊名中保留个"and"呢？这真的是我们反复斟酌过的。我们觉得，总要在某个地方留住我们的一点表达。教育部当时讲了，不能够有"和"，也不能够有"与"。我们就中文不要"和"、不要"与"，英文则保留个

"and"。这确实是我们的刻意为之，不是说人家来质疑我们，我们才这样做，从第一期我们就很自觉。而且我们跟人类学家合作，不管是萧凤霞、陈其南、廖迪生还是张兆和，说实话我们真的从来没有真正地合作过东西，就算我跟萧凤霞唯一合作的那篇文章，也还是可以看出前面那部分是我写的，后面那部分是她写的。我们并没有说要背离历史学，而且我们绝对相信只有人类学向历史学投降，历史学永远不需要跟任何一个学科投降，但是历史学需要永远对所有学科开放。这个开放不单是我们研究的东西要跟人家对话，我们也要把别人的东西吸收进来。我没有看过任何一个历史学家没有吸收别的学科的东西。陈寅恪的东西，大量是语言学的东西；岑仲勉的东西，大量是地理学的东西。如果不吸收的话，你话都不知怎么说。你说我不要这些东西，那话怎么说？问题从哪里来？问题都产生不出来，根本没有办法做研究。但是现在大家把这个历史人类学看成是有点像异己或者什么，要不就是说得你很伟大，要不就是说得好像你很背叛。这两个极端，我都要划清界限。首先，我们没那么伟大，因为我们的前辈已经这样做了。其次，我们也没有背叛历史，因为我们很相信历史学永远是跟所有学科开放。这个没有问题。我跟陈春声专门写过一个"历史学本位"的文章，连这个都遭到批评，说我们反对多学科。其实我们什么时候反对过跟别的学科合作？我强调过好多次，我们系真的是有一个传统：老一辈学者没有一个是历史学出身，全都是学其他学科出身的。陈寅恪先生如果要算，他是语言学出身，他在德国主要学的就是语言学。梁方仲先生是经济学。岑仲勉先生更离谱，医学。刘节先生是学哲学出身。比他们晚一辈的学者，董家遵先生是学人类学出身，戴裔煊先生是学人类学出身。再晚一点的，端木正先生学法学出身。大家以为中山大学历史系都是一些老派的学者，其实不是，全部都是学现代社会科学的。只有到了金应熙先生这一辈是学历史学的，这已经是他们的学生辈了。我自己的导师汤明檖是经济学的，岭南大学经济系毕业，也不是学历史。所以，这对我们来说，所谓多学科根本就不是一个问题。

我们知道，您担任了十年的中山大学历史系主任一职，尽管行政事务繁忙，但您对本科教学一贯重视。那么，作为一个坚持在教学一线的大学

刘志伟

历史老师，您对目前的中学和大学历史教学如何衔接的问题有何看法呢？

这几年我其实都挺重视这件事情。我前两年也去中学历史学会里面做过一些讲座，后来还让系里的老师立了一个教改项目，讨论"中学历史教学"的问题。首先要讲现状，这个现状当然也应该是几年前的，现在开始已经在改变。当时中学和师专的历史教学，跟我们这一类教育部直属重点大学的历史教学，在史学的变化中间不同步，到现在其实也还很严重。尤其是师专，师专现在比中学还糟糕。因为中学现在有个好处，就是有像赵世瑜这样的一批人去编教材。但是中学的老师都是从师专或者师范院校培养出来的，教材变了他们变不了，所以这个不同步现在还是一个仍然要面对的现实。过去十几年来，我们一直都有一个说法，学生上了大学就要把中学学的全部抹掉，从头学起。这是大家最直接的观感，也是共同的观感。这种观感没有问题。但如果问题只讲到这一步，一个是对中学历史教师不太公平，再一个也不太有利于我们更积极地去考虑大学跟中学历史教学的衔接问题。所以，我觉得作为中学历史教学研讨也好，大学历史教学研讨也好，这里面应该有一个大家怎么样去沟通、去共同研究的必要性。在广东我们有一个好的传统，我们历史学会下面有一个广东中学历史教学的研究会，所以我们也常常和他们有一些沟通。但是更重要的是，我们在面对大学一年级新生的时候应该怎么做。原来我也说过这样的话，说你们要忘掉你们中学学的东西。但是做系主任以后，我发现很多学生一进来自己就这么讲。他们之所以会这么讲，很多又都是他们中学老师告诉他们的。好多中学老师都是这几年考大学出来的，等他回到中学教书，自己就对那套教材、那个课标体系不满，他就会给有兴趣学历史的学生传达这个观念。这个观念正如我刚才所讲的，有它对的一面，确实我们直接的经验就是这样。但也很容易使得学生走入一个极端，以为到了大学，第一，不用背书，不用记很多基本的东西；第二，有一些在中学学到的带有比较抽象理论表达的范畴，他们一概扔掉，甚至会一概倒过来。那么我慢慢也觉得这并不一定就是个好的状况，可能是走了另一种极端了。因为历史学需要记一些东西这一点，不能够太过否定，尤其不能够完全否定中学历史教学时候建立的这个基础。起码通过中学历史教学，你记住了朝代，记住了一些重大的历史事件跟重要的历史人物。它的问题只是出在对这些事件和人物的评价太过僵化、太过死板，一就是一，二就是二，所谓一分为二也只是一跟二而已。但是不能因为这样，就把中学历史教学已经建立的基础给一概地否定掉。事实上，我们大学新生用来应付一年级考试的本事，常常都是中学的本事。比如，古代史的试卷，好多东西如果你出到中学有的，他们会答得好；出到中学没有的，会差一些；有些学生甚至就拿着中学的知识考试，好像也能考个及格。这就让我不得不反省，是不是我们一定要直接否定中学历史教学中学到的东西呢？我想可能不要，倒是两方面要值得重视。一方面是大学老师要了解学生在中学究竟学到些什么。现在的中学老师好多已经不是以前的了，好多都是我们这几年培养出来的学生，他们在中学里面怎么教学生已经有不同，他已经会塞很多他们在大学里面得到的观念进去。所以，大学老师要了解中学。另一方面就是赵世瑜他们所做的那种工作，积极地去参与教材、课标的修订，积极地跟中学老师配合。我们大学老师可以选择只做一段，你可以做明代，甚至是明代社会史或明代嘉靖一朝。但中学老师什么都得讲，从猿到人，一直到改革开放，从古希腊一直到拉丁美洲殖民地。这个我们要理解。中学老师还有个很现实的情况，他教书的时候必须一是一，二是二，他不能够给学生这种灵活的模棱两可的东西。不是说他就一定喜欢这样做，他不喜欢他也一定要这样做。所以，如果要去影响中学历史教学，我们大学老师就得考虑教学的可操作性。你不能跟他说，这个东西的看法，这样看也对，那样看也可以，换一个角度也可以。那样的话，中学老师是没办法教的。我们如果要去做教材、课标，可能要考虑到有些东西如果一就一、二就二会误导学生的话，我们也许可以换一些方式，包括高考的命题。这条路其实很长，因为它不单只涉及课标、教材、高考命题，涉及中学老师的问题，还涉及到我们大学。其实不同层次大学之间的不同步，比中学跟大学的不同步还要严重。在这种情况下，我们真的只能够慢慢来，不要太多地否定中学老师的工作。因为否定的结果，苦头还是我们吃。我们现在一年级的学生常常就是什么都不记，而且喜欢胡说，凭聪明乱说。这就是我们过分否定中学历史教学的苦果。可喜的是，新一代的中学老师一直在变，应该鼓励更多的我们这种学校毕业的学生很积极地去师范、师专甚至中学教书，我们的学生在师范、师专教出来的学生也能够在中学教书。这个问题现在基本还不能解决，估计还需要两到三代人。

在本科教学方面，您也曾进行过一些前瞻性的探索与实践，例如说将网络讨论导入到教学中来。中山大学历史系的网络教学讨论区应该是国内最早的一批吧。当时为什么会想到这么做呢？

我们开始做的时候确实有点像开荒式的，而且一开始就做得挺好，其实很取决于学生啦。这里面有个很重要的前提，就是大家真的要有很开放的心态，没有任何小圈子的概念。为什么会想到这么做呢？这还要从我中小学说起。我开头说过，我们这一代人其实没有文科的概念，基本上都只有科学的概念。我们那个时候一个最热门的课余活动是无线电。无线电也就是我那个时候最主要的业余爱好，大概跟现在业余爱好上网差不多，那个时候很狂热。后来虽说我进了中山大学读历史系，但是我一直没有放弃过对这些科技的爱好。从原来的无线电，一直到电视机，我一直有兴趣。大概到了1990年、1991年，个人电脑开始在中国出现。我1990年就开始使用电脑，可能是中国历史学界中最早用电脑的。至于网络，我1993年在香港就开始用，1995年在英国也一直用。到了1995年下半年中国国内开始有教育网，我自然是学校网络最早的用户。使用学校网络的第一年，中山大学校园网的"建设校园网对于教学有什么好处"的材料还是我写的，那时候大家都还不知道这个东西。那个时代的互联网跟现在不一样，基本上没有太多的商业化味道，真正体现了共产主义精神，非常开放。你有什么意见，有什么问题，可以发到一个地址去，这个地址就会把你的意见、问题发给所有的成员，然后每个成员的回应也都可以发到所有成员。你发现所有的学术问题，大家都可以帮你解答。刚开始的时候，大家热情很高，你马上就受到鼓舞，好像觉得我们整个学习、研究，包括我们学术交流的方式，有了一个革命性的转变。大家真的很开放地讨论学术问题，有没有保留不知道，但你在上面的感觉是没有保留，能够帮助别人，也能得到别人帮助。所以大概在1996年、1997年，我们在历史系就尝试用网络来开展教学。大概到1998年，我们做成了第一个bbs。当时不像现在叫什么交流群，当时就直接叫虚拟的教学讨论室，直接按课程来。每一门课程，学生老师都可以在上面非常开放、非常公开地讨论。当时几个在上面比较活跃的老师像我、邱捷、程美宝、黄国信，我们都达成了一个默契，我们的身份让学生知道，学生的身份我们都不去打听，毕竟这里面还有一层权力关系。本来从道理上讲，我们的身份应该也不让学生知道。但是我们考虑再三，如果不让学生知道，他反而因为害怕不敢说话，还是应该让学生知道。我们就用自己email上的名字做用户名，学生也都能知道我们的身份。那个时候网上的讨论很热烈，国内肯定没有第二家这么活跃的。但到2002年以后整个就变了。原因嘛，我想一个是学生讨论问题的时候比较多的不是讨论问题，而是意气之争。一个是老师的参与方面，我们原来那几个积极的都还参与，可其他老师没有能够积极地参与。老师不是全部参与的话，就是会影响学生的积极性。当然更重要的是后来这种场合多了，有很多是更宽的跨校、跨地区、跨学科的场合多了，这种局限在一个系内的讨论，确实也不应该再有发展的空间。比如像往复网，各个不同学校搞文史的人都在上面，上面的讨论不管是量还是质，不管是宽度、广度还是深度，都可能更有帮助。我后来在一次发言中讲网络化时代的教学问题时也是有感而发，讲到很多这样的感受，包括我们要面对的学生已经变了。我很直观地感觉到变化的是，每年新生的入学讲座。每年新生入学，我们都有个系列讲座，我讲的主题就是IT时代的历史学。开始的时候，我主要跟学生讲IT时代能够提供给我们什么样的东西，新的是怎么样，未来是怎么样。后来发现，学生完全不需要再这样讲，倒是你需要提醒他们，没有网络世界，生活是什么样的。我后来都是在说，假如没有网络你要做什么事情。而学生好像都想不出如果没有网络该怎么办。整个儿地变成以前讲的是当前跟未来，后来讲的是以前。就是要跟他们解释没有网络的时候，比如说我们做历史研究就要做引导，我们找书就要在图书馆里面翻卡片目录；有些卡片目录上只有书名或作者，你得从第一本翻到最后一本；图书馆有卡片目录的还好，还有很多都没有卡片目录，只能在图书馆里面乱转。学生现在已经不能理解这样一种生活了。你可以看出整个时代变了。所以我说我讲的时候也是有感而发，因为我们这些老师要面对的，是对这个世界的了解跟我们完全不同方式的学生。

延伸阅读：

代洪亮：《复兴与发展：学术史视野中的中国社会史研究（1980—2010）》，博士学位论文，山东大学，2011年；

王传：《华南学派探源》，博士学位论文，华东师范大学，2012年；

赵世瑜：《我与"华南学派"》，《文化学刊》2015年第10期；

代洪亮：《中国社会史研究的分化与整合：以学派为中心》，《清华大学学报》2015年第3期；

孙竞昊、赵卓：《江南史研究的"新"与"旧"：从华南学派的启示谈起》，《浙江社会科学》2018年第1期；

李仁渊：《在田野中找历史：三十年来中国华南社会史研究与人类学》，《考古人类学刊》第88期，2018年6月；

王传：《华南学派史学理论溯源》，《文史哲》2018年第5期。

程民生

程民生，1956年5月生，河南开封人，回族。1971年初中毕业后下乡当知青，1975年到开封纱厂当挡车工。1977年考入大学。1981年本科毕业于河南大学历史系，1985年硕士研究生毕业于暨南大学历史系，1990年博士研究生毕业于河北大学宋史研究室，分获历史学学士、硕士、博士学位。现为河南大学历史文化学院教授、博士生导师，河南大学宋代研究所所长、河南省特聘教授。曾兼任中国宋史研究会副会长、中国古都学会常务理事、河南省历史学会常务理事等，荣获河南省优秀专家、河南省首届中青年社会科学优秀专家等荣誉称号。另主编、合著、参编《中国古代治安制度史》《宋代文化史》等著作7部。1999获曾宪梓教育基金会优秀教师二等奖。2001年获省级教学成果一等奖（排名第二）。在《历史研究》《中国史研究》《世界宗教研究》《中国经济史研究》《民族研究》等刊物发表论文100余篇。

主要著作

《宋代地域经济》，河南大学出版社1992年、1996年版，修订版，1999年版；云龙出版社1995年版，昭明出版社1999年版；

《神人同居的世界》，河南人民出版社1993年版；修订版，河南大学出版社2004年版；

《宋代地域文化》，河南大学出版社1997年版；

《宋代地域文化史》，安徽文艺出版社2017年版；

《汴京遗迹志》，二人合作点校，中华书局1999年版；

《中国北方经济史》，人民出版社2004年版；

《河南经济简史》，中国社会科学出版社2005年版；

《宋代物价研究》，人民出版社2008年版；

《北宋开封气象编年史》，人民出版社2012年版；

《古代河南经济史》，合著，河南大学出版社2012年版；

《宋代人口问题考察》，河南人民出版社2013年版；

《中华文明中的汴京元素》，人民出版社2018年版。

痴探深泉寻珠光
——程民生教授访谈录

程老师，您好。今天有幸访问您，非常高兴。学界周知，您攻读硕士期间，是著名宋史专家陈乐素先生的高足，而且，目前也有更多的青年学人，推崇您是史学名家漆侠先生最有成就的博士弟子之一。您这样南北游学，而又居住在中州腹地的宋都开封，在这里建构您学术事业的大厦。您的求学经历是富有特色的，那么，就先请您谈谈您的求学经历吧！另外，陈乐素先生、漆侠先生分别是以怎样的方式指导您的学业的？换句话说，您从两位先生那里，学到了哪些治史的宝贵经验？

我的求学经历说来话长，必须从头说起，由此说明什么叫先天不足。我8岁上小学，那是1964年。上到二年级开学不久，跳级到三年级读书，应该说势头很好。但到了四年级时，史无前例的"文化大革命"爆发，或停课，或"学工""学农""学军"，几乎没有再上过正经课。记得语文课只上过一次《作文》，还是写好人好事。稀里糊涂集体升入初中后，仍然是经常的"学工""学农""学军"，还有"拉练"、无休无止的"大批判"。上课时间原本不多，而且所学为《工业基础知识》《农业基础知识》，取代《物理》《化学》，英语学的是"Long Live Chairman Mao!"和对敌用语一类，政治课就不用说了，数学最高学到一元二次方程。两年的初中结束以后，便下乡当"知青"，4年后招工到开封纱厂当了挡车工。中小学加在一起，总共上了7年学，其中5年还是"文化大革命"时期，您说能学到什么？1977年恢复高考考入历史系时，从来没有学过历史，连"历史唯物主义"一词也没听说过。不但历史基础很差，所有知识基础都很差，好比是一张受到污染的白纸。至今我还十分羡慕现在的中学生，学过那么全面系统的知识。

在河南大学（当时叫开封师院）历史系读本科的四年，是白手起家的开端。原来一直是笔杆子，从中学到农场、工厂，都以会写文章知名。但在大二写过一篇论文后，忽然发现原来根本不会写文章！这一发现既让我吃惊，也让我高兴——显然是有进步了。以后，这种否定过去的感觉又出现过两次，说明四年大学的进步很快。这期间写的论文，毕业后有两篇发表了。实际上，我在班上顶多算个中上等生，自以为巨大的进步，表明过去的底子实在是太差了。

应届考入广州暨南大学历史系攻读硕士研究生后，我师从陈乐素先生学习宋史。陈先生老师宿儒，学问精湛，用老派的传统方法，让我们抄古文、学点校，教我们目录学、校勘学。仿佛私塾开蒙式的教育，恰恰是学习古代史的不二法门，是必须打的基础。从先生那里学到的，主要是一字一句揣摩的严谨治学态度，奋斗不息的工作态度——先生80岁时，还制定有15年的计划。遗憾的是，由于我的底子太差，先生的高明仅能领略一二，但仅此就已经一生受用不尽了！一正式接触专业和汗牛充栋的史料，我觉得以前几乎等于什么也没学——无疑，这又是否定以前的进步。正因为如此，我才如饥似渴地投身于宋史的海洋，每天上午、下午、晚上三晌和星期天，都是工作时间。暨南大学图书馆是我经历的最好的图书馆：当时期刊可以借走四本；数百种港台、海外报刊对研究生开放；线装书库登记后可以随便进入。使我得以了解了许多书目版本知识，而且居然可以不受时间和数量的限制，任意借回宿舍！

1987年考入河北大学，师从漆侠先生。漆先生民国时读过私塾，国学底子极好；中华人民共和国成立以来又学习马克思主义理论，他是真学、真信、真用，而且用的真好，是真诚的马克思主义史学家。我曾有意问过一些混乱的问题，先生略加思索，便用唯物主义辩证法极有条理地做了解答，让人五体投地！我们因而也认真地研读了几部指定的马列经典著作，自然是收获不小。先生常用"规模大、小"来评价学者的高低，并有名言：

切思：学术的真与美

"只学宋史，学不好宋史；只学历史，学不好历史。"要求学生目标远大，不要做"三家村圣人"。常说："不要向我学习，要向陈寅恪学习，向马克思、列宁学习。"先生的磅礴大气，高远视野，宏阔规模，是留在我脑海中的深刻印象，也是我永远追慕的地方。

记得袁征先生在他的《宋代教育》一书的后记中，提到你们所受到的史学基本功的训练，陈乐素先生也是极其严格的。这对您从事《汴京遗迹志》的点校工作，以及您硕士阶段后的研究工作，是否有着很大的影响？

1985年元月，我从暨南大学毕业，回到河南大学后不久，周宝珠先生就命我与他合作点校整理明人李濂的《汴京遗迹志》。说实话，当时我是一百个不想干这个工作，认为吃力不讨好。但师命岂可违呀？不敢说不干，只好硬着头皮接了下来。点校工作，其实正是在暨南大学受到严格训练的那一套，即陈乐素先生传授的太老师陈援老（垣）的校勘四法：对校、本校、他校和理校。在学校时只是对理论的学习，和短文的点校实习，现在则是实战了。虽是首次，却并不生疏。说苦当然很苦，说简单其实很简单：一个字一个字地校对，一本书一本书地查就是了，拼的是功夫和细心。我接任务从来不拖延，便放弃其他所有课题，全力以赴。研究生毕业后一年间没有写论文，主要就是干这个。这一下把原来学过的东西全部复习、巩固、应用了一遍，为老实读书、潜心治学打下了坚实的基础。养成的习惯是，不轻易相信史书的字词，有疑问的地方就找书校对。

开封是我国历史名都，在我国历史上繁盛一时。您长期生活在古都开封，对您开展宋史研究，有没有影响？这种地域的影响，是否使得您有了长期从事宋史研究的信念？

我7岁来到开封，除了外出读书的6年，一直生活在这里。当初在大二选择了宋史作为毕生的事业，主要就是因为开封是宋都。这里宋文化氛围浓郁，研究宋史有传统，当时有一批宋史专家，周宝珠、姚瀛艇两位先生给我上过课，张秉仁先生指导了我的毕业论文，还有王云海等先生。开封的建设也需要宋史研究的帮助，所以地方的官方、民间对宋史研究也是很重视的。这就让我感觉到宋史研究的重要性和现实意义,身上有了责任感,坚定了从事宋史研究的信念。由于环境的熏陶、资料的便利和亲切,以及地方的需要,对开封、河南的地方史也作了一些研究。写过几篇关于宋代开封、洛阳的论文,还主编了一套《开封旅游文化丛书》,合作点校了《汴京遗迹志》。作为中华文明发祥地的河南的经济史,是中国经济史中极为重要的组成部分,但原来一直没有一部河南经济史。我刚出版的28万字的《河南经济简史》,就是以现今河南省区为界,研究从原始社会到清代的河南经济史,主要以物质经济层面为主,梳理探讨河南经济发展、演变的脉络及其在全国的地位,指出其由盛到衰、由中心到边缘的种种原因。这些就不但是为学术而学术了,多少带了开发地方历史文化资源,发扬优良传统,为现实服务,振兴地方的使命,也就是说,是古为今用的直接体现。至于非学术性的有关宋代开封的文章,那就多了,目的更直接。为地方建设服务,为现代社会提供咨询,是史学工作者应尽的义务。

能否谈谈您的成名作《论北宋财政特点及积贫的假象》选题和研究的过程?

这篇文章,是在暨南大学读研究生时写的。选题是撞车撞出来的。最初我想以宋代的内库为硕士论文,而且已经准备得差不多了。在1982年郑州的宋史年会上,忽然听说上海的李伟国也是以此题做硕士论文的,并且已写好了。当时真吓坏了,经过几天的脑子高速运转,把这个题目向外扩展,终于走出困境,看到一片新天地。当时对宋代内库的研究不多,很多人还不清楚它的特殊功能和巨大作用,由此我发现这是宋代财政的一个特点。就是说,总财政收入实际上分别由内库、三司等几个部门掌管,互不相知,内库的收入数字还是皇家机密。内库财物的性质是财政节余,三司负责朝廷日常经费开支,但其收入有限,不是朝廷的总收入,所以经常要向内库借用,经常出现财匮的呼声。宋代所谓"积贫"说,就是由此而来。研究发现,"积贫"是假象,问题的实质不是"积贫",而是"积弊"。就是说"积贫"的假象,是由总财政收入分散在几个部门又互不相知这一特点造成的。这样的题目,并不适合作硕士论文,所以另选了兵制方面的题目，而这篇文章于我毕业前，在《中国史研究》1984年3期上发表了。我经常拿这个例子告诉研究生，不要怕选题撞车，撞了以后逼迫你跳出原来的思路，开辟新天地。如果没有李伟国先生那一撞，我几乎肯定不会发现"积贫"的假象。这叫撞得好！

您的名作《宋代地域经济》一书，自1992年出版以来，不但在大陆连续再版，而且，台湾的出版商也一再印刷，在中外史学界引起了很大的反响，请作一简介好吗？有的学者说，您是改革开放后中国学者中较早从事区域史研究的学者。这一开拓历史的空间的研究视角，在很大程度上推动了历史学向纵深处发展。请问，究竟是哪些因素促使您思考并展开区域史研究的呢？

首先要纠正一点，绝对不能说我是"中国学者中较早从事区域史研究的学者"，顶多是中国宋史学界较早地从地域角度，比较系统研究经济的学者；"开拓历史的空间"也只是针对古代史学界，不包括专门从事这一行的历史地理学界，那个学科的专业知识和方法我是不懂的。

《宋代地域经济》是宋代经济的地域研究，即不是以往的从时间角度而是从空间角度分析宋代经济及其差别，让人们看到的是横断面的宋代经济。主要研究了各地区的生产环境，农业经济的地域特征，手工业的地域分布，各地商业及物资流通，各地区地方财政特点与区域性经济政策，地域经济的历史变化，宋代地域经济特征及地位。主要结论是：传统的北方经济仍有优势，并有新的发展；东南大部分地区发展很快，在北宋中期已形成了又一个经济重心，但还没有在总体上超过北方。宋代地域经济的基本特征是：北强、东富、西南以及中南弱。

我对地区差别的关注，开始于大学本科时期。刚才说过，那时底子很差，资讯贫乏，全凭个人感觉摸索。起源于一个简单有趣的思考：为什么不同地方的人有体格、语言、风俗等方面差异？这大概与地处中原，对四面八方不同情况接触比较多、比较敏感有关。大学毕业论文，写的就是《北宋农民起义地域差异分析》。通过对农民起义分时段、分地区的统计，发现北宋南方的农民起义次数少，但规模大、影响大，如王小波、李顺起义在四川，方腊起义在两浙，后来的钟相、杨幺起义在荆湖即是；北方的次数多，但规模小、影响小。宋江起义倒是在北方，但只有36人；影响也大，但完全是因为《水浒传》。这些分布特点，与人口密度、宗教分布、官兵的兵力部署、民风习俗等有密切的关系。后来，我南到广州，北到河北，更加感到地域差异的巨大，疑问和兴趣更浓。而且认识到，只从时间概念上看历史，很多东西被忽略了，看到的也常是平面的、线性的。换个角度从空间方面看历史，可以看到许多新东西，"横看成岭侧成峰"嘛，即使已知的许多东西也有了新面貌。就古代史、宋史学者而言，打通了时空，历史就由平面变立体，历史研究的领域就广阔多了。

在您的地域经济史研究中，涉及中国古代经济重心南移的时间问题、判断标准问题等等，您独出机杼的创见，不但老一代宋史名家称赞不已，而且，台湾大学的梁庚尧教授在《新史学》发表的评论中，也再次讨论到这些问题。您的这部《宋代地域经济》，至今出版已经十几年了，请问，在这些年中，面对这些学者的评论，您有没有新的看法？

中国古代经济重心南移问题，是宋代地域经济研究不可回避的问题。我的基本观点也是引起关注和争论的观点，是经济重心在南宋时完成。其实，这一观点并不是我的首创，老一代学者张家驹先生才是奠基人，郑学檬、杨荫楼、李伯重、王毓瑚、王育民等先生也持相同观点。之所以引起关注和争论，一是我再次深入探讨了该问题；二是我与张家驹等先生对北宋时期北方经济地位的评价不同。张先生虽然将南宋建立，作为经济重心完成的标志，但又说，北宋时的北方经济地位已不如南方。我的研究认为，北宋时期的经济重心仍在北方。学者们对此有赞成者，有反对者，都是再正常不过的事情，有关谈论，肯定会推动学术研究的发展，那也算我有了一点贡献不是？2004年底出版的拙作《中国北方经济史——以经济重心的转移为主线》，可以说是我对学术界中国古代经济重心问题研究的大清点。经过对宋代前后南北方地域经济的梳理，我坚定了上述看法：北宋时，经济重心仍在北方地区。如果以此为契机，能够得到师友的进一步指正，我会非常高兴！

切思：学术的真与美

您不但对宋代经济史、地域经济史、兵制和人口数量以及人口质量等，用心很多，而且您也具有广博的学术视野，对于上下古今的相关问题，多有思考。您对有些问题的深入发掘，对于今人也启发很大，比如您对南北人口质量的研究，我在大学期间，拜读到您的相关论著，那种振聋发聩的启迪，至今记忆犹新。在这些方面，我想更多地聆听您的教诲。

不敢当，随便说说吧。历史人口问题的研究，往往是研究数量的多，研究质量的很少。我个人觉得，原因可能是因为质量难以把握，也不好评价吧。什么是人口质量呢？就是人本身具有的认识世界、改造世界的条件和能力。在人口数量相等的情况下，人口质量对社会便发挥着主要作用；而在人口质量差距过大的情况下，人口数量的多少在社会中所起的积极作用是有限的。古今中外，概莫能外。在《宋代地域经济》中，我主要谈了身体素质即体格的差异：北方人体厚而力强，南方人体薄而力弱。那是从人的生物性而言的。新出的《中国北方经济史》，重点研究了人口的文化素质和思想观念，是从人的社会性而言的。我认为，自北宋后期以来，东南文化一直稳居鳌首，北方人口的文化素质明显不如南方，集中地表现在读书识字的人少，思想僵化，精神萎靡，片面重农的观念与实践，逐渐造成产业结构性的贫困。形成鲜明对照的是，南方很少传统的包袱，观念新，思想解放，以商品经济为龙头，各业并举，很快成为经济发展的主流。所用的基本方法都是南北两方的比较，这就难免有强弱、高低、优劣之分了。材料很多，难在好不好写、敢不敢写出来——那可能会"得罪"几亿人啊！2004年，我在福建举行的一次学术会上，做了《论宋以来北方人口素质下降及懒惰问题》的发言，不少师友以此和我开玩笑。但无论是历史问题，还是现实问题，在学术研究上都不能有什么顾忌。这个观点对不对是一回事，问题的提出应该是有意义的。比如在不同地区，人的思想观念有很大的差别，这是客观事实。探讨其原因和作用，不仅在文化史方面，在经济史、政治史、思想史、生活史等方面，都有十分重要的历史和现实意义，思想史不能总是研究思想家吧。研究历史人口质量问题，是非常有意思、非常有价值的，也是非常有前途的。

宋代的文化，绚烂多姿，引起了一代又一代学者探讨的兴致。陈寅恪先生说："中国之文化，历数千年之演进，造极于赵宋之世。"已故著名宋史学家邓广铭先生，也有深刻的见解。文学史研究者更把宋代的文化视为一株葳蕤而芬芳的花树，所以，引领了众多辛勤的"蜜蜂"都来采蜜，相关研究，不胜枚举。但是，从地域史学的角度，对宋代的文化进行深入研究的，是否您是这一领域第一人？作为《宋代地域经济》的姊妹篇，您的《宋代地域文化》，展现出两宋文化发展演进中繁盛绚丽、厚重丰实的内涵。那就接下来请您谈谈宋代文化的特点和宋代地域文化的特点吧。

您实际上提了三个问题。先谈第一个问题：绝对不能说我是这一领域的第一人，常言说的好："文无第一"。如果说谁在哪个课题上研究的最多，谁就是第一，那这个"第一"也太多了吧！我只是比较全面系统地研究了宋代地域文化，写了第一本有关著作而已。

至于宋代文化的特点，是个很大的题目，一时半会儿说不清楚。我个人认为，如果简单概括的话，大约有三。一是成熟精致。如欧洲学者巴拉兹指出：中国封建社会的特征到宋代已发育成熟，而近代中国以前的新因素，到宋代已显著呈现了；研究中国封建社会承上启下的各种问题，宋代具有决定性的意义。英国著名中国科技史专家李约瑟，认为宋代文化和科学达到了前所未有的高峰，"可称之为成熟时期。深奥的散文代替了抒情诗，哲学的探讨和科学的描述代替了宗教信仰。在技术史上，宋代把唐代所设想的许多东西都变成了现实"。二是兼容并包。对不同的思想、风俗和外来文化，只要不直接危害统治，宋政府都能容纳。开封的祆教（被改造成火神）、"一赐乐业"教的存在就是范例。三是大俗大雅。宋代文化大都积极向下，贴近社会，从而取得了极大成就。宋词艺术空前绝后，可谓大雅，却以反映世俗爱情生活为主，而且有井水处都会歌咏。《清明上河图》是画中极品，反映的是市井风俗，内行看到大门道，外行看到大热闹。佛教的世俗化引人注目，市民文艺也无一不是大俗中见大雅，大雅寓于大俗中。

第三个问题也很复杂。大致说，主要是南北方的差别和特点。从类型上说，北方文化以正统的礼乐文化为主导，忠义、质朴、豪放，多阳刚之气，擅长记忆，弱点是保守、呆板，文采不足。因为气候多寒，土厚水深，北方人身材高大、忠厚、勇敢，因而武人占绝对优势。据《宋史·列传》统计，北宋一朝入传的武将有255人，其中北方有241人，占94.5%；南方只有14人，占5.5%。这是宋代文化地理中生态文化的一个特征。再者，北方多动荡，社会治安形势严峻，刑事案件多在北方发生。比如说吧，北方的陕西凤翔每年处死刑40人，南方的四川绵州每2年才处死1人；淮东路11州军，政和六年至七年的两年间，因杀人而判死刑者才12人，每年平均仅仅6人。"重法地"即朝廷"严打"的地区共32处，其中24处在北方，南方只有8处。

南方文化特点是灵巧、柔顺、好利、富于文采，著名的文学家，大部分是南方人。他们聪明机智，积极进取，喜欢标新立异，个人主义突出；勇敢地追求名利，多商人，连士人也多经商。在伦理道德、礼节、男女关系与婚俗，家庭观念等方面，大多不符合正统的也即传统的封建礼教。总的特点是少受约束，比较自由开放。许多观念，放到现代也是进步的。这是经济、文化重心南移的原因之一，也是现代东南沿海地区经济、文化领先的原因之一。

北方文化以开封、洛阳为代表，也是各有特色。开封文化的特点是正统性、综合性、表率性强，洛阳文化的特点是学术性强。如果说开封文化是宋代文化领袖的话，那么洛阳文化是宋代文化的宗师。开封文化像太阳，洛阳文化像月亮；开封文化红尘滚滚，洛阳文化花气蒙蒙。南方文化以东南地区的两浙、江西、福建等地为代表，是宋代异军突起的文化发达之地。主要有三个特点，一是文化普及，二是文化水准高、大家辈出，三是重视教育。北宋后期以后，就逐渐成为我国的文化重心地区，至今仍是如此。

您最近出版的力作《中国北方经济史》，是否也可以看作是您从事地域史研究的一个延续？在这部厚重的著作中，您力图给读者展现哪些历史的美丽画卷？

《中国北方经济史》是第一部北方经济史专著，当然是地域史研究的一个延续。这本书，是以北方经济重心地位及其演变为主线的北方经济演变史，从原始社会开始，到清朝末年，探讨其形成、发展、强化、开始南移、完成南移的阶段性及其原因。中国古代经济重心形成及转移是中国古代史、中国经济史中牵一发而动全身的重大问题。经济重心是国家社会经济发展的龙头，而经济重心的南移是迄今我国经济地理格局唯一的一次巨大变迁，具有划时代的历史意义和深远影响，是地域经济开发史和北南经济地位消长的主线。

我认为，唐以前，我国经济重心曾以黄河为中轴线东西两次移动。关东地区长期是经济重心所在，西周，秦、西汉前期，曾移至西北地区。自先秦至唐玄宗时，中间经魏晋南北朝的波折，北方经济长期居于绝对优势地位。自安史之乱经济重心开始南移，北方经济居于相对优势地位，重心仍在北方，但发展势头受阻，发展速度放慢，远比不上南方的迅猛态势。至南宋，完成了经济重心南移。但自金代至元代，北方经济只是相对落后，并没有衰退。自明代后期至清代，北方经济绝对落后于南方，并比前代有所倒退。经济重心南移是一个长期的历史过程。在这个漫长复杂的历史过程中，经济重心的南移先是行业性的，后是地区性的，有先有后，也有反复。经济重心南移并不是一条抛物线，而是两条曲线：一是南方经济的发展，二是北方经济的落后。

最后呢，我探讨了北方经济衰落的主要原因：一是东南地区社会生产力与自然生产力的高度统一，加以充分利用了"后起优势"，超过了北方。二是北方自然环境屡遭破坏，自然灾害严重。三是宋以来北方社会基本生产力衰弱，人口素质下降，观念陈旧，片面重农，不思进取。四是自北宋以后，北方生产关系落后。五是北方劳役沉重，远远超过南方。

您在宋代宗教史领域，也发表了不少颇有创见的论文，您的专著《神人同居的世界》，立意高远，文笔绚丽，也同样被资深专家评为"颇具史识"的一部著作。您的"神祠宗教"等见解，富有新意。请问，就历史上的宗教、信仰和社会等问题，您是怎样思考的？

包括神祠在内的宗教，在历史上的作用，是现代许多中国人难以想象的：在有的地方、有的时候，宗教几乎就是一切；在一般情况下，宗教也长期主导着人们的精神生活，体现在方方面面、时时刻刻，是传统文化极为重要的组成部分，并且是源头部分。中国古人的宗教信仰层次浅，精神意识不强。突出表现在，始终没有像西方那样形成一神教，而是多神并举，见神就拜，有奶就是娘。也就是说没有原则，随意性很强，实用性很强，功利性很强。不像西方的宗教信仰，是一种精神寄托，并用以忏悔。也正是因为如此，其社会作用非常重大。很多原本是宗教、迷信引起的事物，如果排除了宗教、迷信的神秘去研究，那就不可能找到真正的根底，得不出正确的结论。正像不光要从时间上看问题，还要从空间上看问题一样，研究中国古代史，也要不光从世俗上看问题，还要从宗教、迷信上看问题，这样才全面些，更接近历史，如同戴上了立体眼镜。

神祠宗教或者神祠文化，一直到当代仍在延续。《南方都市报》2005年2月2日载：深圳保安区某科技园内，一家电子厂的30岁员工，到深圳7年来被盗将近20次。他曾出门就紧张，总担心被偷，且非常痛恨小偷，曾想若抓到小偷要把他们痛打一顿。由于考虑到小偷太多，而报复又犯法，他想到通过供奉小偷牌位的方法，"希望能感化小偷"。于是便用三张纸板做成相架状，画着一个长着3只手的男子，下面工整地写着："小偷菩萨，请您不要偷我家，我为您忏悔。"只要不上班就拜。他说，必须画个实体形象才有供奉目标。每天上午8时30分，他都会在办公室趁无人时，供奉小偷半小时。据说效果很好，从此再也没有被偷过。"我会一直供奉下去，即使再被偷也会继续，我相信这是种感化。"其同事和亲友都表示他精神一直没问题，对他这种行为，都表示理解。他的一位同事发表意见说："小偷太多，这种方式只能说明我们的无奈，保证心理上的安全感，是一种寄托。"此事的关键词语是：在改革开放的最前沿，在科技园，30岁的青年（从他有"不错的办公室"看，应属管理层），将小偷作菩萨供奉，确实令人"匪夷所思"。由被害而仇恨，由仇恨而恐惧，由恐惧而无奈，由无奈而乞求，由乞求而供奉，这是当代民间淫祠的一个典型事例。显然不能简单地说是个人生理精神上的问题，也不好简单地说是迷信。历史上的类似事例，我在《神人同居的世界》已有介绍和分析，此事又可作补充说明，使我们看到神祠文化的时代翻新和社会基础，更提醒我们不可忽视对历史和当代神祠研究的重要性。

您对宋代的林业、野生动物、果品业、畜牧业等属于自然环境史领域的课题，也多有探讨。请问您是怎样想到要探究这些课题的？前辈提出"古今一揆"的见解，您的研究是不是有这样的认识？

我的兴趣比较广泛，选题不单一。记得在读硕士时，曾一口气向老师报了30多个选题。这样可以使自己的思路开阔一些，阅读史籍的时候，可以同时在若干个方面收集资料，事半功倍；关键的一点是，表面看不出有什么联系的两个或更多的问题，有时会联系起来，更新思路，或者出现新课题。上述课题，就是在这种指导思想下出现的。具体的题目，多和现实有关。如关于野生动物保护，是1984年写的。当时我国还没有野生动物保护法，正在酝酿。我见宋代有些这方面的法令，就写出来发表了。如果说，这篇小文字还有点意义的话，那么，其现实意义大于学术意义。史学的一个终极目的，就是古为今用，为现实生活提供历史借鉴。

您对宋代"与士大夫治天下"、士大夫政治对皇权的限制等课题的研究，对于我们今天认识历史和社会问题，也引发了我们更多的思考。这似乎也是两宋政治的一大特点。请您再具体谈谈吧。

好的。宋代政治比较开明，政治方面在某种程度上没有绝对的权威，推崇"天下唯道理最大"，皇帝的旨意，也须符合道理。除个别情况外，皇帝鼓励臣下直言极谏，乃至抗旨驳回。重大的政策，往往经过朝省集议，或广泛征求吏人的意见，有时甚至召集平民百姓讨论，实在是难能可贵的。一般来讲，宋代有昏君，但没有秦始皇、隋炀帝那样的暴君；有中央集权，但没有明清那样的君主独裁。相应的是，国内既没有发生大的朝廷内部祸乱，也没有发生大的农民战争，所谓"本朝无内乱"。所有这些，大概都与决策者不是一个人，而是一个集团有关。这个集团，就是皇帝和朝廷的士大夫集团或文官集团。如宋真宗认识到："天下至大，人君何由独治也？"宋孝宗则说："朕何德，惟赖二三大臣扶持公道。"历代历朝，以宋朝对文人士大夫最为优待。所谓"本朝以儒立国"，"待士大夫有礼，莫如本朝"，"祖宗家法，纯用儒生"，"誓不杀士大夫及上书言事者"等等，基本是真实写照。对待知识分子的态度，可以标志着一个朝代的文明程度。宋政府"重文抑武"的国策，使广大知识分子在历史舞台上大显身手，而且不至于因言论而横遭摧残。这也是文人士大夫一心一意为赵宋王朝服务的原因之一。他们多是出自基层、通过科举选拔出来的读书人，以天下为己任，是与皇帝共治天下的主力，是政策的具体制定者和执行者。打天下的时候，可能需要一个伟大人物起主要作用；治理天下时，最好是多人共同决策，集体的智慧总比一个人的智慧多一些、全面一些、理智一些。他们纠正、修改、完善着皇帝的旨意，或者直接把他们的意见变成皇帝的旨意。这就从体制上限制了不会出现暴君，一般不会有过激的、残暴的政策祸害天下。宋代政治的成功，就是士大夫政治的成功，其一就是士大夫集团对皇权的限制。反过来也可以说，赵宋统治者非常善于团结利用知识分子。

您对历史学这门学科的思考，在这里是不是也能讲一讲？

什么是历史学？这是个不是问题的问题。说不是问题，是因为历史学乃是最古老的学科，是综合性最强的学科，也是生命力最强、适应性最强的万古长青的学科，不应该有什么问题。说是问题，是因为它的地位在降低，对它的作用认识不够，还有许多人不了解这门学科，认为它没用，是"史学盲"。历史学不是历史故事，不是历史知识，甚至也不是历史——历史是死的，历史学是活的；历史的指向是过去，历史学的指向是当代和未来。历史学是人类历史的总结，是人类思想、智慧的总结。历史学的方法，在文科中也是最完善的。掌握了这些基本方法，去从事其他工作或转入其他研究领域，有独特的优势。我认为，在复原历史的基础上，历史学的作用至少有三点：一是宏观的，总结历史规律，指导前进方向。最典型的例子是马克思、恩格斯总结出人类历史经过的五种社会形态，由此在全世界的范围内，展开了轰轰烈烈的国际共产主义运动。二是中观的，总结历史经验，为现实社会提供借鉴，为国家重大决策提供历史依据，为地方建设提供咨询。司马光的《资治通鉴》这一名称，就是典型代表。三是微观的，增长人的素质，提高人民觉悟。学习历史，可以引导人生并且直接作用于实际生活，使人头脑清醒，视野开阔，心胸豁达，少受欺骗。俗话说的"读史使人明智"，就是概括。有什么具体的知识能比这种素质更重要？现在的问题是，我们对历史智慧汲取的太少，史学家对历史智慧研究、概括、普及的不够，政府部门对历史的经验教训了解的不够。就是说，历史学的作用没有很好的发挥。这是值得痛心疾首的现象，也是历史学地位下降的主要原因。对此，个人虽然无能为力扭转，但值得用一生的时间向这方面努力。

目前，不同学科的融合，不断冲击着历史学研究的进程，同时，电子文献的流行与大量运用，也对历史学研究产生了极大的影响，有些前辈不能做到的，例如对于相关资料的竭泽而渔，现在似乎有了一定的可能。对此，您有何感想？

电子文献的运用，是史学研究的一次革命，对研究者是如虎添翼。它使史料由可遇而不可求变成了可求，带来了极大的便利，加快了史料收集过程，节省了时间，使证据更加充足。但如果完全依赖电子文献，靠检索收集资料，那就走向歧途啦。现在有些年轻人写论文，通过检索直接从电子文献上下载史料，根本不读原著，甚至不读上下文，很快就炮制出一篇文章，这是泡沫论文，顶多是泡方便面，该不会做饭照样不会，也填不饱肚子。不要自以为得计，这种投机取巧的文章，一眼就能看出来。我审阅过一篇博士论文，粗看起来说的头头是道，但明显地感觉到，问题始终是在面儿上飘着，上不去，也下不来，一句其他的话也不敢说。显然是没有根底，对史书接触不多，类似于生手靠史料汇编写文章。一册册、一柜柜的古籍，就是治史者的粮食，只有一口口地不断吃掉，才能长大，才能生存。只吃检索到的有限史料，类似于兴奋剂、化肥，只有短期效果。这个捷径，路很短、很窄，而且是死路一条。年纪大的有功底的学者，最好学会使用电子文献，有事半功倍之效。年轻人和研究生，必须先读书，等到有了基础后，基本史料收集的能搭成框架了，再通过检索充实史料，以弥补时间的有限和史料的不足。

您的研究理念、治学心得或者说是学术思想有哪些？最想对年轻人说的是什么？

咱们没有必要用"研究理念""学术思想"那么大的词，就说治学观吧！我认为：一、学问是一个字一个字读出来的，文章是一个字一个字写出来的。有高人指点，可以少走弯路，但没有捷径可走，该走的路不能少走，该下的笨功夫一定不能偷懒、取巧。二、历史学只有热点，没有什么"前沿"不"前沿"，做有意义的或自己想做的课题，写有充足准备的文章。时髦是治学的天敌——尤其是古代史。总是向前跑，怎能好好往后看呢？三、史学研究有宏观、有微观，还有中观，哪方面也不能缺少，但因人而异，只能在一方面有所侧重。我的侧重是中观史学，这适合我的资质和志趣，个人认为也更有生命力或现实意义。四、历史学是一门综合性最强的学科，可研究的领域无限广阔，其余任何学科也不能超过它。这就要求我们视野广阔，不局限于一点。研究方向不妨专一，但涉猎最好广泛些。

我最想对年轻人说的有两句话，与青年同行共勉。第一句是：静下心来，不怕吃苦。做学问必须吃苦。我唯一感到有底气的就是不怕吃苦，阅读量大。520卷的《续资治通鉴长编》，通读一遍，我用全天时间费时100天，从1982年起，我已通读过8遍。《宋史》和重要的史部书、文集、笔记，均阅读过数遍。《四库全书》里的宋人文集，一部不落地看，现在第二遍快看完了。二十四史，也于博士毕业后通读了一遍。多年来，一直没有节假日，只是在大年初一才不工作。除了治学，我对什么都没有兴趣，治学成了我的存在方式，经常进入痴迷状态。有人问我不嫌苦啊，我说不苦，我觉得很幸福。当年作宋代商税统计时，先是从《宋会要辑稿》中将各地数字认真仔细地变成阿拉伯数字，抄到本子上，共抄了一大本；然后分州军、分路统计，每个统计数字至少算两遍，最后做表格。整整费时一个月，不静下心来，如此枯燥的工作是难以愉快完成的。

第二句是：要核对所引的史料。不核对史料尤其是不核对转引的史料，是非常可怕的。在我阅读当今不少名家有关论著时，总是对所需要的史料予以核对，发现竟然将近一半有错，或多字、漏字，或误解、断章取义，或将不同朝代的两篇文章当成一篇，更有卷数、篇名、作者注错乃至书名注错的。有时为核对一条史料，费时一两天才找到——压根儿不在所注书中，而是在另一部书中！《中国北方经济史》写出后，我用了四五个月的时间，核对所引的史料，发现原来碰到的莫名其妙现象，竟然全部重现，不禁出了一身冷汗。为此不得不删去近10条转引的史料，因为按其所注史籍没有找到，虽然有损证据，但心里塌实了不是？这方面我是向王曾瑜先生刚学的，但学得还很不够。王先生对书稿是核对两遍，交稿以前核对一遍，校对清样时再核对一遍。我不如王先生！定力还差得多。

您长期从事大学历史的教学和科研，那么对中小学历史教学问题，您有何看法？对于其中的优劣得失，您又有哪些评说？在我们对下一代的教育中，能不能将戏曲、神话等民间故事、传说写进历史教科书？您怎样看待历史教科书与通俗历史读物的关系？

我参加过几次国家和省内的中学历史教材审查，还主持过5年河南省高招历史评卷工作，对这个情况有所了解。就教材而言，总的来说，长期有内容繁多、陈旧，形式呆板的毛病。我想，对中学生来讲，学习历史主要有两大目的，一是了解最基本的历史知识，二是从中学习历史智慧。现在似乎是第一个方面强调过分，第二个方面意识还很不足。好的迹象是，开始重视史料分析、归纳能力的培养了。

能不能将戏曲、神话等民间故事、传说写进历史教科书呢？我的回答是肯定的。那是民间的历史，群众理想化的历史，已经成为传统文化的重要组成部分，有独特的价值，群众也乐于接受。一般群众往往以为，戏曲、电视剧和民间故事所说的就是历史，学生自然也会有这个疑问，教师在课堂上不讲也得讲。前提是，必须说明哪些是戏曲、神话、民间故事，哪些是史实。由此带来另一个好处，可以使学生学习辨别真假和是非，区分什么是历史事实，什么是艺术加工。

历史教科书是学校教育或课堂教学的读本，通俗历史读物是社会教育或普及读物，两者的基本功能都一样，侧重点不同，形式、内容也不同。

教科书的编写是政府行为，正规些、严肃些，选材、观点贯穿着既定的思想体系和国家意志，有结论或标准答案；通俗读物更多的是文化行为或商业行为，比教科书随便的多，内容和形式也广泛的多，系统性较差，没有明显的功利色彩，读者自由思考的余地大，更适合广大人民群众的需要，因此也就更有利于普及。

包伟民

包伟民，1956年生于浙江省宁波市。1988年北京大学历史学系博士研究生毕业，获博士学位。曾在浙江大学任职多年，现为中国人民大学历史学院教授，教育部长江学者特聘教授，兼任中国宋史研究会会长、浙江省历史学会会长等。研究工作集中在宋代史、中国古代经济史及近代东南区域史研究等方面，主要根据以上范围的个案研究，曾提出了一些有影响的学术观点。主编有《宋代制度史研究百年：1900-2000年》《浙江区域史研究：1000-1900年》《武义南宋徐谓礼文书》与大型历史文献《龙泉司法档案选编》第一、二、三辑等，主编学术辑刊《唐宋历史评论》。在《中国社会科学》《历史研究》等发表论文百余篇。

主要著作

《宋史食货志补正》，与梁太济先生合著，杭州大学出版社1994年版，中华书局2008年版；

《江南市镇及其近代命运》，主编并主著，知识出版社1998年版；

《宋代地方财政史研究》，上海古籍出版社2001年版，中国人民大学出版社2011年版；

《宋朝简史》，合著，福建人民出版社2006年版；

《传统国家与社会：960—1279年》，商务印书馆2009年版；

《宋代城市研究》，中华书局2014年、2017年版；

《变迁之神》，[美]韩森著，译著，浙江人民出版社1999年版，中西书局2016年版；

《走向自觉：中国近古历史研究论集》，中华书局2019年版；

《多被人间作画图：江南市镇的历史解读》，中国人民大学出版社2019年版。

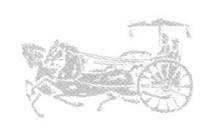

储积山崇崇，探求海茫茫
——史学名家包伟民先生访谈录

包老师您好，在您这辈学者之中，有不少老师在青少年时代有上山下乡的经历。请问您在20世纪60—70年代期间，是如何度过的呢？

所谓我们这一"辈"，估计是指40年代后期至50年代期间出生的学者，由于在我们成长的过程中，都经历了"文化大革命"，未能正常求学，而且大多数曾被发配到边疆农村接受"再教育"。

相比起来，我是比较幸运的。初中毕业时，因为我哥哥已经到边疆去接受"再教育"了，依据当时国家的政策，我可以"留城"。由于"文化大革命"期间家乡的高中大多停办，因此规定初中生毕业时如已年满16周岁，就应该参加工作，不能升学读高中。记得当时我就读的那个初中班级，50个同学中只有两人因未满16周岁，才升入高中学习。于是我在初中毕业后就进入了家乡的一个机械厂工作。我在那个机械厂当铸造工，干了5年。铸造俗称翻砂，以当时的技术与管理水平，翻砂这个工种是比较脏累，且易受工伤的。同时进那个翻砂车间的50个工友，等到我离开时，共计工伤数是：打破颅骨两颗（均存活），丢掉手指十二根，此外各种伤病不计。我幸好得以全身而退，只不过留下了腰肌劳损的宿疾。

我于1977年底参加"文化大革命"后的第一次高考，进入杭州大学历史系学习。在工厂5年的工作经历有一些曲折，因为当时的工厂并没有招工指标，地方政府为了安置像我这样按政策可以留城的初中生，把我们作为"技校学生"硬塞了进去（尽管当时工厂实际上相当缺少操作工人）。记得与我一起进那个工厂的200个初中毕业生，虽然被作为全职的工人，指派以全额的工时指标，却只领学生的津贴，第一年每月只有5元钱，不够每天中午在工厂食堂吃一顿饭。第二年起每月6元，第三年8元，总之不到制度规定的青年工人正常收入的五分之一。这样的事在法理上该如何判定，不必由我来说。记得同伴们因生活费没有着落，还曾经闹事。当时的心情有一点复杂。一方面，我们为自己不必如自己的兄长们一样上山下乡去接受"再教育"，而是来到了"领导阶级"的大本营，感到庆幸；另一方面，我们又为自己所受到的不公正待遇而忿忿不平，一有机会就想抗争，尽管总是失败。可能也正是受到这种困难处境的触动，在工厂那既脏又危险的车间里流汗的后期，我与几个同伴一起试着自学高中课程，以图"有所进益"。不过那个时候不容易找到可供阅读的书籍，更没有老师指点，自学十分不易。我在高考前学到的少得可怜的一些历史知识，几乎都是从"解读"伟人著作的注释中得来的。

这样的经历给了我们以比较丰富的社会阅历。至少就我目前所从事的历史学研究来说，有它的益处。不过也有明显的不足：我们所接受的基础教育有严重缺陷。至少如我本人，只读了两年初中，而且还常常没法正常上课，相当多的基础知识从未学过。亏得当初高考不必考外语，否则我肯定考不上。进大学后第一次英语水平测试，我的成绩是0分。这一缺陷，一直影响着我今天的研究工作。

实际上，我至今仍以为，以本人的思维特点，最为合适从事的专业可能是重操作的工科。可是因为当年仅读了两年初中，一多半还停课"闹革命"，真正在课堂上听课学习的时间极有限，所学的课程更是乱七八糟，物理、化学完全没学，因此等到1977年10月得知有机会报考大学时，就只能考文科了。而且，当时可供选择的三个文科专业中——中文、政治、历史，看着对胃口的也只有历史学。实际上当时完全不了解学了历史能干什么。从此之后，直到攻读博士学位，差不多都是一个被选择的过程。

当然，等到后来我对历史学有了一定了解之后，就很庆幸自己当年在无知状态下所做出的那些抉择，更庆幸自己后来在学习过程中没有转向那些"热门"专业。

曾有学生问我：选择了历史学这一专业是否后悔？我是这样回答的：平生最痛恨被人当作傻瓜玩弄，历史学是能帮助人们保持头脑清醒的最好的一门学问。

您从杭州大学、北京大学先后师从徐规先生、邓广铭先生两位宋史名家的求学经历，颇让我们这些年轻学生好奇，也很羡慕。请问您当初是怎样的一个经历呢？您为什么会选择了这两位名师求学的？

先后师从徐规（絜民）先生、邓广铭（恭三）先生两位宋史名家，可以说是出于幸运。大学本科临近毕业时，我决定继续求学。当时学位制度设立不久，招收硕士研究生的机构比较少。此外，我以为近现代史研究受当代政治的影响太大，到不如躲到中国古代史领域去。这样，方便报考的机构，就只有絜民师主持的杭州大学宋史研究室了。等到硕士毕业时，又因外界的影响，必须继续求学才能摆脱困境。当时我其实同时报考了两所大学，都被录取了。后来因得知恭三先生已同意录取我，才放弃了另一所高校。

这样的升学经历，也说明当初我对于史学研究远未进入门径，只是懵懵懂懂想读书而已。只是等到入学后，才发现来到两位先生门下，自己有多么幸运。

您能不能把您跟随徐规先生、邓广铭先生求学的过程大致说一下？您从两位老先生那里都学到了什么呢？

两位先生在个性与学术路径上各有特点，但也有一些共性。例如，两位先生对学生的指导大致上都可以称为自由主义式的，从不干涉学生的研究兴趣。我的两篇毕业论文的主题，都是由我自己拟定的，当然也都得到了两位先生的指导与修正。

如果一定要说两位先生各自给我留下了哪些最为深刻的印象，相对而言，关于絜民师的，是他的严谨。前不久我写过一篇回忆絜民师的短文，其中提到这样一件事：记得刚入学不久，有一次为了讨论五代钱氏据两浙时赋税制度，絜民师问我读到什么记载没。我说有，絜民师让我抄了给他看一下。那天晚饭前，我就将沈括《梦溪笔谈》的"两浙田税亩三斗"条抄在一张卡片上，交给了絜民师。第二天早上，才6点多，我还睡在床上，就听有人来敲宿舍门，打开一看，是絜民师！他将昨天我交过去的那张卡片改正了错字，又交还给了我，然后匆匆就走了，没有一句责备的话。总共一百多字的一则记载，我抄错了三个字。这三个字，留给了我30年的记忆。

关于恭三师的，则是他的宏赡气魄，他的高远视野。他总是推动着你从一个更宽、更高的视角去观察问题，而不是仅仅就事论事。关于中国历史的许多问题，恭三师当然不可能都做过具体研究，不可能都熟悉，但是他总会告诉你处理这个问题最恰当的视角是什么，甚至会告诉你有关这个问题首先应该读哪本书，关于它最重要的记载出于哪个文献，解决这个问题的关键点在哪里，尤其是涉及宋代历史的时候，更是如此。一般情况下，后来的事实都会证明他的看法是对的。我常想，为什么恭三师的判断会比别人准确呢，我觉得这是因为他对历史的全局有较深入的观察。不像有些学者只关心一个小问题、一个侧面，在自己的研究领域里可能会有一些不错的看法，超出这个领域能力就有限了，而且即便在自己的研究领域里，如果没有对全局高屋建瓴的观察，对具体问题的把握也不免会有失误。这个大概是我从恭三师处所得到的主要收获。

这样的认识，现在由我这枯涩的文笔来作归纳，自然挂一漏万。当初，在两位先生门下数年，耳濡目染，渐渐将他们的教导内化为自己的思维习惯，那种沁人心脾的无穷感染力，非亲炙师训者所不能体会。尤其如涉及到研究方法与观察视野，都是经过无数次在讨论具体问题时的循循善诱，才逐渐体悟的。这大概就是所谓名师传道之所不可替代之处。

您的《宋代地方财政史研究》一书，青年学子受益匪浅，您能不能把您研究宋代地方财政史的经验，大致给我们介绍一下？

《宋代地方财政史研究》这本小书是在我的博士学位论文基础之上撰写而成的。由于动手修改已在博士毕业的10年之后了，学术史的发展以及我对这个论题的认识与最初撰写博士学位论文时已有较大变化，所以此书的很大一部分是后来撰写成文的。

切思：学术的真与美

当初选择这个论题来撰写博士学位论文，初衷是试图通过讨论财政制度——尤其是地方财政，来观察专制国家对经济生产有哪些影响。由于在传统时期，国家机构一般不直接组织经济生产，通过赋役制度间接地影响经济生产，就成了最重要的管道。不过后来着手撰写此书时，讨论的目标已经有了明显转移，这可能是自己对制度史已经有了一定的观察能力，认识到传统的、主要依据诏敕律令等文本来讨论国家制度的方法，有着明显的缺陷，因为文本内容与制度的落实，两者之间必然存在着相当大的差距。制度在各不同层面上所产生的变异，可能正是反映传统国家制度内涵的绝佳切入点。具体落实到宋代地方财政史，讨论的议题集中在财政管理与赋役征发等领域。比较显著的一个面相，就是出于种种客观的或主观的原因，地方政府往往会对相关制度做出调整，其尺度之大，常令人惊异。我用了一个词汇来概括这种调整，谓之制度的"地方化"。这种制度"地方化"的现象之所以产生，一方面可能是由于传统中国幅员广阔，各地风土人情不一，由中央政府所制定的划一条文，常常不能顾及各地的差异，而有方凿圆枘之弊，但更主要的还在于中央与地方常有不同的利益诉求。最终就使得宋代地方财政制度呈现了一种极为错综复杂、零乱不堪的局面。

有意思的是：为什么在号称"普天之下，莫非王土"的传统专制国家，在中央对地方被描述为可"如身之使臂，如臂之使指"的体制之下，关于财政管理的各种严文明令，其在地方的处境竟如此的不堪？这就促使我进一步去思考关于传统中央集权体制的一些特点，进而提出了中央集权与地方无序并存、中央对地方的财政集权主要体现在如何有效地征调地方财赋等方面的看法。

制度的条文与实施之间存在差距，这并不是什么新见。我在宋代地方财政史领域所作的讨论，某种程度可谓受这一论题的特点之所赐——例如关于地方赋役的文献记载相对丰富等等原因，使得我能够为上述认识提供了一个实证案例。所以，如果要谈什么"经验"，除了上面所说有关学理的一些内容外，还可以关注论题展开的必要性与可能性之间的关系问题。也就是：一个好的构思究竟能否落实，还必须注意外部条件能否满足它的要求。例如：存世文献记载是否充分，学术史发展是否留下深入的余地，研究者的分析能力是否足以把握这一论题，等等。

那您是在怎样的一种学术背景下开始和梁太济先生一起从事《宋史·食货志》的补正工作的，这项工作对您有哪些启发？

在编写《宋史食货志补正》一书的过程中，我向梁太济老师学到了许多极其宝贵的治学经验。梁师精通唐、宋两代历史，其治学在文献与学理两方面都属一流。当初我们应絜民师之命，参加由他所主持的《宋史补正》计划，具体负责《食货志》的补正工作，方法体例等等都是由梁师拟定的。梁师明确指出：对于古人所编写的一部史书，若非为了讨论其史学思想，"补"正其记载的缺失，实际上并无意义，除非你想将这个补正变成一本资料大全集。"正"其记载之失误，也得有分寸。一方面，若非后世流传过程中所产生的史文缺误，对史书原文的误载，史家自可指出其不足，但不应追改史文；另一方面，也并不是所有史书原文的误载，都应成为我们讨论的目标，而应该有所选择，视其对历史研究议题的意义而定。因此，梁师为我们的工作所确定的原则，就是以追溯宋志的史源为纲，尽最大可能在存世文献中寻找宋志记事的史源之所出，并在这一范围之内，对宋志的记事，可正则正之，可补则补之。凡超出这一范围的，基本就弃而不论了。补正工作的目的，是为相关的史学研究提供一个基本厘清了史源线索的文献工具书。后来《补正》的编写，就完全按梁师拟定的这一体例进行。

我常想，目前学界凡事涉史学的理论与方法，言必谈西方，这当然是近数十年来在各种复杂因素影响下学术史发展的一个结果。但是，讨论历史上的人类社会，不同民族之间实有许多共同的内容与议题，因此这也使得在不同民族的学术传统中，蕴含有相当部分的共性要素。例如，如何利用零星、散乱、间接的历史信息，以复原出一个相对完整的历史场景，这是秉承不同学术传统的史家所必须共同面对的难题，在这方面，中国史学前辈们的一些宝贵经验，极需总结归纳。尤其是关于如何更好地利用数量浩瀚的中文传世文献，更不应该轻视传统史学一些行之有效的研究方法。

我具体负责编写的《宋史食货志补正》的下编，都是经梁师一字一句反复修改才定稿的。在絜民、恭三两位导师之外，在学业上给予我指导最多的还有梁太济老师。

我们一直以为，您就是一位宋史学者，但是，我们很奇怪，您是在怎样一种情况之下，开展晚近以来的江南市镇研究的呢？这一研究对您后来的学术发展，产生了一些什么影响呢？您随后带领着您的学术团队展开区域社会经济史的研究，是否与此有一些关系呢？

我在上世纪90年代中后期，曾有数年时间客串于近代江南市镇研究。这在某种程度上有一定的偶然性。当时为了应对一个国际基金会，需要提出一个多学科的大型研究计划，江南市镇这一论题可以满足他们的要求。另一方面，这也可以说是个人学术旨趣影响下的必然选择。

从大学本科时期起，我就对社会经济史特别感兴趣，说不清什么原因。读硕士时，1983年暑期，曾跟随研究明清经济史的蒋兆成老师到浙北苏南等地乡镇作田野调查。这一次"田野"，让我了解浙北苏南的那些市镇原来在江南的历史上扮演过如此动人的角色。另一方面，此行也让我见识了当时江南地区这些市镇的面貌，生活依然不乏闲适，偶然可见精致的民居，却无法掩饰角角落落表露出来的败落与无奈。第二年夏天，我又幸运地参加了由唐史研究会组织的唐宋运河考察活动。那次是生在江南、长在江南的我第一次得以深入观察不同地域的风土人情，民众生活，感触极深，从而也促使我开始思考"中国"这一庞大文明体所可能包含的巨大地域差异性。同时，在学理上，由于对正统说教所传达的关于社会发展规律的说法，日见疑惑，这就促使我更多地关注区域性的历史文化。更兼当时目睹江南农村地区工业化进程不断加速，以及民众经济生活与文化习俗的转变，正在根底上侵蚀着江南市镇的传统文化，这使我意识到研究传统江南市镇是一项具有急迫性的任务，必须立即着手，尽可能赶在社会变迁步伐之前，"抢救"一些历史记忆。这或许也可以说是一个历史学家现实关怀的具体表现。

从事近代江南市镇研究，虽然使我一度离开了相对熟悉的宋史研究领域，从长远看来，却是一个收获颇丰的学习过程。我曾在一篇短文中简单归纳了那一段学术经历。除了这一论题促使我后来比较关注区域性的社会经济史研究领域之外，比较深刻的印象，集中在两个方面，一是要掌握范围更广的历史信息，另一是进一步认识到了分析工具在史学研究中的意义。中国古代史与近代区域社会经济史研究有一个相当大的差异，那就是前者除考古资料之外，研究工作主要就得依靠存世的四部文献了。而后者所可能涉及的历史信息载体范围要广得多，刻版文献之外，档案、报刊、佚文、地志、碑铭、口传资料，不一而足，可供发掘的余地远较前者为大。尤其是田野调查，常有意外收获，令人兴奋。这一学术经历对促使我重视古代史领域的"非传统"史料，是有影响的。与此同时，在讨论清末民初的江南区域史时，正由于存世的历史信息"过于"丰富，对于初涉这一领域的我来说，如何理出一个合适的分析框架就至关重要。也就是得确定该关注哪些，舍弃哪些，以使自己不至于被掩埋在无穷的史料之中。这就需要借用一些社会科学的分析工具。这样的研究路径，当然并不是一般所说的"以论带史"，而是通过相当深入的学术史梳理，与对研究领域的全局观察，发现有意义的议题，以及讨论这些议题的合适视角。如果说现在我在习史中比较重视"问题"以及范式的归纳，那几年涉猎江南市镇研究经历的影响是不可忽视的。

最近几年，您关注并展开了宋代城市史的研究，您的《意象与现实：宋代城市等级刍议》一文，给我启发尤多。我很想知道您在这一领域的学术追求。您方便告诉我们吗？

宋代城市史是近年我正从事的一个研究课题，已经拖了好几年了，将争取尽快完成。这也说明我的"学术产能"之不足。这个研究已经完成的一些论文，有几篇已陆续刊布在学术杂志上，如你提到的《意象与现实》一文即是。宋代城市史是一个相当陈旧的论题，近年来关注者也不少。我之所以投入这样一个陈旧课题，首先当然还是出于兴趣，从二十多年前就已经着意于此了。另一方面，也可以说是有感于近年来宋代城市史研究进展并不明显的学术史现实——虽然出版物数量并不少，试图有所推进。

根据我粗浅的看法，目前关于宋代城市史研究的基本路径，大多是为了进一步论证大半个世纪前加藤繁所提出的假说，而对于如何验证这些假说，以及如何深化城市史研究等等方面，则着力尤多。例如，在加藤假说基础上构建起来的关于从古典坊市制向近古街市制转化的范式，差不多已经成为了中外学界的共识，但近年包括本人在内的一些研究已经说明，加藤氏关于古典坊市制的一些描述，基本上是根据唐代长安城的个案得出的，无法反映多数州郡城市的普遍史实，因此有片面之处。与此同时，在学界努力证明"唐宋转折"的主流趋势之下，商品经济发展成了学者们论证唐宋间"城市革命"的一个最有力论据，于是一些学者不免在强调宋代城市经济性的同时，忽略了宋代州县城市作为专制国家统治据点的最基本特性，这也反映了人们对历史的认识常常在曲折反复中提高——有时甚至矫枉过正——的一般规律。因此在充分考虑商品经济发展的影响，以及州县城市固有的行政性特点的各种要素前提之下，试图更综合、更全面地归纳唐宋间城市演变的历史场景，也是我的研究目的之一。

宋代城市史研究的经历，也使我更坚信了认真、深入地研读历史文献对于史学研究的基础性意义。前辈学者的一些研究，由于大多已经在学术史上确立了坚实的地位，较少受人质疑，可以理解。实际上，即便为了更好地理解前辈的思想，如果能进一步验证他们的论证过程，也常常会有意外的收获。这种验证工作，一般可以从重新研读他们之所征引的历史文献着手。我在研究宋代城市史的过程中，有一个令人略感遗憾的体会：后人除了推广加藤氏的结论之外，似乎很少有重新仔细梳理他所引用的历史文献者。实际上，从加藤氏征引文献的偶见疏误中，可以引发出一些相当有意义的研究议题。

您的一些学术议题，比如9—13世纪的社会识字率、劝农制度等，都给人启发良多，有些议题，时间过去了好多年，您能谈谈这些学术议题的酿成过程吗？

这些都是多年前的事了。讨论唐宋间社会识字率的变化，外部原因是当时我被调到杭州大学教育系的中国教育史专业任教，有义务撰写几篇与古代教育相关的论文。可是教育史界以科举制度为中心来讨论中国传统教育史的路径，实在不对我的胃口。我以为由科举选官推动的"六经勤向窗前读"现象，至多只能被纳入"干部培训"的范畴，与一般意义上以开发民智为目标的"教育"，不说南辕北辙，至少也是差距多多。尽管如此，科举选官影响所及，全民尚文，由此引发的许多社会史议题，则十分有趣，值得关注。应试举子数量巨大，但真正得以跳跃龙门、中试及第的，当然只是其中的极少数。大量的未及第举子散入社会，以及因时风所及，一般民众为了"识字粗堪供赋役"而接受一定的识字教育，凡此等等，其所积聚起来的社会影响，实在不应忽视。我当时提出这样的议题，或许多少还受到了"唐宋转折"范式的影响。不过当时的那篇小文，只是初步描述了识字率提高的现象而已，对这一现象可能产生的复杂深远的社会影响，例如对民族性格、知识传播、社会结构、经济生活等等许多方面，并未涉及，因此我以为唐宋间社会识字率变化问题，仍然属于有待深入讨论的议题。

"劝农"一文的写作有缺陷，主要是对学术史的梳理不够仔细，梁庚尧先生曾对宋代"劝农"的制度内容有比较详细的讨论，我未注意到。不过我当时讨论的要点，落实在"劝农"的政治文化目的。目前，关于唐宋礼仪制度的研究，近乎成了热门话题，当初我提出这个议题，则是出于一种直觉：古代社会广泛存在的礼仪制度，在今人眼光中虽然可能全然"无用"，在当时则必然是国家制度建构中必不可少的成分。这就好比现今某些纯属形式主义的社会活动，细究起来，它的背后必然隐藏着某种合理性。于是我就想选取其中某个案例，试着做一个分析，看一看在形式的背后，蕴含着哪些历史的合理性，并对它在宋代社会所可能产生的社会影响，试着提出自己的看法。

像识字率、劝农这样的论题，都是属于思路偶一神游的产物，因此往往只是提出问题，而未能深入探讨。

我们知道，您的外语很好，还翻译了美国学者韩森的《变迁之神》，对美国汉学家韩明士的 *Statesmen and Gentlemen* 一书，提出了您的独到见解。我想请问的是：外国学者的研究思路、方法和理论等，对您有哪些影响？您是怎样对待域外学者的中国历史研究的？您近几年来，一直倡导、呼吁"努力构建以本土经验为基础的史学理论体系"和提出中国史研究"国际化"还是"中国化"的问题，您究竟是怎样考虑的呢？

  本人关心中国历史研究的研究方法问题，主要是为教学服务的。本人以为从本质讲，任何"理论"都只不过是研究的方法而已，不应将它神秘化。中国历史的研究方法应立足于本土经验，主要从具体的个案研究中去体会与归纳。脱离具体个案的"理论研究"没什么意义。唯有树立起学术的自信心，才能摆脱目前的"理论饥渴症"。

  "努力构建以本土经验为基础的史学理论体系"，与重视借鉴学习海外汉学的研究成果，并不矛盾。梁太济老师曾精辟地指出：我国近代史学并不是传统史学的自然延续，而是在20世纪初叶仿照西方社会科学的规范构建起来的一个新学科。如果说我们今天在自然科学领域仍须向西方学习，那么在社会科学领域恐怕也是如此。据我的理解，在历史学领域，需要学习的内容主要体现在例如学科规范建设、基本概念界定、分析方法借用、重要范式归纳等等方面。这种学习与借鉴的学理依据，出于各不同民族社会历史必然具有许多共性，西方学界用近代科学的方法对他们自己的社会历史展开研究，远比我国学界为早、为成熟，他们所归纳得出的一些概念、范式、理论与方法，在某种程度上可以为我们所借鉴与学习。正因此，多读一些西方学者研究欧洲历史的著作，是一个学习的捷径。

  另一方面，与自然科学不一样，社会科学的研究对象无不具有鲜明的民族性，因此研究方法的学习与借鉴必然受到制约。这里有一个界限。笼统说，西学所能提供的限于方法，对中国历史发展模式的具体解释，则必须立足于本土经验。我曾提出：由于历史经验的不同，套用西方的历史发展模式来解决中国的本土问题，几乎是不可能的。但是在对西方人文社会科学概念进行抽象和重新定义的基础之上加以借鉴，不但是可能的，也是完全必要的。正因此，西方学者研究中国历史，虽或有某些方法上的优势，但也常常因为受他们自己的民族文化背景的制约，以及对中国历史全貌了解不足，对中国历史文化体悟欠深，导致解读失误。尤其是当代西方的汉学家，一般都做不到像中国学者那样海量地阅读中文传世文献，这极大地妨碍了他们深入认识中国的传统社会。我这样的看法，当然并非全然否认西方学者研究中国历史也可能提出精辟的、符合中国本土经验的结论，而是想要强调：那种一切以洋为上，甚至挟洋自重的文化自我矮化症，必须摒弃。近年，我曾撰有几篇评述西方汉学研究论著的小文，主要目的并非针对那几本汉学著作，而是针对这种矮化症的。总之，像对待其他所有同行的研究成果一样，冷静客观地对待西方汉学的研究成果，研读之，验证之，批判之，借鉴之，是我们应持的态度。至于我本人的研究多大程度上受到了西方学问的影响，这是一个应由他人来作出评判的问题。

不过，中国学术文化的发展，不能永远停留在借鉴他人学科体系的水平上。仿照西方社会科学体系构建起来的近代史学，它的学科规范、基本概念、分析方法、重要范式等等，并非上帝所赐，凭空生成，而是无不由西方学者从研究他们本土社会历史的基础上，根据他们的历史经验，抽象归纳而来。将这一学科体系移植于中国，虽有如上所述之学理依据，毕竟不免常令人有先天不足之憾。正如越来越多的学者已经意识到，人类社会发展"五阶段说"难以解释中国历史发展的模式，但舍此一时似乎又难以找到合适的替代理论。因此，我以为"努力构建以本土经验为基础的史学理论体系"，是中国史学界的一个任重而道远的任务。中国史研究的终极目标并非"国际化"，而是"中国化"。这当然不可能一蹴而就，但必须始于足下，从一个个基本概念的重新界定开始，从确立起这样的意识开始。至于具体的例证，那就太多了。且不说所谓"封建"，近年来讨论得纷纷扬扬的所谓"市民社会"，所谓"中间阶层"等等，就是显例。又如关于"产权"的概念，如果我们多了解一点关于中国传统社会处理财产交易契约的资料，就会发现中西之间对于财产权的概念，存在着怎样的差异。

您最近几年，多次强调年轻一辈学者要善于展开学术批评，展开切实的学术批评。请问，就您的看法，年轻一代学者应该注意哪些问题？又应该怎样做才能在继承老一辈优良学术底蕴的同时，开拓进取，有所作为？

学术批评的目的并非针对个人，这是常识。中国史学界尚未建立起展开正常学术批评的规范，更未形成一个有助于展开正常学术批评的社会大环境，这极大地妨碍了学术的进步。学术批评的目的，是客观地评价某一具体成果究竟在多大程度上推进了相关论题的研究水平，从而勾勒出某一特定研究领域的总体面貌，帮助研究者确定下一步工作的起点。除去恶意抄袭不算，目前中国内地出版的"学术"专书专文，七八成属于重复研究，不算夸张。撇开学术制度的因素，这里的一个重要原因，正在于学术批评的缺席。这使得我们无法将那些毫无意义的文字从一大堆"论著"中剔除出去，因此也就失去了对低质量的重复行为极为必要的外部制约。一个严重的后果，是在重量不重质的行政评估体制助长之下，低质量的重复者名利双收，在学术研究领域造成了明显的劣币驱逐良币的局面。

令人遗憾的是，针对成名学者研究成果的学术批评尤其不容易，学界多年的积习更难一时更革。因此，我建议年轻一辈的学者要善于展开学术批评。如果怵于批评年长学者，不妨先从同辈间相互坦诚批评开始。如果年轻一辈学者不能在建立正常学术批评体制上有所突破，中国的学术进步将毫无前途可言。这么说，当然并非替年长学者推卸责任，而是坚信年轻一辈学者比起他们的前辈来，更有学术创新的胆识与勇气，以及更佳外部条件。因此，针对你所问年轻一代学者应该注意哪些问题，才有益于开拓进取，我想首先应该确立一个高远的学术目标，树立起学术自信心。"取法乎上，至不济而得其中；若取法乎中，则得其下矣。"生活阅历与研究经验的积累，对史学研究确实极有裨益，但我们如果能够通过正常的学术批评，深入梳理学术史，充分汲取前人的学术积累，在历史学领域，年轻一辈学者超越年长学者，是必然的规律。我不太相信史学研究，年纪越大越好的说法。同时，我十分欢迎年轻朋友对我的论著提出直截了当的批评意见。

延伸阅读：

　　切问——数典访谈系列之一：走近"书斋学者"：包伟民教授的治学生涯
　　http://bbs.gxsd.com.cn/forum.php?mod=viewthread&tid=237080&highlight=%E5%8C%85%E4%BC%9F%E6%B0%91

常建华

常建华，1957年生，河北张家口人。1978年考入南开大学历史系，先后获得历史学学士、硕士、博士学位。1985年获硕士学位并留校任教，1990年晋升副教授，1997年晋升教授。现任南开大学中国社会史研究中心主任，校聘英才教授、历史学院教授、博士生导师。兼任中国社会史学会会长。主编学术刊物《中国社会历史评论》。曾作为日本爱知大学交换研究员（1994）、韩国汉城大学特别研究员（2001）、台北"中央研究院"访问学人（2002）、日本大阪市立大学客员教授（2005）、台湾暨南国际大学历史学系客座教授（2007）。主攻中国社会史、明清史，长于宗族史与谱牒学、风俗史、清前期国家与社会方面的研究。自1984年以来，在《历史研究》《中国史研究》《文史》以及日本《中国——社会と文化》、韩国《中国史研究》、台湾《台大历史学报》、法国《年鉴》等刊物发表论文及书评、综述、随札三百多篇。合作编著《中国社会史研究概述》（天津教育出版社1988年版）、《清人社会生活》（天津人民出版社1990年版）、《中国宗族社会》（浙江人民出版社1994年版）、《中国家谱综合目录》（中华书局1997年版）、《中国历史上的生活方式与观念》（台北财团法人馨园文教基金会1998年版）、《中国宗族史》（上海人民出版社2009年版）、《新时期中国社会史研究概述》（天津古籍出版社2009年版）等。近年主编并主著有《〈乾隆帝起居注〉巡幸盘山史料》（天津古籍出版社2011年版）、《宋以后的宗族形态与社会变迁》（天津人民出版社2013年版）、《中国社会史经典精读》（高等教育出版社2014年版）、《中国日常生活史读本》（北京大学出版社2017年版）等。

主要著作

《宗族志》，上海人民出版社1998年版；

《社会生活的历史学：中国社会史研究新探》，北京师范大学出版社2004年版；

《明代宗族研究》，上海人民出版社2005年版；

《朝鲜族谱研究》，天津古籍出版社2005年版；

《清代的国家与社会研究》，人民出版社2006年版；

《婚姻内外的古代女性》，中华书局2006年版；

《岁时节日里的中国》，中华书局2006年版；

《乾隆事典》，台湾远流出版事业公司2008年版，紫禁城出版社2010年版；

《清史十二讲》，中国国际广播出版社2009年版；

《明代宗族组织化研究》，故宫出版社2012年版；

《观念、史料与视野：中国社会史研究再探》，北京大学出版社2013年版；

《宋以后宗族的形成及地域比较》，人民出版社2013年版；

《新时期中国社会史学》，天津人民出版社2018年版。

追求真理　探索未知
——著名史学家常建华先生访谈录[①]

常老师，您好，很高兴有机会请您进行这次访谈，也感谢您给我们这样一个机会，学习更多的知识。我们还是从您的求学经历开始吧？您是恢复高考后第二届的大学生，我们想知道，在当时社会背景下，您是怎样选择历史学作为自己的主攻专业的？

和大多数历史学者一样，在少年时代，我就喜欢历史故事，喜爱读《水浒传》《三国演义》，就想了解更多的史地知识。高中毕业后，我当了工人。粉碎"四人帮"后，恢复高考，我们这些人沐浴"科学的春天"，进入高校。当时南开大学，考入历史系的分数据说是全校文科最高的，因为人们普遍认为，"四人帮"把理论搞乱了，理论常常在变，靠不住，学文科应选择实在的专业，如历史学，相对客观真实，有学术性。当然，考大学最热门的还是理工科，对于实现现代化有用。

我也参加了1977年的首届高考，考的是理科，没有考上。于是第二年改回喜欢的文科，进入补习班一段时间后进行摸拟考试，数学用1977年北京市的高考卷子，没想到我考了满分，于是父亲建议我考虑是否转到理科班。由于有了上次高考的教训，我不敢轻易改动，认为自己即使能考上理工科，也只能进三类学校，而考文科，或许能考上好学校。结果高考的成绩比较理想，那时全国高校的排名，北大、清华数一数二，复旦、南开紧

[①] 本篇访谈者为罗艳春、张传勇。

随其后，而"文化大革命"后南开的历史系保持着雄厚的实力，于是我选择了南开历史专业。

当时，国家百废待兴，实现"四个现代化"是时代的要求，"落后就要挨打"是热门的流行语。人文社会科学，特别是历史学界普遍关心的问题，是中国为何在近代落后于世界先进民族，中国社会传统力量的支配为什么特别强，试图通过历史研究，来认清国情、民情，回答现代化建设中遇到的问题。这也是我学习历史的初衷之一，特别是我开始研究历史的动力。我选择明清史研究方向，一定程度上就和这些有关。

学习历史后，真实了解到历史研究的不易，它需要学者能够坐下来，潜心读书，耐得住寂寞。比较而言，历史研究更需要功力，不像文学看重才情，哲学强调思辨，经济学等重视分析。我认为自己属于比较笨的人，但是有长性，研究历史符合自己的性情。特别是明清史资料多，更适合我研究。

您自上大学，到硕士、博士，乃至工作，一直学习、工作在南开大学历史系，这是一个比较漫长的求学过程。我们想请您谈谈在这一阶段内，您是怎样一步一步走过来的？哪些师长对您的求学和治学之路，具有深远的影响？

刚才说了，考大学前，我在工厂工作过，知道工作的辛劳，生活的不易。考入大学后，就格外珍惜来之不易的学习机会，用知识充实自己，决心为学术而献身，做一名学者，并且想研究古代史。当时，著名历史学家郑天挺坐镇南开，明清史研究实力雄厚，所以，在大学二年级的时候，就决定学习明清史。我广泛选修明清史课程，还特别去学习满文，并准备考研究生。也正因为这样，大学学年论文、毕业论文都是清史方面的。

考上清史研究生，就更加坚定了我从事学术研究的信念。冯尔康老师告诫我们：研究生阶段主要是沉潜读书，少写文章，不要为眼前利益所动，打好基础，将来有的是机会。只有掌握史料才会有真正的学术发言权，不随波逐流。我按照老师的要求，用了16个月，系统阅读王先谦的《东华录》，认真做资料索引与卡片，卡片装了好几鞋盒，索引订成小册子，算是打下了清史研究的基础。这样做的结果，初步建立了自己的资料库，脑海中有了清朝史的立体框架。在这样的学习过程中，问题不断出现，以后就不断充实资料，资料积累到一定程度，便写论文。

我一直认为：世上圣贤与天才少有，做学问也是做人，需要不断磨砺自己，增添学术动力，所以，自信心的培养十分重要。20世纪80年代初，学术界有人关注、讨论明清之际历史，清初重要历史人物范文程的评价出现了争论。因为我的大学毕业论文就是研究范文程，于是，自己写了商榷文章，不久，居然发表了，这样就给自己增添了学术勇气。特别是我的研究生学年论文《乾隆朝蠲免钱粮试探》，也同时发表，给自己带来了研究学问的自信心。

研究生毕业留校11年后，我在职攻读博士学位，导师仍然是冯老师。这时候，我已经取得高级职称，自然基本上是自学。但是，学位论文做什么，一时定不下来，开始想在旧稿基础上，综合考察18世纪的社会问题，但是，这样的论题，自己又感到不会比以往的研究能提高多少，有些炒冷饭之嫌。经过反复思考，决定克服困难，选择研究薄弱的明代宗族，写一本自己的代表性著作。当时，我已经40岁了，事情比较多，还要上课，但是坚持泡学校的图书馆，有一段时间还常到北京看明代族谱。奔波于京津之间，虽然繁忙劳累，但内心感到充实。

20世纪80年代的南开历史学科，学术阵容齐整，郑天挺先生以下四代同堂，和睦相处。老师们言传身教，道德文章，堪称楷模。我有幸听了众多名家的课，如郑天挺先生的史学研究、杨志玖先生的元史、杨翼骧先生的史学史、来新夏先生的历史文选与古籍整理，多次听了王玉哲先生、刘泽华先生的讲座，听得最多的课程是明清史方面的，如冯尔康先生、郑克晟先生、陈生玺先生等的课。老师们的著作也经常拜读，比较而言，郑天挺先生、冯尔康先生的书读得更多一些，他们的影响也是潜移默化的。我想郑天挺先生树立的儒者气象、大家风范、君子之德，是南开史学的宝贵精神，带给我们的影响是深远的。

众所周知，20世纪80年代以来，南开大学是率先在国内展开社会史研究的高校，以冯尔康先生为代表的一大批师长，在这里辛勤耕耘，取得举世瞩目的学术成就。作为这一学科从兴起到兴盛这个过程的见证人，您能不能给我们讲讲这些内容？

20世纪的80年代，南开史学以断代史力量齐全著称，同时不失时机，开展专门史研究，有一个从断代史向专门史的重大转变。这一转变，突出表现在冯尔康先生倡导社会史研究、刘泽华先生倡导政治思想史与政治文化研究方面。就社会史而言，应该说，这之后的一段时期，南开社会史研究群体所展开的各项工作，对全面导引学界对于社会史的研究和关注，起到了很大的作用。经过了这么多年的努力，目前思想与社会互动研究、基层社会与国家权力研究、社会生活与风俗研究、华北区域为主的区域史研究，是南开社会史研究比较稳定的四大方向。这些都是学界所熟知的，我就不多说了。

社会史从原来的偏隅之地，发展到现在的蔚为大观，关键在于社会史是一个带有挑战性的创新性工作，它能够吸引人，有市场，能够成长起来。其实开始时候有人还笑话，认为研究衣食住行、风俗习惯、社会下层以及家庭等细小问题太边缘，研究者并不是信心满满。在这种情况下，就要坚定信念，认准研究的学术价值与现实意义。既然提倡社会史研究有挑战性，只要这个挑战具有追求真理、探索未知的学术精神，就一定要往下做。只要做下去，就会有前途，就怕你半途而废。在做的过程当中，一定要持之以恒。但凡做一个事情要真正见效，总要有一个过程。如果学术研究是换一个领域的话，我想要十年八年才能真正进入，有发言权。即使到现在，人们对社会史也还有些说不清楚。就自我的感觉来讲，觉得有了一些把握。学术研究不是空谈，既要做一些理论上的思考和探讨，更有大量的很实际研究工作要做。社会史作为一个重要的学术领域，做点事情就要做得有一点名堂，要沉潜下去，需要有一段时间。有这样的坚定信念，而且要本着学术的规矩，不断地加上自己知识结构的改变，向同行虚心地学习、求教、讨论，就坚持做下去了。在做的过程中，自然不断增强信心，也能站稳脚跟，得到别人的承认。

就我个人的成长来说，我想可能是这么一种关系：冯先生倡导社会史研究，我们在读研究生的时候，就开始受到影响。留校以后，作为教师，直接参与到这一过程中。比方说，我们1986年开首届社会史讨论会，当时为了准备这个会议，提前编写《中国社会史研究概述》，我承担了宋、元、明、清部分，这样就开始系统地清理了这个时期的研究成果，关注等级身份、职业生活、血缘群体、社区生活、人口问题、社会救济、生活方式、风尚习俗等社会史领域的问题。然后在研讨会上向学者学习，进行交流，直接通过开会把我们带入这一领域。在这以后，自己也就考虑自己研究的方向。作为冯老师的助手，决定把研究的方向调整到社会史方面，并配合冯先生做些工作，主要是参与、组织、发起社会史讨论会。大致上说，每次讨论会的邀请、组织预备会、大会的筹备乃至会议报道，我都做了一些工作。讨论会每两年开一次，坚持得比较好，后来，在这个基础上，我们就组织中国社会史学会。为这个事情，在北京，民政部、教育部也是没少跑，没少联络，当然是最后得到民政部、教育部的支持，也得到南开大学的支持，终于成立这样一个学会。在学会里，我长期做秘书长的工作。由于工作的要求，就必须来考虑一些问题。比方说，在会议选题、会议组织、邀请学者等等方面，当然，这些方面大主意还是冯先生来定，我只是给冯先生提供一些资料，或者是商量一些事情，发挥协助的作用，在这一过程中自己得到了锻炼。

另外，在科研方面，冯先生倡导社会史以后，也把精力从清史转到社会史方面。首先是申请了教育部的课题，冯先生申请的课题，我也是协助者和参与人，我们一起做了不少科研项目，像《清人社会生活》《中国宗族社会》《中国社会结构的演变》等等都是。老师平等对待合作者，《中国社会史研究概述》《清人社会生活》《中国宗族社会》老师都是事实上的主编，但是他至多做个定稿人。在合作中我学到了老师的很多东西，无论是做人、做学问学，还是经济上，占了老师的"便宜"。

年轻人刚一开始研究的时候，经验和积累都是不充分的，往往需要在老师的指导下做一些研究。用刘泽华先生的话说，刚留校的青年教师科研要"搭车"，即跟随老师一起搞科研。因为改革开放以后，科研项目一下子比较多了，而且，我们78级以及77级两级留校的人比较多，我们同辈的不少人,"搭车"参与老师的科研计划,在这一过程中进一步锻炼自己,提高自己。经过了所谓"搭车"若干年,做了若干个项目,在这个过程中,能够观察老师的研究,学习老师在课题的选择、组织、整体规划的一些思路,一些做法。加上自己承担了项目,又有老师把关,觉得比较放心。经过这样一个阶段,自己的经验多了,积累多了,自信心也强了,以后慢慢开始从"搭车"改为独立驾上自己的车前进。

我们知道,您最初十分关注18世纪的中国史研究,对乾隆时期的清朝史,做过深入的研究。那么,我们更想多了解一点,在这一过程中,您是怎样将研究视角调整到您所开展的诸如宗族史、社会风俗史等诸多课题,当初您是怎样选择这些课题并展开研究的?

我读研究生的方向是清史,接受的学术训练是重视打基础,综合把握一个时代各方面的情况,这样一来,学术关注点就比较广泛。学习18世纪的中国史,最初吸引我的是清朝十分重视教化问题。教化是为了改变人民的思想,移风易俗,稳定社会秩序。康熙皇帝颁布了"上谕十六条",第二条是"笃宗族以昭雍睦"。那么,宗族如何来"笃"?我阅读了清代的五十部族谱,探讨清代国家与宗族的关系以及宗族形态,并从清代宗族上溯明代宗族、元代宗族以至宋代以前的宗族史。带着这些问题,我走上了宗族研究之路。研究清史离不开对清代社会的探讨,认识社会从风俗入手是重要的方法,风俗综合反映时代变动与社会生活,是认识社会的窗口,而清朝重视移风易俗,很值得研究,由此也可以把握清代国家与社会的关系。我对宗族、社会风俗,尽管很早就产生了研究兴趣,但是,促成我进行这方面的研究,在一定程度上也是受冯老师的影响。

搭车固然重要,但是作为学术研究来讲,不能够丧失自己的追求和学术个性,这一点非常重要。学术界有这样一句话,叫作"大树底下不长草"。说的是一些现象,在大专家之下,完全按大专家的思路走,配合大专家做工作,只知"大树底下好乘凉",结果若干年以后,丧失自我,自己做不出来。南开的老师们,像冯先生,非常鼓励个人的发展,所以邀我们一起进行学术研究,一方面是完成科研任务,实际上还有一个目的,就是培养我们的研究能力。一旦他认为你有独立研究的能力和机会，就绝对让你自己做。另外从我个人来讲，有自己的学术兴趣，可以说我对政治社会史有些兴趣。我始终比较关心的一个问题就是政治对整个社会的影响，比方说清代的国家形态以及整个社会的变迁，有点接近以前搞的那种比较大的宏观社会史的思路。毕竟由于我们做学问的环境变了，感兴趣的问题也发生了变化。我研究宗族、研究风俗，都是从这样一个大的想法之下引出来的。比方说，过去人们说宗族是影响中国社会发展的因素，我探讨宗族其实也是对这一问题的关心，但是我研究宗族并不是为了说明宗族制约中国社会而研究的，而是研究之后看它和国家的关系。从表面看我研究宗族史，实际上我始终关心一些大问题，如关心宗族和国家的关系，宗族在整个社会结构中的位置和影响、宗族文化及其特性。再比方说，我开始对国家的教化问题感兴趣，后来就研究风俗史。我研究风俗跟别人单一的做风俗史不一样，民俗学者的民俗史是作为民俗的回溯性研究，谈历史上的民俗的情况。我做风俗史，一般不用"民俗"，用"风俗"，用这个词的意思，就是想强调国家、政治在风俗变化中的作用，关心的还是风俗跟国家、政治、文化的关系。这就是从原来的所谓政治史引出来的社会史研究。

我参与社会史研究，还有一个影响比较大的因素。我们开始做社会史的时候，是从反思历史学的角度做的，觉得"四人帮"左的一套，还有僵化地理解马克思主义的那种社会史，阻碍了历史学的发展。我们反思以往研究的不足，寻找新的出路，想通过社会史研究促进历史学的发展。这就必须要有理论的突破，需要学习多学科的知识，学习一些史学理论。以前做断代史研究时，这个意识不强，进入社会史研究后这个意识就增强了，于是拿出一定的精力学习理论，学习跨学科的知识，注意向其他学科的学者学习和进行交流。社会史研究为我们提供了这样的舞台，培养了自己的理论兴趣，感觉理论分析的能力有所提高。

我所说的政治社会史，应该说，目前学界进行尝试的人不是很多。当然还是有的，比方说像赵世瑜教授，他过去做的"吏与中国传统社会"，就是这种尝试。我的这个研究并没有像政治学、社会学里论述的那样成体系，只是我比较对政治和社会的联系性有兴趣。如果要理论化，当然可以把它细化一些，比如说应当思考如何从政治看社会，如何从社会看政治，而且还有政治和社会的互动关系以及共生状态等等。人们喜欢学科归纳，归纳就是找一个归宿，可以用"政治社会史"这样的词归纳我的清史研究。不过我自己的研究比较实证，比较经验性，不太喜欢或者说擅长这种归纳，但是对于政治和社会的关系始终是非常关心的。

在《中国文化通志》中您撰写的《宗族志》、出版的《明代宗族研究》，这两本专著，和有关明代宗族史的一系列研究中，可以说您一直在努力建构宋以后尤其是明清宗族形态的发生学，您有关明代宗族"乡约化"核心概念的归纳，高屋建瓴，富有丰厚的学术内涵。关于宗族这一论题，我们也想请您简单讲述一下。

我一直都关心宋以后整个宗族的发展情况，只不过研究领域的切入是从断代做起的。以前搞清史，后来是作明代，但实际关心的是宋以后。这是因为一个显著的事实，即宋以后的宗族形态，是一个一以贯之的东西，如果只是研究一个断代，不了解它的来龙去脉，是很难说清楚的。而从宋以后整个社会变迁来讲，宗族其实是里面非常重要的一个方面，宗族的形态，是由多种因素造成的，所呈现出的形态，跟宋以前有很大的不同，具有新的特点。就我研究宗族的学术关怀来讲，始终是着眼于宋以后的整个宗族形态和它的特点。我写的是明代的书，回答的是宋以后宗族演变在明代发生的情况，这样既解释了明代，同时也回应了宋以后宗族形态演变和建构过程的讨论。

宋以后的宗族制度以祠堂、族长、族田、族谱、族学为标志，宗族形态涉及宗族的政治、经济、社会、文化属性，综合起来形成宗族的特质，宗族有一个演进的过程，关系到整体的社会变迁。国际著名人类学家弗里德曼认为中国宗族产生于政治统治薄弱的边陲稻作经济地区，中国学者的主流观点认为宗族是氏族社会的残余物、东方社会的自然形态、封建国家支持族权与封建地主经济发展的产物，也有人提出是宋明以来理学影响的结果。上述国内研究受封建社会经济形态理论倾向较大，套用理论模式明显，实证不够，缺乏深入研究。而海外人类学的研究没有处理宗族的历史形成过程，又限于地方偏隅，观点难以服人。我的研究围绕宗族祭祖的特性展开，系统梳理出士大夫祭祖主张与国家祭祖礼制的关系，以及两者与社会的互动关系，指出宋元时代宗族墓祠祭祖、寺观祭祖的传统，辨析了明、清两朝祭祖礼制的真正含义及其变化，得出宗族是借助祭祖普及祠堂而强化的。同时我把宗族与乡约联系起来，证明正是由于宋以后特别是明代推行乡约，使乡约的思想与形式与宗族结合导致宗族组织化，并产生了族规。而上述祠祭祖先、宗族与乡约结合、族规出现三种现象，同时集中出现在明代嘉靖以后的中后期，宗族正是这样普及并流传下来的。

通过研究宗族有一点感受。我们都知道，社会史研究强调长时段，长时段的重要性，对于断代史起家的人来讲，最初体会不是太深刻。我原来研究清代的宗族，也想把握清代宗族的特点。但是后来就觉得有些看法值得怀疑，一些宗族问题是不是在清代才出现，应该往前头追溯，追溯后发现，某个事情发展到清代产生了一些新的特点，但实际上它有一个演变过程，这个过程起源比较早，明代、元代甚至是宋代就发生了。所以就感触到，社会史比较强调长时段是有道理的，因为它把握的是一个社会的形态，社会的变迁，一个结构的形成，这样的东西往往是有一个比较长的历史过程，牵扯的东西比较多（包括生态环境变迁等），你要不从长时段的角度来把握，往往看不太清楚。所以我做明代宗族研究，试图把握宋代以后的历史，也是从方法论上有一些考虑的。通过考察，确实也是把一些习俗制度的演变，比以前更进一步厘清了。比方说，宗族作为一种组织或者作为制度，它的一些要件的东西如祠堂的发展情况，族规、族会、族长的来源，就比以前更清楚一些，我想这是不是就是所谓发生学的建构。

至于"宗族乡约化"这个概念，是《明代宗族研究》写到最后才形成的观点。就是说，看了一些资料，也写得差不多了，这个时候就想升华出一些什么，最后总结了"宗族乡约化"，这是一个把握明代或者说宋以后宗族演变的核心概念。宗族乡约化，是指在宗族内部直接推行乡约或依据乡约的理念制定宗族规范、设立宗族管理人员约束族人。它可能是地方官推行乡约的结果，也可能由宗族自我实践产生，宗族乡约化导致了宗族的组织化。这个看法确实是和我早期的研究有关，早先我研究清代的族正，是从这个问题引发起来的。那时我研究"上谕十六条""圣谕广训",就是清代官方的乡约制度。清朝宣扬"上谕十六条""圣谕广训",让官员与生员每月初一和十五在公共场所宣讲,科举考试童生要默写,要求家喻户晓,人人皆知。从形式上来讲,清朝宣讲圣谕脱胎于明太祖的宣讲"圣谕六言",我就有一个猜想:既然这样,那么,明代宗族的发展和这种圣谕,和乡约有没有关系呢?这等于留下了一个疑问。我感到清代的宗族发展,是宋以后演变来的,族正制是它的一个有代表、有特点的东西,这个特点也应该有一个发展的脉络,所以,接下来就继续进行跟踪研究。

从持续的时间来讲,我的宗族研究从清代到明代,已经有二十年了。这二十年中,其实经常是被做别的研究打断,我也常常问自己:我这个研究是否值得继续做,还是再换一个其他的有兴趣的题目?我记得当《宗族志》写出来以后,有一次跟刘泽华先生谈话,他问我:"你这个写完以后,还做什么研究,还做宗族吗?"我当时回答说:"我一直在做宗族研究,再搞这个问题,还得费很大劲,现在好像兴趣有点调动不起来。"实际上,我处于一种彷徨状态。但是,经过一段摸索,后来再跟别的兴趣点比较以后,我觉得还是要痛下一条心,要研究就研究清楚,就是刘先生讲的,"研究要接着做"。到现在,等到我提出"宗族乡约化"概念的时候,我就自认为研究明代宗族还是对了。因为在我研究清代族正的时候,没有"宗族乡约化"这个认识。显然,是从那时候,这个认识已经在朦胧中产生了,经过持续性的研究,才能逐渐把它进一步明确起来,清晰化。这是一个体会吧,当一项研究划定一个比较大的范围的时候,不要轻言放弃,要做一个持续性的研究,这样才能使研究深入,才有使分析更深入的保证。浅尝辄止,灵感性的研究很难出能够有持久影响力的成果。

和《宗族志》相比,在《明代宗族研究》这部专著和现阶段的有关论著中,您的研究理念似乎发生了一些变化,在对宗族的"结构—功能主义"考察的基础上,是不是加强了社会文化史的分析?

是的。我这么做有两个原因:一个是基于方法论上的考虑。宗族这个问题,经过已有研究呈现出的结构似乎比较清楚,那么,研究这种宗族的结构,从结构角度来分析,当然是一个研究的手法。另外一个因素是,《宗族志》这种书的体例,它要求比较全面地反映宗族结构,是一种制度研究的体裁,所以,就要把宗族的几大主要制度,分别进行研究。当然了,这项研究也是反思以往宗族研究的过程。给我的感觉,以往的宗族研究,比较强调宗族形成或宗族建构的社会经济的原因,我觉得它还是从外部进行切入的。我们阅读宗族资料比较多就会感到,在已有的研究中,宗族内部的许多东西并没有认真地给予考虑。比方说,宗族内部的文化性因素,像祭祀祖先,还有一些宗族的观念,这些研究相对来讲是不足的。另外,就外部原因来讲,文化性的因素也还是研究得不太够。我觉得,宗族研究应该从内部的文化原因,特别是抓住宗族这种制度或组织比较具有特色的东西切入,这就是探讨祖先崇拜及其相关的祭祖制度。从这个角度进而来探讨政权与族权,思想与社会的互动关系,注重观念对社会的影响。也就是说,注意这些所谓社会文化的因素,可能是把研究推向深入的一个办法。这个认识,实际上在《宗族志》写作中已经有了,也可以说,《明代宗族研究》是《宗族志》里观点进一步的明晰化和证明。

《宗族志》的写作紧紧围绕宗族的祠堂、族谱、族长、族产、族学、族规展开,讨论其作用。而《明代宗族研究》关注宗族建设者士大夫的思想观念及其实践,既注意士大夫群体,还对宋濂、杨士奇、罗钦顺进行个案研究。特别是借鉴文化人类学的主位观察法,即站在士大夫的立场考察他们对待宗族问题的态度。这样我们看到一个能动的宗族,看到宋以后宗族形成是一个文化建构的过程,士大夫文化型塑了社会结构。

我比较强调社会文化的因素,从研究方法的角度来讲,是受到社会史理论一定的影响。社会史理论讨论的国家与社会关系、地域社会、历史人类学等,对我研究宗族都有一定的影响。不过同样重要的是,我的转变也是在回答文献史料提出的问题。我举个例子,上世纪80年代的后半期,当时我阅读元人文集,就看到了元朝人的祭祖是非常多样性的,而且有地域性的特点,元朝人对于祭祖也有很多议论,反映出元朝人的思想观念,我感到祭祖问题很受元朝人的重视。可是反观宋以后的宗族史研究,很少涉及这些问题。那么,学者的论述、学者研究宗族得出的结论和元朝人当时文献记载里头的这些想法，就有一些脱节，甚至是有一些距离。我就想，宗族研究应该要把当时人的想法纳入自己的视野进行考察，而且还应该把当时的民俗形态揭示出来。因为今人的研究，将问题抽象以后，往往把宗族原生形态的东西给破坏掉了。宗族在一定程度上，是一个习俗性的东西，首先应该把这个习俗揭示出来，然后才能分析。还有一个想法，就是祭祖也好，宗族也罢，在各个地区呈现出来的形态不太一样，要想深入理解，都应该将其放在该地域的场景中认识。这些考虑，随着社会史研究的深入，随着理论性的思考，就慢慢学理化。像宗族祭祖礼俗关系可以归纳到国家与社会的关系中来认识，注意把宗族放在地域社会考察，从民俗入手研究宗族属于历史人类学的视角之类，具有一定的社会史理论意义。我个人的体会就是，历史研究的实践过程，是一个理论思考和解决文献史料里头实际问题相结合的过程，也正是这样，才导致自己思想的转变。

我们还想了解一下，您是在怎样的情况下，展开对朝鲜族谱的研究的？因为，我们对朝鲜的宗族、族谱等知之甚少，很想多一点了解。

以前，因为要研究族谱，我在阅读海外族谱研究成果的时候，得知东亚的朝鲜、越南都有汉文族谱，特别是从上世纪80年代开始，台湾连续举行"亚洲族谱学术研讨会"，并出版论文集，其中就有台湾学者、韩国学者研究朝鲜族谱的论文。我阅读这些论文后，自然产生将朝鲜族谱与中国族谱比较，进而比较两国宗族的念头，但是，由于各种因素，并没有进行研究。2001年，韩国高等教育财团向亚洲招聘研究人员，我有可能去韩国，就想利用这个机会，研究朝鲜时期的族谱，探讨朝鲜族谱与中国族谱的关系。

朝鲜时期的族谱受到中国儒学与族谱学的深刻影响，以往韩国学者对于族谱的研究主要是在社会史领域，不太关注其文化属性与来源，对于朝鲜族谱的演进也比较大而化之。我则从思想文化的角度，加上文献学考察，从分析不同世纪的族谱入手探讨朝鲜族谱演变，将朝鲜族谱依次分为15世纪、16世纪、17世纪、18世纪、19世纪及20世纪初五个时期加以研究，力求把握不同世纪朝鲜族谱编纂的特点，进而勾画出其发展轨迹。在各历史时期，重点探讨族谱的功能、族谱的编纂、族谱的内容与书例、宗族与编修族谱的关系等问题，补充和深化以往朝鲜族谱研究的薄弱环节，揭示出朝鲜族谱借鉴、吸收中国文化的具体过程。应当说这一研究对于亚洲族谱学、中韩文化交流、儒学的东亚影响等学术研究具有重要参考价值。

特别是我意外发现，朝鲜宗族也存在一个"乡约化"的过程，所以，就提出宋以后中国与朝鲜历史发展道路的问题。这个结果，可谓令人喜出望外，令我尝到了比较研究的乐趣。其实，学术研究往往是在某一问题的研究具备了一定基础后，就进入比较研究阶段。比较研究方法非常有效，可以避免"只缘身在此山中"的局限性。社会史研究不能缺少社会比较的方法，不仅要同欧美比较，也应当进行与东亚邻国乃至与整个亚洲的比较研究。

到韩国研究朝鲜族谱，还有一些"礼失求诸野"的感受。韩国每个姓氏都有族谱，他们多称作"世谱"。韩国人重视纪念祖先，尊老爱幼。这种重视伦理道德的观念，深受中国文化的影响，朝鲜历史上称之为"文明"。这样一来，我也就产生了对祖国宗族文化的"民族自豪感"，还有对儒家文明的"自信心"。当然，这样说有点过于把问题简单化了，但是，对待文化，我想应该是一个自然选择的过程，强力废除传统文化，可能代价太大。

我们每每惊叹于您高瞻远瞩、提纲挈领、切中肯綮的精辟归纳和总结，并力图将之提升到一个我们往往意想不到的层面，加以讨论。这种眼光和识见，您是怎样具备的？这和您从事社会史、史学史的研究，是否紧密相关？您能够简单谈谈您关注中国社会史的学术史这一研究领域的过程吗？

首先谢谢你们的赞誉，其实这也是过誉。不过，说到学术上的"眼光和识见"，我还是愿意谈谈自己的一点体会。我想，一个学者的"眼光和识见"是可以训练、培养并不断提高的。大概每个从事学术研究的人，也都有这样的体会。所谓学者的"眼光和识见"，实际上是知识积累的表现，研究历史，不仅要在文献、史料上下功夫，还应该有理论关怀，读理论著作可以增强人的思辨能力和问题意识。再一个，就是从事学术研究应当把握学术史，了解别人是为了把握自己，从而使自己的研究有价值。

切思：学术的真与美

《社会生活的历史学：中国社会史研究新探》一书算是我的"社会史史学史"方面的著述了，内容可分为四部分。第一部分论述中国社会史的学术史，第二部分探讨中国社会史的方法论，这两部分内容共同反映出对于中国社会史学术特征、理论与方法的关注。第三部分主要是宗族制度与谱牒学方面的学术综述，第四组的内容是关于人物传记与老年、人口及灾荒方面的论述，这两部分的内容侧重对社会群体与史料学的探讨。三、四部分主要是某一问题的具体研究史，而一、二部分侧重对社会史学术领域或学科进展的把握。我想，关注社会史的发展趋势，是为了更好地"入流"。一个时代有一个时代的学术，社会史研究也应首先探讨时代提出的问题，进入"学术前沿"。

南开大学发起举办中国社会史学术研讨会，我一直参与筹备工作。这样一来，我必须了解学界的情况，了解一些学者的情况，所以，就比较注意社会史信息的把握。社会史是一项新研究，需要一些宣传，我也写了一些会议报道。社会史随着它的发展，越来越引起人们的注意，人们对社会史的兴趣也越来越浓厚，就有人主动找上门来，要求提供这方面或者那方面的报道、综述等等，这样的话就越写越多。特别是冯先生那时候组织我们写《中国社会史研究概述》，对社会史研究进行了学术清理。此后，我就想：这个领域是不是能继续来做呢？所以，就不断留意这方面的事情。没想到就这么一直留意下来，到现在二十年了，陆陆续续写了很多。我有一个比较大的研究项目："二十世纪社会史研究的回顾与展望"，其中有一本书就是关于1986年以后社会史研究的现状，是一个合作项目。

社会史研究发展非常迅速，现在成果非常多，所以，在这种情况下，所谓"社会史学史"就更有必要了，不然的话，在这个"信息爆炸""知识爆炸"的时代，人们短时间想把握一个领域内的研究现状是比较困难的。另外有一点，关于社会史综述性的文章，一些报刊杂志很欢迎，因为社会史以创新为其特色。这样的话，就不断地写，不断有这类文章发表。从写文章来说，也是在增强信心，我自己觉得这是一项有意义的事情。这样的事情之所以能成功，或者说形成一个所谓"社会史学史"，还是在于社会史本身的魅力和它的生命力。

2005年和2006年，您连续出版了好几部专著，像刚才我们说到的《明代宗族研究》，还有被北京师范大学出版社收录于"当代中国史学家文库"的《社会生活的历史学》等等，在学界引起了相当大的影响。冯尔康先生说您这是厚积薄发。另外，您还在中华书局出版了您的两部学术普及性《婚姻内外的古代女性》和《岁时节日里的中国》。您也说到，展开学术知识普及方面的工作，是极有意义的一项工作。您是怎样具体做的，能谈谈您的想法和做法吗？

人们常说从事历史研究是"搞科研"，如同科学研究一样，也就存在一个"成果转化"问题，就是大家常说的，写"科普读物"。我们不能仅仅将研究成果束之高阁，只在学术圈里欣赏，还应该告诉普通读者大众，让大家一起分享新的研究成果，使人们知道自己历史传统与社会文化中的诸多"为什么"，进而普及知识，传承文明，启人心智。可以说这是一项"伟大而神圣"的"光荣使命"。我曾经协助冯先生与中国社会科学院历史所、商务印书馆合作组织"中国古代生活丛书"，从事学术"成果转化"工作。本来《岁时节日里的中国》一书是为"中国古代生活丛书"而作，因为错过了出版时机，所以才改交中华书局的。

刚才说学术"成果转化"工作"神圣"，也有一定针对性。时下受影视传媒的影响，"历史"出现娱乐化倾向，虽然对于引发人们的历史兴趣有贡献，但是，有的影视作品为了娱乐而娱乐，严重歪曲了历史，传播错误的知识，危害性也显而易见。一些从来没有研究过历史的人横空出世，指点江山，臧否人物，出版历史性质的专书，编辑历史性影视作品，视学术为儿戏。因此，历史学者有义务为文化市场提供可信的精神产品，"我们不说谁说，我们不做谁做"。

其实写好一部学术普及性著作是很难的，既要深入，又要浅出，既要准确，还要生动，同时需要介绍学术前沿性的东西，不可率尔操觚。我们应当在学术界与出版界确立一种共识，即学术普及读物不是什么人都可以写的，应当由专家来写，专家写普及性读物是学术研究的一个环节，是专业的一部分。这才是尊重学术，尊重文化。

我对《岁时节日里的中国》这本书的写作，还是比较满意的。因为这

切思：学术的真与美

是在比较系统阅读有关岁时节日原始资料基础上写成的，也较为充分地吸收了相关的研究成果。力图更准确、细致、系统地反映出中国古代汉族岁时节日的基本面貌，并提出一些新说。这大概是同类书中论述传统节日数量最多的一本，对于中国古代岁时节日起源与流变、实态与性质的论述，自成特色。

写作学术性普及读物，首先是自己要有研究，我在岁时节日方面发表过5篇学术论文，有断代的，也有通代的，写书时将这些论文简化到相关部分。其次要有融会贯通性质的综合，自己研究薄弱的部分要吸收已有的研究成果，这需要学术判断力，吸收的是一流的海内外的研究成果，不熟悉一个领域的研究现状是做不到的。因我教了好几年的风俗史课程，多次讲授岁时节日，所以吸收什么胸中有数。再次是这类读物需要准确、流畅、生动的文字表达。另外，当今进入所谓"读图时代"，配合图像资料说明，图文并茂也很重要。

我想举两个例子具体谈谈写作体会。《婚姻内外的古代女性》书中有一篇《费宫人刺虎》，说得是明清易代之际明朝费宫人刺杀闯王李自成部校罗让如何演变为费宫人刺杀闯王大将一只虎李过的故事。写这篇文章要先考证史实，然后分析故事的演变过程，使我们了解到所谓"历史"是如何重构的。这就不仅告诉读者一个故事，一段史实，而且说明历史学的道理，有理论意义包含其中。当为这篇文章配图时，意外发现晚清画报中的一幅"费宫人计杀悍贼"图像，佐证了清朝以来政治文化重塑历史的社会影响。1400字的短文与配图，其中花费的心思却不少。还有一个事例，李敖大师《中国性命研究》有一篇《营妓考》的随笔，大谈中国古代军妓之盛，此文流传甚广。如果将该文用互联网检索，会出现一大堆转载的网页。可是仔细考察，就会发现李敖沿袭了王书奴的名著《中国娼妓史》中的一些错误，我在《"营妓"始于汉代吗？》《"营妓"非军妓考》两篇短文中对"营妓"问题加以辨析，希望告诉读者更准确的知识。我认为"营妓"是地方上的"乐营之妓"，属于官妓而非军妓，中国古代军妓并不盛行。其实，普及同时也是为了提高，使读者提高文化修养，如果没有新意，陈陈相因，甚至错误连篇，只能是贻误读者。作者先深入，才能对读者谈普及。

在"国家与社会"这一论题框架下，您做过许多研究，发表了系列论文，还出版了专著《清代的国家与社会研究》。一般认为，中西方关于"国家""社会"的认识是有差异的。比如西方学者提出的"第三领域"等论题，也受到国内学者的质疑。请问，您是怎样思考这一论题的？您所从事的这一论题下的诸多大问题，又是在怎样的一种理论或者问题意识关怀下，进行研究的？

我认为"国家与社会"是历史研究，特别是社会史研究的一个重要视角，这一视角的理论来自欧美学术界，早期的"市民社会""公共领域"，近来的"第三领域"，都是重要的概念工具。理论是事实的抽象说明，"市民社会""公共领域"的理论基于对西方社会历史的把握，"第三领域"虽然较多针对中国，但也是从西方理论延伸出来的，显然研究中国历史不能将这些理论拿来就用，国内学者的质疑自然有其道理。但是，另一方面，"国家与社会"毕竟是重要的概念工具，可以带给我们新的问题意识和提供比较研究的平台，值得参考借鉴。问题的关键是，不能简单套用理论框架填充史料，这样的研究，经不起历史的检验。

上升理论说明固然重要，接近历史真相更是历史研究的真谛。在研究"族正"问题的时候，我对于"国家与社会"有所认识。清朝在聚族而居的江西、福建、广东等地区设立族正，管理宗族，这样在政权以及祠堂族长代表的族权之间，产生了"第三种权力"。由于族正是从宗族选出的，它在一定程度上代表宗族，但是，族正又向政府负责，也可以说是政权深入宗族。族正既代表政权又代表宗族，我们称之为政权与宗族之间的"媒介"。由此，也可以看出，政权与宗族之间是一种复杂的动态关系。用现在"国家与社会"的理论可以叫做"第三领域"，或者说中国是"国家与社会"非二元对立。不过，当初我研究"族正"问题的时候，并没有使用"国家与社会"的概念工具，只是感到必须面对的事实，是如何说明国家政权与芸芸众生的民间社会的关系，依据史实分析而已，说明族正的推行并不表示"政权与族权结合在一起了"。如果盲目套用"国家与社会"的理论框架，从族正研究得出中国是国家与社会二元对立或是国家与社会不分，都很牵强。理论作为概念工具，可以改变研究者的思考方式，培养问题意识，使研究工作别开生面，非常重要。但理论绝不能代替深入的具体研究，过分讲究研究方法，或者套用理论模式，容易造成学术研究懒惰，研究工作不深入，研究成果套路化，千人一面，有一定的学术危险性。

我对清代国家与社会关系的思考还有更大的关怀。上世纪80年代关注清代社会的"落后性"，提出清朝的国策是"以孝治天下"，认为孝治统治特色加剧了中国社会的停滞。几年前提出"敬天法祖、勤政爱民"是清朝的政治纲领，认为这一政纲取得了清代社会的政治认同，应当从政治原理上理解清朝的历史。总而言之，我的看法是：清朝以一个少数民族统治中国268年，其统治的有效性远胜于元朝，这是需要深入研究的。清朝统治者认真总结了中国历朝包括少数民族政权的统治经验，全面继承并发展了以儒家为主体的中国传统文化，还巧妙地将满族本位的统治术融合与隐藏于汉族传统政治文化中。汉朝以来的以孝治天下，宋朝以来的"敬天法祖、勤政爱民"的统治家法，在清朝发扬光大，使得这些儒家经典中已经有的政治观念，成功转变为政治实践，使清朝成为传统政治文化的集大成者。清朝的上述特性也反映在强调移风易俗上，对于不符合儒家正统观念的社会现象进行改变，宣讲圣谕，设立观风整俗使，治理社会问题，都在一定程度上说明了此点。清朝遇到了亘古未有的人口膨胀问题，不得不用心关注民生与社会的各种突出问题，人口问题是制约清代社会与国家的重要因素。宗族的成长也是清朝面临的重要问题，政权与族权的关系深刻反映了集权体制国家控制基层社会的历史。类似的问题还有政权与绅权的关系，也是理解清代国家与社会的重要问题。清朝前期在处理以上各种问题上是成功的，后期则由于自身的退化与外力的进入导致社会失控，最后走向灭亡。20世纪是国家统治进一步深入基层社会，绅权、族权被铲除，传统文化失去霸权，人口生育受到计划的时代，显然是在解决清代的历史遗产。虽然清朝已经被革命，但是历史在一定程度上还有延续性。因此，研究清代国家与社会的关系，不仅具有重要的学术价值，也有促进今人思考的现实意义。

社会史研究的开展，总是伴随着一次次激烈的争论与对话，但这非但没有削减其影响力，而且还促进了研究的深入与拓展。可以说社会史是开放的，也是多元的。您是怎么认为的呢？

社会史研究产生争论的原因，可能是由于大家的学科背景、知识结构、研究经验有所不同，对社会史的理解也不一样，所以往往从自己的认识角度提出观点，经过二十多年的实践，目前大家的看法逐渐趋同。另外，我们社会史研究群体从一开始就有一个比较好的开端。社会史是继文化史以后开始的，文化史讨论里头出现一个现象，就是大家进行概念之争，文化史有诸多概念，谁也说服不了谁，反复讨论。我们一开始就觉得概念问题讨论不清楚，不能纠缠于此，在概念不能统一，大家认识不一致的情况下，不妨搁置概念之争，大家首先找一些公认的社会史领域的具体问题来探讨，随着研究深入再继续讨论。由于有这样一个良好开端，尽管大家有不同意见，也经常跟别人来讨论，但是并不强迫别人接受，而且同时有一个开放的心态，认为可以诸说并存，造成社会史认识的多元化。

社会史理论问题也有几起讨论，是经过一段时间研究以后的讨论，结果一次比一次深化。比方说，开始搞社会史的一段时间，大家比较关心社会史的定义和理解问题，集中表现在1987年左右，《历史研究》等杂志上有一批文章，然后就沉下来了，很少再作讨论。到90年代后期，又有一次讨论。这次讨论开始是由于半路杀出一个程咬金，因常宗虎发表一篇文章质疑社会史研究，用词比较尖锐甚至是刻薄。应该说，他的质疑给我们带来一定的冲击力，尽管他的说法比较片面，但是促使我们思考，于是又产生一批文章。此外，社会史研究已进行十年，大家在已有研究基础上，在新的高度又重新思考促使一批文章出来。其中像我的那篇《中国社会史研究十年》和赵世瑜的那篇《再论社会史的概念问题》文章，都是这时的产物。这两篇文章以后，近年来又有一些文章发表。我们的讨论，基本上不是为了理论而理论，而是在研究基础上谈认识。这三个阶段，如果把文章比较一下，确实感到了对社会史的认识水平得到了提高。

学术研究是要靠学术精神支持的。所谓学术精神，就是追求真理，探索未知。如果是一个真正的学者，他应该具备这样的素质。有这样的学术精神，他对自己讨论的问题，对自己的学术，就会有一种学术上的追求，而新时期社会史领域恰恰是给大家提供了一种学术追求的平台。所以说，大家有这样的学术精神，就产生了很多这种学术的争论和对话，也正因为这样的学术精神存在，支持着这个学术领域进行讨论。所讨论出来的东西，它就具有学术性，具有一定的超前性，也就具有影响力，可以促进学术研究的深入和发展。

同时，学术对话和学术讨论，需要一个正确的研究态度，研究态度对于一个学者来讲也是非常重要的。这个研究态度就是要敬畏学术，实事求是。因为只有这样才能虚心听取不同意见，大家互相批评，互相帮助，共同进步。社会史这个群体，恰恰有一批具有这样的学术精神和学术态度的人，所以，一方面勇于为了不同的学术问题进行争论，同时又互相尊重，营造一种良好的学术氛围，君子和而不同。这也和我们的前辈学者有关系，因为冯先生就是一位虚怀若谷能够听取不同意见的学者，他不仅能听取同辈人意见，也能听取晚辈人的意见。有这样的学术氛围，年轻的一代也敢于和前辈学者进行讨论，而同辈学者讨论，大家又彼此能够接受。我想，主要是因为有这样对学术理解的一批学者在进行研究，所以会导致社会史研究的开展总有争论和对话，总是在不断的开放和多元状态中前进。

也许可以说，目前中国社会史的研究，在史学研究的百花园中，已经繁盛如一株葳蕤而又绚丽多姿的花树，在各个领域都开放着千姿百态的花朵。可是，社会史研究开展到现今的状况下，已经有学者指出社会史"学科化"的危险。您认为社会史是否面临着危机？

我个人认为，指出社会史"学科化"的危险，这是一种敏锐的学术感觉。学科化或已经成为学科，它往往意味着发展比较固定化，比较程式化。而固定化、程式化，在某种意义上，就会抑制学术发展，或者说扼杀一些创造性的看法和做法。所以说，防止社会史学科化，它就带有这样的警示性的作用。另一方面，学者有这样一种敏锐的感觉，提出来，当然是提醒了大家的警觉和注意，但就社会史研究目前状况来讲，我想并不存在这样的危险。虽然我们也说社会史学科，这是因为学术研究跟学术体制既有关系，又有一定的分离。从学术体制的角度来讲，它一定程度上要学科化，因为有组织、管理和学术领域发展的问题在里面。但是，学术研究从来都没有什么非常固定的东西，能够框住学术的发展。反而总是学术形成以后，再从学科上对它进行追加，所以说，学术研究本身是常青的。现在社会史面临的情况，我在一篇文章里也写过，我个人认为它是在转型。社会史学科理论的讨论，或者对社会史本身的认识，有一个对社会史从研究对象到研究方法，到问题意识，这种认识的过程和这么一种转化，现在应该说大家越来越强调问题意识了。在社会史的问题意识里头，实际上是融进了对社会史研究对象和研究方法的理解。这种理解在研究过程中，它呈现出来的是理论方法的多样化，学科之间的交叉性，而这种理念和学术的样貌，实际上是新史学的特征。

我们越来越看到横跨社会史和政治史、社会史和文化史、社会史和经济史的作品，这样的作品如果按传统的归类是很困难的。事实上，从问题意识角度来看，那种归类意义是不大的，因为我们研究的是"问题是什么"，我们要解决问题，而不是要把问题非得要归到什么类里面去。因为现在社会史呈现的这样一个面貌，你可以说社会史原来的面貌在消解，可是，这种消解不是危机，恰恰是社会史的魅力所在，代表着它的前进，所以，我认为它不面临危机。或者换一个角度来看，即使是现在形成的所谓"新史学"，如果看看这些文章，一个是台湾的《新史学》季刊，一个是内地杨念群先生等主编的《新史学》，我们发现，他们所谓的新史学是以社会文化史为特征的，也可以说是以社会史为特征的。从这个角度说，我们为社会史影响力的扩大而高兴，并不是说因为它的模糊性而认为这是危机。

这个过程中，还有一对关系的处理比较重要，就是理论与实证的关系。无论是在中国还是国际史学界，社会史的出现总是伴随着理论的纷争，体现出强烈的理论性。那么，您又是如何解决社会史的理论性与研究的实证性二者关系呢？

我想，社会史的理论性及其研究的实证性，也是历史学面临的基本问题，不光是社会史、经济史、政治史，别的专门史也都存在这种情况。传统史学以实证性为特点，现代史学的新趋向是要结合社会科学，比较强调理论性，于是就出现了二者结合的问题。二者在结合上是存在一定的矛盾性的，主要就是，搞实证研究强调作品要传世。搞理论的，重视历史研究要回应现实问题，要给人以启迪。但是，我们也看到，如果把这二者的关系处理得好，是可以兼顾的。二者的结合，可能主要是反映在用新的问题意识带动研究上。问题意识的培养要靠理论，而研究过程离不开处理文献史料的基本要求，这两者结合好了，就是双方可能认可的形式，就可以使研究焕发出新的生命。因为社会史研究对理论的要求比较高，所以处理二者的关系就更加突出。

就个人来讲，我对这个关系的处理并不够理想，但是，体会还是有的，这就是有关节日研究的事例。20年前，我开始研究岁时节日，当时没有接触什么理论，只是阅读地方志、笔记等文献，搜集史料后，然后进行分类排比，属于归纳法的实证研究。用这样的方法分别写了明、清两代岁时节日的文章，遇到的最大麻烦，就是解释不了节日为什么如此，民众的观念与行为何以如此。当时，我感到实证研究在探讨民俗社会问题时，有很大的限制。后来，接触文化人类学、天文学、考古学等学科的知识后，也了解了一些仪式、象征隐喻、神话故事、巫术等理论方法，回过头来，重新探讨岁时节日，就有了一种豁然开朗的感觉。后来，我写《中国古代人日、天穿、填仓诸节新说》《"虚耗"鬼的由来与禳除习俗》等论文，就是这种新的学术尝试。这种新研究，有了新理念、新方法，扩大了史料范围，处理史料的方法也与以往不同，研究面貌就发生了变化。但是，我对以前实证研究的两篇文章也还是敝帚自珍吧，因为是大量阅读史料后归纳的东西，呈现出岁时节日的基本面貌和形态，为以后的研究打下了基础，产生了问题。如果只有理论方法，而没有依靠丰富史料的实证研究做基础，也是写不出后来那两篇文章的。这是两种类型的研究，都需要，但是毕竟后来的研究更上一个层次，这个上层次，不是指简单地运用了理论，而是指理论与实践结合，研究了问题，深化了认识。

一般看来，历史研究和历史教学，尤其是中学的历史教学，两者之间几乎毫无关联。最近以来，又有不少学者强调史学研究与教学的融通。那么，您认为当前的历史教学是否发生了一些变化？

我的感觉是，随着社会的变化，现在的教学理念在发生变化，从以往的传授知识为主，逐渐向培养学生分析问题、解决问题的能力转变，归结起来就是培养学生的创造力。这种创造力，要求学生具有问题意识，具有动手能力。中学的历史教学，我了解得不是太多。大学历史教学在这方面，我在教学上也有一些尝试，我开了一门"中国社会史理论与方法"的课程，重点放在读书与讨论上，在为专业学习打下理论基础的过程中，开阔视野，养成学术研究的正确态度与立场。同时又要防止眼高手低，把理论学习与讨论围绕专题来进行，既读专题研究的著作，也配合史料的学习。比较而言，我觉得本科时代可偏重于专题的基本史料的阅读和训练，研究生阶段应侧重于在把握学术史的同时，来讨论问题。虽然中学阶段以传授知识为主，但是，学术创造力的培养，应该在中学的历史教学中就加强。

中学的历史教育，从我过去接触的教育和现在的感觉，我基本上称它为"铅字崇拜式"教育，就是说，学生要死记硬背印在书上的东西，而且认为一旦印在书上就是真理。这种教学理念，这种教学方式很难培养学生的怀疑精神，而且学生也没有学习兴趣，产生不了爱好，这样的话如何能学习好呢？除了教学理念的这种关系需要改变以外，当然还有高考指挥棒的因素。另外就是跟现在的教学体系，特别是师范类教学体系里的教学安排有关，过分强调让学生掌握系统的知识。这种教学实际上是在因袭传统，教出来的学生一般来讲很难有研究能力。如果师范大学培养大学生是这样的，这样的大学生然后再到中学教书，因为他本身没有研究能力，所以他只能就是让学生去死记硬背。当然这里有教学体制的问题，不能完全怪教师，但是要从改革的角度来讲呢，教师本身应该有这样的愿望。教学总是要针对学生的情况实施的，现在的学生已经发生很大变化，他们几乎是天天要看电视和上网，获取知识的方式和对事物的兴趣发生了变化。多媒体课件教学，可以丰富学生的认知能力，也可以开阔学生的眼界。传统的粉笔板书、教师满堂灌式的讲解方式、课上学生记笔记课下背笔记以应付考试的形态,已经不太适应目前的时代需要了。所以,无论是中学还是大学,历史教学应该反思传统做法是否合理。应该说,呼唤历史教学改革的时代已经到来了。①

延伸阅读:

　　常建华:《追问未曾消失的历史——常建华访谈录》,《中国图书评论》2007年第7期;

　　常建华:《我的宋以后宗族史研究》,《中国社会科学报》2010年6月24日;

　　代洪亮:《中国社会史研究的分化与整合:以学派为中心》,《清华大学学报》2015年第3期。

---

① 按:分2005年6月、2006年12月两次采访于南开大学中国社会史研究中心。

李华瑞

李华瑞，1958年2月生，首都师范大学教授、博士生导师。1978—1985年在西北师院历史系读本科、研究生，获历史学学士、硕士学位，留校任助教。1987—1990年在河北大学读博士研究生，获历史学博士学位。此后，在河北大学历史研究所（宋史研究中心）、研究生处、人文学院任职。先后任讲师、副教授、教授，1996年任博士生导师。曾任河北大学研究生处副处长、人文学院院长。2004年7月后，任教于首都师范大学历史学院。曾任首都师范大学学报编辑部主任、社科版主编。

社会兼职有：全国哲学社会科学规划中国历史评审组专家，中国宋史研究会法定代表人、副会长兼秘书长，北京大学邓广铭学术奖励基金评奖委员会委员兼秘书长，北京大学中国古代史研究中心学术委员，中国社会科学院民族研究所西夏文化研究中心学术委员，宁夏大学西夏研究中心学术委员和兼职教授，河南大学黄河文明与可持续发展研究中心兼职教授，河北大学宋史研究中心教授，中国人民大学报刊复印资料《宋辽金元史》专题顾问，曾主编中国宋史研究会会刊《宋史研究通讯》。1997年被评为全国"百千万人才工程"第二层次候选人；1999年获河北省第三届社会科学优秀青年专家称号；2000年度河北省有突出贡献的中青年专家称号；2002年度国务院政府特贴专家；获2001年度教育部第三届"高校青年教师奖"；2014年入选教育部长江学者特聘教授。

自1985年以来，在《历史研究》《中国社会科学（英文版）》《中国史研究》《美术史论》《史学理论研究》《文史》《文献》《中国经济史研究》，韩国《宋辽金元史研究》，日本《中国史学》等国内外期刊发表学术论文200余篇。

主要著作

《宋代酒的生产和征榷》，河北大学出版社1995年版；第2版，2001年版；

《中华酒文化》，山西人民出版社1995年版；第2版，1999年版；

《宋夏关系史》，河北人民出版社1998年版；中国人民大学出版社2010年版；

《中国改革通史·两宋卷》，主编及主要撰著者，河北教育出版社2000年版；

《宋史论集》，河北大学出版社2001年版；

《王安石变法研究史》，人民出版社2004年版；

《宋夏史研究》，天津古籍出版社2006年版；

《视野、社会与人物：宋史、西夏史研究论文稿》，中国社会科学出版社2012年版；

《宋代救荒史稿》，天津古籍出版社2014年版；

《宋夏史探研集》，科学出版社2016年版；

《西夏史探赜》，甘肃文化出版社2017年版；

《"唐宋变革"论的由来与发展》，主编并主著，天津古籍出版社2010年版；

《宋辽西夏金史青蓝集》，主编，中国社会科学出版社2017年版；

《探寻宋型国家的历史——李华瑞学术论文集》，人民出版社2019年版。

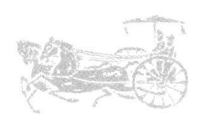

李华瑞

广知邃密求贯通
——李华瑞教授访谈录

李老师，您好，《历史教学》编辑部组织策划了中青年史家访谈栏目，前一段日子，我已经给您做了一些介绍。今天很高兴能有机会访问您。下面咱们就从您的求学经历开始这次访谈吧。1977年恢复高考后，你那时为什么会选择学习历史？请简单谈谈你的求学历程，其间哪些师长对你今后的治学和成长，影响较大？

上大学之前，我没有学过历史。我和我的同龄人是被称作"生在新社会，长在红旗下"的一代。共和国最有生气的前十年我没有赶上，然而当"大跃进"以后，共和国历次灾难，却成为我们青少年时代一段不能忘却的经历。当我们嗷嗷待哺，需要长身体的时候，赶上了三年困难时期；当我们到了上学读书的年龄，需要长知识的时候，又赶上了"文化大革命"。而且在我读中小学的时期，甘肃省未开设历史和地理课。我从小学时爱好乒乓球，从初二到高二第一学期，我参加县市省各级各类少年比赛，那两年几乎没有认真读过一天书。1974年元月高中毕业后，我当过两年农场临时工，插队一年，1977年元月又到煤矿做矿工，直到1978年10月考入甘肃师范大学历史系学习。我考大学的历史和地理课本，还是我二姐从四川老家寄来的。我之所以选择历史专业，其实很简单，一是在5门高考成绩中历史分数最高，二是从初中开始就喜欢读小说，到上大学前大约读了不下百部中外小说，因而曾做过一段文学梦，在填大学志愿时，我的中学语文老师说，历史厚重、知识宽广，更有利于搞文学，而大学中文则偏重于专业研究，于是我就报考了历史系。

但是，上了历史系后，由于没有基本的历史知识背景，一下子学习由唯物史观架构的中国和世界历史，感觉很吃力，因而迷惘了一段时间，甚至在大学二年级第一学期时，想要转学当时新兴的人口学，并在二年级结束时写了我的第一篇学术论文《控制农业人口是当务之急》。这篇论文写好后，即被推荐参加了由兰州大学和甘肃省委宣传部主办的"首届西北人口学术研讨会"。进入大学三年级学习后，为了将来的出路，准备考研究生，开始从头复习学过的课程，前后联系起来通识，似乎一下有茅塞顿开的感觉，从那时起，我对学习历史产生了兴趣。

从读本科、硕士，到博士，金宝祥、陈守忠、漆侠三位先生对我的学习有较大影响。金宝祥先生是我初入学时的系主任，我们学的中国古代史教材是由他主编的，这部教材贯穿了他以人身依附关系逐步减轻作为认识中国古代史发展主线索的思想。金先生教导我们读书要读好书、读名著，这给我留下了极为深刻的印象，到现在我也这样教我的学生。大三时我选修他的"隋唐史专题"课。在他的影响下，我在学校图书馆尘封已久的旧书堆里，翻到了钱穆先生的《国史大纲》，首次知道在唯物史观之外，中国历史还可以有另外一种写法。金先生是一位笃信马克思主义的历史学家，他说他曾5次通读过《资本论》，还读过两遍黑格尔的《小逻辑》。他坚信私有制是人类社会由低级的原始社会向高级共产社会发展中间的过渡阶段，最终一定会消失。受他的影响，我也很认真地读过一遍《资本论》第一卷。他主张研究历史应注意把握历史发展的大趋势，而不应纠缠于细琐的末节。

上大学时我偏爱世界史，但英语很一般，所以临时改报宋史。陈守忠先生是我读硕士研究生时的业师。他身上带有浓厚的西北乡土气息，热爱故土，精于考订西北历史地理和长城遗址。他的治学方法擅长把文献征引与野外实际调查相结合，得出的结论往往经得起时间的检验。至今我还感佩陈先生对甘肃山川地貌、地名地址的熟悉。我的硕士学位论文的题目就是陈先生帮我确定的。

1987年我考入河北大学，师从漆侠先生攻读博士研究生，这是我学术生涯的一个重要转折。我曾在不同场合说过,漆先生于我有再造之恩。记得先生决定录取我后,谈及今后的论文写作,先生说先不要着急,你的硕士论文思路不错,但读书太少,涉及面也不够深广,到我这里可以好好读书,没有翻阅二百种以上的文献,不能动笔写论文。于是我以《宋代榷酒制度研究》为题,开始撰写博士学位论文。在漆先生的指导下,我翻阅了近六百种宋代文献,直接征引的书目达二百多种。由于资料的丰富,使我对宋代酒的问题的认识有了较大的提高,而漆先生以经济关系把握经济史研究的思想和实践,对我也产生了深刻的影响。有几位先生以"颇有师风"来评论我的博士学位论文,对此我感到很欣慰。

您刚才说到,您的硕士论文和博士论文,都是以宋代酒的专卖为题的,涉及到宋代酒业中的方方面面,那么,请您大致讲讲宋代酒业发展和酒专卖的特点,以及它与宋代财政经济、社会发展的关系。有关中国烧酒的起源,一度引起许多学者参与讨论。您将中国烧酒的起源定为宋代乃至唐代。也请您大致谈谈您是怎样分析这一问题的?

酒自从与人类社会生活发生联系以后,作为一种文化现象,便超越了纯粹的物态意义。特别是汉武帝在历史上初榷酒酤,酒又成为重要的财政税源,关乎国计民生。自唐中叶以来到宋初开始,逐步形成了以专卖法为中心的税制和财政制度。其中酒类专卖,在宋代专卖制度中占有非常重要的地位。为了增加财政收入,宋朝自始至终实行专利榷酒政策,鼓励多酿多卖,就如吕祖谦所说,唯恐人不饮酒。所以,宋代的酿酒业在继承前代的基础上获得了空前的发展。在这里有三点值得称道:首先,宋代制曲酿酒工艺理论有较大发展,《北山酒经》是其代表作。它全面系统地总结了自南北朝以来的制曲酿酒工艺方面的新贡献。其次,宋代黄酒生产的工序和技术已与现代基本相似,并进入鼎盛时期。第三,宋代已经有了白酒。白酒俗称烧酒,关于烧酒的起始,过去一直沿用李时珍《本草纲目》的说法,烧酒始自元代。从上世纪30年代起,一些搞化学史的科学工作者向陈说提出了挑战,试图将白酒生产的源头向前追溯,大致形成了东汉说、唐代说、南宋说等几种观点,都因缺乏有力的证据,难以定论。漆先生就曾希望我在白酒起始问题上有所突破。经过研究，我个人认为，宋代已能制作蒸馏烧酒，理由有六点：一、宋代始出现的"蒸酒"一词，见于多种文献。二、宋代文献还有大量反映烧酒特征的其他资料，如酒能燃烧、酒度提高、水晶红白烧酒等。三、以"露"字命名酒，较之前代有了遽增的趋势，如"膏露""琼花露"等等。一个"露"字十分传神地捕捉到"用器承取滴露""炼酒取露""其清如水盖酒露也"等蒸馏工艺特征。四、南宋中后期人黄榦的文集中有"蒸烧"和"烧器"的专门记载，这是南宋酒坊中已有蒸馏环节的最好说明。五、两宋时期已经比较广泛的使用蒸馏技术和蒸馏器。有了蒸馏器，制造蒸馏酒就不是什么难事了，只要把酸败之酒或发酵后的酒醪蒸馏一下就行了。六、上世纪70年代在河北省青龙县发现的金代遗址中出土的金代烧酒锅，为我们提供了强有力的间接物证。其实，中国至迟在东汉就能制作蒸馏器，上世纪就有实物出土，只是目前尚未发现相应的文献记载，所以，烧酒始于东汉说暂且存疑，也许今后有了新的发现，烧酒的起始时间还可从宋代往前推移。综合以上所说的证据，说宋代已能制造白酒，应该是能够成立的。

刚才说过，宋代是我国历史上唯一自始至终实行榷酒制度的封建王朝。在继承唐代的基础上，榷酒制度趋于细致完备。从社会经济结构上看，酒类的生产和销售，属于一种纯消费型的商品经济。酒类生产和销售是因地制宜，可随产随销，所以，酒的产销主要集中在大中城市、县乡镇市和商品集散地。由于酒类产销与盐茶不同，宋朝对酒类产销的垄断经营与盐茶也不相同。这就是，第一，由封建官府直接控制生产和销售整个环节的官监形式，在榷酒制度中占统治地位，这与盐茶征榷制度中这类比重所占最小的情况有所不同。第二，从宋初直到南宋绍兴后期，宋政府严厉禁止大商贾直接经营酒业，这与盐商、茶商在盐茶征榷制度中是其主要经营者的情形大相径庭。第三，买扑制度是一种类似于现今的承包租赁式的经济制度，它广泛存在于宋代的诸多经济行业中，但只有在买扑坊场中得到了广泛而深入的发展。这既是宋代商品经济高度发展的标志之一，也是宋朝自觉或不自觉的利用经济手段管理酒类的税收、生产和销售诸环节在其制度上的一种进步的反映。就这三点而论，宋代榷酒制度在盐茶征榷制度之外，为我们打开了一扇透视宋代社会经济结构运行和发展的重要窗口。

丰厚的酒课收入是宋代经济的重要支柱之一。北宋初年酒课只有185万多贯,在货币总收入中不到10%,天禧年间增长到近900万贯,占当时货币总收入33.3%,其后仍然稳步增长。仁宗庆历年间高达1710多万贯,占38.9%,以后又逐年下降,至神宗熙宁十年仍有1310多万贯,占25.9%。南宋酒课也达到一千多万贯,大约占南宋货币总收入的20%。酒课作为宋封建专制主义统治的重要经济支柱,至为明显。

宋代经济史的研究,一直是您过去和现在,也许还是未来,都会付出很多精力进行深入探考的学术领域。您对于宋代经济史中的一些问题,除酒的专卖之外,还有比如青苗法、工商税收中的祖额等许多专精的讨论,请您说说对这些问题的思考,为什么您会把宋代经济史作为您一直关注并认真研究的领域,是否和漆侠先生的影响有关?

是的,与漆先生的影响有一定关系,但又不尽然。漆先生是马克思主义史学家,早年曾想写一部贯穿古今的中国经济史,后来,由于政治运动和其他原因而没能实现。

漆先生的经济史研究,是通过考察经济关系的演变,力图揭示中国历史发展的规律性。我没有老师那样的抱负和学力,难以继承他的遗志,但是,我觉得,研究历史,不论是研究人与人,还是研究人与自然,经济利益最能体现各种关系的本质。任何大的历史问题背后的因果关系,都与经济利益的冲突密不可分。深入研究经济史,是探求和解开纷繁复杂历史现象必不可少的一把钥匙。

宋初先南后北的战略方针、所谓黄老思想与政治,以及宋代政治史的分期、年号建元与政治变革的关系、宋代的祖宗之法等一系列问题,曾经是您深入钻研的课题。宋初的政治特点有哪些?是哪些独特的地方吸引您研究这些问题?

关于宋初政治的特点,学界已有很多很好的意见。如君权与相权的变化,崇文抑武、守内虚外国策的形成,专制主义中央集权的加强,等等。

如果从对后世影响的角度来说，我个人以为，宋初政治特点有四个方面的表现比较突出，一是在结束唐末五代以来的动乱的过程中，围绕重建统治秩序而展开的政权建设、制度建设，贯穿了一个总的原则：以防弊之政，为立国之法。其精神要旨即是"事为之防，曲为之制"。从而奠定了有宋一代的政治规模和走向。二是太祖、太宗朝缺少一流的大政治家，大都是"斗屑之才"，所以，开国规模难有大手笔的制作，在相当大的程度上延续了五代以来狭小的政治心态，并由此规定和影响了宋代政治发展的基本格局。三是因循苟且、墨守成规的保守政风颇为浓厚。四是太祖太宗不勤远略，对外部世界经常采取防范和猜疑的态度，并采取不与草原民族一争雄长的政策。

我写的有关宋初政治的几篇论文，实际上正是当时宋史学界展开讨论的几个问题，我只是在讨论中发表了一些个人的不同意见。比如说，过去认为宋初君臣其所以选择先南后北统一策略，是因为北方辽、北汉较北宋强大，不易攻取，而南方诸国相对较弱小，易于制胜，即所谓的先难后易，而这个根据又是直接承袭周世宗时期王朴的《平边策》。对此，我提出商榷，认为先难后易中的易，是指南唐与后周接境两千里，易于寻找到薄弱之处，这与许多论者以为的"易者"为易于制取的对手大相径庭。也就是说，王朴所说的"易者"是指攻击对手的薄弱环节，并非指在诸多对手中易于制取的对手。同时，我还提出，以往武断的说"宋初置燕云于不顾"，固然是有悖于历史事实的，但是，如果说宋太祖君臣制定的先南后北统一战略方针包括燕云，也是缺乏事实根据的。实际上，宋初的先南后北只是针对太祖不满"小天下"而言，太祖其所以汲汲于南北用兵，主要是削平割据，而不能容忍一榻之侧有他人鼾睡。这与他对内实行一系列政治、军事改革措施，借以强化唯我独尊的专制主义，是内外照应、一脉相承的。而幽燕之地则不能与之同日而语，太祖很看重幽燕的军事地理。幽燕之失，北部门户洞开，来自契丹的威胁成为心头之患。但是，幽燕归属契丹已近二十年，收复幽燕之举牵一发而动全身，故幽燕问题实质上是如何对待蛮夷之国造成的边患问题。解决边患的办法，诚如赵普所言，自古有上中下三策，即据险而守、和戎和以兵锋相见一争雄长。从宋初的实际行动来看，显然是倾向于"和戎"政策。当然，我写这篇文章不仅仅是为了重新考订先南后北方略中的一些基本史实，而是力图在考订基本史实的基础上，更进一步说明，过去的研究过于强调先南后北策略符合当时北宋与契丹综合国力强弱的客观性，而忽略对太祖君臣对契丹怀有畏惧情绪，不敢与其一争雄长的主观性的检讨。而这种心态和情绪，终北南宋一代未能有大的改观。后世叹惋宋朝不武，恐怕不能只追究政治、经济、军事、制度、环境等客观原因，而更应探讨宋初以来君臣不敢与草原民族一争雄长的恐惧心理。

宋代的政治改革，尤其是这一政治变革期的文化，在中国古代社会发展历程中，有着独特的地位。说到宋代的政治改革，也就很容易使人想到王安石的变法，您最近若干年一直埋头王安石变法研究史的梳理，一部厚重扎实的《王安石变法研究史》，使我们了解到几百年来王安石和他的变法在社会发展历程中的风貌。请您谈谈您何以选择这样一个学术史进行研究？

你问的这个问题，我在《王安石变法研究史》后记中有所交代。1987年我报考漆先生的博士生时，考题就是关于如何评价王安石变法。当时这个问题是宋史研究中的一个热点，由于教学的缘故，我也一直很关注不同意见讨论的进展情况。我隐隐约约感觉到相当多的人重评王安石变法，不论是取材，还是论点似又回到了南宋初对王安石变法的否定上。我把我的想法如实的写到卷子上，没想到，我的想法得到漆先生的肯定，在面试时先生鼓励我把这个看法写成文章发表。从那时起我就更加留意王安石变法的讨论。上世纪90年代以后，不规范的学术行为，炒冷饭式的重复研究，以致研究成果"泥沙俱下"的现象已相当严重。而我在搜集资料和读书学习过程中，发现20世纪发表的有关王安石变法的文章多达千余篇，但有见解、有一定水准的论文不及三分之一，其他文章多是低水平的重复之作，或是泛泛而谈的应景之作。造成这种状况的原因，无疑与学术腐败和急功近利有关，此外，不重视学术史的清理也是原因之一。重视学术史的清理和回眸，既是对前人研究成果的尊重，也是学术创新的基础。当然，学术

切思：学术的真与美

史不应简单理解为学术回顾和综述，而应是从学术发展史的角度进行梳理，也就是说从理论上、方法上对重大学术问题进行反思和研究。并对其研究的时代、观点给以科学的总结。从而建立一种在客观归纳学术发展史的基础之上不断深入探究的学术风气。所以，我写《王安石变法研究史》既是想从学术发展史的角度梳理和总结不同时期对王安石变法评议、研究的方法和观点，也是想为改变目前的浮躁学风，进而规范学术研究尽自己的绵薄之力。

对王安石变法的评价，我深受邓广铭先生和漆先生的影响，但是我在叙述时尽可能地保持一种客观、平和的态度。因为吾爱吾师，吾更爱真理。我不愿重蹈那种赞誉王安石，就把王安石说的一切有是而无非，否定王安石，又把王安石说的一切有非而无是的评价窠臼。力图把900年来的是非曲直原原本本地告诉读者，不刻意站在肯定或否定的某一方。

自南宋初重修《神宗实录》确定"是元祐而非熙丰""唯是直书安石之罪"的编撰宗旨，从而彻底否定王安石变法以降至今，历史已走过近900年。伴随着历史的脚步，对王安石及其变法的褒贬议论，亦是一桩几经变动而又难以了结的历史公案。近900年间，有关评议和研究王安石及其变法的论著可谓汗牛充栋。仅以20世纪为例，据不完全统计，研究、评议王安石的传记、变法史实的专书达90余种，发表论文千余篇。依据中国社会历史变迁的特点和评价主流意见的变化，可以把近900年间评议、研究王安石及其变法分作三个时期：南宋至晚清、20世纪前半叶、20世纪后半叶。

在南宋初至晚清近800年中，对王安石及其变法的评议可分为史家和思想家两大类。史家的评议主要散见于各种官史和私史有关宋神宗朝史实的记述。自南宋至晚清历代思想家在总结北宋兴亡史时，大都较为集中地对王安石变法进行评论和批判。南宋至晚清最具代表性的批判意见有三点：1. 王安石变乱祖宗法度，"祸国殃民"，最终导致北宋亡国。这个观点定于南宋初期的《神宗实录》，后经宋国史至元朝人修《宋史》所承袭，成为元明清时期的官方定论，不仅为史家所认同，而且被社会普遍接受。2. 荆公新学是王安石变法的指导思想和理论基础，自宋理宗取缔王安石配享孔庙后，荆公新学所遭受的抨击之严厉，要远甚于对新法措施的否定。这种否定既与程朱理学和荆公新学在南宋的消长有关，更是理学家们自南宋初期以后不懈批判贬抑的结果，南宋理学家对荆公新学的批判主要集中在两个方面：一是斥荆公新学为异端邪说"于学不正""杂糅佛道"或"学本出于形名度数"，二是把新学作为变乱祖宗法度而致北宋亡国的理论依据，予以无情打击。由于理学在元明清被定为一尊的统治思想，"是当时思想的主流"，荆公新学作为异端邪说遂成不易之论。3. 把王安石的诸项新法称为聚敛之术"聚敛害民"，把王安石的理财思想视作兴利之道"剥民兴利"，是北宋熙宁、元祐时反变法派批评新法的主要观点，但自南宋至晚清仍是绝大多数史家和思想家评议王安石新法的基本观点之一。当然在"荆公受谤七百有余年"，而其间也有为其表襮的，如清人蔡上翔所著《王荆公年谱考略》即是为王安石及其变法进行辩诬。但这种辩诬并不是这一时期评价王安石及其变法的主流。

20世纪前半叶，运用近世科学的观点和方法重新评价王安石及其变法，大致与出现相对独立的宋史研究一样，亦始于20年代。进入30年代后，在蒋介石国民党政府的提倡和支持下，王安石及其变法研究出现了一个高潮，大致一直持续到40年代后期而不衰。梁启超《王荆公》是20世纪评议王安石及其新法影响最为持久的著作。从1908年（光绪三十四年）初次印行后迄今约有10种版本行世，如前所述自南宋以降至元明清对王安石及其变法的评议一直以否定性意见为主流，梁启超的《王荆公》改变了这种局面，为王安石及其变法彻底翻案。梁启超称王安石"三代下求完人，惟公庶足以当之矣"，他把青苗法和市易法看作近代"文明国家"的银行，把免役法视作"与今世各文明国收所得税之法正同"，"实国史上，世界史上最有名誉之社会革命"，还认为保甲法"与今世所谓警察者正相类"。一言以蔽之，梁启超用社会主义学说类比王安石新法措施，把王安石称为"社会主义学说的先行者"，胡适之先生亦持有相类的观点。其后研究者虽然已涉及王安石及其变法的方方面面，如变法的时代背景、动机、指导思想、代表的阶级、诸项新法的利弊、反变法派与变法派的斗争、变法的社会效果及意义、变法失败的原因及经验教训等，但梁启超的肯定性评价为大多数人所尊奉，而成为20世纪前半叶的主流观点。

切思：学术的真与美

中华人民共和国成立后，马克思主义的唯物史观在史学研究领域占据主导地位，最早运用唯物史观研究王安石变法并产生较大影响的学者，当推邓广铭先生和他的门人漆侠先生。他们的研究贯穿了20世纪后50年，这在王安石变法研究史上是很少见的。

1950—1965年，以马克思主义为指导的史学工作者对王安石及其变法作了再评价，虽然对王安石及其变法亦做出了全面的肯定，但因其观点、立场不同，在肯定王安石及其变法的性质和时代上与20世纪前半叶的肯定又不尽相同。其特点是：1.注重强调王安石变法的思想性和阶级性，即把王安石变法置于宋代特定的封建时代的历史环境中。指出王安石变法是地主阶级的一个改革运动，王安石的新法代表着地主阶级的利益，尤以持代表中小地主阶级利益的学者较多，王安石在政治哲学思想上具有朴素的唯物主义。2.对王安石变法的效果基本持肯定态度，即王安石变法在实现其富国强兵，加强宋朝封建专制统治的同时，还推动了宋代社会生产力的发展和历史的前进。3.对司马光及其反对派的否定，认为以司马光为首的守旧派的政治运动阻碍了历史的前进，这是对自南宋初以来是司马光而非王安石的传统观点的彻底否定，也与梁启超以来的评价有所不同，梁启超对王安石变法的翻案并未否定司马光。4.是王安石变法的失败原因一般归结为保守势力的强大、变法派内部的分裂以及宋神宗的动摇和过早的去逝。

1966年"文化大革命"开始，1973—1976年10月在"四人帮"掀起的"评法批儒"闹剧中，王安石被作为法家的杰出代表、王安石变法被作为两宋儒法斗争的典型事例受到高度重视。这一时期，发表文章150多篇。文章作者大致可分为三类：一是"四人帮"的宣称班子，专门为"四人帮"篡党夺权制造舆论，借此攻击老一辈无产阶级革命家。他们炮制的文章虽然不多，但分量甚重，犹如重磅炸弹，一时影响极大。罗思鼎《从王安石变法看儒法论战的演变——读〈王荆公年谱考略〉》1974年2月在《红旗》第二期刊出，即是这方面的代表作。二是工厂、学校和部队的理论小组和学习小组撰写的文章，这些文章都根据"四人帮"宣称班子的调子，加以发挥，上纲上线，在社会上只是制造声势，无学术意义可言。三是一些专家、学者经受不住强大的政治压力，违心地跟着撰写了一些著作和文章。

1977—1979年学界发表了二三十篇文章批判和矫正"四人帮"对王安石及其变法的扭曲，并力图澄清一些基本史实，还历史的本来面目。进入20世纪80年代以后，王安石变法一直是宋史研究中的重点问题之一。

1980年，《中国社会科学》第3期发表了王曾瑜先生的《王安石变法简论》。对王安史变法的再评价随之而热烈的展开，标志着20世纪王安石变法研究新阶段的开始并形成了三种总评意见，即肯定说、否定说和不完全肯定说。肯定说基本承接了五六十年代以来的肯定性意见。否定说又有两种不尽相同的意见，第一种是对五六十年代肯定观点的全盘否定：王安石不应算做中小地主的政治代表，王安石变法的客观效果是加重了对农民的剥削和压迫，阻碍了商品经济的正常发展，变法其间阶级矛盾依然尖锐，一句话，王安石"富国有术，强兵无方"，应予以基本否定。另一种否定意见是以全盘否定王安石，全面肯定司马光，亦即"尊马抑王"为其特色的。如果说中华人民共和国成立以来对王安石变法的研究和评价，是对900多年以前司马光、赵构的一个基本否定，那么这次"尊马抑王"则是中华人民共和国成立以来对王安石变法研究的一个否定，而这个否定之否定，便使这一评价的论点重新回到司马光、赵构的基本论点上，这可算是历史的一次重演。不完全肯定说，一方面充分肯定王安石变法是中国封建社会统治者的一次重要改革活动，具有明显的进步意义。变法其间生产有所发展，财政状况好转，基本上达到了富国的目的。另一方面指出新法在实施过程中给劳动人民在政治上和经济上增加了新的负担。对王安石变法与商品经济发展的关系，也是既承认它对商业活动的发展有不良影响，又肯定它还有对商品经济发展起积极影响的一面。

另外，值得一提的是，1986年朱瑞熙先生对此前评价王安石及其变法时经常引用马列经典作家的论述从本源上进行了澄清。他指出：第一，马克思从来没有评论过王安石，说马克思称王安石为中国最伟大的改革家是没有根据的。第二，列宁以为王安石确曾实行过土地国有的措施，因此称王安石是"中国十一世纪时的改革家"。但是王安石在土地问题上根本没有提出过土地收归国有的主张，也没有推行过土地国有的新法，因此列宁对王安石评论的根据是不正确的。

切思：学术的真与美

决定南宋以降迄今，对王安石及其变法评议的价值取向主要有三点：一是南宋以后占统治地位达700多年之久的程朱理学的评价价值标准；二是20世纪影响中国历史进程最大的马克思主义唯物史观；三是在不同阶段、不同时期内，与时俱进的社会气候变化，亦即现实政治发展路标的指向。

宋代是一个民族矛盾及其尖锐的时代，过去，宋朝给人的印象一直是软弱无能的一个政权。您对宋朝和西夏的民族关系进行了长时间的探讨，发表了一系列论文，最后又出版了《宋夏关系史》的专著。此外，您还将研究的视线转移到宋金关系等领域，对西北少数民族、西夏政治经济以及西夏的文化发展、金朝对陕西的经营、拓跋族的族源等一系列重大学术问题，您都有自己独到的研究。那么，请您谈谈宋代民族关系的问题。

两宋时期民族关系错综复杂，辽朝和西夏与北宋鼎足而立，金朝以淮河划界与南宋对峙，最后南宋又亡于蒙古的铁骑。此外，还有大理、吐蕃、西辽等。但目前对这个问题的研究还有待于深入，特别是从10—13世纪中国历史发展的整体全局来把握这一时期的民族关系，迄今尚未见有分量的研究成果问世。陈寅恪先生在《唐代政治史述论稿》一书中，论唐代外族盛衰之连环性，外患与内政之关系，是治民族关系史极为重要的一种方法，对我研究宋代民族关系问题有很大启发。虽然唐宋历史发生了很大变化，但陈先生观察民族关系的方法仍具有指导意义。我所讨论的宋与西夏的关系，只是宋代民族关系中的一小部分，而且在我之前已有相当多的研究成果。我个人认为，我的研究有三点较前人有所推进：一是我首次以专著的形式和分量，对宋夏关系作了较为系统的论述；二是在使用资料上，以往治宋夏关系的学者多使用清人的著作，如《西夏书事》《西夏纪事本末》《西夏纪》，但清人的著作主要取材于宋人的记载，而这些宋人记载在今天又大多能够查阅到，因而我对宋夏关系的叙述，尽量重新爬梳宋人的原始记述，一般不把清人著作作为原始材料来使用，只把它们作为带有研究性质的著作来参考；三是对宋夏关系的描述没有停留在双方经济、军事交往的人和事件上，而是深入双方的政治、军事体制中，深入双方所处的历史时代和大环境中,以北宋政治运行机制为切入点去探寻宋与西夏交往的发展轨迹。

宋夏关系是一个比较复杂的问题。总起来看,以宋神宗时期划线有两个特点,此前宋夏关系围绕西夏争取独立而展开,此后宋夏关系以北宋力图吞灭西夏为主线索,但双方最终均未达到目标。西夏自李继迁至元昊三代,经过艰苦卓绝的努力,兼并统一河西、朔方,建立起幅员两万里的西夏王朝,且在康定、庆历年间的三大战役中大败宋军,但是,最终却未能达到与北宋、辽朝平起平坐的战略目标,仍以接受国主称号的封册,与宋订立了和约。而北宋从宋神宗朝起历哲宗至徽宗三朝,耗费巨大的财力、物力、人力,发动数次旨在灭亡西夏的大规模战争,把边界线向西夏境内推进数百里,但最终也未能达到吞并或彻底制服西夏的战略目标。这是为什么?从西夏方面来讲,未达到目标大致有三个原因:其一,在综合国力上,西夏建国后,仍然弱小,无法与宋朝做对等性的抗衡。其二,西夏的社会生产水平,尚不能满足国内对农耕产品日益增长的社会需求,因而在经济上对农耕大国宋朝存在着一定程度的依赖,夏宋贸易对西夏的发展具有特殊的重要意义。这种经济上的某种依赖性,决定了西夏在政治上不能完全自立。其三,从军事武力来看,虽然在战场上西夏不仅对北宋,而且对辽金都取得过骄人的成绩,但它取得的胜利基本上限于局部边境战争,极少深入交战国腹地,对交战国不能构成大的威胁。

北宋神宗以后不能吞灭西夏,大致也有四个方面的原因:第一,北宋的军事体制从宋太宗朝晚期起,体现着以战略防御为主的思想,步兵是其主力部队,深入进攻西夏非其所长。第二,宋夏边界向西北有瀚海沙漠戈壁七百里,成为以步兵为主的宋军难以逾越的天然屏障。第三,宋的军事体制中存在着有悖于军事规律的严重弊端,宋太宗为了加强控制军队,在军事行动中实行"将从中御"的方法,后来被他的子孙后代奉为祖宗家法。这种方法就是让领军将领按照皇帝事先准备好的作战方案指挥战斗,并不得违制。它极大限制了领兵将领临阵时的主观能动性的发挥,宋军常以不变应万变,哪有不贻误战机的?第四,西夏与辽朝互为倚角,是北宋不能吞灭西夏的外在因素。

切思：学术的真与美

余英时先生的一部《朱熹的历史世界》，引起了大陆学者更多的思考。此前，漆侠先生的《宋学的发展和演变》也在很大程度上上推进了学人对宋代学术思想史的研究热潮。我知道，对于宋代的学术思想，您一直有着浓厚的兴趣，对此，请谈谈您的看法。

2001年，我就从邓小南教授那里知道余先生在写这本书。那时我正想做一个有关朱熹对北宋历史评价的课题，很想了解余先生书的写作。我第一次读到余先生的书是在前年年底。去年十一月为参加北京大学与三联书店联合举行的座谈会，我又认真拜读过一遍。余先生的书出版后在海峡两岸甚至国际汉学界引起巨大反响，可以说好评如潮。但是你注意过没有，书评主要来自学术思想史界，而在宋史学界却反响平平。我想从宋史的角度谈几点看法。对宋代学术文化思想的研究，在上世纪80年代中期以后成为宋史研究的一个热点，研究宋史的人多是从制度层面讲这个问题，而思想史学界则多从学派、人物或思想理路入手。一直到90年代中后期，用新的研究取向和方法重写宋代思想史和中国思想史悄然兴起，这种新的研究取向和方法主要表现在三点：一是以哲学史等同思想史的研究方法受到一致的抨击；二是思想与当时的社会、经济、政治、文学的联系受到关注；三是思想史解释资源的范围扩大，社会史、经济史、文学史、学术史乃至文献学、考古学等所依据的资料大量进入思想史的视野。余先生和漆先生的大作是用新的研究取向和方法重写宋代思想史的代表作。这两部书如果放在一块比较，有一点困难，余先生和漆先生治学的方法和立场、观点有很大的歧异。余先生对马克思主义的决定论不感兴趣，漆先生则坚持用唯物史观治史。虽然论证的方法和角度不同，历史学家关心的问题有很多相通的地方，但确有殊途同归的东西。余先生提出宋代儒学的整体动向是重新建立社会秩序，漆先生认为北宋儒学的主流是社会实践和社会改革，虽然用词不同，但是他们的立脚点是相同的，都是从儒学内圣外王的角度谈问题。这是他们的一个相同点。还有他们对宋代儒学的发展阶段的划分也基本相似。第三个相通点是余先生和漆先生都不约而同地充分肯定宋初古文运动和王安石新学在宋代思想史上的重要地位，从而突破了过去以程朱理学为主体的思想史旧框架。过去相当长时间内，一提到宋代的学术思想，似乎就只有程朱理学可讲，一部宋代思想史实际上成了一部程朱理学发展史。这是不符合历史实际的。虽然这个偏向已在上世纪90年代已开始在宋史学界得到纠正，但有囿于根深蒂固的传统观念，目前在思想史学界大致仍以程朱理学代替宋代的学术思想，所以漆先生和余先生对纠正这种不符合历史实际的偏向就具有很重要的学术意义。当然由于治学方法不同，漆先生和余先生对宋代学术发展走向的认识有很大的差异。漆先生《宋学的发展和演变》没有写完，但在他的写作计划中有"道学与南宋中后期的政治"方面的内容。漆先生认为理学或称道学，至南宋逐步演变为空疏、僵硬之学，对南宋历史的负面影响大于积极影响。而余先生的观点恰恰相反，他不仅突破以往认为程朱理学到南宋转向内省，或者是注重发展"内圣之学"的说法，而且把朱熹时代称作"后王安石时代"，欲重建历史"遗失的环节"。两者孰是孰非，在这里不便妄加评论，但有一点可以说，仅从思想史的内在理路重建历史遗失的环节，恐怕不足以说明问题，还须有历史环境等方面的支撑。不过，余先生在资料之间的联想和逻辑推理方面，确有过人之处，若从写作的层面讲，我确实很钦佩。

您对两宋时期的社会史也多用心关注，您对宋代妇女社会地位的思考，尤其是您对唐末五代宋初时期的食人现象以及相关文化陋俗的研究，眼光独到，见解超远，引起不少年轻学者的关注。请问您是怎样注意到这样一个问题的？其中究竟反映出哪些传统社会中的深层社会问题？

写这篇文章没有特别的背景，只是在读记述五代到宋初基本资料时，曾留意宋初重建社会秩序，革除社会陋俗，推进社会文明等举措，其中消除食人现象具有较为典型的意义，所以把它提出来做专门的讨论。虽然我从武夫悍卒的残暴、割股疗亲和人祭等陋俗解释唐末五代宋初食人现象流行的原因，但还有再讨论的余地，比如还可从更广泛的角度揭示文化陋俗与食人现象之间深层次共同的文化意义。因为食人现象在宋初以后的和平年代中已不多见，但食人肉的现象仍然见怪不怪，常见于史端和文学作品之中。近几年读书时又发现了一些相关资料，如有时间，我想对此问题再作更深入的探讨。

切思：学术的真与美

从20世纪初期日本学者内藤湖南提出"唐宋变革论"这一命题以来，近些年我国学者对此多有回应。我知道，您一直关注唐宋社会变革问题。这一问题反映出哪些社会历史内容，我们又该如何进一步深入探考，从哪些方面进行？

尔说近些年来我国学者对唐宋变革论多有回应是对的，因为唐宋变革论自提出至今虽已近百年，但国内学者真正关注"唐宋变革论"，并引起唐宋史学界热烈回应，实际上是进入21世纪以来的事情。此前虽也有学者不断论及，但终究未引起大范围的讨论，影响有限。唐宋变革说实质上是对中国历史的一种分期。对历史进行分期，不论是日本学者依照文艺复兴时代划分西洋史上古、中古、近代的正统分期法，还是中国学者依照斯大林五个社会形态理论进行分期，实质上都是按照近代西方的历史观来解读中国历史。日本学者的宋代近世说，是站在世界史的范围，认为中国的宋元时期与西亚、南亚、东亚及欧洲的近世化过程相同步，或者说是世界近代化链条中不可或缺的一环，而中国学者，特别是20世纪50年代以来的大陆学者的讨论，虽然也比照西欧封建社会向资本主义的过渡历史，但多强调中国的独特性，并显现出就中国论中国的闭关自守式的研究倾向。因而中国学者对唐宋变革的观点，在世界范围未产生多少回应和反响，但日本学者的唐宋变革论却产生可极大反响。

要回答唐宋变革论反映出哪些社会历史内容，这首先要了解不同的唐宋变革论的不同主张。目前影响较大的唐宋变革论有三说，一是日本京都学派的唐宋之际变革论；二是中国唐宋史学者的中唐至北宋中期变革论；三是美国学者近二三十年来的两宋之际变革论。这三种说法不仅确定变化时间的起讫不同，更主要的是对社会历史变化内容的把握不尽相同。日本学者内藤湖南主张变革的主要内容：政治上隋唐贵族制衰废，宋朝君主独裁制兴起，经济上唐宋之际，为实物经济之终结，货币经济之开始，文化上由贵族文化转向平民文化。其后宫崎市定发展此说，更多地添加了社会经济史方面的研究，概括起来说就是由农村时代向城市时代推进的社会构造的变化，和由宗教时代向学问时代演变的文化形态的变化。

中国学者认为唐中叶以来各种形式的封建国家土地所有制衰落，土地私有制在宋居于绝对的优势地位；在土地私有财产居于压倒的优势地位的同时，土地占有诸阶层也发生显著变化，从而使土地占有关系出现了新的格局。阶级关系的变化则表现在两个方面：一是农民对地主的人身依附关系有所松弛，农民与地主的身份性差别有所缩小；二是雇佣制逐步有所发展。以新的社会经济结构为政治和精神的基础，整个上层建筑包括政治、军事、教育、法律等制度，乃至哲学、宗教、文学、艺术、学术等意识形态以及风俗习惯都出现了相应的变革。

美国学者起初也受日本学者唐宋变革观的影响，到上世纪70年代，美国的宋史学者研究的重点转向士大夫和学术文化思想，受当时西方流行的社会学中精英与分层理论的影响，他们以唐宋时代士人的变化为切入点，重新思考唐宋变革，进而否定日本学者的唐宋变革观，在他们看来传统的阐释忽略了从北宋到南宋的社会变迁，忽略了道学在社会中发生作用的历史性。从唐朝到北宋、南宋，最深刻的社会变迁就是国家的精英性格变了，从官僚性格变成地方精英的性格，特别重要的变迁在于：宋代土地所有权属于私人而不属于国家，政府变小，社会上地方士人精英兴起，南方的多元化，南方为全国的中心，思想方面有道学，经济上商业经济发达！外贸繁荣，大城市和市场网络越来越发展，中央政府在各方面的领导性减弱。

显然，日、中、美三国学者从各自的角度和理论，对唐宋变革的社会历史内容变化做出了不同的解释。就讨论对象而言，日中学者有相通的地方，在第二次世界大战以后，中日学者讨论唐宋变革都不同程度地受到马克思主义历史观的影响，尽管中日学者对封建社会是领主制还是地主制的内含理解不尽相同，但都从封建社会中的地主与农民、国家与农民之间的基本社会关系、社会阶层身份、土地占有制等方面的变动展开讨论则是一致的。而美国学者不承认历史发展有规律可寻，所以他们的关注点与日中学者不尽相同。

至于如何进一步探考，这是一个涉及面很大的问题，不是三言两语就能说清楚。当然我也是在思考，但不一定成熟，我觉得目前虽然回应者很多，从进入21世纪以来已召开六七次有关唐宋变革的国际、国内学术研讨会，国家社科基金课题也批准了七八个有关课题，但总体上似还停留在唐

切思：学术的真与美

史学者说唐史学者的唐宋变革，宋史学者说宋史学者的唐宋变革的阶段，真正打通唐宋史来讲唐宋变革的现还很少见。我个人以为，要想使唐宋变革的讨论向前推进，至少要做三方面的工作。

一、不论是唐史学者，还是宋史学者都应打通唐宋断代史界限，真正把唐宋变革作为一个整体来研究，也就是说，研究者要具备熟悉唐宋两个断代史的知识结构和修养，这样做有很大的难度，但不这样做就很难取得大的成绩。二、在理论上应有所突破和新的建树，前面说过唐宋变革论实质上是一种历史分期，换句话说就是用近代西方的历史观来解读中国的唐宋史，唐宋变革论的提出本身就是建立在历史理论发展基础之上的。所以在新的时代要推进唐宋变革研究，就应有相应的理论做基础，对推动唐宋变革的历史原因、唐宋变革的主要社会特征、唐宋变革的历史走向、唐宋变革对中国历史进程的社会影响等，做出符合历史实际的解释。三、目前还没有一部全面描述唐宋变革的著作，也就是说唐宋变革到底在哪些方面有哪些表现，现在还是众说纷纭，或是从某一方面论说，其实这方面的研究成果已有很多，只是缺乏大手笔的系统总结和梳理。

最近一段时间，您一直在思考和探索宋代的治河和边防，同时也涉及宋代的历史地理和灾荒问题，这些似乎是宋史研究中不太受重视的领域。也请您谈谈。对宋代的文献，西夏史等问题，进行了多方位的探索。请您谈谈您的研究，也顺便请您谈谈文献的整理和订正对于史学研究的重要性。

记得跟漆先生读书时，先生常常教导说，虽然人们对历史科学的种种问题存在明显的歧异，但是对于中外史学发展的进程中，真正够得上一部优秀的史学著作，真正能称得上优秀史学家的，则具有共同的看法和认识，亦即这部史学著作以极其丰富的资料来反映它所描述的那个时代的社会内容，而它所依据和使用的资料则是真实可靠经得住检验的。因此，作为一个优秀的历史学家，既要搜集丰富的文献资料，又要对这些资料进行考辨、鉴别，而后加以运用，由此完成一部优秀的著作。对文献资料的考辨、鉴别，也就是考据。一个优秀的历史学家，把史料的搜集与考订集于一身，所以他同时也是一个优秀的考家。史学与考据是不可分割的。我很钦佩先生的治学之道，常以先生的教导作为座右铭，努力学习、努力实践，把文献的整理和订正作为我治史的基础。你提到的这几篇文章可以说就是注重文献整理和订正的具体表现。

学界有人多说您具有大宋史的学术眼光，说您对于百余年来两宋史的研究，做到了高屋建瓴，高瞻远瞩，胸有成竹，所以您的选题，基本上是慧眼独具的。那么，在您看来，过去和现在，宋史研究中存在哪些问题，以及今后宋史研究的发展趋向等，请您谈谈个人的看法。

从上世纪初，开始运用近代科学的观点和方法研究宋史，迄今已有近百年的历史。如果讲在这近百年中存在的问题，我想有两个是贯穿其始终的，一是人才问题，二是研究方法的取舍。研究者众多、高手云集，宋史研究自然兴旺发达，否则则反之。近百年的宋史研究可化分为三个阶段，从上世纪初至中华人民共和国成立前为第一阶段，中华人民共和国成立后又可以1980年中国宋史研究会成立分为前后两个阶段。总起来看，1980年以前的宋史研究相对于中国古代其他各断代史，宋史研究是比较落后的。1980年以后，随着中国宋史研究会的成立和发展，研究队伍不断扩大，宋史研究也进入了繁荣时期。目前令人堪忧的问题仍是人才。为什么这样说呢？我们知道，中华人民共和国成立以来为宋史研究做出巨大贡献的老一辈研究者，绝大多数已谢世。目前领军的研究者多是五六十年代培养的，他们的研究成果不论是数量还是质量，都较好地承袭了老一辈的优良传统，甚或还有所发展。现今宋史研究的中坚力量是一批毕业于20世纪80年代初，年龄在四十至五十多岁之间，他们大都是从"文化大革命"动乱后积攒十年的人才中脱颖而出的佼佼者，有比较丰富的社会阅历，又逢80年代注重人文学科研究的淳朴环境，因而有志于献身学术研究。目前最堪忧的是，自20世纪90年代市场经济有了大发展以后，历史学受到自古以来所没有遭遇的冷遇。在大多数高校历史专业已很难招到第一、二志愿的考生，即使是勉强服从调配而学习历史专业，也缺乏积极性，更难说献身史学研究，因而从人才质量上讲，20岁以上的青年学子，已不再是他们同龄

切思：学术的真与美

人中的优秀者，优秀人才已流向那些将来能保证有好职位、高报酬的学科专业。所以，加强新一代宋史研究者的素质培养是亟待解决的问题。

再说研究方法取舍问题。20世纪二三十年代，因种种原因宋史研究常被学者忽视，不用多说。中华人民共和国成立后，唯物史观在史学研究中占据支配地位，但如何学习和运用，却又走了弯路，50—70年代，阶级与阶级斗争学说是判断历史问题的基本准绳。因而50—70年代的宋史研究最为关注的是两宋时期的政治斗争，王小波、李顺，宋江，方腊，钟相、杨幺领导的三次大的农民起义；庆历新政、王安石变法；宋与辽、西夏、金、蒙元之间的斗争，构成了这一时期宋史研究的三大主旋律。而宋代的许多方面都还存在着未开垦的处女地。1980年中国宋史研究会成立后，在邓广铭、陈乐素等前辈学者倡导实证研究风气的影响下，二十多年来实证研究已占据主导地位，热衷辨析史事，究心典章制度，蔚然成风。20世纪80年代以前，宋史研究的落后主要表现在对典章制度研究的无所作为，进入20世纪80年代以后，宋史研究的进步迅速，也表现在对典章制度所取得的巨大成绩上。

应当说，近百年来，特别是1980年以来，我国的宋史研究取得了较大的成绩，不论是出版的学术论著的数量和质量，还是研究的队伍，在世界范围内都是无与伦比的，可以说现今已彻底改变了宋史研究的落后状态。但看到成绩的同时，还应看到不足。即必须清楚地认识到，我们在研究方向、取径乃至课题的选择方面，许多是受海外学界的影响，国内学界对于这些内容有批评有修正，但在国际汉学界宋史研究交流的平台上，我们能够主导潮流、影响研究取向的方面还很有限。那么，如何改变这种状况呢？我觉得加强理论方法的创新和探索，是开辟今后宋史研究新天地的重要途径。一方面，在世纪之交，学科间方法的整合与互动已成为一种趋势，新旧方法和历史观的反思与交替也正处在十字路口，需要我们应对新时期的挑战。另一方面，是宋史研究本身所具有的特点决定的。陈寅恪先生说过，新方法的运用和新材料的发现是推动史学进步必不可缺的因素，具体到宋史研究，在新材料的发现上，直到现今也未出现如汉简、敦煌文书、明清档案能改变和补充典籍记载的新材料；而且宋代的考古资料在考古学上意义不大，不能推翻典籍文献的记载，在研究上的价值不大，宋史研究主要是依靠文献记载，因此新方法的运用对开辟宋史研究就显得具有特别重要的意义。

您今后的思考和学术研究计划，请问能不能也大概谈谈？

十多年前也曾有过很大的抱负，现在想起来还是空想的多，其实认真做好一两件事就已很不容易了，如果能让自己的作品经得起十年、二十年的检验，那就更不容易了。今后也没有特别的计划，还是要多读一些书，既要继续爬梳原始资料增加积累，同时要多读历史理论以及其他相关学科方面的理论书籍，希望能够充实自己，提高观察问题、发现问题、解释问题的能力。过去，我的一位学兄说，搞研究平素心中没有八九十来个题目是不行的，我基本赞成这个说法。我现在已养成一个习惯，读书或思考时，把突然冒出的点滴想法和问题记在笔记本上，日积月累到现今少说也有十个问题和可以作为被选的研究课题，当然这些想法都还很不成熟，还需更多的思考，不过，对启迪今后的研究思路无疑是有益的。目前正在做的课题是关于宋代灾害与对策方面的研究，其后也许会关注从中唐到王安石变法这一段历史的变化特点。

目前中小学的历史教学，存在着许多问题。在高考这个指挥棒下，广大中小学生只知道背诵那些书本上的历史知识，往往在升入大学或研究生阶段的学习后，形成一些思维定式。当然，中小学的教师、教材也还有许多不太令人满意的地方。在这方面，也请您谈谈您的想法和意见。

我上大学是学师范出身，但可惜除了大三时搞教学实习曾在中学讲过一个月的课，以后就再没有上过中学的讲台。我儿子今年九月份该上初三，已学习一年历史。他的课本我简单翻过，觉得总体上比过去有很大进步。当然也存在一些问题，一是教材反映和吸收新的研究成果较为滞后。二是由于高考体制所限，中学似普遍存在不够重视历史教学的现象，没有充分发挥历史教育在培养学生人生观、价值观过程中应有的作用。三是中学历史教材的编写似是大学历史教材的简写或缩写。没有关照到中学生的年龄特征。我觉得有些问题可以再商量，比如如何处理教材中抽象与兴趣的关系，现在的教材似乎抽象大于兴趣，而中学生正处在长知识的阶段，历史的感性认识对他们更重要，所以不必让他们过早地接触历史理论或范式，而是让他们通过学习历史知识增长观察和认识纷繁事物的能力，培养良好的人文素养，进而打下判断和鉴别正义与邪恶、是与非的初步基础。又比如，如何处理中学历史教材与大学历史教材的关系，我以为不要按照培养历史专业人才的标准设置中学历史课程和编写教材。因为毕竟绝大多数中学生将来并不选择历史专业，而现在的中学历史教材恰恰是大学历史专业的教师按照大学的历史教材进行缩编和整合，能不能按照中学生的特点以及他们中学毕业后主要从事其他学科和专业的实际，编写出更为适合他们需要的教材呢？我在这里只是提出问题，也许是不切合实际的想法。

延伸阅读：

　　切问——数典访谈系列之三：广知邃密求贯通——首都师范大学李华瑞教授与国学数典网友访谈http://bbs.gxsd.com.cn/forum.php?mod=viewthread&tid=281936&highlight=%E6%9D%8E%E5%8D%8E%E7%91%9E

林文勋

林文勋，1966年生于云南曲靖。1982年入读云南大学历史系，1991年7月获云南大学历史学博士学位并留校任教。先后任云南大学历史系中国经济史研究史主任、中国经济史研究所所长、西南边疆少数民族研究中心副主任、人文学院副院长兼历史系主任、历史文化学院院长兼历史系主任、研究生院院长、党委副书记、校长，现任云南大学党委书记。国家"四个一批"理论人才、国家"万人计划"哲学社会科学领军人才、享受国务院政府特殊津贴专家，1998年获教育部宝钢教育基金优秀教师奖，2001年获教育部霍英东基金全国优秀青年教师奖和全国模范教师奖章，曾入选教育部新世纪优秀人才支持计划等，并被授予全国模范教师奖章和云南省优秀共产党员称号。现兼任国务院学位委员会中国史学科评议组成员、云南省历史学会会长、中国民族史学会副会长、学位与研究生教育学会副会长、云南省社科联副主席等职。长期从事中国经济史研究，主要研究领域为中国经济史、中国乡村社会史和唐宋史，先后提出"历史哲学意义上的商品经济史研究"、"钱币之路"、中国古代"富民社会"等学术概念与体系。至今已出版独著、合著、主编著作10余部，在《历史研究》《史学理论研究》《中国经济史研究》《民族研究》《中国边疆史地研究》等刊物发表学术论文150余篇，并参与主编《云南大学中国经济史研究丛书》《云南大学宋史研究丛书》《云南地方经济史研究丛书》《云南大学中国边疆研究丛书》等。

主要著作

《宋代四川商品经济史研究》，云南大学出版社1994年版；

《宋金楮币史系年》，与李埏先生合著，云南民族出版社1996年版；

《中国古代专卖制度与商品经济》，主著，云南大学出版社2003年版；

《唐宋乡村社会力量与基层控制》，与谷更有合著，云南大学出版社2005年版；

《中国古代"富民"阶层研究》，主编并主著，云南大学出版社2008年版；

《历史与现实：中国传统社会变迁启示录》，人民出版社2010年版；

《学科建设与教学改革初探》，云南大学出版社2010年版；

《唐宋社会变革论纲》，人民出版社2011年版；

《中国西南边疆的社会经济（1250—1850）》，译著，人民出版社2012年版；

《民国时期云南边疆开发方案汇编》，编著，云南人民出版社2013年版；

《重塑沿边经济地理与发展机制：以滇西边境地区为例》，编著，社会科学文献出版社2015年版。

中国古代史研究：从静止式、平面式研究到动态式、立体式研究
——林文勋教授访谈录①

自上世纪90年代末开始，林文勋教授就强调历史上"三农"问题的重要性并致力于这方面的研究。他发现：唐宋以来的中国社会中崛起了一个"富民"阶层。这一阶层影响了中唐以来整个中国传统社会的稳定和发展，是解构唐宋以来中国社会发展与变迁的一把关键性钥匙。进而他提出唐宋至明清的中国社会是一个"富民社会"的学术观点，并指出从上古三代的"部族社会"，到汉唐的"豪民社会"，再到中唐以来的"富民社会"，并最终向着"市民社会"演进的这一线索，构成了传统中国社会发展演变的一条新主线。目前正致力于中国古代"富民社会"的研究。

林老师，您好！我们知道您出生于一个普通的农民家庭，但是在1991年您25岁的时候，您就以优异的成绩获得博士学位，成为云南省最年轻的博士学位获得者，这是非常不容易的，那么能不能首先给我们讲讲您的求学经历？

好的，我出生在云南省曲靖市城东大约十几公里远的一个小山村。那里是一个半山区，地方较为闭塞，在当时与外界的联系并不是太多。我家是一个普通的农民家庭，家里世代务农，没有出过什么读书人。很多人从

---

① 本篇访谈完成者为黎志刚博士，高楠教授参与了很多工作。

我的名字看，以为家里有读书人。其实，我的名字是按农村的辈分组合而成的。因为，我父亲的辈分排到我这一代是"文"字辈，母亲这边到我这一代是"勋"字辈。在我六岁的时候，我被送到了村上的学校里开始读书。在简陋的乡村学校里，我读完了我的小学和初中，一直到1979年考到我们当地一个公社的社办高中。但恰好在我上高中的时候，遇到国家要撤销全国的社办高中。当时我们学校就不管是高一学生还是高二学生，统统发了高中毕业证，让你去参加高考。那个时候我们高中的基本课程都没有学完，但那批同学还是有相当一部分参加了高考，其中居然就有6个同学达到了当时的录取分数线，这在当时是非常不容易的。不过，当年我并没有直接参加高考，而是转学走了。先是转到我姐姐工作所在地的一个子弟中学，读了一年后，又随我姐姐工作的变动转到了曲靖五中。转学主要是家庭原因。因为我一岁多时母亲病逝，父亲后离家出走，我上初中、高中时有一段时间一人在家，无人照看，我姐便多方找人，将我转走，随她去上学。当时，我们那批从农村出来的学生有个特点，就是对外面的世界根本不了解。用我一位同学后来的话来讲，他原以为读完了初中就没有什么可做的了，后来才惊讶地发现：原来读完了初中竟还可以读高中，读完了高中还可以考大学。当时我们待在我们那个小山村里，看到的天地就只有曲靖坝子（云贵高原上的山间小盆地称坝子）那么大。所以当时我们的理想都很小，就我个人来讲，一辈子能在乡村里面当个民办老师，就是我最大的抱负。当时根本就没有想到后来能考上大学，然后在大学里面成为一名老师。

转到城里读书之后，离高考已经很近了，但这时我的学习遇到了一个问题：由于我的初中和高中的一段时间主要是在农村中学中念的，农村中学不开设外语课，因而我从来就没有学过外语。但那时我们的高考已经开始考外语了，所以到了高考的时候，考外语的那一场我就没有准备去考。但我的家人劝我还是去，一是因为据有的人说重点大学不录取外语成绩为零分的考生，二是进去之后可能好歹还会猜得到几分。我听了这些，还是去了，进场拿到外语试卷后，我只勾选择题，其他的题一个都没做，也不会做，三分钟不到就勾完了全部选择题准备离场。但监考老师说按规定要半小时后才能出考场，于是才在考场里待到了半小时以后。

高考成绩出来以后，我的外语只猜到了6分，但其他科目都考得不错，特别是历史、地理。在我所就读的曲靖五中，我的总分还是文科的第一名，于是就被云南大学录取了。但我到云大来后一看，我们班总共72个同学，我的外语成绩排在倒数第一，而且其他同学的外语成绩，低的一般都有30几分，只有我考了6分。我一想麻烦大了，外语的问题不解决，能不能毕得了业还是个大问题，于是开始下功夫学习外语。我就找了一本中学的英语语法书来，从英语语法开始自学。这本书被我反复仔细地看了有五六遍，而且每一遍我都做了大量的笔记，一直到把书上的知识点都吃透融通了。这样刻苦地学了一段时间之后，外语成绩有了很大的提高。到了大二，我们外语老师对外语教材上有些复杂长句的结构搞不清楚时，许多时候都会来问我。这样，到了考研究生的时候，我的外语考了70多分，是云南大学当年录取的研究生中外语单科成绩的第二名，只有一个外语系毕业考研的同学比我高，而其他外语系的考得都比我低。

在大力学习外语的同时，我也加强了专业知识的学习。当时我有个模糊的认识，认为读书重于考试，考试成绩只要过得去就行了，但一定要学会自己读书。所以在这一时期，我阅读了大量的书籍，这些书对我后来产生了重要的影响。其中的一本书是胡如雷先生的《中国封建社会形态研究》，这本书受到了日本学者的高度评价，称之为中国封建政治经济学。我对这本书反复读过，觉得这本书理论性很强，有宏观的视角，也对这本书的优点进行了学习。这对我后来搞经济史研究时，从整体上把握传统中国的经济结构、经济形态和社会发展起了很大作用。这一时期我还读了大量政治经济学的书，为什么当时我要看政治经济学的书呢，这主要是因为考研。在云南大学读本科期间，我就知道李埏先生是著名的中国经济史专家，所以首先就选择了要报考李先生的研究生。但当时李埏先生是隔年招生，我并不清楚到我毕业那年他招不招生。于是就做了两手准备，如果李先生不招生就报考中国人民大学孙健先生的政治经济学研究生，所以这一时期便看了大量政治经济学的书。但恰恰是这个两手准备，使我在后来的研究工作中形成了一种重视理论学习的思维意识，为我的研究与学习奠定了一定的理论基础。后来我研究问题时，经常自觉地把许多问题上升到理论层面，进行进一步地分析和挖掘，就与这个时期看的书有相当大的关系。这个时候对我影响比较大的还有傅筑夫先生的书，他的《中国封建社会经济史》《中国古代经济史概论》《中国经济史论丛》等，我在这一时期都仔细读过并做过大量笔记。当时我的经济状况还十分紧张，但为了看他的书，我跑到了当时在昆明市南屏街的一家新华书店去专门预订了他的书。傅筑夫先生的著作是把西欧封建社会经济发展的模式和结构运用到中国经济史的分析和研究上，因此在中国经济史很多问题的认识上，我并不太同意他的观点。但我认为，在当时，真正在对中国经济史的整体认识的基础上建立起一个完整的理论构架体系来说，傅筑夫先生是做得很好的。当然，这个理论构架体系受当时的时代所限，是建立在西欧经济史的理论和观点之上的。因此我当时就萌发了一个想法，想对傅筑夫先生的著作作注，通过作注的形式对他的观点进行评说与分析。于是，当时结合自己所看的书，对傅筑夫先生的封建社会的典型形态说、春秋战国资本主义萌芽说以及商周之际领主制的产生等问题，都根据自己的认识写了一系列读书笔记。我记得硕士研究生面试的时候，李埏先生问我是否写过什么东西，得知我在读书的过程中写了一些读书笔记后，就叫我拿一篇给他看看，我便找了一篇读傅筑夫先生书的过程中写的读书笔记给他。过了三五天，他请系上的老师叫我去他家。我到了之后，他从书房把我的笔记拿出来给我，然后对我说了一句话："你要有长期在这个地方读书的准备，你今后要留校。"

那么在进入硕士研究生阶段之后，您的经历是怎样的，又是怎样走上史学研究的道路的呢？

进入硕士研究生阶段之后，主要是通过我的导师李埏先生对我的引导和训练，我开始慢慢地走上了史学研究的道路。

刚进入硕士研究生（阶段）学习时，我的精力主要是放在明清经济史的研究上面，因为我本科的毕业论文选取的就是明清苏松地区重赋问题的研究，所以刚开始读研究生时，也想沿着这个方向做下去。过了一段时间之后，李先生找我谈话，他说："研究中国的很多历史问题，秦汉时期更为关键，这一时期奠定了中国后来两千多年的历史发展的基础。"于是，在李先生的鼓励下，我从明清转向了秦汉，阅读了《史记·货殖列传》《汉书·食货志》《盐铁论》以及部分先秦时期的史料，其中还有一件重要事情，就是我花了大约半年的时间阅读了关于亚细亚生产方式的大量研究成果。当然，如果从现在来看，亚细亚生产方式到底是一种什么样的生产形态，它能不能成立还是一个问题。但在当时，这一学习对我进一步开拓自己的思维起了重要的作用。在阅读秦汉经济史史料的过程中，我也写了《汉武帝时期经济政策分析》《汉武帝时期的财政措施述论》等一系列文章。这些文章经武建国老师看后认为达到了发表水平，准备推荐到《中国社会经济史研究》去发表。但后来李先生对我说："不要急于发表，能发表都不要发表。你现在不要急着出成果，要认真打好自己的基础，这些东西只是你进一步学习和巩固知识的基础。"所以，直到现在，这些成果中有些还没有发表。不过，这些成果对我后来的研究还是起了基础性的作用。在对秦汉经济史有了较好的认识基础之后，我又转向了唐宋经济史。因为导师李先生毕竟是唐宋史的专家，而且云南大学经济史中最强的也是唐宋经济史。

就这样我在读研究生时，一开始在明清这一时段上花了一些时间，在秦汉上又花了一些时间，表面上看，这浪费了大量的时间和精力，但实际上恰恰对我的研究起了重要的作用。我后来为什么会考虑中国古代史的体系与主线这样一些宏观性的问题，就与那一时期我在时段上有广泛的涉及，对一些问题有宏观的认识有关。

转到了唐宋经济史的研究后，李先生首先指导我先去读唐宋的基本史籍，一开始主要是侧重于宋代的。从《宋史纪事本末》入手，再读《通鉴纪事本末》，之后是《建炎以来朝野杂记》。在阅读了这些纪事本末体史书的基础上，我建立起了对唐宋特别是宋代发生的重大事情的一个轮廓性认识。之后，在李先生的指导下，我又开始进一步读《宋史》《长编》《建炎以来系年要录》，并辅之以大量的宋人文集和笔记小说，就这样慢慢地进入了唐宋史研究的领域，也积累了大量的史料。当时在阅读史料的过程中，李先生对我有严格的要求：一是读任何一本书，看到帝王的年号，都

切思：学术的真与美

要注出公元纪年，即使是重复出现也每次必注。这样就能够对年号、年代了然于心，知道史料的前后顺序和事件的因果关系；二是凡是遇到书中有古地名，一定要对照中国历史地图集，一一查出今地名注出；三是凡是遇到书中提到宋代人物的别号、字号，也全部要把人名查注出来。当时这几项每一项都用一个小楷本记下来，李先生一个星期检查一次，从不间断。在这个基本功的训练过程当中，李先生还交代了一项工作：当时他认为我的字写得很差，决定对我进行严格的写字训练。这主要是叫我写小楷，而且是将古文功底的训练和练字结合在一起进行。当时他叫我买了《古文观止》的上、下册以及大量的小楷本，将《古文观止》从头开始一篇一篇地抄，每星期检查一次，而且要一个字一个字地检查，看看这个字写得好不好，抄了理解得如何等。当时我住在研究生楼的6楼，李先生那时都七十多岁了，还经常跑上楼到我的宿舍去检查我学习的情况，这令我非常感动。

在那个时候，李先生的精力还很好。当时他指导的研究生不多，而且在几个研究生当中，应该说他在我身上花费的精力比较大。当时我们每星期至少可以见一次面，有时一周两三次。见面除了检查我看书和练字的情况外，主要就是谈话，谈看书的过程中有没有发现一些问题，以及你对某些问题的看法。这种谈话在我博士毕业留校工作后，也一直持续了下来。在做行政工作之前，我每星期都要坚持去和李先生谈话。我体会下来，这样的谈话比课堂上那种师生一对一的教学起到的作用更大。这种谈话以启迪思维，以思想的交流和碰撞为核心内容，它与简单地以传授知识为目的的课堂教学，有着明显的区别。对于做学术研究来说，这种思想的交流与思维的启迪，比知识的传授更重要。在和李先生谈话的过程中，很多思想的火花在交流碰撞中出现，并对我后来提出一些问题起到了直接的作用。可以说李先生对我的指导，就是在一次又一次的谈话过程中形成的一次又一次的思想的启迪。

随着我读书的进一步深入，李先生又要求我写读书札记，训练我做学问的基本功。李先生说："读书札记是论文的基础，读书札记通过进一步地丰富资料和提升论点，就可以变成一篇论文。一篇论文可以由一篇读书札记扩充而成，也可以由几篇札记找到相互的关系组合而成。"他要求我读书札记每星期至少写一篇，多则写三到四篇，每星期送他检查一次。最使我感动的一件事就是，我在博士论文的后记上提到的：有一次先生要去复旦大学讲学，行前一天，他问我札记写得怎样，我回答写了几篇，他说你送来我看。于是，我就在那天晚上几篇一并送了去。我原想，他第二天一早就要去讲学，起码要等讲学回来才会批阅札记。但没有想到，第二天早上6点多钟还没去飞机场之前，他就叫人让我去他家一趟，原来他为了不影响我看书的进度，已经连夜把每一篇札记都批改完了，而且从标题到标点符号都一丝不苟地做了仔细批改，后面还附上了他的修改意见。这件事情让我印象非常深刻，我当时想，我要是还不能把书读好的话，就真的对不起李先生了。直到今天，我都还留着当时的这些札记和读书笔记，作为一种珍贵的纪念。也正是因为当时写了大量的札记，后来我工作虽然很忙，但每年还是能够不断地发表文章，其中很多文章都是基于原来的这些读书札记形成的。

通过李先生对我的引导和训练，我在读硕士生这一段时间里，不管是《宋史》《长编》等唐宋的基本史籍，还是唐宋笔记小说和重要人物的文集，主要的我基本已经读过了。在读书的过程中，也写了一些文章，李先生看后给予了充分的肯定。因此，在我上硕士二年级时，李先生就对我说，我可以不需要参加考试，直接攻读博士学位。经过他的推荐，学校组织了一个专家小组，对我进行答辩和考察，同意了我直接攻读博士学位的申请。博士毕业之后，我就留在了云大工作。

我们了解到，您博士论文的题目是《宋代四川的输出入贸易》，后来在这篇论文的基础上，您出版了您的第一本史学专著《宋代四川商品经济史研究》。那么，您是怎样选择了这样一个题目研究的？

读博士以后，我和李先生就开始考虑怎样确定我的研究选题。李先生先让我结合自己看书的情况去想，初拟几个题目，并附上研究的思路观点和资料情况给他看看，之后再和我一起来讨论题目，于是，我就初拟了七八个题目给他。李先生看完之后，跟我谈了一件事情。他说他一辈子致力于历史研究，但搞的都是全国性问题研究，而没有搞区域史、地方史的研究，这件事一直是他的一个心结。他在上中学的时候，他的老师夏光南先生擅长于边疆史地，就曾经鼓励过他要做云南地方史的研究。所以，为什么李先生到了晚年会突然校了一本《滇云历年传》，其原因就正如他在那本书前言上讲的，是为了完成夏光南老师对他的嘱托。后来，李先生大学毕业考到北大文科研究所攻读研究生时，向达先生和姚从吾先生是他的导师。向达先生曾经校注了一本关于云南的书叫《蛮书校注》。当时他对李埏先生说："你是云南人，而且天赋极高，希望你能够重视云南史的研究。"但李先生当时认为他在全国性问题的研究上已经走得很远了，就一直没有再进入云南地方史研究。到他到云南大学工作之后，时任云南大学历史系主任的方国瑜教授，擅长边疆史、云南地方史和民族史，是一代学术大师。方先生在撰写论文的过程当中，写到南诏大理国部分时深感资料的匮乏，就经常请李先生帮忙，请李先生在阅读唐宋史料时，见到有关云南地方史的内容就帮他辑录出来。李先生答应了方国瑜先生，但由于自己后来太忙，也一直没有精力做这个事情。后来，方国瑜先生1983年就去世了。这些事情使他想：自己是云南人，一辈子在云南大学从事中国经济史研究，1982年他又在云南大学成立了当时全国为数不多的几个中国封建经济史研究室之一，但研究的问题却绝大部分是全国性问题，有关云南地方经济史的问题研究得不多。于是，他一直有个很强烈的愿望，希望培养一个人今后来搞地方经济史的研究。他认为我是一个合适的人选。李先生又说："搞云南地方经济史研究要取得大的成绩，必须要有宏大的研究视野，在全局观念下，在全国的视野下来进行云南地方经济史的研究。在古代，四川一直是西南地区的政治、经济和文化中心。要弄清楚云南的问题，必须首先搞懂四川，如果不清楚四川的情况就上手研究云南，很容易变成井底之蛙。"就这样，李先生希望我能够从事四川地区的研究。李先生又说，全汉昇先生有一篇很重要的论文叫《北宋汴梁的输出入贸易》，希望我能学习这篇文章，搞一下宋代四川输出入贸易的研究。当时他和我谈得很多，也很恳切，而我当时看的资料很广泛，对四川地区也有较多涉猎，于是就这样把我的论文题目定了下来。

但不久我就发现了一个现实的问题，当时作为一个云南人在云南研究四川，我在成果的发表上遇到了许多困难。当时，我向四川的刊物投了好几次稿，他们都不愿意用。云南的杂志我也试过，但他们说，你写的要是云南的文章，我们当然给你发表，但你研究四川的文章由云南的杂志给你发表，恐怕不合适。这个问题我也请教过李先生，但李先生给我的答复是：他作为导师，从来没有也决不会推荐任何一个学生的论文发表，要让你们自己去闯，让你们碰得头破血流，这样你们才会知道做学问的艰辛，才会认真地对待学术。后来，我便逐渐改变了发表文章的思路。既然四川问题的研究成果不好发表，我在研究四川的同时，又在进行其他方面的研究：当时根据看书的情况我最感兴趣的是宋代商人研究，于是，同时我就又在进行这一方面的研究，发表了《宋代商业观念的变化》《商业在宋代社会中的地位和作用》《宋代商人心态初探》以及有关宋代官商关系的一些文章；又因为李先生引导我以后要搞云南地方史，所以便又在做云南地方史的研究，发表了《明清时期内地商人在云南的经济活动》《云南古代的"街子"》以及一些关于边疆民族问题的文章。这样那个时期，我实际上就变成了三线作战。今天回想起来，这一时期的三线作战浪费了我大量的精力和时间，虽然发表了一些成果，但是却不深入。后来云南民族大学王叔武先生对我说："年轻人现在搞得杂点，恐怕对以后有好处。"这个话我理解有两层意思，一层是安慰我，一层也是勉励我。三线作战的这一段经历使我以后学术研究的范围较广，对云南史也有了一定研究，所以后来我为什么会主持《云南地方经济史研究丛书》的编写，为什么会牵头搞《云南货币史》的研究，就与这段时间的经历有关。

但这一时期，由于我自己的兴趣所在，我最关注的方向其实还是唐宋史，倾向于全国性的问题研究，当时看的史料也主要是唐宋时期的。所以后来我还是跟李先生说，"我想我自己更适合搞全国性问题的研究，希望能够转向唐宋史研究，沿着你开辟的道路一直走下去。"李先生看到我对唐宋史表现出来的浓厚兴趣，也对我的决定表示了支持。这样，我最终还是又回到了全国性问题的研究上来。但对于我个人来说，这一时期对宋代四川地区商品经济的研究，是一次我对唐宋经济史的微观考察，它使我对唐宋社会经济发展的状况、商品生产和交换的发展以及商税、商人、商业政策等问题，有了更加深入具体的理解，也训练了我做学问的基本功，为我以后的研究打下了良好的学术基础。

您在进入研究领域以来硕果累累，提出的很多观点都在学界引起了广泛关注，这使您迅速成为了一位在中国经济史研究领域有影响力的青年学者。那么，请问您是怎样看待您这些年来从事经济史研究工作的经历的？

应该说，我是从1986年考到云南大学的专门史（经济史）专业读研究生后，才慢慢地开始经济史的研究工作的。那么，从1986年到现在，已经整整20年，这20年我大约可把它分为两个阶段：

从1986年到1991年是第一个阶段，这个阶段包括了我的硕士生和博士生学习阶段。这个阶段我概括了一下我个人的特点，主要就是"学而不思"：这个阶段我在学习上确实非常刻苦，非常勤奋，当时经常放弃周末甚至国庆、春节的休息时间去看书，去找资料，所以，当时李英华教授称我为"星期七"，意思就是说对我来说从来没有星期天。那段时间看的书非常丰富，在我的印象中，当时凡是云南大学图书馆里能够找得到的关于经济史的书，不管是中国的还是外国的，都基本上借出来看过了。在看书的过程中，也做了大量的笔记，积累了大量的资料，我后来的研究主要就是基于那个时期积累下来的资料而进行。但那个时期也有个缺陷，就是虽然自己的知识面宽了，但知识的系统性还很不够。那时对如何找到一个基准点，使自己的知识系统化思考得不多，对构建自己的知识体系还没有清晰的认识，所以，在那个阶段，我对知识的学习多少带有一些盲目性——认为凡是与经济史甚至古代史相关的就广泛阅读，不管是中国的还是世界的，这是我后来深深感觉到的不足。由于缺乏知识的系统性，那一时期自己虽然也写了一些文章——到博士毕业时差不多发表了20来篇文章，但是，自己现在回过头看时是不满意的，认为真正有价值和水平的并不是太多。所以，我后来常讲一句话："只有系统的知识，才能最大限度地发挥它应有的作用。"就是针对自己的这种不足而言的。但这个阶段的重要性在于，它使我奠定了良好的知识基础，同时积累了大量的研究资料，使我对经济史、古代史甚至历史理论等相关问题的学术史和学术动态有了较全面的把握，为后来的研究紧跟学术前沿奠定了基础。所以，现在每谈到一个相关问题时，我都可以说出这个问题研究到现在有了哪些成果，哪些学者的研究值得注意，主要就是在这一时期打下的基础。

1991年博士毕业后到现在，可以划分为第二个阶段。博士毕业以后我就留校工作了，当时我在学院和系上的安排下，同时担任了中国经济史教研室秘书、专门史（经济史）博士点工作室秘书、李埏先生的学术秘书、研究生秘书和历史学学位分委员会秘书，被老师们戏称为"五大秘书"，结果是忙得一蹋糊涂，没有时间坐下来静心学习。但是这一时期，有几件重要的事情对我影响很大：

一件事情是整理李埏先生的学术成果。李埏先生是我国著名经济史学家，是云南大学经济史学科的创建人。我作为李先生的学术秘书，一个任务就是系统地整理李先生的学术成果。在这个过程中，主要的事情就是整理了李先生的《宋金楮币史系年》，和龙登高博士一起编辑李先生的学术文集《不自小斋文存》，协助李先生修改他主编的《中国古代土地国有制史》和整理他的《唐宋经济史》，以及整理李先生20世纪三四十年代发表的一系列文章等等，还有就是撰写李先生的学术传记。目前，《宋金楮币史》《不自小斋文存》《中国古代土地国有制史》等已先后出版，《唐宋经济史》已改写为《唐宋商品经济史》，正等待出版，学术传记也亦写就初稿。这些工作在当时是许多人不愿意干的，但正是这个，使我有机会对云南大学历史学科，至少是经济史学科几十年来形成的学术成果进行了系统的、进一步的学习，使自己基础知识得到了进一步的充实。而且在整理的过程中，我始终注意总结经济史学科的治学经验，特别是李先生的研究思路和治学经验，从而使自己思维能力得到了提高和完善。

在这一时期，还有件事情对我的影响比较大。就是90年代中期，迫于经济上的压力，我跟社会上的有关部门合作，开展了一些对于社会现实问题的研究。由于我来自农村，我一直有一种乡村情结，比较喜欢搞乡镇、农村问题的研究。当时正值云南省评选出了一批省级"百强乡镇"，于是，由我牵头，约请了几位朋友，利用这个机会，编写了一套"云南乡镇系列丛书"。但这个丛书只出了四本，之后我就由于太忙而没有精力继续下去了。同时，我还搞了许多关于农村水利建设、水利经济的研究，出版了《市场经济下的中国乡镇水利》，以及关于我家乡的《曲靖地区水资源保护与开发利用研究》《曲靖水利经济研究》《南盘江治理与开发研究》《陆良水利史》等研究成果。后来我回想了一下，这次经历的重要性就是使我在具备了一定的经济史知识的背景下，进一步深入农村，将研究与实地的考察、观察结合起来。虽然在当时，搞这个研究的最初目的是缓和一下经济压力，但实际上我确实是非常投入。每到一个地方，不仅仔细地调查与了解情况，还系统地看了大量当代社会研究的重要成果。这次社会问题研究从1993年持续到1996年，前后三四年的时间，虽然也占用了我大量的时间和精力，对我的专业研究产生了一定的影响。但正是这件事情，使我在研究过程中将历史与现实有效地沟通起来，对于提升自己的思维能力产生了很大的作用，使自己善于观察，善于思考。所以，在这一点上，这个时期对于我提升自己的思维，把握学术前沿起到了相当重要的作用。这使我想起了张荫麟先生在《中国史纲》序言中讲的一句话："'知古而不知今'的人不能写通史。"意思是说，对于研究历史的人，如果对现实社会没有充分的理解和把握，是不可能研究和写出一部好的通史的。所以，在这个过程中，我思考得出的一个体会就是：从来就没有脱离现实和社会发展的学术研究，历史学也是如此，现实永远是历史研究的出发点和归宿。

这个阶段的遗憾在于，由于行政事务和社会工作较多，占用了我绝大部分的时间，用李先生的话说，就是"90%的时间被耗掉了，学术研究的时间不足10%"。所以我把自己这一阶段的特点概括为"思而不学"，就是虽然自己思考问题的水平得到了提高，但是没有时间坐下来好好地学习。这使我在这一时期虽然做出了一些研究，但总体上来说，还是没有达到自己期望的那个境界和水平。

《论语》中说："学而不思则罔，思而不学则殆。""学"和"思"是科学研究相辅相成的两个方面。对我来说，"学而不思"和"思而不学"，可以作为我个人对我20年来治学经历的一个总的概括。

您太谦虚了。那么这两个阶段中，您认为那一个阶段对您学术研究的影响更大呢，为什么？

这两个阶段中，前一阶段主要是打知识基础，后一阶段主要是提高思维认识水平，两者都较为重要，但相比而言，应该说第二阶段思维能力的提升，对我的学术研究产生了决定性的影响。

对于学术研究来说，思维是非常重要的，所以哈佛大学有一句名言："一个成功者和一个失败者，不在于他的知识和经验，而在于他的思维方式。"第二个阶段对我的意义正是在于它提升了我的思维能力，使我看问题具有了一定的预见性，而且使我的研究具有了一定的深度。这个时期思维方式的变化具体体现在我的学术研究上就是：我感觉自己过去的历史研究还只是一种平面式、静止式的研究。所谓平面式、静止式的研究，指的是发现了一个问题，然后找资料来分析，发表一篇或多篇文章来解决这个问题，然后下一步再找另一个问题，又找资料分析，撰写文章来解决它，如此循环往复。

但是，在这一时期，思维能力的提升使我的研究在纵向上沟通了历史与现实的联系，在横向上沟通了经济史和政治史、思想文化史等的联系，从而由过去平面式、静止式的研究转向一种立体式、动态式的研究。自己在思考和研究问题时也就能够前后相顾、左右相维，学术研究开始树立起一个较为宏大的历史视角。在思维能力提高的情况下，通过不断的反思和自我调整，使自己有效地避免了过去研究问题时见子打子，以及下的结论带有一定偏颇性等研究中的不足。在这个阶段，我感觉自己思维上最明显的变化就是，研究的预见性得到了提高，对许多问题的研究具有了一定的预见性。举例说：

第一个就是关于我国东西部经济发展不平衡问题的研究。大家都知道，中央是在1996年时明确提出了西部大开发这个问题，一时之间，历史时期我国东西部发展不平衡问题的研究成为了一个学术热点。但是，1994年，我在一次与李埏先生的谈话中就意识到了这一问题的重要性。那次我在和李先生聊天时就谈到，为什么中国人有一些习惯性的说法，比如，为什么说买"东西"而不说买"南北"，为什么问你是"南方人"还是"北方人"，而不问你是"东方人"还是"西方人"？看来这是有其特定的历史渊源的。从这个我开始意识到历史上东西部发展的不平衡问题，必将会成为一个学术研究关注的热点问题。于是，在1994年，我就申请了一个课题，名为"历史时期中国东西部发展不平衡问题研究"。后来，学术研究的发展和社会的发展已经证明了这一点，这件事极大地增强了我对学术研究的信心。

再一个就是关于云南构建国际大市场的研究。上世纪90年代，学术界和社会上正在大力提倡加强西南地区五省七方的经济协作，构建一个以成都、重庆、昆明为支点的西南区域大市场。但是，我通过对云南历史发展的考察，认为古代云南并不存在所谓"丝绸之路"。与其说存在一条"丝绸之路"，不如说存在一条"贝币之路"更加准确。因为古代云南用的贝币，根据青岛海洋科学研究院的分析结果，80%来自于今天的马尔代夫群岛。东南亚、南亚的海贝自从春秋战国大量流入云南以后，就作为主要的货币流通，一直延续到明清时期云南废贝行钱，时间长达两千多年。而且，云南贝币的进位方式，与中原内地的进位方式迥异，中原是十进位制，而云南是十二进位制，东南亚也是十二进位制。这种情况充分说明：云南与东南亚自古以来就是一个经济区，就是一个货币流通区。那么，从历史的角度来看，21世纪云南的市场发展，就必须考虑与东南亚、南亚共同建立一个国际性的区域大市场，这是历史的必然性决定的。于是，在1999年，我撰写发表了《从历史发展看21世纪云南国际大市场的构建》，其中所提出的观点和理论今天已经得到历史的说明和检验。

当然，还有就是关于"三农"问题的研究。我们知道，中央是在2002年一号文件中提出"三农"问题的，学术界也是从那个时候起开始明确地提出历史时期"三农"问题的研究。但是，1999年云南大学成立中国经济史研究所，我担任第一任所长时，我就在关于研究所发展的会议上谈道：从历史来看，"三农"问题非常重要，很快会成为学术研究的热点。当时我还建议在学校成立一个"三农"问题研究中心，挂靠中国经济史研究所，但这一想法未能实现。但就是从1999年我招进来的博士生开始，我就把他的博士论文题目定为"宋代乡村若干问题的研究"。从那时起，我们便有计划地开始了历史时期"三农"问题的研究，这使得云南大学成为国内较早开展"三农"问题研究的机构之一。而这一判断也被近年来"三农"问题研究的日益趋热所证实，又一次给了我很大的信心。目前，在历史时期"三农"问题的研究方面，我除了较系统地研究了中国古代的"富民社会"外，还以茶叶经济为切入点，集中研究了唐宋以来的山区开发及其相关问题。

通过您的介绍，我们了解到思维能力的提升确实是学术研究向前发展的重要推动力量。您在学术研究中多有发明创见，我想这也与您在思维方式上有着许多值得我们学习的地方不无关系。那么能不能请您给大家介绍一下您主要的学术观点？

确实，思维能力的提升对我的研究从原来静止式、平面式的研究转向立体式、动态式的研究，起了相当大的作用。这个我体会最深，即随着思维水平的提高和学术研究预见性的增强，自己研究的层面得到了提升。在这个过程中，我结合自己的研究，也提出了一些学术概念和体系：

一个就是在1997—1998年这段时间，提出了"历史哲学意义上的商品经济史研究"这个学术观点，受到了学术界的重视。自上世纪80年代中后期到90年代中期，中国经济史学界讨论的一个重要问题就是地主制与商品经济的关系问题。地主制与商品经济到底是一个什么样的关系，当时的看法很多，有的学者说是对立的关系，后来有的学者又说是补充的关系。但我从历史哲学的高度上看，商品经济的发展恰恰是地主制的基础和前提，二者有着紧密的内在联系。离开商品经济的发展也就没有地主制的发展，商品经济一直是地主制发展和变迁的一个推动力量。记得在1998年李文治先生九十华诞学术研讨会上，我集中地表述了这一观点，受到一些学者的肯定。目前结合这方面，自己正在撰写《商品经济与传统中国社会变革》一书。

再一个就是这一时期，自己结合货币史的研究，明确提出了与"丝绸之路""陶瓷之路"相对应的学术概念"钱币之路"。认为在中外文化交流史上，不但存在着"丝绸之路""陶瓷之路"，还存在一条"钱币之路"。这里所讲的"钱币之路"，主要包括铜钱之路、纸币之路、白银之路、金银币之路、贝币之路等等。于是，我在1999年发表了《钱币之路：沟通中外关系的桥梁和纽带》一文，受到了学术界的重视。有的学者认为这一概念的提出，拓宽了中外关系史的研究视角，这给了我很大鼓励。目前根据这一研究，正在撰写专著《钱币之路》，纲目已经确定，相当一部分内容也已写完，但由于太忙，至今未全部完稿。

但最重要的，就是在研究的过程中，我提出了中国古代"富民社会"的学术概念和体系。认为唐宋至明清的中国社会是一个"富民社会"，并以这一理论为基石，来反观中国古代史的主线和体系。

您近年来一直提倡要把"富民社会"作为理解整个中国传统社会演进变化的重要一环，对中国传统社会的阶段性发展做出新的阐释。那么，您认为这一理论在您的学术研究中处于什么地位，您是怎样在研究中开始关注和发现这一问题的？

古人说："学贵自成体系。"那么，如何成体系就成为我们需要关键考虑的一个问题。过去有人说：只要你选择一个领域、一个问题，不断地研究下去，撰写文章，发表了数十篇文章，积累起来你的研究就形成体系了。原来我也对此确信不疑。但是，后来通过自己的研究实践，我发现学问要成体系，关键是要有自己的理论基础。就像马克思撰写《资本论》一样，《资本论》之所以成为传世的不朽名著，他的整个体系和观点都是建立在劳动价值论这一理论基石之上，可以说，劳动价值论就是整个《资本论》理论学说的基石，离开这个基石，《资本论》就不可能成为体系。古人讲不能搞无主无根之学问，这就强调了基石的重要性。

我本人在随李埏先生做唐宋史的研究的过程中，也非常重视理论，注意在研究中构架自己的理论体系。在从事唐宋史研究以来，我一直关注的一个重要问题就是唐宋变革问题，但之前我主要是从"历史哲学意义上的商品经济史研究"这一角度对唐宋变革进行考察。在阅读唐宋史料的过程中，我一次读到李亢的《独异志》，其中有一目讲到"至富敌至贵"。这条史料以往虽然也有学者引述过，并未引起充分的重视。我读到这里敏锐地觉察到：如果说这个时期出现了财富力量和政治力量一起共同规定着社会的发展，那么，毫无疑问，这是一个划时代的事件，也说明唐宋时期确实是中国历史上一个巨大的转折时代。因此，我开始考虑，是不是这个时候社会的力量对比发生了改变，社会结构发生了重大的变动。沿着这个思路，我发现了一条线索：从中唐以来，财富力量在不断地崛起，并在社会发展当中起到了巨大的作用。因此，从20世纪90年代中期开始，我就一直关注唐宋财富力量的崛起与社会变革的联系。所以，到1999年台湾大学邀请我去参加宋代社会文化史学术研讨会的时候。我准备的会议论文就是《唐宋时期财富力量的崛起与社会变革》。但在当时，我的认识水平和我的研究主要还是局限于考察财富力量本身的崛起上。随着看书和思考的进一步深入，我产生了一个问题：财富力量崛起以后，到底是什么人代表着这个财富力量？于是，我沿着这个思路进一步扩大研究范围，查阅相关史料，结果发现在唐宋史籍中频繁地出现"富人""富民""富室"等相关词汇。同时，我又请我的一位研究生——当时正在河北大学攻读博士学位——帮我在河北大学宋史研究中心的检索系统上进行检索，统计这些相关词汇出现的频率。最后等资料从各方面汇总起来以后，我开始坚信：唐宋时期财富力量崛起之后，出现了一个新的社会阶层，这就是"富民"阶层。这个阶层是财富力量的化身和代表，如果说财富力量与政治力量共同规定着唐宋以来中国社会的发展，也可以进一步说，"富民"阶层的崛起极大地改变了中唐以来整个中国传统社会的发展结构。后来我看了毛泽东的《中国社会各阶级的分析》以及一些学者写的关于中国近代社会的一些文章，又回过头去学习了邢铁老师对宋代户等制度的研究成果和王曾瑜先生的研究成果等，就真的发现了邢铁老师所说的那个问题：现代中国对地主、富农、中农、贫农、雇农的阶级成分的划分和宋代的五等户制度有一种对应性的关系。这就使我坚定了一个认识："富民"阶层奠定的中唐以来的社会结构一直延续到解放前。进而我意识到："富民"阶层的崛起，是解构中唐以来传统中国社会发展与变迁的一把关键性钥匙，是一个值得研究的重要问题。因此从那时起，我有计划地开展了对"富民"阶层的研究。

  但在当时，我对是否存在一个"富民社会"还没有清晰的认识。只是发现了这样的一个"富民"阶层，并发现这个阶层是主导唐宋以来中国传统社会发展与变迁的一把关键性钥匙。那么，进一步我就问，它既然是关键性的一把钥匙，它的关键性作用到底表现在哪些方面？在研究唐宋社会变革和写作《唐宋社会变革论纲》的过程中，我发现："富民"阶层的崛起，使租佃契约关系在唐宋社会中全面确立起了它的主导地位。为什么租佃契约关系在中唐以前就有，但是一直到这时才全面确立起它的主导地位来呢？这正是与"富民"阶层有关，因为富民只有财富而没有特权，因此在剥削关系上，他们不能抑良为贱，只能采取经济契约的关系，而租佃契约关系正是这样的一种经济契约关系。于是，随着"富民"阶层的崛起，这样的一种租佃契约关系迅速在全社会中推广开来，成为一种主导性的经济制度，并日益影响到社会的各个方面。租佃契约关系的确立是当时唐宋社会经济关系变革的结果，也是当时最有效率的制度选择与制度安排。这使我隐约感觉到，唐宋时代的社会或许可以称为一个"富民社会"。后来我和浙江大学包伟民老师他们一起编写《宋代制度史研究百年（1900—2000）》的时候，我便有目的地选择撰写《宋代土地制度研究评述》，想把百年来宋代土地制度研究的成果系统地看一下，想通过对土地制度研究成果的了解，检验自己的认识。在完成这一工作后，我更加坚信了自己的认识。同时在这个过程中，我注意到宋代社会出现了一种崭新的经济思潮即保富论，并发现了保富论与经济转型的关系。后来我把研究的范围扩大到明清后，也同样发现了许多相关的史料。这个时候，我更感到唐宋以后整个中国传统社会的变迁肯定与社会阶层的变化有关，也进一步坚定了我把中唐以来的社会识别成一个"富民社会"的判断。正是在这种情况下，我指出在唐宋以来的中国传统社会中，崛起了一个新的社会阶层即"富民"阶层。"富民"阶层崛起之后，迅速在中国社会发展成为一种基础性的中间力量，决定了中国社会的稳定和发展，唐宋至明清的中国社会是一个"富民社会"。并以"富民社会"作为我的研究的理论基石，反过来重新解构唐宋社会变革。我认为所谓唐宋社会变革，既不是中国封建社会从前期向后期的转变，也不是中国由中世向近世的转变，而是由汉唐的"豪民社会"向"富民社会"的转变。根据这一认识，现已撰写完成《唐宋社会变革论纲》一书，正等待出版。

近年来，您的研究也发生了一些变化，由单纯的经济史研究逐渐转向了乡村社会史和中国古代史的研究，这是不是也与您近年来对"富民社会"的研究有关？

是的，"富民社会"的理论提出来之后，通过对"富民社会"的进一步研究，我的研究思路和视角也发生了一些变化。原来我搞经济史研究时，是纯粹遵循着传统史学的研究方法，搜集史料并进行考证分析，之后得出结论。但通过"富民社会"的研究，我发现"富民"阶层兴起之后，中唐以后的中国社会发生巨大的变化，进入了一个"富民社会"，富民成为社会的中坚力量，成为社会的中间层和稳定层。"富民"阶层的出现是社会整体变动的结果，更是社会底层变动尤其是乡村社会变动的结果。那么，对于这一阶层的研究，单从传统的收集资料来考证、研究肯定是不够的，还必须放在社会史的视野下来研究。既然"富民"阶层的出现是社会底层变动的产物，你不放在社会史的视野下来看，我们对它的认识就可能会不全面，也不能从根本上把它的重要性挖掘出来。这就使我的研究视角，开始从传统的经济史研究慢慢地扩展到乡村社会史研究。同时，因为我还探讨历史哲学和历史研究法，我看到当今的史学研究中出现了一个学科交叉的趋向。学科交叉的出现，其中一个原因就是，史学研究开始从过去上层史的研究转向了下层史的研究，这个转向实际上是历史研究在深度上不断推进的一个必然选择。对下层史的研究不能不研究乡村社会，也不能不从社会史的角度来进行。就这样，我在研究中开始自觉地把经济史的研究和乡村社会史的研究结合起来，重视乡村社会史的研究。

同时，"富民社会"的研究极大地开拓了我的研究视野，使我对中国历史的整体把握上升到一个新的阶段，开始从宏观上去考虑中国古代历史的发展，研究的领域也越来越向中国古代史靠近。这个最典型的反映就是，我以"富民社会"为理论基石，对中国古代史的主线与体系进行了重新解释，并在今年的《中国经济史研究》第2期上发表了《中国古代富民社会的形成及其历史地位》，在《史学理论研究》第2期上发表了《中国古代史的主线与体系》，指出中国古代社会经历了上古三代的"部族社会"，到汉唐的"豪民社会"，再到唐宋以来的"富民社会"，并最终向着"市民社会"发展的这样一个完整的历史阶段，从而使自己对中国古代史有了一个整体性、体系性的把握。

那么，今后您对"富民社会"这一理论体系有着什么样的研究计划呢？

目前，我的研究所做的工作，还只是初步地提出了"富民社会"这样一个学术问题。为了推进这一问题的研究，我接下来计划通过和老师同学们的讨论，进一步加强对"富民社会"的具体研究，在今年内出版一本《中国古代富民阶层研究》；并在年底之前举办一次小型的中国古代"富民社会"学术研讨会，邀请国内有研究的专家到会讨论，然后将会议论文汇总，出版一本"富民社会"研讨的学术文集。

而就我本人的研究计划来说，我打算遵循从微观到宏观，再从宏观到微观，之后又上升到宏观这样两个回合的研究，初步建立起"富民社会"的理论体系。我现在已经做的第一步工作，就是和谷更有合著出版了《唐宋乡村社会力量与基层控制》这本书，书中提到的乡村社会力量，我在书上明确指出就是"富民"。这主要是一个微观认识，是在对基本史料分析的基础上，提出"富民"的重要性。第二步就是结合自己对唐宋社会变革的研究，上升到宏观，在"富民社会"的理论视野下重新解构唐宋社会变革，对唐宋社会的变革做出一种新的阐述，现已完成了《唐宋社会变革论纲》。为什么要在"富民社会"的理论视野下来写作《唐宋社会变革论纲》这本书呢？这主要就是因为我看到，"富民"阶层崛起以后，在中唐以来社会中奠定的社会结构一直延续到了近代。解构了唐宋社会变革，既解决了原来的一个重要学术难题，又对我今后在研究中认识明清乃至近代史起到很大作用；在这个工作完成后，我现在再次回到微观，正在做一个课题《10—19世纪富民与中国乡村社会变迁》，这个课题的主要目的就是要搞清楚"富民"阶层崛起之后，作为乡村中的主要力量，到底对中国的乡村社会结构产生了什么影响，使乡村社会关系和社会控制方式发生了什么变化，于是我再次回到微观对它进行系统地研究。这个工作完成了之后，我要进行的第四步工作就是再次上升到宏观，进行一个课题《中国古代"富民社会"研究》。这将是一个综合性、宏观性的研究，要研究整个"富民社会"的结构、运作机制以及"富民社会"如何向"市民社会"转变等问题。在研究的过程当中，我将对中国社会发展的一些特质和根本性的特点、有无资本主义萌芽的出现以及中国近代化的动力等重要问题进行新的阐释。我去年之所以会思考并写作《中国传统社会变革的主要特征》等文章，也就是为最终解决这些问题做准备。

当然，这个研究计划完成之后，并不代表我对"富民社会"研究的结束，而恰恰只是一个开始。再接下来我计划要做的，就是以"富民社会"为理论基石，以我提出的这样一种从上古三代"部族社会"，到汉唐"豪民社会"，到中唐以来的"富民社会"并最终向着"市民社会"演变的中国古代史发展的新主线和体系，写一本新的中国古代经济史教程。在新的中国古代经济史教程完成之后，又要以这个为核心，再写一部多卷本的中国古代史，分为"部族社会"一卷，"豪民社会"一卷，"富民社会"一卷，从"富民社会"到"市民社会"的转型一卷，从而最终把"富民社会"构建成一个较为完善的体系。

当然，这个体系能不能成立，还存在哪些问题，都有待于大家的共同研究和批判。但现在令我受到鼓舞的是，越来越多的学者开始重视到这个问题。我的《唐宋乡村社会力量与基层控制》出版后，梁太济先生给我来信说他认为这是一项"极富学术意义的创造性研究"；赵世超先生在给我的来信中也认为这是一项"会产生深远影响的有意义的"研究；华东师大的章义和教授告诉我，他在日本时，曾听提出过"豪族共同体"观点的谷川道雄先生说起过我的"富民社会"观点。我和谷川道雄先生素不相识，他竟然注意到我的这一观点，这无疑对于增强我研究的信心，起到了重要的鼓舞作用。另外，还有像西南大学搞社会救济史研究的学者张文，通过我在昆明和重庆与他的几次交流，他也认为这个问题非常重要，在他的论著中也讲到"富民"；还有培俊他们对"富民问题"也都在研究。我觉得这个问题研究下去，对解构中国传统社会还是会具有重要作用的。

这确实是一项极富学术意义的创新性研究，相信它会产生深远的学术影响。那么，在这些年的学术研究中，您感受最深的是什么？能不能给刚刚进入历史研究的后来者提一点建议？

切思：学术的真与美

我本人也是一个刚刚跨入历史科学殿堂的学习者和研究者。在学术研究的过程中，我感受比较深的有几点：

一个是学术研究一定要有思想性。但是，思想性要怎么体现出来呢？我认为主要要通过对研究成果的时代特点的揭示来体现，通过对历史深层规律和趋势的认识和把握来体现。每一部传世的不朽经典都闪耀着时代的光芒，历史研究也必须把握住时代的特点。否则，你的学问就只能停留在历史的表层，也就谈不上有什么思想性。

再一个就是对于学术研究来说，什么是一项最有价值最有水平的研究成果呢？原来我想的是，只要提出了一个新的认识，解决了一个问题，就是有价值的成果。但是，后来通过对"富民社会"的研究，我感觉到：最有水平的研究不仅只是解决一个问题，而是在解决已有问题的过程中又提出新的问题，能够将学术研究进一步推向深入，这才是最有水平的研究成果。当然，我自己由于水平、能力各方面的限制，不可能做到这一点，但这个应该是我们努力的目标和方向，也是中国古代史研究在当今不断升华和拓展的必然要求。

另外，我还想强调理论的重要性。我很重视理论，重视对经验的总结和对思维的提升。我认为：一个学科理论研究水平的高度决定着该学科发展所能达到的高度，同理，个人理论水平的程度基本决定了个人研究所能够达到的高度。所以，我在担任云南大学历史系主任和历史文化学院院长时，就经常在会议上强调，老师和同学们都要重视理论的学习，重视历史哲学的学习。同时，这些年我一直坚持为本科生、硕士生和博士生长期讲授《历史研究法》课程，其中一个重要目的，就是通过教学相长，促进自身理论水平的提高。在这方面，目前我已经与李杰教授撰写了一本《历史哲学视野中的中国古代社会》，今年要出版。在《历史哲学视野中的中国古代社会》中，我写的主要问题是，以中国古代的"富民社会"为理论基石，对中国古代史进行新的思考。我也希望历史学习和研究者不要忽略理论的学习。

我们知道您在从事科研的同时，也一直从事着历史教学工作。2001年

您还获得过全国模范教师奖章和教育部霍英东全国优秀青年教师奖，那么，作为一个一直没有脱离教学一线的教师，您是怎样看待当前的历史教学和历史教学改革的？

这些年在从事研究的同时，我一直从事着历史教学工作，也一直在思考历史学的教学改革。目前，我已将自己对历史学教学改革和学科建设的一些思考，汇编为一本《历史学教学改革、学科建设及其他》，20余万字，年内由云南大学出版社出版。在这一过程中，我确实发现当前的历史研究和历史教学还存在着不少问题。这使我想起了钱穆先生1937年时说过的一句话，钱穆先生说："今日中国处极大之变动时代，需要新的历史知识为尤亟。……而今日之中国，却为最缺乏历史知识，同时最需要整理以往历史之时期。"

当今的中国，正处在一个社会大转型的时期，这给历史学教学带来了新的冲击，也提出了新的要求。如何推动历史教学研究的改革，进一步推进学科建设和人才培养，已经成为我们必须思考的一个问题。这个时候，我们首先要搞清楚的几个问题就是：我们需要教给学生什么样的知识？当今社会需要什么样的知识？学生需要什么样的知识？我个人觉得，当今的社会正处在一个知识大爆炸、信息大爆炸的时代，知识和信息的产生、传播太快，一个人就是再有能力和精力，也不可能穷尽所有的知识。所以，在这种情况下，我们一定要把对学生的培养从单纯地注重传授知识，转变到注重对学生思维和能力的培养上来。对历史学科来说，所谓进行素质教育，就是要教给学生一种历史思维，一种历史智慧，历史学科培养的核心就应该是思维教育和智慧教育。只要学生具备了基本的历史思维和历史智慧，他们就能够根据自己的需要和自身发展，选择性地学习知识，构建适合自身特点的知识体系。这样，历史教学的改革和我们的人才培养才能够真正落在实处，符合社会的需要。而当前，在这一方面最重要的就是培养创新性的人才。中央曾经指出：创新是一个民族进步的灵魂，是一个国家兴旺发达的不竭动力。那么，在历史学科的发展中，也就应该大力提倡创新，培养创新性的人才。创新分为两种，原始性创新和继承性创新。有学者指出：原始性创新，就好比你建造了一座新的大厦；而继承性创新，就好比别人已经将大厦建好,你再在大厦上面安上一道漂亮的窗子。在这两种创新中,更重要的是原始性创新。有的人可能认为,现在在学校里提倡的创新只有以后从事科研和教学工作时才会有用,而从事其他工作未必用得上。其实,创新的过程就是一个思维和能力的培养过程。只有具有创新思维和能力,才能在工作中做出创新性的业绩。我最近的讲座之所以选择"研究思维的培养"这一主题,并正在撰写《历史研究中的科学思维》这一文章,主要就是基于这一考虑。

在历史教学手段和教学方法的改革上,总的来说就是要适应这一趋势,改变传统的灌输式的教学方式,大力开展导读式、研讨式教学,使学生参与整个教学的全过程,形成教师与学生的互动和互相启发,在这一过程中教育和培养人才,从而达到培养历史思维和历史智慧的目的。2005年在上《中国古代史研究》的时候,我曾经带着学生讨论了一次,最后将讨论的情况记录下来,在《历史教学问题》上发表了《中国古代的"富民"阶层》一文,正是这种改革的一个教学实践。也正因为这个,我才会计划和同学们一起讨论,通过讨论互相启发,最后围绕"富民社会"这一体系出版一本关于中国古代"富民"阶层研究的文集,主要就是考虑在研讨的过程中培养学生的能力。在教学手段和教学方法的改革上,还应该充分重视教研室的作用,加强教研室在科研和教学中的作用,为老师们提供一个良好的交流教学和科研的平台,通过老师们对教学的交流和探讨,实现教学手段和教学方法的革新,适应社会发展和历史学教学研究的需要。